中国共产党农村调查史

ZHONGGUOGONGCHANDANG
NONGCUN DIAOCHA SHI

罗平汉／著

人民出版社

目 录

第一章 大革命时期的农村调查 ·······················1

一、农村调查的最初提出   1

二、彭湃的农村调查与农民运动   11

三、毛泽东的早期农村调查   17

四、《湖南农民运动考察报告》   24

第二章 "没有调查，没有发言权" ·······················33

一、在调查中完善土地革命政策   33

二、"调查就是解决问题"   43

三、红军的调查研究制度   56

四、特殊条件下的农村调查   63

第三章 抗战时期大规模的农村调查 ·······················72

一、农村调查推动整风运动   72

二、中共中央决定加强调查研究   82

三、广泛深入的调查研究活动   90

第四章 农村调查与土改纠偏 ·······················105

一、"左"倾错误的出现与发现   105

二、在调查研究中进一步纠"左"   112

三、停止新区急性土改 123

第五章 20 世纪 50 年代几次重要的农村调查 132

一、新区土改中保存富农经济的调查 132

二、调整统购统销政策的农村调查 146

三、一次旨在加快合作化速度的调查 156

四、公社化前后的两次农村调查 169

第六章 国民经济调整中的全党农村大调查 183

一、毛泽东号召大兴调查研究之风 183

二、中央调查组对三省农村的调查 192

三、"要亲自了解基层的情况" 203

四、围绕"农业六十条"草案的大调查 220

五、为下放基本核算单位再调查 239

第七章 农村调查推进包产到户 255

一、引起中央重视的两个调查报告 255

二、从包产到组到包产到户 264

三、在调查中改变对包产到户的认识 280

四、农村调查与五个"一号文件"的出台 290

五、及时反映农村改革发展动态 301

第八章 20 世纪 90 年代的农村调查 316

一、"农村承包制政策不能变" 316

二、围绕减轻农民负担的调查 322

三、"没有调查就没有决策权" 335

四、总结农村改革基本经验 344

第九章　新世纪初的农村调查 ……………………………………350

　　一、从税费改革到取消农业税　　350

　　二、建设社会主义新农村　　355

　　三、谱写农村改革发展新篇章　　365

第十章　十八大以来的农村调查 …………………………………369

　　一、密集的农村调研　　369

　　二、精准扶贫的提出与实施　　382

　　三、调研结出农村改革丰硕成果　　391

第一章　大革命时期的农村调查

中国共产党一成立，就面临如何将马克思主义与中国的具体实际结合起来的问题。要实现这种结合，除了认真掌握马克思主义理论外，还必须对中国的实际有深入的了解。在革命斗争的实践中，中国共产党逐渐认识到调查研究的重要性，并开始了初步的农村调查；在大革命时期，毛泽东、彭湃进行了许多的农村调查，组织领导了轰轰烈烈的农民运动。

一、农村调查的最初提出

对于农民占人口绝大多数的中国而言，农民问题的重要性是不言而喻的。在中国共产党建立前夕，早期的马克思主义者就已经开始观察农民和土地问题。

1919 年 2 月，李大钊在《晨报》上发表《青年与农民》一文，指出："我们中国是一个农国，大多数的劳工阶级就是那些农民。他们若是不解放，就是我们国民全体不解放。"因此，"要想把现代的新文明，从根底输入到社会里面，非把知识阶级与劳工阶级打成一气不可"。为此，他号召一般知识阶级的青年到农村去，"拿出当年俄罗斯青年在俄罗斯农村宣传运动的精神，来做些开发农村的事"。①

1920 年 11 月，陈独秀起草的《中国共产党宣言》提出，共产主义者

---

① 《李大钊全集》第二卷，人民出版社 2013 年版，第 422—423 页。

的理想，是将生产工具包括土地等"收归社会公有，社会公用"。1920年年底刊载于上海《共产党》月刊的《告中国的农民》一文，公开号召农民"自己动手"，"抢回"自己"靠着吃饭的田地"，并说共产主义者一定支持他们的要求。文章号召说："同志们呀！我们要设法向田间去，促使他们的这种自觉呀！"①

虽然早期马克思主义者开始把他们观察中国的视角放到农民身上，对农民生活困苦给予无限的同情，但总体来说，当时他们对农民和土地问题的认识，还是零碎和模糊的。参加了中共一大的张国焘回忆说，在一大前，"我们没有谈到农民，这大概是认为现在还谈不上，再则农民和共产主义实在距离得太远"。②

1921年7月，中国共产党在上海召开第一次全国代表大会。大会通过的《中国共产党第一个纲领》主张："消灭资本家私有制，没收机器、土地、厂房和半成品等生产资料"，归社会公有。为此，应把"工人、农民和士兵组织起来"③。这个文件作为党的第一个纲领，提出要将农民作为自己重要的社会基础，表明中国共产党一成立，就代表着包括农民在内的广大人民的利益。但是，这里所提到的没收土地，并非要以此解决农民的土地问题，而是将土地作为资本家的生产资料看待的。

1922年1月，在莫斯科参加远东各国共产党及民族革命团体第一次代表大会的张太雷，在呼吁书中把"耕者有其田"与"争取国家的和平与独立""工厂属于工人"一起，列为"我们的口号"。同年6月15日，中国共产党发表对于时局的主张，指出，中国共产党作为"无产阶级的先锋军，为无产阶级奋斗"的党，有着自己明确的奋斗目标，其中之一便是"肃

---

① 中国社会科学院现代史研究室、中国革命博物馆党史研究室：《"一大"前后》（一），人民出版社1985年版，第207—214页。
② 张国焘：《我的回忆》第1册，东方出版社1998年版，第97页。
③ 中共中央党校党史教研室选编：《中共党史参考资料》（一），人民出版社1979年版，第279页。

清军阀，没收军阀官僚的财产，将他们的田地分给贫苦农民"，同时要"定限制租课率的法律"。① 但其中并无实质性的内容。

总体上来讲，中国共产党在建党初期将自己工作的重心放在开展工人运动上，对农民问题重视不够。这是可以理解的。万事开头难，对于年轻的中国共产党来说，还没有革命的经验，对中国基本国情还缺乏准确把握，因而对中国革命如何开展，认识也还比较肤浅。

不过，认识是随着实践的发展而深化的。到 1922 年 7 月中共二大的时候，对于农民问题重要性的认识，就已经有了很大的提高。会议通过的《中国共产党第二次全国代表大会宣言》提出："中国三万万的农民，乃是革命运动中的最大要素。农民因为土地缺乏，人口稠密，天灾流行，战争和土匪的扰乱，军阀的额外征税和剥削，外国商品的压迫，生活程度的增高等原因，以致日趋穷困和痛苦。"《宣言》进而指出："如果贫苦农民要除去穷困和痛苦的环境，那就非起来革命不可。而且那大量的贫苦农民能和工人握手革命，那时可以保证中国革命的成功。"②

同年 11 月，中共中央制定《中国共产党对于目前实际问题之计划》，进一步论述了农民问题的重要性："无产阶级在东方诸经济落后国的运动，若不得贫农群众的协助，很难成就革命的工作。""农业是中国国民经济之基础，农民至少占全人口百分之六十以上，其中最困苦者为居农民中半数之无地的佃农；此种人数超过一万二千万被数层压迫的劳苦大群众（专指佃农），自然是工人阶级最有力的友军，为中国共产党所不应忽视的。中国共产党若离开了农民，便很难成功一个大的群众党。"③

---

① 中央档案馆编：《中共中央文件选集》第 1 册，中共中央党校出版社 1989 年版，第 45 页。
② 中央档案馆编：《中国共产党第二次至第六次全国代表大会文件汇编》，人民出版社 1981 年版，第 44—45 页。
③ 中央档案馆编：《中共中央文件选集》第 1 册，中共中央党校出版社 1989 年版，第 124 页。

这个文件还分析了农民的痛苦，指出欲解除此等痛苦，应采用下列政策：（一）限田运动，限制私人地权在若干亩以内，以此等大地主中等地主限额外之地改归耕种该地之佃农所有。（二）组织农民消费合作社，中国农民间有合资向城市购物之习惯，应就此习惯扩大为消费合作社。（三）组织农民借贷机关，中国农村向有宗祠、神社、备荒等公款，应利用此等公款及富农合资组织利息极低的借贷机关。（四）限制租额运动，应在各农村组织佃农协会，每年应缴纳地主之租额，由协会按收成丰歉议定之。（五）开垦荒地，应要求政府在地税中支用款项，供给过剩之贫农开垦官荒。（六）改良水利，应支用国币或地方经费修理或开挖河道，最急要者如黄河、淮河等。此等河道之开浚，不但与农民有迫切的利害关系，而且在工商业之运输上亦有绝对影响。①

在此前后，一些党员也发表文章，论及对于农民问题的看法。1922年12月，宣中华在《农民和革命》一文中指出："我们也晓得农民运动没有工人运动那样容易。工人会集一处，而且因都市化的结果，知识都比农民高，胆力都比农民大，举动也比农民灵动，无论施教育、集团体，都比较可能而易达。然我们决不能因农民运动困难而不去运动。何况农民运动不是绝对的不可能绝对的有可能呢！""从大体看来，农民都极安分极耐苦地屈服着，但农民终究不是呆子，不是都没有脑子的"，"如果有人向渠们一招呼，一提醒，则枯草遇火，不论山上的、地上的、田里的，都大大地延烧起来，近风施威，将不能或遏了。"②在当时能有这样的认识，确实是难能可贵的。

由于已经初步认识到农民的重要性，一些较为熟悉农村情况的共产党人，开始走上组织农民运动之路。1921年9月，当时是中共党员的沈定一，

---

① 中央档案馆编：《中共中央文件选集》第1册，中共中央党校出版社1989年版，第124页。
② 中共浙江省委党史资料征集委员会等编：《衙前农民运动》，中共党史资料出版社1987年版，第48页。

在其家乡浙江省萧山县衙前地区，领导农民成立了中国最早的农民协会，公开声明与地主"立于对抗地位"，做出"三折还租"的决议，规定改大斗为公斗（每斗十五市斤）量租；取消地主下乡时要佃农负担的"东脚费"；反对交预租，提出种当年地，交当年租，看年成好坏还租，并提出"世界上的土地是应该归农民使用"，"土地该归农民所组织的团体保管分配"。11月24日，衙前农民协会联合会宣告成立。但是，这里的农民斗争于当年12月被地主阶级和省县军警所镇压。

1923年四五月间，中共党员刘东轩、谢怀德被派回家乡湖南衡山县岳北地区，领导成立了岳北农工会，并发动了阻禁米谷出境和减租斗争。到这年11月，登记入册的会员达4万多户，总人口有10万之多，邻近的衡阳、湘潭、湘乡等县边界的农民也纷纷响应。岳北的农民斗争同样很快被地主阶级和反对军队镇压下去。

衙前和岳北的农民运动，成为中国共产党领导的农民运动先驱，但就全党而言，农民问题和农民运动尚未引起足够的重视。这固然与共产国际的指导有关，但也与当时的中共中央负责人的思路不无联系。比如，时任中央执行委员会委员的张国焘在一篇文章中曾这样说："中国的农夫——因为都是小地主时代农民——没有政治上的兴趣，他们只要求一个真命天子，还要求太平和丰年，除此以外，简直什么都不管。"[1]中央执行委员会委员长陈独秀也认为，中国农民所受地主的压迫，不像地主强大的国家（如旧俄罗斯、印度）或资本主义发达的国家（如欧美各国）那样厉害，因而"不容易发生社会革命的运动"[2]。

这在当时并非个别现象，甚至被称为党内农民问题专家的毛泽东，此时也没有把农民运动当成紧迫的问题。恽代英曾写信给毛泽东说，我们也可以学习陶行知到乡村里去搞一搞。毛泽东认为，现在城市工作还忙不过

---

[1]　张国焘：《知识阶级在政治上的地位及其变化》，《向导》1922年第12期。
[2]　《陈独秀文章选编》中册，生活·读书·新知三联书店1984年版，第312页。

来，哪里还顾得上农村。后来，他曾多次讲到这个问题。1938年3月21日，他在延安抗日军政大学三大队的临别演讲中说："十五年前，恽代英主张去做平民教育工作，我没有去。"①

不过，这种状况到1923年6月中共三大的时候已经有所改变。这次大会重点是讨论与孙中山领导的中国国民党合作的问题，但农村和农民问题也是大会的一个重要话题。张国焘回忆说："直到第三次代表大会，代表才注意这个问题（按：指农民问题），尤以毛泽东为然。""毛泽东的发言是强调农民革命的重要性，进而指出中国共产党不应只看见局处广州一隅的国民党，而应重视全国广大的农民。""他向大会指出，湖南工人数量很少，国民党员和共产党员更少，可是满山遍野都是农民，因而他得出结论，任何革命，农民问题都是最主要的。他还证以中国历代的造反和革命，农民问题都是最重要的。中国国民党在广东有基础，无非是有些农民组成的军队，如果中国共产党也注重农民运动，把农民发动起来，也不难形成像广东这类的局面。"②

中共三大通过了一个由谭平山和毛泽东起草的《农民问题决议案》。这个决议案认为，自从各帝国主义者以武力强制输入外货以来，一般日用品的价格增高率远超过农产价格增高率，从前的农民副业（如手工纺织等）也全被摧残。又自辛亥以后，军阀争夺地盘的战争连年不息，土匪遍于各地，再加以贪官污吏之横征暴敛（如预征钱粮额外需索等），地痞劣绅之鱼肉把持，以致农民生活愈加困难。因此，"有结合小农佃户及雇工以反抗牵〔宰〕制中国的帝国主义者，打倒军阀及贪官污吏，反抗地痞劣绅，以保护农民之利益而促进国民革命运动之必要"。③

中共三大之后，党内对于农民问题逐渐重视起来。1923年7月，陈

---

① 中共中央文献研究室：《毛泽东传》(1893—1949)，中央文献出版社1996年版，第108页。
② 张国焘：《我的回忆》第1册，东方出版社1998年版，第293—294页。
③ 中央档案馆：《中共中央文件选集》第1册，中共中央党校出版社1989年版，第151页。

独秀在《前锋》第 1 期发表《中国农民问题》一文，认为农民"在目前已是国民革命之一种伟大的潜势力"，"不可漠视农民问题"，"不可忽视了农民的力量"。1923 年 12 月，陈独秀写作了《中国国民革命与社会各阶级》一文，承认"农民占中国全人口之大多数，自然是国民革命之伟大的势力。中国之国民革命若不得农民之加入，终不能成功一个大的民众革命"。当然，这里陈独秀仍是将农民作为国民革命的"潜势力"来看待的，因而他一方面承认农民参加国民革命的重要性，另一方面又认为"农民居处散漫势力不易集中，文化低生活欲望简单易于趋向保守，中国土地广大易于迁徙被难苟安，这三种环境是造成农民难以加入革命运动的原因"。他还说："以为马上便可在农民间做共产的社会革命运动，这种观察实在未免太粗忽了。""中国农民运动，必须国民革命完全成功，然后国内产业勃兴，然后普遍的农业资本化，然后农业的无产阶级发达集中起来，然后农村间才有真的共产的社会革命之需要与可能。"①

1924 年 1 月，邓中夏在《中国青年》第 13 期上发表《中国农民状况及我们运动的方针》，文章在介绍广东海丰和湖南衡山的农民运动后说，从这两件事可以看出，"中国农民的觉悟是到了要农会的程度，能力是到了敢于反抗压迫阶级的时候，这种壮烈的举动，比较香港海员和京汉路工的罢工，并无逊色，真是中国革命前途可乐观的现象呵。"②

1924 年 4 月，中共中央在上海召开扩大执行委员会会议，通过了《农民兵士间的工作问题议决案》，认为地主阶级和官僚军阀的剥削压迫之下，"农民经济破产得不堪言状"，因此"中央当注意全国范围的农民问题"，"地方机关应当常常注意地方范围内的农民问题"。③

1925 年 1 月，中共四大更是把农民运动提到了前所未有的高度。大

① 《陈独秀文章选编》中册，生活·读书·新知三联书店 1984 年版，第 366—367 页。
② 《邓中夏文集》，人民出版社 1983 年版，第 57 页。
③ 中央档案馆编：《中共中央文件选集》第 1 册，中共中央党校出版社 1989 年版，第 247、249 页。

会通过的《对于农民运动之议决案》指出："农民问题，在无产阶级领导的世界革命，尤其是在东方的民族革命运动中，占一个重要的地位。""经济落后的中国，农业经济基础，虽经国际（资本）帝国主义长期的侵略而崩溃□后，然而农民阶级至今还是社会的重要成分，约占全国人口百分之八十。所以农民问题在中国尤其在民族革命时代的中国，是特别的重要。中国共产党与工人阶级要领导中国革命至于成功，必须尽可能地系统地鼓动并组织各地农民逐渐从事经济的和政治的争斗。没有这种努力，我们希望中国革命成功以及在民族运动中取得领导地位，都是不可能的。"[①]

随着中共对农民问题重要性认识的提高，农村调查也开始受到重视。1924 年 3 月，恽代英在《中国青年》第 23 期上发表了《湖北黄陂农民生活》的调查报告，对黄陂农民的各阶层及其经济与生活状况作了细致的调查。调查报告中说，黄陂的田，是以石、斗、升、合为单位而计算的。每石田上好的约可产谷二十石，即是可以碾糙米十石，若碾细米只得九石零。田少的人，有只得田若干升的；中国人分家的风俗，每令后一代平分前一代的田产，所以田少的人很多。这种人专种自己的田不能供给生活，所以每须同时兼佃人家的田，佃的田与自己的田不必在一处，不过距离总在三四里以内。

中国的佃农生活很苦，必须承受很重的经济剥削。调查报告说，佃田的人，每石田普通完租谷十石于田主，便是等于产谷总额一半左右；亦有少到完租八石或七石的。完租多的，或至十二三石。这种佃谷，是以"每石田几石谷"预先约定的，除了大荒歉以外，田主是不肯减少租谷成数的。在别的地方，有按收成五成对分或四六成对分的。黄陂的田主，则不问佃户的收成，他们按一定的石数收租。若要希望他减少租谷，佃户须发轿子把田主接到家中，请他大吃大喝一顿，再引他到田里踏勘，才双方商议减

---

① 中央档案馆编：《中共中央文件选集》第 1 册，中共中央党校出版社 1989 年版，第 358 页。

成的办法。

这种封建剥削关系，实际上阻碍生产力发展。对于田主而言，他关心的只是收入租谷，对于农民生产的情况是全然不关心的，而"佃田的人，因为田地不是他自己的，他在任何时间都有被田主撤换的可能，所以他不甚肯爱惜田地。再则一般农人，多半是愚昧的，他们不知道精意耕耘，田中土块亦每不注意使他散碎；田中杂草，有时便听他自由滋长。因此所以他们每不能尽生产的地力"①。

这篇调查报告还介绍了农村雇工、乞丐、灾民、耕田的本金与利息、借贷、牛价、典当、田赋、养猪、织布、教育等各方面的情况。

随后，中共领导的《向导》《中国青年》《政治生活》等刊物，相继发表一些农村调查报告，仅在《中国青年》上，就发表有俊才的《山东广饶农民生活》、郁青的《河南彰德农民状况》、卓汉的《皖北寿县的农民生活》、刘明佛的《豫南固始县仙庄集的穷人》等农村调查报告。1924年，中共湘区委员会还决定由共产党员和社会主义青年团员发起组织一个农民通讯社，进行农民生活状况调查，交流各地农民运动的情况。

与此同时，这些刊物还发表了若干关于如何开展农村和农民工作、进行农村调查的文章，号召广大青年到民间去，到农民当中去，了解农民的疾苦，启发农民的觉悟。

在1924年5月3日的《中国青年》第29期上，恽代英发表《农村运动》一文。他说："许多现象，是我们以为很平常而人人知道的；然而惊人的道理，都会从对于这种现象能加以注意而产生出来。"但过去由于"未能十分明了农村的真状，所以我们说的话做的事，总未能对于农民抓到痒处"。恽代英认为，以往开展农村运动有两个误点：一是不知道因势利导的道理，不问农民的心理，去做那些做不通的事情；二是不曾审量农民的地位与实力，一味引他们去做反抗的运动，使有些比较怯弱的农民不敢接

① 《恽代英文集》，人民出版社1983年版，第487—488页。

近。恽代英认为，开展农村运动正确的方法，是首先取得农民的信任，诚心与农民交朋友，办法就是"与农民多接近"，"先使他们亲近你信爱你，你再多从他们考询他们的问题，并与他们商量解决这些问题的方法"。①

1924 年 10 月 18 日的《中国青年》第 49 期发表了署名"新予"的文章——《由经验得来的"农村运动的方法"》，总结了开展农民运动的十条办法：（一）到民间去工作，穿民间的衣服，说民间的话，吃民间的饭，每日做民间事一二个小时；（二）清晨比农民起得更早，做事比农民还下劲；（三）与农民谈话先问后答，不直告；（四）要谦逊，并设法亲近他们；（五）在他们面前可说笑话，不与人骂玩话；（六）想说帝国主义、军阀不好，要从农民的痛苦说起；（七）要有替农民解决问题的常识；（八）在农民休息时，多对他们讲有趣的故事和笑话；（九）农民休息时，把自己会的玩意演给他们，演过后要告诉他们原因；（十）什么样的人给他什么样的应对，令他信服为此。

1924 年 11 月 22 日第 54 期《中国青年》发表了曹谷芸的《怎样和农民谈话?》一文。文章说，与农民谈话要注意农民的心理，但又不能完全迎合他们的心理，而要设法开导他们，纠正他们的错误；要了解农民的生活实际，否则谈话会隔靴搔痒；如有功夫谈他们的家庭情况，这样会使谈话亲热，并从中找出农民的各种隐痛；还要关心乡村教育，取得农民的欢心，以便做进一步宣传。可见，随着革命形势的发展，农民问题已日益为共产党人所关注，他们开始把更多的目光放到农村问题的观察和农民问题的解决上。

1925 年 12 月 29 日第 106 期的《中国青年》发表了署名为"其颖"的《调查农村经济状况大纲》。文章说："农民问题，在中国国民革命中，占一个重要地位，因为经济落后的中国，农业的经济基础，虽因国际帝国主义之侵而日见崩坏；然而农民群众则至今还是社会的重要成分，约占全国人口

---

① 《恽代英文集》，人民出版社 1983 年版，第 524—525 页。

百分之八十。所以凡是忠心于民族革命的人们，对于这个问题万无忽视之理。"文章进而认为，要动员组织农民参加革命，就应该"特别注意农村经济状况的调查，了解他们的实际需要，以便根据他们的实际需要而规定革命的策略与革命的目的以为普遍之宣传"。文章附有《省、县、乡农村经济调查表》一份，要求调查的内容涉及地理上的大概情势、农民的种类及生活状况、生产的种类、农业的副产、生产的方法、农民的组织、农村的教育、农村的风俗习惯、普通农民最低生活限度的标准、农民的一般负担、灾荒的情形、农民的破产情形、农民的心理和要求、农民运动的状况14个大目，每一大目下又分若干需要调查的小目。

二、彭湃的农村调查与农民运动

在中国共产党农村调查和农民运动史上，彭湃是不能不提及的一个人。

彭湃虽然出身于大地主家庭，但他树立了爱国民主思想以后，逐渐转变立场。在日本早稻田大学学习期间，他已开始重视农民问题。1919年9月，早稻田大学的部分学生发起成立"建设者同盟"，研究各种社会主义学说，其成员有很多来自农村，很重视农民问题，强调要从事农民运动，彭湃便是这个组织的积极参与者。

从日本回国后，彭湃立即在广州和家乡海丰县宣传社会主义思想，并在海丰成立了社会主义研究社和劳动者同盟会，向工人、农民作《农民生活与地租问题》等讲演。从1922年5月起，彭湃便"下决心到农村去做实际运动"，"开始农民运动的进行"。[1]1922年6月，彭湃在海丰正式开始从事农村调查和进行农民运动，揭开了海陆丰农民运动的序幕。

在开展农民运动之初，彭湃的行动并不为农民所信任。经过艰苦努

---

[1] 《彭湃文集》，人民出版社1981年版，第111—112页。

力，彭湃克服了重重困难，终于在 1922 年 7 月 29 日组织起"六人农会"，10 月 25 日又领导成立了有 500 余名会员的"赤山约农会"(约相当于大乡)。随后又成立"守望约农会"，点燃了农民革命组织化的火种。此后，海丰的农民运动迅猛发展，到 1922 年年底，入会会员已达 2 万家户、10 万余人，约占海丰全县总人口的四分之一。

1923 年 1 月 1 日，彭湃领导成立了"海丰总农会"，并通过了《海丰总农会临时简章》。《章程》宣布，"海丰总农会"的纲领是"图农民生活之改造。图农业之发展。图农民之自治。图农民教育之普及"①。"海丰总农会"成立后，彭湃对外提出了改良农业、增加农民知识、做慈善事业的口号，对内则提出了减租、取消"三下盖"(指地主收租时连续用斗盖在斗上刮 3 次，以把谷子压实，达到多收谷子的陋规)，取消"伙头鸡""伙头鸭""伙头钱米"(指地主下乡收租时农民要送鸡鸭钱米或招待的陋规)。②这些问题，都是农民最迫切要求解决的。为了防止地主夺地、加强农民的团结，他提出"同盟非耕""穷人联合"，即地主对农会会员易佃加租时，其他会员不能去耕种，对非会员也加以说服，不予接受。如地主坚持不让原佃户耕种，则所有人都不去耕种，让土地荒芜，从而保障了农民的租佃权，防止了地主的破坏，加强了农民的团结。经过努力，海丰农民的生产、生活等方面都发生了显著的变化。

1923 年 2 月 20 日，彭湃撰写了《海丰总农会成立宣言》。《宣言》对农民在社会各阶级中的重要性作了充分肯定，指出："我们农民是世界生产的主要阶级。人类生命的存在，完全是靠着我们辛苦造出来的米粒。我们的伟大和神圣，谁敢否认!"《宣言》控诉了农民所受的苦难，公开声明总农会的成立，就是为了"集合全县农民，组织农会，协力团结，反抗社会一切不合理的制度，争回我们生存的权利"③。1923 年 5 月间，海丰总农

---

① 彭明：《中国现代史资料选辑》第 1 册，中国人民大学出版社 1987 年版，第 442 页。

② 《彭湃文集》，人民出版社 1981 年版，第 127 页。

③ 《彭湃文集》，人民出版社 1981 年版，第 25 页。

会改组为"惠州农民联合会",彭湃任会长,海丰、陆丰等地设分会,农会会员达到 20 多万人。7 月间,农会组织在普宁、惠来等县有所发展,便将"惠州农民联合会"改组为"广东省农会",彭湃担任执行委员长。

1924 年 1 月中国国民党第一次全国代表大会后,第一次国共合作正式形成。在中国共产党人的有力推动下,国民党中央成立了农民部,统一领导农民运动,由共产党人林伯渠担任部长,彭湃任秘书。同年 4 月,彭湃加入中国共产党。

1924 年 5 月 11 日,彭湃致信陈独秀,以其亲身调查得知的海丰第三区林姓地主为例,对海丰农民运动的必要性与紧迫性进行阐释。信中说:"他们对于佃户异常苛酷,屡屡升租,不遂则收回田地,批与别人。十年前每石种田(每亩田当海丰八升种)纳租额不过五六石,至多亦不过七石。现在每石租田竟升至二十石租之高",致使农民"收支相抵每年亏本二三十元之多。他们现在觉得是大亏本了,他们晓得团结了"。①

彭湃对农民的阶级成分初步进行了划分。他认为,中国 80% 的农民可以分为自耕农、半自耕农、佃农、雇农,其中佃农约占 50%,半自耕农约占 30%,自耕农、雇农约占 20%。彭湃具体讲述了农民在政治上、经济上、文化上受压迫的情景:农民在政治上艰苦万分,深受土豪劣绅、民团乡团、警察、县长、军阀等等的压迫,毫无权力与地位可言;在经济上深受地租剥削,要将一半以至三分之二的谷交于地主,自己年年都亏本,只好靠做工、卖东西甚至鬻妻卖子来还债;在文化上则没有书读。彭湃从政治、经济、文化三个方面分析了农民的苦难以后,得出了如下结论:"农民占人口百分之八十,在此层层压迫之下,只有两条路可走,一条是革命的,一条便是死,如果不革命便只有死了。"②彭湃认为,农民只有起来革命才有活路,而农民革命必须有人去发动和组织,因此必须重视

① 《彭湃文集》,人民出版社 1981 年版,第 61 页。
② 《彭湃文集》,人民出版社 1981 年版,第 98 页。

对农民运动的领导。

1924 年 12 月，彭湃以国民党中央农民部特派员的身份，前往广东省广宁县调查农民减租情况，连续给中共广东区委和国民党中央农民部写了五个调查报告，对广宁农民反抗地主的斗争情况进行详细的介绍和分析。通过调查，彭湃感到建立农民武装十分重要。他在给中共广东区委的报告中说："农民总是向我们的宣传鼓动员指出：光有宣传鼓动而无武器是什么也干不成的。""不建立农民的武装队伍，不把好的武器发给他们，我们的工作就得不到必要的结果。"①

1926 年 1 月，彭湃根据自己的调查研究和从事农民运动的实践，写成了《海丰农民运动》。在这本书中彭湃详细分析了农民在政治上、经济上、文化上受压迫的情况。政治上，辛亥革命以前，海丰的农民一直是隶属于满清的皇帝、官僚、绅士和田主这班压迫阶级底下，农民怕地主绅士和官府好像老鼠怕猫的样子，终日在地主的斗盖、绅士的扇头和官府的锁链中呻吟过活。辛亥革命以后，他们"不但不能脱了地主的斗盖、绅士的扇头、官府的锁链，并且增加了新兴地主的护弁及手枪之恐吓"。② 为了压迫剥削农民，地主勾结官府、警察组织民团乡团横行乡里，警察在乡下，也作恶违法，无法无天。

对于农民的经济状况，彭湃调查到的情况是：海丰一县人口约 40 余万人，约 7 万余户，其中 5.6 万户是属于农户。纯自耕农约占 20%，半自耕农约占 25%，佃农约占 55%，至于自耕农兼小地主及雇农极为少数，全县简直不上 500 人。就其经济地位而言，"自耕农兼小地主其地位比较颇为优越，而半自耕农之地位则次之，最苦者莫如大多数之佃农"。

佃农深受地租剥削，彭湃为此算了一笔细账：佃农向田主佃一石种田地（以中等为标准），每年中等年况两造可收获 27 石，除了一半还田主的

---

① 《彭湃文集》，人民出版社 1981 年版，第 71 页。

② 《彭湃文集》，人民出版社 1981 年版，第 102—103 页。

租（纳租额 50% 至 75%），所余 13 石 5 斗算为一年中的收入，每石价额值银 6 元计银 81 元，加上禾稿（即稻草）约 3 元，共合计收入银 84 元。如果扣除肥料每年两造 30 元，种子费约 5 元，农具消耗费约 5 元，剩余仅 44 元。这其中还有一项重要的本银没有算进去，这就是农民的工钱。一个农民食用每餐至少需要六个铜仙（即半角），一天就要一角半钱。以一年计就要 54 元，加料费等生产成本合计 94 元，将之与收获所得 84 元相抵，辛苦劳动一年，"不敷十元之多"。而农民食之外还要穿衣，房屋坏了要修缮，家中还有父母妻儿要吃饭穿衣。

为了弥补这个亏空，佃农补救的办法有二：一是从积极方面，除了耕田之外，或种山、或植果子、或养牛猪鸡、或上山砍柴割草、或为船夫、或为抬轿挑工，等等。二是消极方面（因积极的方法仍不能弥补所亏），乃将其所有祖宗遗留下的少量田地屋宇厕地典卖了，或把农具都押去了；或者就是借债——高利贷等，这种典卖借押的结果还不足弥补，乃进一步用其最残忍的方法了——"常夺其父母妻儿的衣被去当，使其不能御寒，减少其食料，使其饥饿"。"农民这样把生活费减少而压迫父母妻儿，仍是不能填无底深潭的亏空，仍不能厌地主们享福的欲望，乃更进一步嫁妻卖儿的政策以抵租债者。"妻儿卖尽，然后逃出农村，卖身过洋为猪仔，或跑到都市为苦力，或上山为匪为兵。在这种情况下，农民不革命是无路可走的。①

开展农村调查和领导农民运动的实践，使彭湃对农民问题的认识进一步深化。1925 年，彭湃对海丰第一次农民代表大会的与会代表 126 人进行了关于"土地观念"的调查。在调查中，无一人承认田地应该为田主所有，而认为应该归社会所有的人有 109 人。② 这些调查说明，海陆丰农民对土地所有制的认识达到一个新阶段，即推翻封建地主土地所有制，从而

---

① 《彭湃文集》，人民出版社 1981 年版，第 106—108 页。
② 叶左能：《海陆丰革命根据地史》，中共中央党校出版社 2002 年版，第 43—44 页。

获得真正的自身解放。

1926年5月，彭湃领导和主持的广东省第二次农民代表大会通过《广东农民一年来奋斗经过报告决议案》，明确提出："我们要联合全体农民，以多数人应享得幸福之原则，争回为劣绅土豪所垄断把持之乡村政权，参加地方政治，得派代表参加地方行政、司法、教育等机关及关于农民事件之会议，以取得实际之利益。"这次会议通过的《农民运动在国民革命中之地位决议案》进一步指出："半殖民地中国国民革命运动便是一个伟大的农民解放运动。在经济的观点上和群众的观点上，农民问题是国民革命的一个中心问题。国民革命能否进展和成功，必以农民运动能否进展和成功为转移。占人口最大多数和占经济地位最重要的农民如果不起来，中国的国民革命绝对不能有真正成功的希望。所以农民运动在中国革命运动中，是占一个最主要的地位，农民运动问题是国民革命运动中的根本问题。"①

彭湃从自己的亲身体验中，认识到从事农民运动、进行农村调查要讲究方式方法。1926年6月2日，他在第六届农民运动讲习所的讲演中，明确提出农民运动的十二条"注意之点"，其中有"要吃苦，忠诚勇敢，受党的指导"；"要明白农民的生活及其心理"；"与农民交接应严密，决然不可生金钱关系"；"不要贪恋农民妇女"；"不要出无所谓的风头，夸自己能干"；"谈话不要深奥，用俗语，且要耐烦"；"初次与农民谈话，可以白话告以历史"；"不要显出与农民不一律的动作"；等等。②

1926年9月1日，毛泽东在《国民革命与农民运动》一文中，高度评价了彭湃领导海丰农民运动的成绩。他说："陈炯明的故乡，历来土豪劣绅、贪官污吏猬集的海丰县，自从有了五万户二十五万人之县农民协会，便比广东任何县都要清明——县知事不敢为恶，征收官吏不敢额外括

① 人民出版社编：《第一次国内革命战争时期的农民运动》，人民出版社1983年版，第287页。

② 《彭湃文集》，人民出版社1981年版，第196—197页。

钱，全县没有土匪，土豪劣绅鱼肉人民的事几乎绝迹。"毛泽东还指出："中国的革命，只有这一种形势，没有第二种形势。全中国各地都必须办到海丰这个样子，才可以算得革命的胜利，不然任便怎么样都算不得。全中国各地必须都办到海丰这个样子，才可以算得帝国主义、军阀的基础确实起了动摇，不然也算不得。因此，乃知所谓国民革命运动，其大部分即是农民运动。"[①]

三、毛泽东的早期农村调查

当时在中国共产党内，重视农民问题和农村调查的还有毛泽东。

调查研究是毛泽东一生事业的特殊组成部分。邓小平后来说："毛泽东同志从参加共产主义运动、缔造我们党的最初年代开始，就一直提倡和实行对于社会客观情况的调查研究，就一直同理论脱离实际、一切只从主观愿望出发、一切只从本本和上级指示出发而不联系具体实际的错误倾向作坚决的斗争。"[②]正因为毛泽东在民主革命时期非常注重调查研究，尤其是极为注重农村调查，他才对中国革命时期的社会情形有着透彻的了解，也才能在"众人皆醉"的社会氛围中，号准中国农村的脉，准确把握革命规律，找到一条符合中国国情的革命道路。

早在湖南第一师范学校求学期间，毛泽东就非常注重社会实践，既重视读"有字之书"，又重视读"无字之书"。他认为，以往思想界"很少踏着人生社会的实际说话"，结果，"凑热闹成了风"，"不容易引入实际去研究实事和真理"。[③]因此，要积极主动地进行社会调查。他在给友人的一封信中说："吾人如果要在现今的世界稍为尽一点力，当然脱不开'中国'这个地盘。关于这地盘内的情形，似不可不加以实地的调查

---

① 《毛泽东文集》第一卷，人民出版社 1993 年版，第 38 页。

② 《邓小平文选》第二卷，人民出版社 1994 年版，第 114—115 页。

③ 《毛泽东早期文稿》，湖南出版社 1990 年版，第 363 页。

及研究。"①

在这一思想指导下，毛泽东开始了其人生中的初期农村调查实践——"游学"。1917年的七八月间，他利用暑期与同学萧子升漫游了长沙、宁乡、安化、益阳、沅江5个县，历时一个月，行程900余里，沿途接触了城乡各阶层人员，了解当地风土人情，获得了许多新鲜知识。第二年春天，他和蔡和森沿洞庭湖南岸和东岸，经湘阴、岳阳、平江、浏阳几县，游历了半个多月。正如后来人们所评价的："他日后养成的调查研究作风，从这里已可看出些端倪。"②

虽然在中国共产党成立之前，毛泽东就已用"游学"的方式进行过社会调查，但在成为马克思主义者后的一段时间，农民问题并没有引起毛泽东的高度重视，上文谈及的他对恽代英到农村去的答复便是一个例证。所以在建党之初，毛泽东的主要精力也是放在领导工人运动上。毛泽东真正意义上的农村调查，是从1924年年底开始的。

这年12月，毛泽东离开上海回到家乡韶山养病。在家乡的半年时间里，他一边养病一边利用串门、走亲访友等形式进行社会调查。毛泽东通过同各种人的接触和访问，了解到韶山附近农民的生产、生活和各种社会情况。其间，他特地到安化县考察那里的社会和革命斗争情况。在进行社会调查的同时，毛泽东还秘密建立了中共韶山支部和社会主义青年团组织，组织农民协会，成立了20多所农民夜校，并领导家乡农民进行了"阻禁平粜"和争夺教育权等斗争。

毛泽东在组织和领导韶山一带农民运动的过程中，收集了许多关于农民生产和生活的材料。他以这些材料为根据，再加上在湘潭西乡同佃农张连初交谈所得情况，写成了《中国佃农生活举例》一文。1927年3月，这篇调查作为中央农民运动讲习所丛书之一正式出版。这是目前保存下来

① 《毛泽东早期文稿》，湖南出版社1990年版，第474页。
② 中共中央文献研究室：《毛泽东传（1893—1949）》，中央文献出版社1996年版，第22页。

的毛泽东写成的最早的一篇调查材料。

毛泽东以一个壮年勤敏的佃农作为分析对象，"假定一个壮年勤敏佃农，租人15亩田（一佃农力能耕种之数），附以相当之园土柴山，并茅屋一所以为住宅。此佃农父母俱亡，仅一妻一子，妻替他煮饭喂猪，子年十二三岁，替他看牛。这个佃农于其租来之15亩田，可以全由自己一人之力耕种，不需加雇人工。因穷，田系贩耕，没有押租银可交，所以田租照本处通例要交十分之七"。① 这个佃农一年的支出是：食粮共72元（大洋，下同），猪油共3元，盐3.12元，灯油0.84元，茶叶2元，工资36元，种子2.4元，肥料18元，牛力9.824元，农具消耗6.6055元，杂用12元，以上11项共计165.7895元。

这个佃农一年的收入，每亩年获稻谷4石，15亩共获60石，交租42石（十分之七），自得18石，每石价4元，共72元；喂猪每年40元；冬季或砍柴或挑脚可寻钱20元；工食省余（9、10、11三个月出外砍柴挑脚，不在家里吃饭做事）15.72元；以上4项共计147.72元。收支相抵，亏空19.6455元。而每年147.72元收入，还须假定在下列六个条件之下才有可能：（一）绝无水、旱、风、雹、虫、病各种灾害；（二）身体熬炼，绝无妨碍工作之疾病；（三）精明会计算；（四）所养猪牛不病不死；（五）冬季整晴不雨；（六）终年勤劳，全无休息。

事实上，这六个条件同时具备者很少，尤其是第三和第五个条件。因为"穷苦佃农总是老实者多精明者少，在生存竞争十分剧烈之今日农村，此点关系荣枯极大；而冬天往往风雨连绵，害得穷苦农民大大减少砍柴挑脚之收入"。而且第一条的天然灾害、第二条的疾病、第四条的牲畜病症、都是在所难免的。所以，毛泽东调查后得出的结论是："中国之佃农比牛还苦，因牛每年尚有休息，人则全无。然事实上佃农不能个个这样终年无一天休息地做苦工，稍一躲懒，亏折跟来了。这就是中国佃农比世界

———————
① 《毛泽东农村调查文集》，人民出版社1982年版，第28页。

上无论何国之佃农为苦，而许多佃农被挤离开土地变为兵匪游民之真正原因。"①

1925 年 12 月 1 日，毛泽东在国民革命军第二军编印的《革命》第 4 期上，发表了《中国社会各阶级的分析》一文，其中分析了"半无产阶级"的经济地位和政治态度。这里的"半无产阶级"，主要指的就是农民。毛泽东此时将"半无产阶级"划分为半自耕农、贫农、小手工业者、店员、小贩 5 种，认为绝大部分半自耕农和贫农是农村中一个数量极大的群众。所谓农民问题，主要就是他们的问题。他还具体分析了半自耕农和贫农的不同的经济状况及其不同的革命性。

次年 1 月 1 日，毛泽东又在《中国农民》上发表了《中国农民中各阶级的分析及其对于革命的态度》一文。文章将农村分为大地主、小地主、自耕农、半自耕农、半益农、贫农、雇农及乡村手工业、游民等阶级和阶层，认为大地主是中国农民的死敌，是帝国主义军阀的真实基础，是封建宗法社会的唯一坚垒；小地主对于现代的革命采取矛盾态度；自耕农的情况比较复杂，但革命高潮到来时，各种自耕农是全部可以倾向革命的；至于半自耕农、半益农、贫农都是要求革命的，但因其经济地位有差异，故革命性也有所不同；而雇农在农村中是"甚感痛苦者，做农民运动极要注意"；游民无产阶级"很能勇敢奋斗，引导得法可以变成一种革命力量"。对农村的不同阶级阶层的经济地位和政治态度，作如此详细的分析，在当时党内是不多见的，而"在韶山从事农民运动的实践，无疑为他的这些分析提供了重要依据"②。

1926 年 1 月，国民党在广州召开第二次全国代表大会。会议根据中国共产党人的提议，通过了农民运动的决议案，设立了农民运动委员会，毛泽东、林祖涵（林伯渠）、萧楚女等 9 人为委员。3 月 16 日，农民运动

① 《毛泽东农村调查文集》，人民出版社 1982 年版，第 33 页。
② 中共中央文献研究室：《毛泽东传》(1893—1949)，中央文献出版社 1996 年版，第 114 页。

委员会举行第一次会议，决定由毛泽东担任第六届广州农民运动讲习所所长。

广州农民运动讲习所（以下简称"农讲所"）是 1924 年 7 月创办的，由彭湃担任主任（第二届至四届由共产党员阮啸仙担任主任，第五届仍由彭湃任主任）。农讲所每届时间为 1 个月，学员毕业后选派为农民运动特派员。第六届学员来自全国 20 个省，共 300 多人，是历届农讲所规模最大的一次。这些学员大部分是工人、农民、小学教师和青年学生，他们把各自所熟悉的当地农村情况带进农讲所。毛泽东认为这是了解农村的极好机会，他将这些学员作为调查对象，向他们了解各地农村各方面的情况。毛泽东经常向学员印发一些调查表格，要求学员们把自己知道的情况填写出来。①

当年参加第六届农讲所学习的湖南籍学员王首道，在 1961 年撰写的《革命的摇篮——回忆广州农民运动讲习所》一文中说："在农讲所的整风学习过程中，毛泽东同志教育和引导我们始终坚持理论联系实际的革命学风。在这期间，他除了引导学员坚持社会调查外，还以学员为对象，做了许多关于农民问题的调查研究工作，并在教学中充分运用这些材料，坚持理论与实践相结合。"② 河北籍学员张明远也回忆说："毛泽东还在学员中成立农民问题研究会，充分利用学员来自全国这一有利条件，亲自主持召集来自各省的学员开调查会。不能参加调查会的，都发给调查提纲。从阶级关系、宗教信仰，到风俗习惯、秘密社团，以及歌谣谚语等等，都在调查之列。"③

由于第六届农讲所的学员来自各省，根据毛泽东的建议，在教务主任陆沉（当时是共产党员）的指导下，农讲所根据学员所在地区，分别组成了两广、湖南、湖北、江西、福建、江浙、安徽、四川、云贵、奉直、山

---

① 孙克信等编著：《毛泽东调查研究活动简史》，中国社会科学出版社 1984 年版，第 37 页。
② 王首道：《怀念集》，湖南人民出版社 1983 年版，第 13—14 页。
③ 张明远：《我的回忆》，中共党史出版社 2004 年版，第 41 页。

东、豫陕、三个特区（热河、察哈尔、绥远）13个"农民问题研究会"。每个研究会推选干事1人，书记1人至8人，由其主持会务。研究会每星期开会一两次，引导学员研究实际问题，要求学员就如下问题开展调查：

（一）租率；（二）主佃的关系；（三）抗租减租平粜等风潮；（四）利率；（五）拖欠逼账及烂账等情形；（六）田赋；（七）抗粮情形；（八）厘金杂税杂捐及临时捐；（九）自耕农半自耕农佃农雇农数目比较；（十）地主的来源；（十一）货物价格与农产品价格之比较；（十二）工价；（十三）失业情形；（十四）祠堂组织及族政情形；（十五）地方公会组织及财产状况；（十六）地方政治组织；（十七）地方政治情形；（十八）会党及土匪；（十九）团防情形；（二十）教育状况；（二十一）销售何种洋货影响如何；（二十二）兵祸及其影响；（二十三）天灾及其影响；（二十四）贪官污吏及其影响；（二十五）烟赌偷抢各种情形；（二十六）出产什么及其销售地；（二十七）妇女的地位；（二十八）农民的观念及感想；（二十九）从前与现在地价之比较；（三十）从前与现在农产品价格之比较；（三十一）农村组织状况；（三十二）地质之肥沃；（三十三）宗教之信仰状况；（三十四）度量衡；（三十五）民歌；（三十六）成语。

第六届农讲所学员通过搜集农村各方面的材料，集体讨论分析，加深了对农村中各阶级经济与政治关系的认识，学到了如何进行调查研究的方法，提高了观察问题和分析问题的能力。为了使学员掌握实际的调查研究方法，毛泽东还组织学员分别到当时农民运动开展得较好的海丰、韶关等地农村，进行实地调查研究，"了解农村各阶级状况，了解农会组织及对敌斗争的方法，学习农会的工作经验，增强了学员们从事农民运动的决心"。[1]

第六届农讲所的学员撰写了一批调查报告，毛泽东对此十分重视，亲自给学员们修改调查报告，并把一部分调查报告和调查材料编入《农民问

---

[1] 孙克信等编著：《毛泽东调查研究活动简史》，中国社会科学出版社1984年版，第40页。

题丛刊》，作为研究和指导农民运动的重要材料。

他在为《农民问题丛刊》写的序言《国民革命与农民运动》中指出："农民问题乃国民革命的中心问题，农民不起来参加并拥护国民革命，国民革命不会成功；农民运动不赶速地做起来，农民问题不会解决；农民问题不在现在的革命运动中得到相当的解决，农民不会拥护这个革命。"①要发动农民起来革命，就必须了解农民，开展深入的农村调查。为此，他号召："我们的同志于组织工人组织学生组织中小商人许多工作以外，要有大批的同志，立刻下了决心，去做那组织农民的浩大的工作。要立刻下了决心，把农民问题开始研究起来。要立刻下了决心，向党里要到命令，跑到你那熟悉的或不熟悉的乡村中间去，夏天晒着酷热的太阳，冬天冒着严寒的风雪，搀着农民的手，问他们痛苦些什么，问他们要些什么。从他们的痛苦与需要中，引导他们组织起来，引导他们向土豪劣绅争斗，引导他们与城市的工人、学生、中小商人合作建立起联合战线，引导他们参与反帝国主义反军阀的国民革命运动。"②

对于农民讲习所学员的调查研究，毛泽东给予了充分的肯定。他说："说到研究农民问题，便感觉太缺乏材料。这种材料的搜集自然要随农民运动的发展才能日即于丰富，目前除广东外各地农运都方在开始，所以材料是异常贫乏。这回尽可能搜集了这一点，印成这一部丛刊，作为各地农运同志的参考。其中各省农村状况调查一部分，乃农民运动讲习所第六届学生三百余人所做，在学生们分别组织的各该省农民问题研究会内提出讨论，又经过相当的审查才付印的。他们以前多没有农民状况的详细的调查，故所述只属大略。然从前连大略都没有，今有了一点，便也觉得可贵。我们应该拿了这一点大略，在不久的时期内从各地的实际工作实际考察中引出一个详细的具体的全国的调查来。"③

---

① 《毛泽东文集》第一卷，人民出版社 1993 年版，第 38 页。
② 《毛泽东文集》第一卷，人民出版社 1993 年版，第 39 页。
③ 《毛泽东文集》第一卷，人民出版社 1993 年版，第 39—40 页。

从各地的调查中，"引出一个详细的具体的全国的调查来"，以此来推动农民运动的发展和中国革命高潮的到来，这是毛泽东倡导农讲所学员开展农村调查的根本目的。在中国共产党内，毛泽东不是最早从事农民运动的，但他此时在党内对农民问题认识的深度已走在前列。后来，周恩来曾评价说："从这个运动中，能看到革命的发展是走向农民的革命战争，能看到革命发展这个全局的，在我们党内的代表是毛泽东同志。他接办农民运动讲习所，进行农民土地问题的调查研究，出了二十几种小册子，历届讲习所的学生后来分散到湖南、湖北和其他各地，发动了广大的农民运动。"①

四、《湖南农民运动考察报告》

1926 年 11 月，毛泽东从广州到上海，担任中共中央农民运动指导委员会书记，负责领导全国的农民运动。主持中央农委工作后，毛泽东所做的第一件事，就是制订《目前农运计划》。这个《计划》提出，农民运动要首先在那些具备条件而又在国民革命中具有重要意义的地方大力开展起来。"在目前状况之下，农运发展应取集中的原则。全国除粤省外，应集中在湘、鄂、赣、豫四省发展。""次则陕西、四川、广西、福建、安徽、江苏、浙江七省亦应以相当的力量去做。"②

为了实施这个计划，毛泽东于 11 月下旬前往长江沿线一带考察，联络江西、湖南、湖北诸省国民党省党部，商办武昌农民运动讲习所事宜。12 月初，毛泽东抵达当时革命的中心——武汉。

随着北伐战争的胜利进军，全国出现了一个以湖南为中心的农民运动高潮，其势如暴风骤雨，迅猛异常。蓬勃发展的农民革命斗争，引起了帝

---

① 《周恩来选集》（上），人民出版社 1980 年版，第 117 页。
② 中央档案馆：《中共中央文件选集》第 2 册，中共中央党校出版社 1989 年版，第 461 页。

国主义、土豪劣绅、封建军阀、贪官污吏和国民党右派的恐慌，他们攻击污蔑农民运动是"痞子运动""惰民运动"，叫嚷农民运动"糟得很"。就在此时，对于正在风起云涌的农民运动究竟应当持什么样的态度，中国共产党内部也出现了激烈争论。

这年 12 月 13 日至 18 日，中共中央在汉口召开特别会议，毛泽东以中央农委书记身份参加了这次会议。这次会议错误地根据陈独秀的政治报告作出的决议案指出：当前"各种危险倾向中最主要的严重的倾向是一方面民众运动勃起之日渐向'左'，一方面军事政权对于民众运动之勃起而恐怖而日渐向右。这种'左'右倾倘继续发展下去而距离日远，会至破裂联合战线，而危及整个的国民革命运动"①。根据这个分析，会议规定当时党的主要策略是：限制工农运动发展，反对"耕地农有"，以换取蒋介石由右向左；同时扶持汪精卫取得国民党中央、国民政府和民众运动的领导地位，用以制约蒋介石的军事势力。②

在这次会议上，陈独秀指责湖南工农运动"过火""幼稚""动摇北伐军心""妨碍统一战线"等。但也有不少人不同意陈独秀的意见，中共中央委员、湖南区委书记李维汉提出，根据湖南农民运动的发展趋势，应当解决农民土地问题，"毛泽东赞同湖南区委的主张，但陈独秀和鲍罗廷不赞成马上解决土地问题，认为条件不成熟，说目前主要是满足农民的减租减息，武装自卫，反抗土豪劣绅，反抗苛捐杂税的迫切要求，并且认为不应以赞成不赞成解决土地问题作为是否左派的标准。会议基本上按照陈独秀和鲍罗廷的主张通过了决议。"③

"当面对着复杂的问题需要作出决断时，毛泽东历来主张应该从调查研究入手，把事实先切实地弄清楚。带着农民运动是否'过火''幼稚'的问题，他决心实地考察一下，看看农村的实际情况究竟是怎么一回

---

① 中央档案馆：《中共中央文件选集》第 2 册，中共中央党校出版社 1989 年版，第 569 页。

② 中共中央文献研究室：《毛泽东（1893—1949）》，中央文献出版社 1996 年版，第 121 页。

③ 李维汉：《回忆与研究》（上），中共党史资料出版社 1986 年版，第 104 页。

事。"①恰好在此时，湖南省第一次农民代表大会在长沙召开，大会电请他回湘给予指导。于是，他从汉口到了长沙。

参加完湖南省第一次农民代表大会后，毛泽东经与中共湖南区委商定，为参加会议的代表开办了一个短训班，并作了三次关于农民问题及调查方法的报告。短训班结束后，毛泽东于 1 月 4 日动身前往湘潭，考察湖南农民运动。

1 月 4 日至 9 日，毛泽东先后在湘潭县城和湘潭的银田、韶山一带考察。在湘潭县城，毛泽东召集县农协、工会、妇联、商联、青年等组织的负责人召开座谈会，了解农民组织起来的情况和斗争土豪劣绅的情况。回到韶山调查时，毛泽东发现此时的情形与 1925 年他离开时已大不一样了：祠堂成了农民协会的会址，农民协会组织农民修塘、修坝、禁烟、办农民夜校，韶山成了农民的天下。过去雨神庙里有很多"游民"，现在也没有了，他们有的参加了农民协会，有的在劳动。而且妇女也来开会了，甚至她们还要坐头席，过去她们不能进的祠堂也可以大摇大摆地进了。闻讯赶来的宁乡县高露乡的农会干部告诉他，这个乡的国民党区分部实行的是"二民主义"，因为他们取消平粜米，还把领头争取平粜的鞋匠关进县监狱，取消了"民生主义"。在银田寺，人们告诉他原团防局长汤峻岩等自 1913 年以来就杀人 50 多个，活埋 4 人，最先被杀的竟是两个无辜的乞丐。

1 月 9 日至 14 日，毛泽东来到湘乡考察。他首先来到外婆家的唐家圫，并将舅父、表兄弟和一些老农请来座谈。在湘乡县城，又召集县农协的主要负责人开调查会。在调查中他边问边记：农会组织得怎么样，乡里人对农民协会有什么看法，有没有反对农民协会的等。他还多次邀集湘乡县农协、工会、妇联、商联、青年等组织的负责人座谈，了解农民运动的情况，并邀请一些区农民协会的委员长，听取他们对农民运动的意见。在调查中，有人告诉他，湘乡历来牌赌盛行，鸦片流毒很广，农民协会一成

---

① 中共中央文献研究室：《毛泽东（1893—1949）》，中央文献出版社 1996 年版，第 122 页。

立，首先禁止赌钱打牌，禁止抽鸦片烟。还有人告诉他，有个大土豪逃到长沙，到处攻击农民运动，说："那些一字不识的黑脚杆子，翻开脚板皮有牛屎臭，也当了区农民协会的委员长，弄得乡里不安宁"；留在乡下的小劣绅怕被打入另册，却愿意出 10 块钱要求参加农会。

1 月 15 日至 23 日，毛泽东到衡山县考察。在该县白果乡，人们告诉他，农会掌了权，土豪劣绅不敢说半个"不"字；妇女们也成群结队地涌入祠堂，一屁股坐下便吃酒席，族长老爷对此也无可奈何。在衡山县的福田铺，毛泽东在农协所在的圣帝庙开调查会，调查福田铺农民运动的情况。他还到宋家桥走访农户，找开明绅士座谈，了解他们对农民运动的看法。在衡山县城，他又邀请农协及其他群众组织的负责人座谈，并详细地了解了农民武装的情况。

1 月 24 日，毛泽东回到长沙，将他在湘潭、湘乡、衡山 3 县的调查情况，详细地向中共湖南区委负责人作了报告，并到长沙郊区做了一些考察。

1 月 27 日至 2 月 3 日，毛泽东再次离开长沙，前往醴陵考察。在这里毛泽东多次召开各种座谈会，听取农民运动情况的汇报，研究如何加强对农运的领导，扩大农民运动组织，发展农民武装，建立和巩固农民政权的问题。还到离县城 20 余里的东富寺考察了 3 天，了解那里的农民运动情况。在醴陵县，毛泽东了解到，那里禁迷信、打菩萨之风颇盛行。北乡各区农民禁止家神老爷（傩神）游香。渌口伏波岭庙内有许多菩萨，因为办国民党区党部房屋不够，把大小菩萨堆于一角，农民无异言。自此以后，这一带死了人，敬神、做道场、送大王灯的，就很少了。他还了解到，有个诨号叫"乡里王"的土豪易萃轩，最初极力反对农协，后来又低头作揖，给乡农会送上"革故鼎新"的金匾，同时又把儿子送到仇视农民运动的何键（时任国民革命军第 35 军军长）的部队去当兵。

2 月 4 日，毛泽东回到长沙，在长沙县城郊区再次邀请农民协会负责人座谈，了解长沙农民运动的情况。毛泽东原本还要对宁乡、新化、宝庆、攸县、武冈、新宁等县进行考察，后因时间关系未能成行。

回到长沙后，毛泽东向中共湖南区委作了几次报告，纠正他们认为农运过"左"的错误。这年2月，中共湖南区委写给中共中央的《湘区一月份农民运动报告》中说："我们在此社会群向农运进攻之包围中，我们亦自认现在农运的确是太左稚，于是通告禁止农协罚款、捕人等事，而且限制区乡农运执行委员，皆须现在耕种之农民担任，对于罚款、逮捕之人。皆须扫除，几乎不自觉的站到富农、地主方面而限制贫农。自润之同志自乡间视察归来，我们才感贫农猛烈之打击土豪劣绅实有必要，非如此不足以推翻现在乡村之封建政治。"①

2月12日，毛泽东由长沙回到武汉。16日，他将考察的情况给中共中央写了一个报告，对农民运动作了高度评价。报告中说："始发见从前我们对农运政策上处置上几个颇大的错误点。"报告提出：党对农运的政策，应注意以"农运好得很"的事实，纠正政府、国民党、社会各界一致的"农运糟得很"的议论；应以"贫农乃革命先锋"的事实，纠正各界一致的"痞子运动""惰农运动"的议论；应以从来并没有什么联合战线存在的事实，纠正农协破坏了联合战线的议论。报告还提出，贫农有很高的革命热情，应解决贫农的土地问题和资本问题，在农村中大力发展党的组织，以应付急剧发展的革命形势。②

很快，毛泽东又将他在湖南考察农民运动的所见所闻、所思所想，写成了《湖南农民运动考察报告》（以下简称《报告》）。3月5日，《报告》在中共湖南区委机关刊物《战士》周刊最先作了刊登。3月12日，中共中央机关报《向导》周刊开始刊载，后由于陈独秀的反对被迫停止。4月，在瞿秋白的支持下出版单行本，由汉口长江书店印行。瞿秋白亲自为该书作序，热情地赞颂了农民运动，驳斥了污蔑和攻击农民运动的种种谬论，

---

① 李维汉：《回忆与研究》（上），中共党史资料出版社1996年版，第102页。

② 中共中央文献研究室：《毛泽东年谱（1893—1949）》上卷，人民出版社、中央文献出版社1996年版，第182页。

号召广大革命者要为农民说话。瞿秋白在序中强调指出："中国革命家都要代表三万万九千农民说话做事，到战线去奋斗，毛泽东不过开始罢了。中国的革命者个个都应当读读毛泽东这本书，和读彭湃的《海丰农民运动》一样。"① 两个月后，共产国际执委会机关杂志《共产国际》俄文版和英文版转载了这个《报告》。

该《报告》是一篇经典性的文献。《报告》强调，革命党人必须极端重视农民斗争，支持农民的革命行动，指出："所有各种反对农民运动的议论，都必须迅速矫正。革命当局对农民运动的各种错误处置，必须迅速变更。这样，才于革命前途有所补益。因为目前农民运动的兴起是一个极大的问题。很短的时间内，将有几万万农民从中国中部、南部和北部各省起来，其势如暴风骤雨，迅猛异常，无论什么大的力量都将压抑不住。他们将冲决一切束缚他们的罗网，朝着解放的路上迅跑。一切帝国主义、军阀、贪官污吏、土豪劣绅，都将被他们葬入坟墓。"②

《报告》肯定了湖南农民在运动中所做的 14 件大事，都是革命的行动和完成革命的必要措施。指出："农民的主要攻击目标是土豪劣绅，不法地主，旁及各种宗法的思想和制度，城里的贪官污吏，乡村的恶劣习惯。这个攻击的形势，简直是急风暴雨，顺之者存，违之者灭。其结果，把几千年封建地主的特权，打得个落花流水。""孙中山先生致力国民革命凡四十年，所要做而没有做到的事，农民在几个月内做到了。这是四十年乃至几千年未曾成就过的奇勋。这是好得很。完全没有什么'糟'，完全不是什么'糟得很'。"

《报告》中还说："革命不是请客吃饭，不是做文章，不是绘画绣花，不能那样雅致，那样从容不迫，文质彬彬，那样温良恭俭让。革命是暴动，是一个阶级推翻另一个阶级的暴烈的行动。农村革命是农民阶级推翻

---

① 《瞿秋白文集》（政治理论编）第 4 卷，人民出版社 1993 年版，第 574 页。
② 《毛泽东选集》第一卷，人民出版社 1991 年版，第 12—13 页。

封建地主阶级的权力的革命。农民若不用极大的力量，决不能推翻几千年根深蒂固的地主权力。农村中须有一个大的革命热潮，才能鼓动成千成万的群众，形成一个大的力量。""政权、族权、神权、夫权，代表了全部封建宗法的思想和制度，是束缚中国人民特别是农民的四条极大的绳索。""地主政权，是一切权力的基干。地主政权既被打翻，族权、神权、夫权便一概跟着动摇起来。"①

在《报告》中，毛泽东还提出了"推翻地主武装，建立农民武装"的思想，强调共产党人应站在前面领导农民运动。他说："一切革命同志须知：国民革命需要一个大的农村变动。辛亥革命没有这个变动，所以失败了。现在有了这个变动，乃是革命完成的重要因素。一切革命同志都要拥护这个变动，否则他就站到反革命立场上去了。"②

诚然，当年的湖南农民运动"不可避免地出现了一些'左'的偏差，诸如擅自捕人游乡，随意罚款打人，以至就地枪决，驱逐出境，强迫剪发，砸佛像和祖宗牌位……等等。这些做法容易失去社会的同情，对谷米的平粜阻禁，以及禁止榨糖酿酒，禁止坐轿，禁止穿长衫等，易使商人、中农和小手工业者产生反感，也使一般农民感到不便"。在运动中"还冲击了少数北伐军官家属，也引起同湖南农村有联系的湘籍军官的不满"③。毛泽东的《报告》本身，由于它的主要锋芒是对向当时党内外对农民运动的责难与抨击，回答农民运动到底是"好得很"还是"糟得很"，因而对于一些具体问题的分析也确有不妥当之处，如将那些"踏烂鞋皮的，挟烂伞子的，打闲的，穿绿长褂子的，赌钱打牌四业不居的"无业游民，列入革命先锋之中，说他们"最革命"，就缺乏一分为二的分析。这些无业游民固然有很强的革命性，但他们身上具有的流氓无产者的各种弱点，往往给革命带来很大的破坏性，而且这些人也容易为反动派所利用作为反革

---

① 《毛泽东选集》第一卷，人民出版社1991年版，第17、31页。
② 《毛泽东选集》第一卷，人民出版社1991年版，第16页。
③ 李维汉：《回忆与研究》（上），中共党史资料出版社1996年版，第97页。

命的工具。又如,《报告》中提出的"矫枉必须过正,不过正就不能矫枉"的观点也有些绝对化,因而《报告》在提出反右的同时,对于防"左"没有引起注意。就整个全党特别是党内领导层而言,当时的农民运动主要是要解决右的问题,但对于一些运动发展迅猛的地方,也确实出现了一些过左的做法,湖南的农民运动兴起迅速,而在蒋介石、汪精卫背叛革命之后又顿时退潮,固然是由于反动派对农民运动的残酷镇压,但与运动中那些过左行为失去社会同情亦不无关系。

尽管如此,毛泽东对湖南农民运动的考察和《湖南农民运动考察报告》,在中国革命史上有着极为重要的地位。这次对湖南农民运动的考察,使毛泽东看到了农民中所蕴含的革命力量,认识到动员组织农民参加革命,组织农民武装,建立革命政权的极端重要性,为他后来对农民问题的高度重视,为他形成新民主主义革命的理论,为他成功开辟农村包围城市的革命道路,起到十分重要的作用。

随后,毛泽东在由他主办的设在武昌的中央农民运动讲习所里,向来自全国各地的 800 多名学员系统地讲授了《报告》的内容,学员们深受鼓舞,纷纷把《报告》的精神函告家乡。方志敏从武汉回去时,"把毛泽东同志的《湖南农民运动考察报告》(手抄本)带回江西,向江西特别是赣东北农民运动的领袖、骨干分子,作了详尽的传达,并组织学习"。"在毛泽东同志农运思想的影响下","方志敏同志组织和领导的赣东北地区的农民运动,很快就如火如荼地发展起来"。[1] 湖北直接受到《报告》的影响,全省农协会员由 3 月的 80 多万人,猛增到 6 月的 250 万人。在此期间,农民武装迅速发展,土地斗争也逐渐由减租减息、抗租抗息进入要求烧毁田契、分配土地的斗争,有些县的一些地主被迫交出了部分甚至全部土地。总之,毛泽东根据调查获得的材料,不但在《报告》中热情赞扬了农民的革命运动,而且还针对农民的要求和农运中的问题,提出了许多重

---

① 方志纯:《赣东北苏维埃创立的历史》,人民出版社 1980 年版,第 12 页。

要的观点，从而把已经开展起来的农民运动，推进到一个新的阶段。

对于湖南农民运动考察的情况，1941年9月13日，毛泽东在延安对中央妇委、西北局联合组成的妇女生活考察团介绍自己的调查经验时说："中央要我管理农民运动。我下了一个决心，走了一个月零两天，调查了长沙、湘潭、湘乡、衡山、醴陵五县。这五县正是当时农民运动很高涨的地方，许多农民都加入了农民协会。国民党骂我们'过火'，骂我们是'游民行动'，骂农民把大地主小姐的床滚脏了是'过火'。其实，以我调查后看来，也并不都是像他们所说的'过火'，而是必然的，必需的。因为农民太痛苦了。我看受几千年压迫的农民，翻过身来，有点'过火'是不可免的，在小姐的床上多滚几下子也不妨哩！"①

《湖南农民运动考察报告》不仅包含着丰富的农民运动思想，而且还特别强调了调查研究的重要性。毛泽东指出："在乡下，在县城，召集有经验的农民和农运工作同志开调查会，仔细听他们的报告，所得材料不少。许多农民运动的道理，和在汉口、长沙从绅士阶级那里听得的道理，完全相反。许多奇事，则见所未见，闻所未闻。"②可见调查研究何等重要。

---

① 《毛泽东文集》第二卷，人民出版社1993年版，第379页。

② 《毛泽东选集》第一卷，人民出版社1991年版，第12页。

第二章 "没有调查，没有发言权"

大革命失败后，中国共产党走上了农村包围城市、武装夺取政权之路，深入农村建立革命根据地。为了解决农民的土地问题，毛泽东在调查研究的基础上制定了《井冈山土地》《兴国土地法》等，形成了一条正确的土地革命路线。在这个过程中，毛泽东深切认识到中国革命一切从实际出发的重要性，提出了"没有调查，没有发言权""不做正确的调查同样没有发言权"的重要思想，在中央红军中还形成了一套调查研究的具体制度。一些党领导的社会科学工作者对国民党统治区土地问题的调查，也有力地配合了革命根据地开展的土地革命。

一、在调查中完善土地革命政策

毛泽东结束对湖南农民运动的考察只过了 3 个月后，蒋介石在上海发动四一二反革命政变。不久，汪精卫又在武汉发动七一五反革命政变，轰轰烈烈的大革命遭到失败。中国共产党人从大革命的失败中，得到一条血的教训：在中国这样的国家，无产阶级要取得革命胜利，不但应建立广泛的统一战线，而且应当牢牢掌握统一战线的领导权，尤其是要建立一支自己领导的革命武装。1927 年 8 月 1 日，中共中央组织发动了著名的南昌起义。8 月 7 日，又在武汉举行紧急会议，确定了武装反抗国民党反动统治的总方针。随后，又组织发动了一系列的武装起义。

这时，中国共产党人虽然懂得了武装斗争的重要性，而且有的起义本身就在农村爆发，但是，由于在世界无产阶级革命史上，还未曾有过农村包围城市这种武装夺取政权的先例，中国共产党人一开始并没有建立农村革命根据地的自觉，因而这些起义差不多都是以夺取城市为目标。然而，城市是反动阶级统治和反革命力量集聚的中心，这些以城市为目标的起义几乎没有一次取得成功，有的起义虽然一度占领了城市，但也都无力坚守住。在这个过程中，一些起义的领导人为了保存有限的革命力量，相继将起义军带到敌人力量相对薄弱的农村，实际上开始了中国革命新道路的探索。毛泽东便是这种探索中的杰出代表，他将马克思主义基本原理与中国的具体实际结合起来，较早抛弃了"城市中心论"，认为中国革命必须走也只能走农村包围城市的道路。历史证明，这是中国革命唯一正确的道路。

毫无疑问，毛泽东是中国革命新道路的成功探索者，而他之所以成功，一个重要的原因就在于，他在创建和巩固农村革命根据地时十分注重对农村经济、社会的调查，从而真正了解中国农村和中国农民，掌握了中国最基本的国情，并为此制定出相应的革命方针和斗争策略，赢得了广大农民对中国革命的同情与支持。

1927年9月，毛泽东领导湘赣边界的秋收起义，在进军长沙的计划受挫后，他毅然率领起义军上了井冈山，并成功地改造了活动在井冈山的袁文才、王佐两支农民武装。上到井冈山后，工农革命军（1928年5月25日，中共中央发出第51号通报，规定各地工农革命军一律改称"中国工农红军"，简称"红军"）面临的首要问题，就是如何发动农民，取得农民的支持，并在此基础上建立巩固的根据地。一开始，工农革命军发动群众的主要办法，是在进行革命宣传的基础上打土豪、分浮财，这虽然也能调动部分群众的革命热情，但单靠这种办法，显然难以从根本上解决工农革命军的生存和发展问题。

一到井冈山，毛泽东就极为重视调查研究工作。他曾在工农革命军占领宁冈、永新两地后，在这里进行过详细的社会调查，并写了《宁冈调查》和《永新调查》两篇调查报告，可惜后来他在离开井冈山时，未能将这两个调查报告带走，结果散失了。尽管如此，通过这两地的调查，毛泽东发现，湘赣边界地区的土地占有情况极不合理，要发动农民起来革命，就必须解决这个问题。1928年三四月间，在工农革命军进入湖南酃县（今炎陵县）的中村和桂东县的沙田时，他曾在两地通过采取访贫问苦、召开诉苦会和斗争会等方式发动群众，然后插牌分田，这是工农革命军进行土地革命的最初尝试。同年夏，朱德率部来到井冈山同毛泽东会师后，井冈山根据地也发展到了全盛时期，于是边界各县掀起了轰轰烈烈的分田高潮。在这个基础上，毛泽东起草了《井冈山土地法》。

《井冈山土地法》规定：没收一切土地归苏维埃所有，将土地分配给农民个别耕种或共同耕种，亦可由苏维埃政府组织模范农场耕种；一切土地经苏维埃政府没收后禁止买卖；分配土地，主要以人口为标准，男女老幼平均分配；一般以乡为单位进行分配，遇特殊情况时得以几个乡或区为单位。《井冈山土地法》的制定，"是1927年冬天到1928年冬天一整年内井冈山地区土地斗争经验的总结。这场斗争，是中国共产党领导农民在几个县的范围内实行土地改革的第一次尝试，在此以前是没有这种经验的"。由于缺乏经验，《井冈山土地法》也存在不足，主要表现在两个方面：一是没收一切土地而不是只没收地主的土地，容易侵犯中农的利益；二是土地所有权属于政府而不属于农民，农民只有使用权，禁止土地买卖。"尽管如此，贫苦农民因为分得了土地，革命和生产积极性都大大提高，从各方面全力支持红军和根据地的发展。"①

在开辟和巩固井冈山革命根据地的过程中，毛泽东始终在思考一个事关中国革命前途的重大问题——这样一个四周白色政权包围之中的一小块红色政权，能否长期存在并得到发展？毛泽东根据井冈山斗争的经验，结合对中国国情的了解，写作了两篇重要的文章，一篇是1928年10月的《中

① 中共中央文献研究室：《毛泽东传（1893—1949）》，中央文献出版社1996年版，第187—188页。

国的红色政权为什么能够存在?》,另一篇是同年 11 月的《井冈山的斗争》,对此给予了明确回答。

《在中国红色政权为什么能够存在?》一文中,毛泽东指出,小块的红色政权之所以能够存在,有它独特的原因和条件:第一,中国是帝国主义间接统治的经济落后的半殖民地国家。地方的农业经济(不是统一的资本主义经济)和帝国主义在中国划分势力范围的分裂剥削政策,使白色政权之间存在着长期的不断的分裂和战争,造成小块区域的红色政权能够发生、存在和发展的条件。第二,中国红色政权发生和长期存在的地方,是经过第一次大革命深刻影响、工农士兵群众曾经大大起来的地方,例如湖南、广东、湖北、江西等省。第三,全国革命形势是向前发展的,决定着小块红色政权的长期存在是没有疑义的。第四,相当力量的正式红军的存在,是红色政权存在的必要条件。第五,共产党组织的有力量和它的政策的不错误。自然,此时的毛泽东还不能说已经完全摒弃了"城市中心论",但他已经意识到,共产党在农村开展革命斗争,建立革命根据地,也是取得革命胜利的一种极其重要的形式。

在《井冈山的斗争》中,毛泽东进一步阐明了"工农武装割据"的思想。所谓"工农武装割据",就是在中国共产党领导下武装斗争、土地革命和根据地建设的密切结合。他指出:武装斗争是中国革命的主要形式,没有革命的武装斗争,就不能进行有效的土地革命和发展革命根据地;没有土地革命,红军就得不到群众的支持,革命根据地也就不能巩固和发展;不建设革命根据地,武装斗争就没有后方的依托,土地革命成果就无法保持。这两篇文章的写作,说明毛泽东在探索中国革命新道路上已经迈出了重要的一步。

虽然此时毛泽东尚未提出农村包围城市道路这样的概念,但他认为农村革命根据地的建立和工农武装割据的方式,亦是中国革命的重要内容,它的成功将有力地配合城市工作,为夺取全国政权创造条件。由于有了这样的思想认识基础,又经过一个时期的革命斗争实践,他在 1930 年年初写作《星星之火，可以燎原》一文时，明确地提出了创建红色区域，实行武装割据，是促进全国革命高潮最重要因素的观点。这实际上提出了革命必须以乡村为中心的问题，初步形成了农村包围城市、武装夺取政权的思想。

土地革命是建立和巩固农村革命根据地各项政策中的最基本内容，也是动员千千万万农民加入革命大潮最关键的因素，而土地革命要顺利开展，就必须制定明确的能为广大农民所拥护的政策。1929 年年初，毛泽东、朱德率红四军离开井冈山，前往赣南、闽西开辟新的革命根据地。4月，毛泽东率红四军第三纵队进驻兴国县城。在这里"调查兴国的政治、经济情况，翻阅县志并向群众了解兴国的历史及现状"[①]。在调查研究的基础上，毛泽东主持制定了《兴国土地法》。这个土地法与《井冈山土地法》相比，把"没收一切土地"改为"没收公共土地及地主阶级土地"。这虽然只有几个字之差，但它是对井冈山土地法的一个原则性的修订，这样可以集中打击地主阶级，消灭封建土地关系，因而深得农民的拥护。

1929 年 6 月，红四七军召开第七次党的代表大会。会议围绕要不要设军委的问题展开了争论，这场争论实际上是涉及党与军队的关系问题。由于红军还处在初创时期，革命军队内部存在的单纯军事观点、流寇思想、极端民主化和军阀主义残余尚未肃清，结果在这一问题上未能统一认识，在大会选举时毛泽东只被选为前委委员，而没有被选为前委书记。会后，他离开红四军，到中共闽西特委所在地的上杭县蛟洋帮助指导地方工作。

在上杭期间，毛泽东"不辞劳苦，深入群众，作了大量的调查工作"。[②] 毛泽东初到上杭时，中共闽西特委正准备在蛟洋召开中共闽西第

---

① 中共中央文献研究室：《毛泽东年谱（1893—1949）》上卷，人民出版社、中央文献出版社 1993 年版，第 273 页。

② 中共中央文献研究室：《毛泽东年谱（1893—1949）》上卷，人民出版社、中央文献出版社 1993 年版，第 289 页。

一次代表大会。毛泽东发现会议的准备工作还不够充分，乃提议会议推迟一周召开，由代表先在本地区进行调查，他自己也参加调查。这次调查对于开好中共闽西一大起到了重要作用。大会在毛泽东指导下，总结了闽西土地斗争的经验，通过了《土地问题决议案》，其中规定：对大小地主加以区别对待，对地主也"酌量分与土地"；对富农土地只没收"自食以外的多余部分"，"不过分打击"；对中农"不要予以任何的损失"；"对大小商店采取一般的保护政策"；在土地分配上，以乡为单位，在原耕基础上"抽多补少"，"按人口平均分配"。这些都是对《井冈山土地法》和《兴国土地法》的新发展。①

1929 年 12 月，红四军在上杭县的古田召开第九次党的代表大会，毛泽东重新当选为红四军前委书记。古田会议后，红四军回师赣南，分兵发动群众，深入开展土地革命，形成了比较巩固的赣南根据地。1930 年 5 月，红四军攻克寻乌县城，并在这里停留了一个月的时间，分散到寻乌及附近各县发动群众。

有这样一段相对安定的时间，对毛泽东来说实在太珍贵了。他抓住这个机会，在中共寻乌县委书记古柏协助下，接连开了十多天座谈会，进行社会调查。这是他以前还没有过的规模最大的一次调查，而且通过对寻乌的调查，即可对赣南、闽西的基本情况有大致的了解，因为"寻乌这个县，介在闽粤赣三省的交界，明了了这个县的情况，三省交界各县的情况大概相差不远"②。他此次调查的目的很明确，就是为了解中国的富农问题和小城市的商业问题。参加调查会的有一部分中级干部，一部分下级干部，一个穷秀才，一个破产了的商会会长，一个在知县衙门管钱粮的已经失了业的小官吏，共 11 人。

这十多天的辛勤工作换来了丰硕的调研成果，毛泽东写成了一篇共 5

---

① 中共中央文献研究室：《毛泽东传(1893—1949)》，中央文献出版社 1996 年版，第 203 页。
② 《毛泽东农村调查文集》，人民出版社 1982 年版，第 42 页。

章39节长达8万多字的《寻乌调查》。从这个调查报告涉及的内容来看，毛泽东对寻乌的调查相当全面，包括地理位置、历史沿革、行政区划、自然风貌、水陆交通、土特产品、商业往来、商品种类、货物流向、税收制度、人口成分、土地关系、阶级状况、剥削方式、土地斗争，等等。其中，第一章和第二章，分别为寻乌的政治区划和交通；第三章是寻乌的商业；第四章是寻乌的旧有土地关系；第五章是寻乌的土地斗争。毛泽东着重调查了这样几个问题：

一是关于寻乌的商业情况。这是毛泽东调查的一项重点。他具体调查了从门岭到梅县、从安远到梅县、从梅县到门岭、从梅县到安远与信丰经寻乌的生意情况，以及惠州来货、寻乌的出口物、寻乌的重要市场情况，详细调查了寻乌城内各种货物的种类、店铺分布、经营品种、专卖经营、商品成色、货物来源、市场价格、销售方向、年度贸额、荣枯演变、店员制度等情况，调查的内容甚详，如调查的货物门类或行业就包括盐、杂货、油、豆、屠坊、酒、水货、药材、黄烟、裁缝、伞、木器、火店、豆腐、理发、打铁、爆竹、打首饰、打洋铁、修钟表、圩场生意等，并对其中的每一门类又进行了详尽的分类调查，例如水货中又包括咸鱼、海带、糖、豆粉、猪皮、闽笋、鱿鱼、豆豉、面灰、洋蜡、玉粉、盖市（鱿鱼里的一种，是最好的鱿鱼）、菜莆、虾壳、胡椒、酱油等，并对每一种货物的来源、销量及销售对象进行了解。同时还调查了店主的出身、发家经历、性格特点、政治态度、资本多寡、势力大小、家庭人口、营业状况、店铺变化等，涉及的店铺达90多家。

二是关于寻乌旧有的土地关系。毛泽东对寻乌旧有的土地关系的调查共分为农村人口成分、旧有田地分配、公共地主、个人地主、富农、贫农、山林制度、剥削状况、寻乌文化9个方面，并作了详细调查。毛泽东在调查中了解到：收租200石以上的中等地主，收租500石以上的大地主，他们对于生产的态度是完全坐视不理。他们既不亲自劳动，又不组织生产，完全以收租坐视为目的。固然每个大中地主家里都多少耕了一点田，但他们的目的不在生产方法的改良和生产力的增进，不是靠此发财，而是为了人畜粪草堆积起来了弃之可惜，再则使雇工不致闲起，便择了自己土地中的最肥沃者耕上十到二十石谷，耕四五十石谷的可以说没有。由此可见，这样的地主阶级除了剥削农民之外，对社会生产力的发展毫无积极意义之处，在土地革命中是必须彻底打倒的。

毛泽东还详细地调查了小地主的情形。寻乌的小地主包含两个部分。一个部分是从所谓老税户传下来的，这一部分的来源多半是由大中地主的家产分拆，所谓"大份分小份"，即由大中地主分成许多小地主。这部分的人数在整个地主阶级中占32%。依据他们的经济地位，其政治态度又有三种区别：

一是年有多余的，人数占地主阶级总数的0.96%，他们在斗争中是反革命的。

二是一年差过一年，须陆续变卖田地才能维持生活，时常显示着悲惨的前途的。这一部分人数很多，占地主阶级全数的22.4%。他们很有革命的热情。

三是破产更厉害靠借债维持生活的。这一部分占地主全部的8.64%，他们也是革命的，有很多人参加现在寻乌的实际斗争。

这是一个很有意义的调查。就整个阶级而言，地主是阻碍生产力发展的反动阶级，是土地革命必须打倒的对象。但对这个阶级也要具体问题具体分析，对其中不同的阶层、不同的人不能一概而论，有相当一部分小地主其实也是愿意革命的，有的甚至有较高的革命热情。在红四军到来之前，在寻乌领导当地革命斗争中，有的人就是出身于这类小地主家庭，陪同毛泽东调查的古柏就是这种出身。可见不能将地主阶级的每一个成员不分青红皂白一律作为革命的对象。

毛泽东在调查中还了解到，普通小地主，除上述老税户部分外，另有一个占地主全数48%的不小的阶层，那就是所谓"新发户子"。这一个阶层的来历，与从老税户破落下来的阶层恰好相反，是由农民力作致富升上来的，或由小商业致富来的。他们看钱看得很大，吝啬是他们的特性，发财是他们的中心思想，终日劳动是他们的工作。他们又放很恶的高利贷，所有放高利贷者，差不多全属这班新发户子。"这种半地主性的富农，是农村中最恶劣的敌人阶级，在贫农眼中是没有什么理由不把它打倒的。"①

根据毛泽东的调查，寻乌农村剥削形式，分为地租剥削、高利贷剥削和税捐剥削三类。在地租剥削中，比较普遍的是见面分割的收租方式，即在禾熟时，地主和农民同往禾田，农民将打下的谷子与地主对半分，然后由农民将给地主的那部分送到地主家。放高利贷者，多为中地主、新发户子，大地主及公堂仅占5%。大地主之所以较少放高利贷，是因为他们的"目的在图享乐而不在增值资本"；而那些商业化的大地主，"拿了钱去做生意，因而无钱借给别人"。②

高利贷剥削有多种方式，如钱利、谷利、油利等。其中谷利是"富农及殷实中小地主剥削贫农的一种最毒辣的方法"，6个月乃至3个月就要付50%的利息。贫农还不起债，或生活不下去了，就只有最后一条路：卖奶子（即卖亲生子）。毛泽东在《寻乌调查》中写道："我就是历来疑心别人的记载上面写着'卖妻鬻子'的话未必确实的，所以我这回特别细问了寻乌的农民，看到底有这种事情没有？细问的结果，那天是三个人开调查会，他们三个村子里都有这种事。"所以毛泽东说："旧的社会关系，就是吃人关系。"③

三是关于寻乌土地斗争。毛泽东在调查报告中对此列举了17个问题，都是围绕土地分配展开的。他了解到的情况是：寻乌革命委员会开始提出了4种办法，要求区乡苏维埃召开群众代表大会，讨论选择其中的一种：一是照人口分配；二是照劳动力状况分配；三是照生活来源多寡分配；四是照土地肥瘦分配。结果多数地方采取第一种办法，按照人口数目，不分

① 《毛泽东农村调查文集》，人民出版社1982年版，第130—131页。
② 《毛泽东农村调查文集》，人民出版社1982年版，第146—147页。
③ 《毛泽东农村调查文集》，人民出版社1982年版，第147、150、153页。

男女老少，不分劳动能力有无大小，以人口除田地的总数平分，并且得到多数群众的拥护。

关于分配土地的区域单位，毛泽东调查发现，农民反对以大的区域（区）为单位分田，就是以乡为单位也不赞成，而是愿意以村为单位。主要是因为村里的田近，熟悉，方便。毛泽东说："摸熟了的田头，住惯了的房屋，熟习了的人情，对于农民的确是有价值的财宝，抛了这些去弄个新地方，要受到许多不知不觉的损失。"那种以为农民不愿搬迁是思想陈旧和心理的原因，"不承认是经济的原因，是不对的"。至于具体如何分田，毛泽东通过调查发现，最核心的是一个"平"字，"以人口总数除土地总数的平田主义是最直截了当，最得多数群众拥护的，少数不愿意的（地主与富农）在群众威胁之下，简直不敢放半句屁。所以，一个'平'字就包括了没收、分配两个意义。"①

毛泽东对寻乌的调查，虽然他自己说没有专门分析中农、雇农和游民，但正如有研究者所言，就他"已调查的问题来说，可谓丰富、透彻、细微、生动、酣畅至极，是部关于上个世纪二三十年代寻乌社会历史比较全面的纪实作品。实际上，它是那个时代南中国小城镇历史变迁的一面镜子。调查材料引人入胜，文字的可读性强，有如看小说"②。

寻乌调查对中国共产党形成正确的土地革命路线，起到了重要的作用。后来，毛泽东曾这样说："到井冈山之后，我作了寻乌调查，才弄清了富农与地主的问题，提出解决富农问题的办法，不仅要抽多补少，而且要抽肥补瘦，这样才能使富农、中农、贫农、雇农都过活下去。假若对地主一点土地也不分，叫他们去喝西北风，对富农也只给一些坏田，使他们半饥半饱，逼得富农造反，贫农，雇农一定陷于孤立。当时有人骂我是富农路线，我看在当时只有我这办法是正确的。"③

---

① 《毛泽东农村调查文集》，人民出版社 1982 年版，第 169、173 页。

② 石仲泉：《我观毛泽东》，中共党史出版社 2004 年版，第 63 页。

③ 《毛泽东农村调查文集》，人民出版社 1982 年版，第 22 页。

二、"调查就是解决问题"

在进行寻乌调查的同一个月，毛泽东写出了他的名作《反对本本主义》（原题为《调查工作》）。这篇文章曾在红四军和中央革命根据地印成小册子，后因敌人多次"围剿"而失传了。直到1957年2月，福建上杭县茶山公社官山大队农民赖茂基把自己珍藏多年的一本《调查工作》献出来，才使这篇重要的历史文献失而复得。1964年6月，《调查工作》收入《毛泽东著作选读》一书时，改题名为《反对本本主义》（人民出版社同时出版了单行本）。这篇文章，是毛泽东多年从事调查研究的理论总结。

文章一开头，就提出一个重要的命题："没有调查，没有发言权。""你对于某个问题没有调查，就停止你对于某个问题的发言权。"毛泽东说："你对于那个问题不能解决吗？那末，你就去调查那个问题的现状和它的历史吧！你完完全全调查明白了，你对那个问题就有解决的办法了。一切结论产生于调查情况的末尾，而不是在它的先头。只有蠢人，才是他一个人，或者邀集一堆人，不作调查，而只是冥思苦索地'想办法'，'打主意'。须知这是一定不能想出什么好办法，打出什么好主意的。换一句话说，他一定要产生错办法和错主意。""调查就像'十月怀胎'，解决问题就像'一朝分娩'。调查就是解决问题。"①

针对当时党内严重存在的教条主义（即本本主义）倾向，毛泽东尖锐地指出："我们说上级领导机关的指示是正确的，决不单是因为它出于'上级领导机关'，而是因为它的内容是适合于斗争中客观和主观情势的，是斗争所需要的。不根据实际情况进行讨论和审察，一味盲目执行，这种单纯建立在'上级'观念上的形式主义的态度是很不对的。为什么党的策略路线总是不能深入群众，就是这种形式主义在那里作怪。盲目地表面上完全无异议地执行上级的指示，这不是真正在执行上级的指示，这是反对上

---

① 《毛泽东选集》第一卷，人民出版社1991年版，第109、110—111页。

级指示或者对上级指示怠工的最妙方法。"

毛泽东接着又阐述了共产党人对马克思主义应该采取的正确态度："我们说马克思是对的，决不是因为马克思这个人是什么'先哲'，而是因为他的理论，在我们的实践中，在我们的斗争中，证明了是对的。我们的斗争需要马克思主义。我们欢迎这个理论，丝毫不存什么'先哲'一类的形式的甚至神秘的念头在里面。"他由此得出了一个极端重要的结论："马克思主义的'本本'是要学习的，但是必须同我国的实际情况相结合。我们需要'本本'，但是一定要纠正脱离实际情况的本本主义。"那么，如何才能纠正这种本本主义？最根本的办法——"只有向实际情况作调查"。①

毛泽东认为，"必须努力作实际调查，才能洗刷唯心精神。"调查的对象是社会的各阶级；调查的主要目的，是要明了社会各阶级的政治经济情况；调查所要得到的结论，是各阶级现在的以及历史的盛衰荣辱的情况；调查工作的主要方法是解剖各种社会阶级。他指出："我们的终极目的是要明了各种阶级的相互关系，得到正确的阶级估量，然后定出我们正确的斗争策略，确定哪些阶级是革命斗争的主力，哪些阶级是我们应当争取的同盟者，哪些阶级是要打倒的。我们的目的完全在这里。"②

在这篇文章中，毛泽东还提出了一个重要的论断："中国革命斗争的胜利要靠中国同志了解中国情况。"其针对性是不言而喻的。当时，党内有不少人对十月革命的经验盲目崇拜，对经典作家关于无产阶级革命的论述教条式地理解，机械执行共产国际指示或盲目照搬俄国革命做法，缺乏独立自主意识和独创精神。为此，毛泽东尖锐地指出："共产党的正确而不动摇的斗争策略，决不是少数人坐在房子里能够产生的，它是要在群众的斗争过程中才能产生的，这就是说要在实际经验中才能产生。因此，我

---

① 《毛泽东选集》第一卷，人民出版社1991年版，第109、111—112页。
② 《毛泽东选集》第一卷，人民出版社1991年版，第109、113—114页。

们需要时时了解社会情况，时时进行实际调查。"①

为了帮助那些不会进行调查研究的同志学会调查，毛泽东在文章的最后特地讲到了调查的技术问题。他的经验是：

——要开调查会作讨论式的调查。只有这样才能近于正确，才能抽出结论。那种不开调查会，不作讨论式的调查，只凭一个人讲他的经验的方法，是容易犯错误的。那种只随便问一下子，不提出中心问题在会议席上经过辩论的方法，是不能抽出近于正确的结论的。

——调查会到些什么人？要是能深切明了社会经济情况的人。以年龄说，老年人最好，因为他们有丰富的经验，不但懂得现状，而且明白因果。有斗争经验的青年人也要，因为他们有进步的思想，有锐利的观察。以职业说，工人也要，农民也要，商人也要，知识分子也要，有时兵士也要，流氓也要。自然，调查某个问题时，和那个问题无关的人不必在座，如调查商业时，工农学各业不必在座。

——开调查会人多好还是人少好？看调查人的指挥能力。那种善于指挥的，可以多到十几个人或者二十几个人。究竟人多人少，要依调查人的情况决定。但是至少需要 3 人，不然会囿于见闻，不符合真实情况。

——要定调查纲目。纲目要事先准备，调查人按照纲目发问，会众口说。不明了的，有疑义的，提起辩论。所谓"调查纲目"，要有大纲，还要有细目。

——要亲身出马。凡担负指导工作的人，从乡政府主席到全国中央政府主席，从大队长到总司令，从支部书记到总书记，一定都要亲身从事社会经济的实际调查，不能单靠书面报告，因为二者是两回事。

——要深入。初次从事调查工作的人，要做一两回深入的调查工作，就是要了解一处地方（例如一个农村、一个城市），或者一个问题（例如粮食问题、货币问题）的底里。深切地了解一处地方或者一个问题了，往

---

① 《毛泽东选集》第一卷，人民出版社 1991 年版，第 109、115 页。

后调查别处地方、别个问题，便容易找到门路了。

——要自己做记录。调查不但要自己当主席，适当地指挥调查会的到会人，而且要自己做记录，把调查的结果记下来。假手于人是不行的。

《调查工作》这篇文章，虽然只有四千多字，但毛泽东科学地论证了调查研究的极端重要性，提出了"没有调查，没有发言权""中国革命斗争的胜利要靠中国同志了解中国情况"两个重要的命题。从这篇文章的字里行间不难看出，毛泽东思想活的灵魂的三个方面：实事求是、群众路线、独立自主，已经蕴含其中了。

写出这篇文章后不久，即1930年6月，红四军前委和闽西特委在福建长汀县的南阳召开联席会议。会上，毛泽东作了关于形势与任务的报告，他根据寻乌调查得到的实际材料，分析了土地分配中的问题，提出了解决办法。会议通过的经毛泽东审改的《富农问题》和《流氓问题》两个决议明确规定：对土地分配除原有的"抽多补少"原则外，还应实行"抽肥补瘦"，使土地革命政策得到进一步完善。

1930年10月初，红军第一方面军攻占吉安，进到袁水流域。这时，兴国县送来了许多农民来当红军，毛泽东趁此机会作了兴国第十区即永丰区的调查。他找了八个刚刚参加红军的农民，开了一个星期调查会。调查的时间是1930年10月底，调查会的地点是新余县的罗坊。

永丰区位于兴国、赣县、万安3县的交界处，调查清楚了这个区的情况，不但基本上了解了兴国、赣县、万安的基本情况，而且能掌握整个赣南土地斗争的情况。对于这次调查，毛泽东自己的评价是，一方面，他认为"这次调查，一般说来仍不是很深入的"，"这个调查的缺点，是没有调查儿童和妇女状况，没有调查交易状况和物价比较，没有调查土地分配后农业生产的状况，也没有调查文化状况"。这些情况他本来是要调查的，因为敌人对根据地发动新的进攻，红军决定诱敌深入，调查只得结束。另一方面，他对这次调查还是比较满意的，感到这次调查较之"历次调查要深入些"。原因有两点：第一，他做了8个家庭的调查，这是他从来没做过的。第二，调查了各阶级在土地斗争中的表现，这是他寻乌调查中做了而没有做得完全的。①

《兴国调查》的对象主要是8户农民。对于这次调查的情况，毛泽东后来回忆说："我在兴国调查中，请了几个农民来谈话。开始时，他们很疑惧，不知我究竟要把他们怎么样。所以，第一天只是谈点家常事，他们脸上没有一点笑容，也不多讲。后来，请他们吃了饭，晚上又给他们宽大温暖的被子睡觉，这样使他们开始了解我的真意，慢慢有点笑容，说得也较多。到后来，我们简直毫无拘束，大家热烈地讨论，无话不谈，亲切得像自家人一样。"②

毛泽东深入调查了8户农民家庭的土地、财产、收入、支出、人口、劳动力、婚姻、文化、政治地位、对革命的态度等。这8户农民，在土地斗争中分到了土地，欠的债也不要还了，而且百物都便宜了，因此他们总是"叨红军的恩典"，这也正是农民拥护共产党，革命根据地能够建立和巩固的根本原因。但是，这8个农民也反映，盐和布匹的价格太贵，甚至比土地斗争前贵出很多。毛泽东认为，这是工农政府应当引起注意并加以解决的问题。

革命还使妇女得到了解放。农民陈侦山家的"几个妇娘子都赞成革命，原因是往常债主逼债，逼得她们过不得年"，而且革命之后，抗租、抗捐、抗粮、抗债，故而她们"心里喜欢"，赞成革命。

分到土地之后的农民，对于参加红军总体上是积极的。当然，也有的人不愿当红军，这些人并非不拥护红军，而是家中缺少劳动力，生产离不开。

土地革命使无地少地的农民分到了土地和其他生产资料，农民的生活有了改善，但也有的人革命之后生活仍苦，甚至"困苦不堪"。出现这种

① 《毛泽东农村调查文集》，人民出版社1982年版，第181、182页。
② 《毛泽东文集》第二卷，人民出版社1993年版，第384页。

情况，并不是土地政策不好，而是有的人好赌、好吃懒做所致。毛泽东之所以对农民的家庭生活情况了解得如此细致，是因为他认为，"没有这种调查，就没有农村的基础概念"。①

毛泽东不但对农民的家庭生活情况进行了详细的了解，而且对旧有的土地关系、土地革命中各阶级的表现、土地的分配情况等，也作了细致的调查。他发现，在永丰区，地主富农人数不过6%，占有的土地却占80%。其中富农占有土地30%，而公堂土地又有许多掌握在富农手中，因此，如果不平分富农的土地，多数人土地不足的问题就无法解决。中农占农村人口的20%，占有的土地只占15%，平分土地对他们来说不是减少而是增加土地，故那种认为平分土地要损及中农的说法是不对的。

在土地革命前的农村，广大的贫苦农民，不仅占有的土地很少，而且还要受到各种形式的剥削，永丰区的情况就是一个例证。该区地主富农对贫苦农民的剥削主要有三种形式：一是地租剥削，全区4个乡中有3个乡的地租是50%，有一个乡的地租大部分是60%，小部分是50%，农民须将自己辛苦劳作所得的一半交给地主。二是高利剥削，包括钱利、谷利、猪利、牛利、油利、当利、盐利7种，放债者富农占80%，公堂占20%，而公堂多数把持在劣绅手中；借钱者基本是贫农，因为中农不需要借钱，雇农因无抵押品借不到钱。"因此，土地革命中贫农与富农的决定，无疑要激烈的。"②三是捐税剥削，除了粮税捐外，贫农或中农如果做些小本生意，沿途要受到各种捐税剥削。

毛泽东还调查了各阶级在土地斗争中的表现：地主多数反对革命，有的参加反动武装靖卫团，有的革命后逃跑。但也有地主参加了革命工作，并且红军来后"自动拿出契来烧，田都平了"，③可见地主阶级也不是铁板

---

① 《毛泽东农村调查文集》，人民出版社1982年版，第183页。
② 《毛泽东农村调查文集》，人民出版社1982年版，第202页。
③ 《毛泽东农村调查文集》，人民出版社1982年版，第212页。

一块的。

富农是一个比较复杂的阶层，他们多数反革命。当革命初起时，他们参加革命的颇多，但有不少人是投机革命，在乡、区苏维埃政府中，富农及其走狗占去了30%的位置，经过反富农宣传周，大部分富农分子被清洗出去了。

中农在土地革命中是得利的，主要表现为：平分土地后他们的土地不但不受损失，而且多数还分进了部分土地；过去娶亲要花很多钱，几乎等于中农的全部财产，土地斗争后，婚姻自由，娶亲不要钱；过去办丧事要花很多钱，有些中农由此负债破产，土地斗争后破除了迷信，这个钱也不用花了；土地革命后牛价便宜；地主和富农的权力被打倒，中农不再向他们送情送礼了，也可节省一项费用。更重要的是，过去中农在地主富农的统治之下，没有"说话权"，事事听人处置，土地斗争后，他们与贫雇农一起有了"说话权"。中农参加革命很勇敢，"和贫农一样出发（谓编在自卫军中，有时要出发作战），一样放哨，一样开会"。[①] 可见土地革命时不侵犯中农利益、团结中农的重要。

贫农在土地革命中是得利最大的阶层，因为他们分了田（这是根本利益），分了山，革命初起时，分了地主及反革命富农的谷子，物价便宜了能吃便宜米，废除了买卖婚姻可以娶到老婆，等等。最根本的是取得了政权，他们成为农村政权的主干和指导阶级。

雇农是农村中最苦的一个阶层，整年以做长工和短工度日，没有房子住，没有衣服穿，吃不饱饭，没有老婆的占99%。革命后，他们虽然分到田，得到了许多利益，但是，区、乡政府不把没收地主、富农的耕牛、农具发给他们。由于没有牛和农具，他们很难耕种，而分田后雇长工的没有了，请零工的也少了，所以他们的生活仍然比较困难，娶到老婆的很少。并且也没有当权，因为中农、贫农认为他们"不认得字，不会说话，

---

① 《毛泽东农村调查文集》，人民出版社1982年版，第217页。

不开通，不熟公事"，区、乡政府委员中没有一个雇农。

毛泽东在调查中，还发现区乡政府工作人员中存在的一些弊病：

一是官僚主义，摆架子，不喜欢接近群众。有群众走到政府里去问他们的事情时，政府办事人欢喜时答他们一两句，不欢喜时理也不理，还要说群众"吵乱子"。

二是没收了反动派的东西，不发与贫民，拿了卖钱。群众想买没收的东西，如果向政府里头讲不起话的买不到手，有情面讲得起几句话的才买得到。并且只有比较有钱的人才能买到，雇农及极穷贫农当然无份儿。

三是调女子到政府办事。乡政府总有一两个女子，区政府总有三四个女子。生得不好看，会说话会办事的也不要，生得好看，不会说话不会办事也要。乡政府的人下村开会时，也是一样，漂亮的女子他就和她讲话，不漂亮的，话也不和她讲。

四是强奸民意。政府委员由少数人指定，代表大会选举只是形式。

这些问题引起了毛泽东的高度重视，他向参加调查会的人表示：这些坏事是土地革命初期的状况，原因之一是区政府成分不大好，将来都要改变的。①

通过这次调查，毛泽东进一步感受到了一切从实际出发的重要性。他在整理后记中说："实际政策的决定，一定要根据具体情况，坐在房子里想象的东西，和看到的粗枝大叶的书面报告上写着的东西，决不是具体情况。倘若根据'想当然'或不合实际的报告来决定政策，那是危险的。过去红色区域弄出了许多错误，都是党的指导与实际情况不符合的原故。所以详细的科学的实际调查，乃非常之必需。"②

1930年11月上旬，为了诱敌深入，毛泽东从峡江到吉安布置部队撤退，途经吉水县的东塘村、大桥村和吉安县的李家坊、西逸亭等地，他利

① 《毛泽东农村调查文集》，人民出版社1982年版，第245—246页。
② 《毛泽东农村调查文集》，人民出版社1982年版，第182页。

用吃饭、休息和夜宿的时间，进行了简略的调查，了解土地革命的进展情况，村乡两级苏维埃政府在土地斗争中的组织和活动情况及其存在的问题，写下了几篇小型的调查报告即《东塘等处的调查》。在李家坊的调查中，毛泽东了解到以村为单位分配土地的现象相当普遍，于是提出要迅速改变这一现象。他在《东塘等处的调查》的前言中写道："在李家坊调查中，使我明白了这些地方的村乡两级苏维埃在土地斗争中的组织和活动情形。在这次调查前，我对于那些情形的观念是模糊的。在这次调查中，使我发现以村为单位分配土地的严重性。赣西南分配了土地的有几十县。高级政府颁布的土地法是以乡为单位去分配，一般高级机关的工作人员大家也以为是照着乡为单位去分配的，哪晓得实际情形完全两样，普遍的是以村为单位去分配，以乡为单位分配的很少。以村为单位，这种利于富农不利于贫农的分配法，是应该改变的。"① 可见，土地革命不但要制定出正确的政策，而且要抓好这些政策的贯彻落实，有了好政策但没有认真执行，也不能发挥政策的作用。因此，制定政策的机关不但在政策出台前要认真调查，政策出台后同样也要深入调查。

11月12日和15日，毛泽东代表中共红一方面军总前委，分别出席了赣西行动委员会扩大会议和江西省行动委员会扩大会议，对代表的发言作了简略的笔记，整理出了《赣西南土地分配情形》《江西土地斗争中的错误》《分青与出租问题》等，主要记载了分田的一般情况和存在的问题。他同样发现，在进行土地分配时，以村为单位进行土地分配的多，而以乡为单位分配的少，而以村为单位分田，存在大村不肯拨田于小村，单位太多，区、乡政府不易督促，容易被地主、富农以宗族关系蒙蔽群众不去彻底平田等弊端。他认为，正确的土地分配政策应该是："无偿得田，分亩分青。"地主家属照分，以归一律；以乡为单位，按全乡总人数，除全乡人口原来所耕田地的总数（全乡人口原来在本乡耕的和原来在外乡耕的合

---

① 《毛泽东农村调查文集》，人民出版社1982年版，第254页。

计起来），抽多补少，抽肥补瘦。①

这段时间，毛泽东不放过任何一个调查研究的机会。1930 年 11 月，红军放弃吉安，他和古柏（时任红一方面军总前委秘书长）、谢唯俊（时任红一方面军总前委秘书）等人从吉安前往永丰县的藤田，与红军主力会合。在途经吉水县的木口村吃午饭时，他利用这个机会，调查了木口村政府委员的成分及本村所杀反动分子的成分。该村 9 个村政府办事人员中，除 1 人是小地主外，其余是中农或贫农。所调查到的 3 个中农出身的村政府办事人员，在土地革命中都分进了土地。该村共杀了 7 个反动分子，其中小地主 3 人，富农 3 人，流氓 1 人。事后，毛泽东将调查到的情况写成了《木口村调查》一文，他指出："在这个调查中证明，中农在平分土地中不但无所失而且有所得，富农小地主则在农民的激烈斗争中便要走到反革命阵营中去的。"② 同时，毛泽东感到木口村被杀的 7 个反革命，"是否每人都应该杀，却是问题"。在根据地的肃反过程中，曾存在较严重的扩大化倾向，毛泽东此时便已有所觉察，可惜后来未引起高度重视，使肃反扩大化的问题未能解决。

毛泽东的这些农村调查，对中国共产党形成正确的土地革命思想产生了重要影响。土地革命既是农村土地的重新分配，也是农村社会关系的重新调整，革命本身意味着各阶级、阶层政治经济地位的变化，而其中最关键的是如何正确地划分农村的阶级阶层。这是一项政策性很强的工作，而在土地革命中出现"左"的偏差，往往是首先在阶级成分的划分上将一些人的成分作了拔高，结果扩大了打击面，缩小了依靠和团结对象。毛泽东经过农村调查，强调土地革命中必须保护中农的利益，必须以乡为单位，抽多补少，抽肥补瘦，必须给地主富农以生活出路，这都是符合中国实际的。

---

① 《毛泽东农村调查文集》，人民出版社 1982 年版，第 279 页。
② 《毛泽东农村调查文集》，人民出版社 1982 年版，第 283 页。

　　如何正确地划分农村阶级，是土地革命中的一个难题。1933年10月，毛泽东为纠正土地革命中发生的偏向，根据多年农村调查的情况，写出了《怎样分析农村阶级》一文，提出了划分农村各阶级（阶层）的具体标准。"这个文件，不仅对中央苏区的土地改革工作起了指导作用，在解放战争期间又经中共中央重新印发，成为当时土地改革工作的指导文件。"①

　　1931年11月，中华苏维埃第一次全国代表大会在江西瑞金县叶坪村举行，选举出毛泽东、周恩来、朱德、项英、张国焘等63人组成中央执行委员会，宣告中华苏维埃共和国成立。中央执行委员会第一次会议选举毛泽东为主席，项英、张国焘为副主席。会议还选举毛泽东任人民委员会主席，项英、张国焘任副主席。在此次会议召开前，中央苏区党组织召开第一次代表大会（即赣南会议），毛泽东在会上被当作"右倾机会主义"而遭到不点名批判。会议决定设立中央革命军事委员会（简称"中革军委"），取消了红一方面军总司令、总政委和总前委书记的名义，毛泽东担任的红一方面军总政委和总前委书记自然被撤销，他被排除在中央苏区红军中的领导地位之外。从此，他的主要精力是主持临时中央政府的工作。

　　1933年11月中旬，为了总结苏区乡一级苏维埃工作的经验，并为即将召开的中华苏维埃第二次全国代表大会做准备，毛泽东率中央政府检查团到兴国县的长冈乡进行调查。在乡列宁小学，毛泽东召集中共支部书记、乡苏维埃政府副主席、村代表主任、赤卫队长、贫农团主任等乡村干部开调查会，还在同农民群众一起参加劳动中了解乡苏维埃的工作和农民的生活情况。经过为期一周的实地调查，毛泽东对长冈乡的政治区划及人口、代表会议、选举工作、乡苏维埃之下的各种群众团体、地方部队、群众生活、劳动力的调剂与耕牛问题、公债的推销、合作社运动、卫生运动、社会救济、妇女儿童工作等各方面的情况作了详细了解。调查结束后，毛泽东又让长冈乡的几位干部前往瑞金汇报工作，再次核实调查情

---

① 中共中央文献研究室：《毛泽东传（1893—1949）》，中央文献出版社1996年版，第317页。

况，对长冈乡的工作作了进一步的调查。12月15日，他将调查材料整理成《乡苏工作的模范（一）——长冈乡》一文（即《长冈乡调查》）。

这篇调查报告系统地总结了长冈乡密切联系群众、充分发动和依靠群众、坚持党的群众路线、把群众生活和革命战争紧密联系起来、把革命的工作方法和工作任务同时解决的经验。认为长冈乡的工作是"苏维埃工作的模范"。他指出，要动员群众完成各项任务，"不是脑子里头想得出来的，这依靠于从动员群众执行各种任务的过程中去收集各种新鲜的具体的经验，去发扬这些经验，去扩大我们动员群众的领域，使之适合于更高的任务与计划"。"无数的下级苏维埃工作同志，又在许多地方创造了许多动员群众的很好的方法，他们与群众打成一片，他们的工作收到了很大的成效。上级苏维埃人员的一种责任，就在于把这些好的经验收集整理起来，传播到广大区域中去。这样的工作，现在应该立即在各省各县实行起来。反对官僚主义的最有效方法，就是拿活的榜样给他们看。"①

结束对长冈乡的调查后，毛泽东又率中央政府检查团到福建上杭县的才溪乡进行调查，先后召开乡苏工作人员、工人和贫农代表、耕田队长等各种类型人员调查会，还走访了红军家属和贫苦农民，对乡苏维埃政权建设、扩大红军、经济建设、文化教育等问题，进行了详细的考察和调查研究。随后，他将调查的情况写成了《乡苏工作的模范（二）——才溪乡》一文（即《才溪乡调查》）。

毛泽东的这篇调查报告"全面地总结了才溪乡苏维埃工作的成绩与经验，回答了在国内革命战争环境下根据地的建设是必要的和可能的这个重要问题"②。才溪乡在青年壮年男子成群地出去当红军、做工作之后，生产超过了暴动前10%。荒田开尽，没有一片可耕的土地没有种植，群众生活有很大的改良。通过对才溪乡经济工作和人民生活的考察，毛泽东

---

① 《毛泽东农村调查文集》，人民出版社1982年版，第286—287页。
② 中共中央文献研究室：《毛泽东年谱（1893—1949）》上卷，人民出版社、中央文献出版社1993年版，第417页。

认为，"只有经济建设配合了政治动员，才能造成扩大红军的更高的热潮，推动广大群众上前线去"。才溪乡组织了劳动合作社、消费合作社、粮食合作社，组织了全乡群众的经济生活，经济上的组织性进到了很高的程度，"这种经济战线上的成绩，兴奋了整个群众，使广大群众为了保卫苏区发展苏区而手执武器上前线去，全无家庭后顾之忧"。在才溪乡全部人口 4928 人中，男子出去当红军、做工作的 1018 人，女子出去做工作的有29 人。毛泽东在调查报告中写道："这一铁的事实，给了我们一个有力的武器，去粉碎一切机会主义者的瞎说，如像说国内战争中经济建设是不可能的，如像说苏区群众生活没有改良，如像说群众不愿意当红军，或者说扩大红军便没有人生产了。"①

1934 年 1 月，第二次全国工农代表大会在瑞金召开，毛泽东将长冈乡和才溪乡的调查报告印成了材料，发给了到会代表。他还在代表中央执行委员会和人民委员会向大会作结论时，集中讲了"关心群众生活，注意工作方法"的问题，称赞这两个乡的工作"做得非常之好"，"是真正的模范乡政府"。他郑重地向大会提出："应该深刻地注意群众生活的问题，从土地、劳动问题，到柴米油盐问题。"他强调，要得到群众的拥护，要群众拿出他们的全力放到战线上去，"就得和群众在一起，就得去发动群众的积极性，就得关心群众的痛痒，就得真心实意地为群众谋利益，解决群众的生产和生活的问题，盐的问题，米的问题，房子的问题，衣的问题，生小孩子的问题，解决群众的一切问题"。只要这样做了，"广大群众就必定拥护我们，把革命当作他们的生命，把革命当作他们无上光荣的旗帜。"②

毛泽东的《长冈乡调查》和《才溪乡调查》，总结了这两个苏维埃模范乡各项工作的经验，提出一系列加强根据地建设的重要观点，并且及时

① 《毛泽东农村调查文集》，人民出版社 1982 年版，第 352 页。
② 《毛泽东选集》第一卷，人民出版社 1991 年版，第 138—139 页。

把这些经验加以推广。他希望在全苏区造就成千上万的长冈乡和才溪乡，积极动员各方面力量，支援革命战争，将根据地的每个乡村政权建设成巩固的阵地，依靠这些阵地出发去粉碎敌人的"围剿"，去打倒帝国主义和国民党在全国的统治。

土地革命战争时期，毛泽东是党内领导干部中农村调查活动进行得最多、形成的成果最显著的。他的这些调查研究活动，使他对中国农村的现状，对农村的各种阶级关系，对农村各阶级的经济地位和政治态度，对党的有关土地革命政策的贯彻落实情况及存在的问题，有了透彻的了解，为他形成与发展农村包围城市、武装夺取政权的理论，提供了丰富的实践素材。

三、红军的调查研究制度

在毛泽东带领下，当时红四军形成了全军上下动手调查的风气。红四军七大后前往上海向中共中央汇报工作的陈毅，在1929年9月1日写了一份关于朱毛红军历史及现状的报告，其中汇报了红四军各部通常所进行的工作，第一项就是"调查工作"。

报告说："游击部队到达某地以后，第一步必须做调查工作，由军官及党代表负责必须经过调（查）工作以后，才能开会决定该地工作，因为红军行动如行云流火〔水〕一般，所到之地，皆不明情形，若不调查则一切决定必〔不〕能切合当地群众需要，比如红军标语打倒土豪劣绅这样写的时候很少，因为太空洞而不具体，我们必需〔须〕先调查当地某几个人是群众最恨的，调查以后则写标语时就要成为打倒土豪劣绅某某等，这个口号无论如何不浮泛引起群众深的认识。"

至于调查的内容，则由政治部制定一个极详细的调查表，内分群众斗争状况、反动派情况、当地经济生活工价物价等，当地土地分配情形如地主、富农、中农、贫农等比较，及土地百分比之分配，以及当地特殊产品等，其次对当地情形观察、交通河流之测量。"这个工作是一个极有趣味的工作，一般同志做起来感觉麻烦。红军经过一时期表册便堆积起来，政治部工作人员缺乏无人整理，每致散失，却是一个遗憾。但是他的好处可以使红军不会不顾环境而只凭主观决定自己的政策。"①

从陈毅的汇报中可以看出，红四军十分重视调查工作，已经将调查工作经常化，成为部队政治工作的重要内容。红四军的调查研究工作得到了中共中央的肯定，由陈毅起草、周恩来审定的《中共中央给红军第四军前委的指示信》中指出："关于调查工作应切实去做。过去有许多调查成绩，因没人统计以致放弃，甚属可惜。前委应指定专人去做，这个工作做得好，对于了解中国农村实际生活及帮助土地革命策略之决定有重大意义。"②

1929年12月，中共红四军第九次代表大会（即古田会议）通过了毛泽东起草的《决议案》（即《中国共产党红军第四军第九次代表大会决议案》，其第一部分以《关于纠正党内的错误思想》为题，收入《毛泽东选集》第一卷），其中指出：唯心观点在红军党员中是非常浓厚的，其结果对政治分析，对工作指导，对党的组织，都有非常大的妨碍。因为政治上的唯心的分析和工作上的唯心的指导，其必然伴随的结果，不是机会主义，就是盲动主义。对于党内唯心的批评精神，不要证据的乱说，或互相猜忌，其结果往往酿成党内无原则的无意义的纠纷，破坏党的组织。《决议案》进而指出，纠正这种唯心观点的唯一方法，是使党员的思想和党内的生活都政治化、科学化。而要达此目的，就要"教育党员用马克思主义的方法去作政治的分析和阶级势力的估量，以代替主观主义的分析和估量"，并且"使党员注意社会经济的调查和研究，由此来决定斗争的策略和工作的方法，使同志们知道离开了实际情况的调查，就要堕入空想和盲动的深

---

① 中央档案馆：《中共中央文件选集》第5册，中共中央党校出版社1990年版，第762—763页。

② 《周恩来选集》上卷，人民出版社1980年版，第36页。

坑"。①

1930 年 6 月，红四军政治部发布《红军第四军各级政治工作纲领》。在这个纲领中，对部队各级政治部的调查研究工作作出了详细的规定：军政治部负责制发社会经济调查表，指导各部队的实际调查方法，并督促各部队做成统计，然后交由军政治部做成总统计；纵队政治部负责督促、指导各级工作人员，做实际社会调查工作，并督促其做出统计，汇交军政治部做成总统计；支队和大队政治委员指挥官兵做社会调查，并把调查情况报上一级机关。这个规定，使红四军的调查研究大大加强，并提供了制度化、组织化保障。

1931 年 4 月，中央革命军事委员会总政治部又向各级政治部、各级政府发出由毛泽东起草的《总政治部关于调查人口和土地状况的通知》。规定红军政治部每到一处，都要填好人口和土地两种调查表格，地方政府要逐乡去填写，"尤望红军中和政府中每个负责人随时随地做此种调查和统计"。② 为了使调查到的材料真实可靠，通知提出了三点具体要求：

第一，必须建立对这一工作的深刻认识，看清楚这一工作的重要，才会以大力注意。

第二，调查的人要不怕麻烦。调查这一乡，必须找到他们的分田的人口和土地调查本子，找到这一乡的经手分田的土地委员和熟悉这一乡情形的人，先把每一家人的阶级成分和每一亩田为哪个阶级占有分别清楚，再用硬算的办法统计清楚，按照实际数目填写上去。

第三，上级政府派出去指导的同志和政治部负责任的同志，须将两张表格的内容及调查时要注意之点，详细向执行这一工作的同志说清楚。特别是要说清楚：富农标准要是以剥削为他收入的相当部分。那些少量放账或借账的人还是列在中农。那些原是雇农，中间（未革命前）已经租得土

---

① 中央档案馆：《中共中央文件选集》第 5 册，中共中央党校出版社 1990 年版，第 807—808 页。
② 《毛泽东农村调查文集》，人民出版社 1982 年版，第 12 页。

地耕种的人还是列入贫农。那些全家不耕田，专靠独立劳动（做裁缝、木匠等）谋生活的才叫独立劳动者。半耕半做手艺的还是按照他的经济地位列入贫农、中农或富农里面去。自由职业者与流氓的分别，是在自由职业者谋相当正业（如医生、教员等），流氓无一定职业，生活行为亦不一定，而且都是做坏的事多。

这三条中，第一条是要求各级干部高度重视调查研究工作，明确调查研究的意义；第二条是要求调查人员必须端正态度，不怕麻烦，作出准确的数字统计；第三条是要求调查人员必须运用正确的阶级分析方法，不要把阶级成分弄错。只有做到这三条，才能使调查的材料真实可靠，使调查统计有正确的价值，也才能"更具体地以铁的事实来解答我们现在许多问题"[①]。正因为如此，通知在强调"不做调查没有发言权"的同时，进一步指出："不做正确的调查同样没有发言权。"这一观点的提出，是毛泽东调查研究思想的进一步深化。

令人遗憾的是，1931年1月中共六届四中全会后，以王明为代表的"左"倾教条主义在中共中央领导机关取得了统治地位，并且长达4年之久。教条主义就是本本主义，就是将马克思主义教条化，将俄国革命经验神圣化，机械地执行共产国际的指示。教条主义之所以产生，固然与人们对马克思主义和苏俄的盲目崇拜、中共同共产国际是上下级关系有关，同时也与人们对中国基本国情缺乏了解，未曾真正深入实际开展调查研究密不可分。而有的人虽然一度犯过教条主义的错误，但深入实际调查研究之后，思想认识即发生根本性的变化。

1931年10月，刚刚进入临时中央政治局的张闻天在写文章时搬用斯大林的观点，把中间派别作为最危险的敌人。他还搬用共产国际的观点，认为中国革命危机"更加成熟"，右倾机会主义是"党内主要危险"。1932

---

① 《毛泽东农村调查文集》，人民出版社1982年版，第12—13页。

年年底，张闻天进入中央苏区后，又参与领导了所谓反"罗明路线"①的斗争。

1934 年 7 月，临时中央派张闻天到闽赣省去巡视。闽赣省原本是1933 年中央苏区第四次反"围剿"胜利后，由原有几块根据地合并和扩大而建立起来的一个根据地。国民党发动第五次"围剿"后，中共闽赣省委、闽赣省革命委员会和闽赣军区所在地黎川失守，根据地遂遭分割并不断缩小，区域内刀匪团匪（刀匪指有组织的土匪，大多盘踞山区、河湖港汊为害人民，因所持武器主要是大刀而得名。团匪，指清末民初地主阶级的地方武装组织）蜂起，地方苏维埃政权处于危急之中。张闻天就是在这种情况下前往巡视的。

张闻天的此次巡视进行了一个半月的时间，他在"战火纷飞、刀匪蜂起的危险环境中，重点调查了建宁、安远、宁化这几个地区的武装斗争、政权建设、土改、肃反等几方面工作的情况"。这次巡视实际上是一次战地调查。巡视期间，即 1934 年 7 月 26 日，张闻天在闽赣省战地委员会扩大会议上作了政治报告（报告的一部分刊登在中共苏区中央局机关报《斗争》第 71 期），"仅从他的报告所掌握的资料就可以看出大部分都是从实地调查中获得的第一手资料，报告不但从面的调查中提出问题，而且列举了许多直接调查获得的典型的例证。""更值得人们注意的是，它恰好反映了张闻天个人思想在根据地斗争问题上的重大进步和变化。"②

张闻天调查后认为，武装群众，发展游击战争，是当前"第一等的中心任务"，而闽赣省的工作团、突击队或地方党和苏维埃的负责人，却没有这样做，而是忙于找一处巩固的房子做成堡垒，作为他们的安身之所，

---

① 罗明时任中共福建省委书记，他与毛泽东一样主张根据地的边缘区与腹心区的斗争策略应有所不同，并认为毛泽东是"我们最好的领袖"，结果触怒了刚刚进入中央苏区的临时中央负责人博古，认为中共福建省委存在一条以罗明为首的机会主义路线，于是在中央苏区开展反罗明路线的斗争，实际上是用指桑骂槐的办法打击毛泽东。

② 张培森：《毛泽东为何看重张闻天——张闻天有关中央苏区的三件事》，《百年潮》2001年第 10 期。

而且把过去已经有的一些游击队或独立营用来守卫这些堡垒，分散原有的武装力量，实行分兵把守。这种办法不但不能消灭刀团匪，而且也不能保卫自己，许多地方由此受到刀团匪的袭击遭受了许多损失。他强调："我们的同志必须立刻从堡垒，从空机关走向群众，去组织群众的武装斗争。"应结合当时苏区的形势，向闽赣省的广大干部强调认清发展群众武装的重要性。[①]"然而有意思的是，张闻天这篇报告所特别强调的关于发展地方武装的观点，恰好正是一年多以前他在批判所谓'罗明路线'时，所针对的罗明在一篇写给闽粤赣省委报告中的观点。"[②]

张闻天还指出，地处中央苏区边缘的闽赣省和中心地区的群众工作方式应有所不同。根据闽赣省当时的具体形势，报告提出，群众工作除了公开方式外，还要有秘密方式来补充，也就是要从单纯自上而下的公开的方式，向着同自下而上的秘密工作方式相结合的转变。"报告提出的这一点对于主力红军已经撤走，正在向游击区转变的闽赣省来说是十分必要和及时的。同时这里也使我们看到他在指导地方工作方针的思想方法上的一种变化。"[③]而张闻天刚到中央苏区批判"罗明路线"时，却没有看到作为根据地边缘区的罗明领导的闽粤赣省（即福建省委）与中央苏区中心区的差异，用"脱离政治路线"的大帽子对"罗明路线"大加批判。

通过一个多月的巡视，加深了张闻天对武装斗争相关问题的认识，认为只有群众的武装斗争才能解决闽赣苏区的基本问题，每一个共产党都应成为武装斗争的组织者和领导者，党政机关不能是脱离群众的空机关，而是从群众斗争中产生出来的，因为这些机关的存在，"不是依靠于一块空招牌，而是依靠于群众武装的力量"。他还强调："游击队的活动不仅限于

① 《张闻天文集》（一），中共党史资料出版社 1990 年版，第 511—512 页。
② 张培森：《毛泽东为何看重张闻天——张闻天有关中央苏区的三件事》，《百年潮》2001 年第 10 期。
③ 张培森：《毛泽东为何看重张闻天——张闻天有关中央苏区的三件事》，《百年潮》2001 年第 10 期。

军事的，而且还应是政治的。它应该组织群众搜山，没收地主豪绅的谷子财物散发给群众，立刻分配土地，捉杀反动派，在这些行动中来发扬群众斗争的积极性，使群众自己相信自己的力量，建立起自己的苏维埃政权。"①这些观点的提出，说明他此时在中国革命道路问题上的认识已与毛泽东基本一致了。由此可见，只有到实际中去调查研究，才能摆脱教条主义的束缚，具体问题具体分析，制定正确的方针政策，找到解决问题的正确方法。

　　1935年10月中央红军长征到达陕北后，中共中央将建立抗日民族统一战线作为一项重要的战略任务提了出来，而要建立抗日民族统一战线，就必须进行相关政策调整。为此，在遵义会议上被推为"负总责"（一说总书记）的张闻天组织了改变富农政策的调查，他委派西北中央局组织部长李维汉、中华苏维埃共和国中央政府西北办事处土地部长王观澜和中共陕北省委书记郭洪涛，对陕北土地改革的情况进行调查。其中，王观澜重点调查了安定县（今子长县）中区的两个乡经过土地革命后贫雇农的生活情况，对地主、富农的打击情况，以及农民的生产准备和存在的问题。他分别召开乡村干部和贫雇农座谈会，并走家串户进行访问，了解到经过土地革命，地主、富农已经威风扫地，贫雇农确实翻了身，但也存在对地主"扫地出门"和富农只分坏地的问题。②调查结束后，张闻天多次听取调查组的汇报，还通过个别交谈的方式，弄清了陕北土地问题的特殊性，以及过去土地革命中"左"政策所带来的影响。在个别谈话时，郭洪涛告诉他，在反对国民党的苛捐杂税时，陕北的大部分富农是拥护共产党和红军的，打开瓦窑堡后，地主、富农的商店被没收，影响了苏区工商业的发展，富农对此有意见。张闻天认真地听取了郭洪涛的意见，并且"对每个情节都十分重视"③。

① 《张闻天文集》（一），中共党史资料出版社1990年版，第514页。
② 《王观澜》，《中共党史人物传》第16册，陕西人民出版社1984年版，第315页。
③ 《郭洪涛回忆录》，中共党史出版社2004年版，第102—103页。

在调查研究的基础上，1935 年 12 月 6 日，张闻天主持召开中共中央政治局会议，讨论改变富农政策问题。会议通过了李维汉、王观澜、郭洪涛起草的《关于改变对富农策略的决定》。《决定》认为，随着国内政治形势的变化，富农也开始参加反对帝国主义侵掠及豪绅地主军阀官僚的革命斗争，或采取同情与善意的中立态度，因而目前党的中心任务，应是尽量扩大革命运动的范围，吸收各种不同的社会阶层，建立全国人民的统一战线，因此，以往"加紧反对富农"策略，"已经不适当了"。在苏区当土地革命深入时，应该集中力量消灭地主阶级。对于富农只取消其封建式剥削的部分，即没收其出租的土地，并取消其高利贷。富农所经营的（包括雇工经营的）土地、商业，以及其他财产则不能没收。苏维埃政府并应保障富农扩大生产（如租佃土地、开辟荒地、雇用工人等）与发展工商业的自由。这样的改变，可以使富农对苏维埃政府采取善意中立的态度。① 这是一个带有根本性的改变，因为对富农政策的调整涉及中农、商业、知识分子等一系列政策。以此为开端，随后中共中央调整了土地政策、商业政策等，为抗日民族统一战线的建立创造了条件。

四、特殊条件下的农村调查

说及这一时期的农村调查，还必须提到以陈翰笙为首的一批共产党员在国民党统治区以合法名义所进行的调查。

陈翰笙是我国早期的马克思主义农业经济学家，是用马克思主义观点进行中国农村经济调查研究的先驱。他于 1897 年出生于江苏无锡一个知识分子家庭，18 岁到美国求学。1921 年以《茶叶出口与中国内地商业发展》一文获得硕士学位。1924 年在德国以《1912—1913 的伦敦大使会议暨阿

---

① 中央档案馆：《中共中央文件选集》第 10 册，中共中央党校出版社 1991 年版，第 586—587 页。

尔巴尼亚的独立：外交研究》一文获得博士学位。同年回国任北京大学教授，结识了李大钊，又经李大钊介绍，结识了北京俄文专修学校的苏联籍教员林涅维奇、苏联驻华使馆参赞坎托洛维奇和大使加拉罕，随后同共产国际建立了联系（1935年转为中共党员），并担任共产国际的《国际通讯》特约供稿人。

1924年冬，中共早期领导人之一蔡和森到莫斯科出席共产国际会议，回国路过北京时，向陈翰笙详细地介绍了彭湃在海陆丰领导农民运动的事迹，使他认识到，研究中国革命问题，必须首先研究农民问题和农村经济问题。1927年4月，李大钊被反动派杀害，陈翰笙被迫出走苏联，在共产国际农民研究所工作。"他在这里工作时感到，该所研究人员往往引经据典从事空洞的辩论，而脱离实际情况的研究"，"认为应当深入研究实际情况，从农村经济调查入手，当时他就立志要向这项事业进军"。①

1928年陈翰笙回国后，经时任中央研究院院长的蔡元培推荐，受聘到该院所属的社会科学研究所担任副所长，实际主持该所工作。他利用这个机会，物色了一批进步青年，如王寅生、张稼夫、钱俊瑞、刘端生、孙冶方、秦柳方、姜君辰等（其中有的人此时已是中共党员，如1924年入党的孙冶方，1927年入党的张稼夫和秦柳方，有的人后来加入共产党，如1935年入党的钱俊瑞和1936年入党的姜君辰），开展农村经济调查。

在陈翰笙的组织下，社会科学研究所最先开展的是东北农村调查，写出了《黑龙江流域的农民和地主》《兵差与农民》《东北的难民与土地问题》等文章，揭露了军阀统治下农民的悲惨境遇。

1929年秋，陈翰笙亲自率领调研人员，深入江苏无锡农村，采用挨户调查的方法，调查全县各种类型自然村的农村经济实况。调查团在无锡县4乡选定了有代表性的22个自然村，计有1204户。陈翰笙将调查人员

---

① 薛暮桥：《我国马克思主义农村经济学的先驱——陈翰笙》，《人民日报》1985年10月7日。

分成 4 个组，调查内容包括农户和生产的基本情况，以及租佃、借贷、典当、捐税负担、商业买卖、生活消费、文化教育等，共耗时 3 个月。挨户调查结束后，又调查了 55 个自然村的概况和 8 个市镇的工商业。根据调查的情况，陈翰笙与人合作，写成了《亩的差异》一书。

1930 年，陈翰笙与北平社会调查所合作，对河北保定农村进行经济调查。调查的方法有两种：第一种是分户挨家进行调查，抽样检查了 11 个村庄的 1755 户；第二种是分村调查，着重调查各村之间的共同点，共调查了 72 个村庄。这次调查涉及农户的劳动力、雇佣农业劳动、工资、畜养、住房及农舍、水井和水浇地、耕地占有与使用、交租形式、复种面积和受灾面积、各种农作物种植面积及收获量、副业收入所占比重、外出人口职业收入等。重点调查了农村一般经济状况和各种制度（如新度量衡的采用、银圆与铜圆的兑换等）的变迁，各种价格特别是农产品价格和农用品价格的涨落，以及国内经济和世界经济的变动对农村的影响等。调查分三步进行：第一步是事先设计，即预先造好调查表；第二步是进行实地调查；第三步是事后进行分析。[1]

1932 年和 1933 年，陈翰笙又利用"农村复兴委员会"的合法名义进行豫、陕、苏、浙 4 省农村经济调查。1933 年，他还组织了山东潍县、安徽凤阳、河南襄城 3 个烟草产区 127 个农村的实地调查，并从中选出 6 个典型村 429 户进行挨户调查，此次调查历时两年。陈翰笙根据调查的材料，于 1939 年用英文写成《工业资本与中国农民——中国烟农生活研究》一书。该书着重"揭露帝国主义资本如何渗入中国农村，对中国农民进行直接剥削"[2]。

1933 年 11 月至 1934 年 5 月底，陈翰笙又组织对广东农村的经济调查。调查人员由中央研究院社会科学研究所、中山文化教育馆和岭南大学共

---

[1] 参见陶诚：《30 年代前后的中国农村调查》，《中国社会经济史研究》1990 年第 3 期。
[2] 薛暮桥：《我国马克思主义农村经济学的先驱——陈翰笙》，《人民日报》1985 年 10 月 7 日。

同组成。首先对梅县、潮安、惠阳、中山、台山等16个县进行详细调查，历时3个半月；而后用一个半月时间对番禺10个代表村的1209户进行挨户调查，同时还进行50个县335个村的通信调查。陈翰笙根据调查结果，写成《广东的农村生产关系与生产力》一书。他在书中的最后指出："劳动力在广东这样的低廉，这样的不值钱；可是，全省可耕而未耕地竟占还要占到陆地面积的15%。兵灾匪灾以后，已耕的田也有很多被荒弃而不曾种植的。""有可耕的土地而不耕；有可用的人力而不用；香港、广州、汕头等处的银行银号中堆积着大量货币资本而不能用到农业生产上去。这便是农村生产关系与生产力的矛盾。耕地所有与耕地使用的背驰，乃是这个矛盾的根本原因。田租、税捐、利息的负担与生产力的背驰，充分地表现着这个矛盾正在演进。农村劳动力的没有出路，更体现着这个矛盾的深刻。"①

在20世纪20年代和30年代，其他的一些团体与学者，也组织过一些农村调查。南京金陵大学农经系主任、美国人卜凯，曾于1921年至1925年、1928年至1936年，组织了两次较大规模的调查。第一次共调查了7省17个县的2866家农户，出版了《中国农家经济》一书；第二次调查涉及22个省168个地区的38256家农户，写成了《中国土地利用》一书。1922年夏，北京9所大学61名学生，对河北及江苏、安徽、山东等省的240个村落进行了调查。1934年国立北平大学农学院农业经济系进行了北京西郊64个村的调查。这些调查虽然也各有其价值，但大多是就事论事般的调查。而陈翰笙组织的农村调查，用马克思主义作指导，着重点放在农村生产关系方面。例如在农户分类上，所用的是富农、中农、贫农、雇农，即以农户所处的经济地位来划分，并制定各阶级、阶层的划分标准；而其他人的农村调查则以自耕农、半耕农、佃农等作为农户分类，即以经营形式来划分。

---

① 《陈翰笙集》，中国社会科学出版社2002年版，第120页。

在调查方法上，陈翰笙采取的是概况调查和抽样调查相结合的调查方式。首先根据调查的任务，在全国范围内确定需要调查的省或地区。然后每调查一个省，先作概况调查，继而把该省分为经济发展程度不同的几个地区，从每个地区中选出一两个有代表性的县，再从这些县中选择几个样本村进行全面调查。由于他选择的调查点很有代表性，而对每个点的调查十分具体细致，因而能够全面深入地揭示中国农村的复杂情况。从点的选择上，他把江南、河北、岭南这些能够说明社会结构本质的地区作为调查基地，因为"江南、河北和岭南是中国工商业比较发达而农村经济变化得最快的地方。假使我们能够彻底地了解这三个不同的经济区域的生产关系如何在那里演进，认识这些地方的社会结构的本质，对于全国社会经济发展的程序，就不难窥见其梗概；而挽救今日中国农村的危机，也就不难得到一个有效的设计"①。

陈翰笙运用历史唯物主义的基本原理，指导农村调查。他从生产关系入手，揭示农村的封建关系，充分揭露地主和农民的对立和地主对农民的残酷剥削，并以此研究中国社会性质，得出中国是半殖民地半封建社会的结论。因此，他的调查不是简单地罗列农村社会的现状，而是竭力去说明种种社会现象背后的原因。他指出："一切生产关系的总和，造成社会的基础结构，这是真正社会学的研究的出发点，而在中国，大部分的生产关系是属于农村的。"那么，农村各种问题的中心在那里？陈翰笙认为，"它们是集中在土地之占有与利用，以及其他的农业生产的手段上：从这些问题，产生了各种不同的农村生产关系，因而产生了各种不同的社会组织和社会意识"。而以往大多数的农村调查，"不曾企图去了解社会结构本身。大多数的调查侧重于生产而忽视了生产关系，它们无非表现人的观察之肤浅和方法之误用罢了"。②

① 《陈翰笙集》，中国社会科学出版社 2002 年版，第 60 页。
② 《陈翰笙集》，中国社会科学出版社 2002 年版，第 32—33 页。

　　陈翰笙开展农村调查，"并不是从事经院式的学术研究，而是密切配合革命运动，出于革命的需要"，这些调查及所形成的调查报告，"用公开的调查资料具体分析中国社会的半殖民地半封建性质，说明解决土地问题是挽救农村经济破产的根本出路，在广大的国民党统治区就有很大的政治意义"。陈翰笙领导和支持下的农村经济调查，"以大量事实证明，帝国主义不是促进中国农村走向资本主义，而是利用农村中的地主、商人、高利贷者，使用封建性的剥削方式来掠夺农产品"。陈翰笙有意识地选择商品经济比较发展的地区，如华东的无锡、华北的保定、华南的番禺等地进行重点调查，以事实证明，当时农村商品经济的发展，并没有产生资本主义的经营地主，也很少新式的富农经营。地主甚至富农一般是把土地分散租给贫农耕种，收取苛重的地租，并且通过商业高利贷来剥削贫苦农民。①

　　陈翰笙此间进行的农村土地，对中国共产党领导的土地革命起到了积极的配合作用。他在深入调查的基础上，写出了《现代中国的土地问题》这篇著名的调查报告。文章劈头就说："农民需要土地"，"中国经济结构，建筑在农民的身上，是人所周知的事实，殊不知农村中不下65%的农民，都很迫切地需要土地耕种，而中国的经济学者以为自耕农是自给自足的，其实这是远于事实的见解，黄河及白河两流域间，自耕农很占优势，然而大多数和别外的贫农一样，所有土地，不足耕种。"根据他的调查，河北定县，自耕农占70%，佃农仅5%，然而经过调查的14617户农户之中，有70%的农户占有耕地不到全数的30%。保定调查的10个村1565户农户中，65%的农户不是无地可耕就是耕地不足。在江南，土地集中的情况也很严重。无锡的地主仅占农村户口的6%以下，却占有耕地的47%，占户口69%的贫农和雇农，占有的耕地仅为14.2%。在浙江临安县，贫农占人口的48%，所有耕地仅占13%。而在中原的河南南阳县，有65%

---

① 薛暮桥：《我国马克思主义农村经济学的先驱——陈翰笙》，《人民日报》1985年10月7日。

的人口都是贫农，他们所有的耕地，仅占全部农地的五分之一。广东占74%的贫农，占有耕地不及五分之一，同时2%的人家，却占有耕地二分之一以上。然而，"现代中国的贫农，难有增加其土地之望。因为在近代的经济影响下，私人财产的发展，已有一世纪的行程。国有及公有的土地，为大地主所掠夺，他们非法的然而事实上垄断了这些土地的地租。"通过分析，文章得出的结论是："这样土地所有与土地使用间的矛盾，正是中国现代土地问题的核心。"①既然如此，用革命的方式推翻地主阶级解决农民土地问题，其正当性和必要性也就不言而喻了。

1933年，陈翰笙被迫辞去中央研究院社会科学研究所的职务。为团结广大的农业和农村研究工作者，并在原来农村经济调查的基础上继续向前发展，他在上海发起成立"中国农村经济研究会"，并被推选为理事长。中国农村经济研究会1934年在上海创办《中国农村》月刊，由1927年入党的共产党员薛暮桥主持。

《中国农村》在创刊词中对自己的办刊宗旨作了这样的表达："目前美国和日本一般研究农村经济的人们，所以侧重于农民生活程度和农民消费的调查，无非是要知道怎样可使农村的购买力或殖民地的市场和工业方面的生产得到暂时的均衡，希图缓和他们自身内在的矛盾。可是，我们处于半殖民地地位的中国人，却不能盲从他们的主张，和一切根据这种主张的产生的办法，来解决我们的问题。""根据我们底目的来研究农村经济，最根本的问题要彻底地明了农村生产关系和这些生产关系在殖民地化过程中的种种变化。简单地说，就是寻找那些压迫中国农民的主要因子；这些压迫中国农民主要的因子一铲除，非但农民可以活命，我们的民族也便有翻身独立的一日。"②

《中国农村》发刊词明确地表明了自己的立场和办刊目的，因为它要

---

① 《陈翰笙集》，中国社会科学出版社2002年版，第37、44、59页。

② 薛暮桥、冯和法编：《〈中国农村〉论文选》（上），人民出版社1983年版，第31—32页。

在白色恐怖下生存，当然表述不那么直白。这是中国共产党人领导的在白区公开发行的刊物，成为宣传党的主张、批判反动思想和改良主义思潮的重要阵地。从 1934 年到 1937 年抗战爆发前，中国农村经济研究会主要从两个方面展开了理论斗争：一是批驳那种认为中国农村已经是资本主义性质的观点，说明中国农村依然是半殖民地半封建性质。二是批判乡村改良主义运动，指出乡村改良运动不仅不能解决中国农村问题，而且有麻痹人民的作用，解决中国农村问题的根本办法是开展反帝反封建的民主革命。①

《中国农村》创刊后，在发表大量农村研究论文的同时，也发表一批农村调查报告，如《广西农村经济调查》《河南农村经济调查》《浙江的土地分配》《江苏的土地分配和租佃制度》《无锡三个农村底农业经营调查》《江苏萧县东南九个村庄的农业生产方式》等。这些论文与调查报告，"力图以马克思主义的方法来观察中国的农村经济，从理论与实践结合上来宣传中国共产党第六次代表大会所阐明的中国社会的半殖民地半封建性质，支持土地革命"，"同时在刊物上力求运用马克思主义的科学武器批判形形色色的乡村改良主义思潮，揭露他们站在大地主立场反对土地革命的本质"。②

对于陈翰笙及其组织的农村调查，中共中央党史研究室编写的《中国共产党的七十年》一书中，曾作了这样的评价："在国民党政府残酷的文化'围剿'下，一些共产党员和进步人士还利用合法阵地开展工作。1929年春天共产党员陈翰笙被国民党元老、中央研究院院长蔡元培聘为社会科学研究所副所长（所长由蔡元培兼任，实际工作由陈翰笙主持）。在 6 年时间内，他组织的农村社会调查团，以马克思主义为指导，为研究中国的

①　武力、郑有贵主编：《解决"三农"问题之路——中国共产党"三农"思想政策史》，中国经济出版社 2004 年版，第 136 页。
②　薛暮桥等：《勤奋的学者，忠诚的战士——回忆钱俊瑞同志》，《人民日报》1985 年 8 月 11 日。

社会性质进行了广泛而深入的社会调查。1933 年，他和薛暮桥等人成立中国农村经济研究会，并创办公开发行的《中国农村》月刊，刊登大量调查报告和论文，论证改革封建土地制度的必要性，对党所领导的土地革命起了配合作用。"①

---

① 中共中央党史研究室：《中国共产党的七十年》，中共党史出版社 1991 年版，第 136 页。

第三章　抗战时期大规模的农村调查

中央苏区的第五次反"围剿"之所以失败，就在于当时党内存在严重的"左"倾教条主义，不懂得从实际出发的重要性，没有认识到调查研究的重要。全民族抗日战争进入相持阶段后，毛泽东下决心解决党内长期存在的教条主义问题，为此他发动了著名的延安整风。在组织领导整风运动的过程中，中共中央作出了一系列加强调查研究的决定，并成立了专门的领导机构，组织了广泛深入的调查研究活动，有力地推动了整风运动的深入开展。

一、农村调查推动整风运动

全民族抗日战争开始后，中国共产党领导的八路军、新四军深入华北、华中敌后，开辟抗日根据地。因为各抗日根据地都建立在农村，要建立与巩固根据地，自然离不开对当地风土人情、地理环境、社会历史、阶级关系、敌友我各方力量等各种情况的了解。因此，建立和巩固抗日根据地的过程，也是党的各级组织开展农村调查研究的过程。

由于有了大革命和土地革命的曲折经历，进入抗战阶段后，调查研究已经成为许多负责干部的自觉行动。例如，1939 年 5 月，时任中共中央组织部部长的陈云，曾专门从晋绥和晋察冀两个根据地请来 9 位乡党支部书记，就农村问题进行谈话，涉及的内容包括阶级和土地关系、文化教育、群众抗战前后生活的对比、征兵、农救会、自卫军、妇救会、青救会和儿童团、村党支部、村公所等方面。谈话很详细，"和每个乡的支部书记都谈了 3 天 3 夜，每个乡的谈话都记了满满一本，多则八九十页，少则四五十页"。①

这次调查活动使陈云"全面了解了当时的社会现状，看到了抗战初期敌后根据地建设的雏形，看到了在党的领导下敌后根据地广大人民群众参加抗战、支援战争以及广大群众初步发动起来的真实情况"：随着八路军的进驻，在农村发展了党员，建立了党的支部，对新党员进行了教育，村政权和各种群众团体建立起来了，群众得到了初步的发动；但也存在群众还未充分发动，党的领导工作薄弱，有的活动走了过场，老百姓的负担比战前加重，群众组织基础不牢固等问题。② 在调查研究的基础上，陈云写作了《开展群众工作是目前地方工作的中心》一文，经中共中央批准后发表在 1939 年 11 月 3 日的《共产党人》上，成为中共中央指导地方工作的纲领性文献。

全民族抗战时期进行的农村调查，在 1941 年之后达到高潮。这时开展大规模的农村调查，目的就在于让更多的干部更深入地了解中国农村，即更深入地了解中国的实际，增强马克思主义与中国具体实际相结合重要性的认识与本领，克服部分党员长期未能从根本上解决的教条主义思想。

中国共产党是按照马克思主义理论武装起来的党，而党成立之后又加入了列宁领导的共产党国际。马克思主义的基本原理对中国革命无疑具有重要的指导意义，但马克思主义的创立者们在创立这个理论的时候，他们的主要视角和解剖对象是西欧发达的资本主义国家，因而在运用其理论时，本身就存在一个如何与中国具体实际相结合的问题，也就是实现马克思主义中国化的问题，而党内对于这个问题在一个较长的时间里未引起足够的重视，相当多的人对马克思主义作了教条式的理解和运用。同样，十月革命成功地开辟了人类历史上一个国家的社会主义新路，而实现社会主

---

① 刘家栋：《陈云与调查研究》，中央文献出版社 2004 年版，第 100—101 页。
② 刘家栋：《陈云与调查研究》，中央文献出版社 2004 年版，第 105—106 页。

义又是中国共产党人的奋斗目标，然而在一个较长的时间里，党内亦有许多人没有看到中国国情的特殊性，未能认识到实现社会主义的目标所要走的道路，各国是并不相同的，而普遍存在对社会主义的苏联及十月革命模式的盲目崇拜。所以在大革命后期和土地革命前期、中期，党内曾存在比较严重的将马克思主义（特别是列宁主义）和共产国际指示教条化，将俄国革命经验神圣化的倾向，给中国革命带来了严重的危害。

在 20 世纪 20 年代后期和 30 年代前期，以毛泽东为代表的一部分共产党人，已经意识到了教条主义地对待马克思主义和共产国际指示的危害，意识到中国国情和中国革命的特殊性，大声疾呼反对本本主义，认为马克思主义只解决了世界革命和中国革命的一般原则，而中国革命的具体经验和具体模式，需要中国共产党人自己去创造。但是，由于当时毛泽东还不是中央领导集体的核心成员，他的正确主张未能上升为全党的意志；相反，由于他的话语体系中没有教条色彩，也由于他主张的农村包围城市道路与十月革命的道路相左，因此，毛泽东还为此多次受到排挤与打击。

1935 年 1 月的遵义会议，使毛泽东进入了中央领导集体，并逐渐成为这个集体的核心，但是，当时正处在长征途中，最要紧的是军事指挥和组织领导的问题，不可能对诸多的思想认识问题集中加以解决。此后，又发生了张国焘分裂党和红军的事件。主力红军的长征结束后，建立抗日民族统一战线成为全党的头等大事。1937 年全民族抗战爆发后，党又必须集中全力建立和巩固抗日根据地。因而遵义会议和 1938 年 9 月的中共六届六中全会，虽然分别纠正了王明在土地革命战争后期的"左"倾错误和抗日战争初期的右倾错误，"但由于没有来得及对党的历史经验进行系统的总结，特别是没有从思想路线的高度对党内历次错误的根源进行深刻的总结，所以，党内在指导思想上仍存在一些分歧。这些分歧，从根本上说，就是一切从实际出发，按具体情况办事，还是主观主义地凭'想当然'或照着某些'本本'办事。这个问题如果不能得到很好的解决，就谈不上党内思想上政治上的统一和行动上的一致，去同心同德地夺取胜利"。①

全民族抗战爆发之后，中国共产党高举坚持抗战的大旗，开辟了一块又一块抗日根据地，影响日益扩大，党的队伍也日渐壮大，到 1941 年年初，已经发展到 80 万党员，其中大多数是抗战爆发之后入党的。这样一来，由于大多数党员没有经历过大革命与土地革命，对机械地执行共产国际指示和照抄照搬十月革命模式给革命带来的危害没有切实的感受，对教条主义（主观主义）的本质自然也谈不上有深刻认识。因此，自中共六届六中全会之后，毛泽东就觉得有必要在全党进行一次深入的马克思主义教育，以树立实事求是、一切从实际出发的思想路线，克服形形色色的主观主义。

在中共六届六中全会上，毛泽东曾提出要使"马克思主义中国化"的命题，就是使马克思主义带着必须有的中国特性，按照中国的特点去运用马克思主义，创造中国自己的马克思主义。毛泽东认为，在这个问题上，党内存在着的一些严重的错误，应该认真地克服。他所说的"一些严重的错误"，所指实际上就是以王明为代表的教条主义错误。因为在中共六届六中全会后，王明虽然也表示"党要团结在毛泽东领导之下"，但内心仍坚持他过去的那些东西。1940 年 3 月，王明还将其 1931 年写的、集中反映他的观点的《为中共更加布尔什维克化而斗争》一书，在延安印了第三版，并且在三版序言中写道："我们党近几年来有很大的发展，成千累万的新干部新党员，对我们党的历史发展中的许多事实，还不十分明了。本书所记载着的事实，是中国共产党发展史中的一个相当重要的阶段，因此，许多人要求了解这些历史事实，尤其在延安各学校学习党的建设和中共历史时，尤其需要这种材料的帮助。"王明这本小册子的出版，使毛泽东愈加感到肃清教条主义影响的必要性。

应当承认，王明曾系统地学习过马克思主义理论，掌握了较多的马克

---

① 中共中央文献研究室:《毛泽东传(1893—1949)》，中央文献出版社 1996 年版，第 624 页。

思主义"本本"，具有一定的理论水平，并且曾经长期在共产国际工作，接触到共产国际和苏联的领导人，在那个党员的理论水平普遍不高且崇拜苏联的年代，他身上具有的理论家色彩还是颇有一些影响力的。要在党内肃清王明教条主义的影响，显然不是通过几次会议便可解决。为此，毛泽东一方面主持收集、编辑和研究中共六大以来的主要历史文献，这就是1941年12月印发给高级干部的《六大以来——党内秘密文件》。他将这些重要文献汇集成册，就是希望高级干部通过阅读这些历史文献，对教条主义的本来面貌及其危害有更深入的了解，从中感受到马克思主义与中国具体实际相结合的重要性；另一方面，毛泽东感到，中国共产党之所以在一个较长的时间里教条主义盛行，就在于党内有许多人不了解中国的实际情况，不懂得中国特殊的国情，没有也不会进行深入的调查研究。为了解决这个问题，毛泽东决定将他1930年至1933年期间所形成的农村调查报告汇集成的《农村调查》一书出版，以此推动全党形成调查研究的风气，并从中学会调查研究的方式，从根本上摒弃教条主义。

《农村调查》这本书1937年的时候毛泽东曾编辑过一次，并写了一篇序言，做了少量印刷。1941年3月，他再次做了编辑，又重新写了一篇序言和一篇跋。

在1941年3月的序言中，毛泽东开宗明义，指出编辑出版这本书的目的，"是为了帮助同志们找一个研究问题的方法。现在我们很多同志，还保存着一种粗枝大叶、不求甚解的作风，甚至全然不了解下情，却在那里担负指导工作，这是异常危险的现象。对于中国各个社会阶级的实际情况，没有真正具体的了解，真正好的领导是不会有的"。①

毛泽东指出，要了解情况，唯一的方法是向社会作调查，调查社会各阶级的生动情况。对于担负指导工作的人来说，有计划地抓住几个城市、几个乡村，用马克思主义的基本观点，即阶级分析的方法，作几次周密的

---

① 《毛泽东选集》第三卷，人民出版社1991年版，第789页。

调查，乃是了解情况的最基本的方法。他说："只有这样，才能使我们具有对中国社会问题的最基础的知识。""要做这件事，第一是眼睛向下，不要只是昂首望天。没有眼睛向下的兴趣和决心，是一辈子也不会真正懂得中国的事情的。"①

在调查研究中，毛泽东十分看好开调查会的方法，在他看来，这是最简单易行又最忠实可靠的方法，他自己就是用这个方法得了很大的益处，认为这是比什么大学还要高明的学校。在序言中，毛泽东介绍了写作《兴国调查》《长冈乡调查》《才溪乡调查》等调查报告的经验，认为调查会主要的是到会的人，应是真正有经验的中级和下级的干部，或老百姓。开调查会每次人不必多，三五个七八个人即够。必须给予时间，必须有调查纲目，还必须自己口问手写，并同到会人展开讨论。因此，没有满腔的热忱，没有眼睛向下的决心，没有求知的渴望，没有放下臭架子、甘当小学生的精神，调查研究是一定不能做，也一定做不好的。他说："必须明白：群众是真正的英雄，而我们自己则往往是幼稚可笑的，不了解这一点，就不能得到起码的知识。"②

他在序言中还写道："一切实际工作者必须向下作调查。对于只懂得理论不懂得实际情况的人，这种调查工作尤有必要，否则他们就不能将理论和实际相联系。'没有调查就没有发言权'，这句话，虽然曾经被人讥为'狭隘经验论'，我却至今不悔；不但不悔，我仍然坚持没有调查是不可能有发言权的。有许多人，'下车伊始'，就哇啦哇啦地发议论，提意见，这也批评，那也指责，其实这种人十个有十个要失败。因为这种议论或批评，没有经过周密调查，不过是无知妄说。我们党吃所谓'钦差大臣'的亏，是不可胜数的。而这种'钦差大臣'则是满天飞，几乎到处都有。"他还说："我现在还痛感有周密研究中国事情和国际事情的必要，这是和

---

① 《毛泽东选集》第三卷，人民出版社1991年版，第789—790页。
② 《毛泽东选集》第三卷，人民出版社1991年版，第790页。

我自己对于中国事情和国际事情依然还只是一知半解这种事实相关联的，并非说我是什么都懂得了，只是人家不懂得。和全党同志共同一起向群众学习，继续当一个小学生，这就是我的志愿。"①毛泽东的这些话，清楚地表明了他编辑出版《农村调查》一书的目的。

5月19日，毛泽东在延安高级干部会上作了《改造我们的学习》的报告，提出改造全党学习方法和学习制度的任务，号召批判理论与实际相脱离的主观主义特别是教条主义。这个报告一定程度上可以说是延安整风的动员。报告指出：中国共产党的20年，就是马克思列宁主义的普遍真理和中国革命的具体实践日益结合的20年。但这种结合，还存在很大的缺点，"如果不纠正这类缺点，就无法使我们的工作更进一步，就无法使我们在将马克思列宁主义的普遍真理和中国革命的具体实践互相结合的伟大事业中更进一步"。②

毛泽东认为，党内存在的马克思主义与中国具体实际相脱离的缺点，主要表现在三个方面：一是对于国内和国际的各方面，对于国内和国际的政治、军事、经济、文化的任何一方面，所收集的材料还是零碎的，研究工作还没有系统。并没有对于上述各方面作过系统的周密的收集材料加以研究的工作，缺乏调查研究客观实际状况的浓厚空气。二是虽则有少数党员和少数党的同情者曾经研究过历史，但是不曾有组织地进行过。不论是近百年的和古代的中国史，在许多党员的心目中还是漆黑一团。认真地研究现状的空气是不浓厚的，认真地研究历史的空气也是不浓厚的。三是学习国际的革命经验，学习马克思列宁主义的普遍真理，许多人的学习马克思列宁主义似乎并不是为了革命实践的需要，而是为了单纯的学习。所以虽然读了，但是消化不了。只会片面地引用马克思、恩格斯、列宁、斯大林的个别词句，而不会运用他们的立场、观点和方法，来具体

---

① 《毛泽东选集》第三卷，人民出版社1991年版，第791页。

② 《毛泽东选集》第三卷，人民出版社1991年版，第796页。

地研究中国的现状和中国的历史，具体地分析中国革命问题和解决中国革命问题。上述三种情形"都是极坏的作风"，"这种作风传播出去，害了我们的许多同志"。①

为了改变这种状况，毛泽东提出了三点建议：

一是向全党提出系统地周密地研究周围环境的任务。依据马克思列宁主义的理论和方法，对敌友我三方的经济、财政、政治、军事、文化、党务各方面的动态进行详细的调查和研究的工作，然后引出应有的和必要的结论。"为此目的，就要引导同志们的眼光向着这种实际事物的调查和研究。就要使同志们懂得，共产党领导机关的基本任务，就在于了解情况和掌握政策两件大事，前一件事就是所谓认识世界，后一件事就是所谓改造世界。就要使同志们懂得，没有调查就没有发言权，夸夸其谈地乱说一顿和一二三四的现象罗列，都是无用的。"

二是对于近百年的中国史，应聚集人才，分工合作地去做，克服无组织的状态。应先作经济史、政治史、军事史、文化史几个部门的分析的研究，然后才有可能作综合的研究。

三是对于在职干部的教育和干部学校的教育，应确立以研究中国革命实际问题为中心，以马克思列宁主义基本原则为指导的方针，废除静止地孤立地研究马克思列宁主义的方法。②

为使即将出发开展调查的同志做好调查研究工作，使他们掌握正确的调查研究方法，不至于走马观花、浮于表象，取得调查的实效，9月13日，毛泽东向中央妇委和西北局联合组成的妇女生活调查团（主要成员是延安女子大学的毕业生）作了关于农村调查的讲话。

毛泽东着重讲到了两个问题。一是"情况是逐渐了解的，需要继续不断的努力"。他说，认识世界，不是一件容易的事。马克思、恩格斯努力

---

①　《毛泽东选集》第三卷，人民出版社 1991 年版，第 797 页。

②　《毛泽东选集》第三卷，人民出版社 1991 年版，第 802—803 页。

终生，做了许多调查研究工作，才完成了科学的共产主义。列宁、斯大林也同样做了许多调查。中国革命也需要做调查研究工作，首先就要了解中国是个什么东西，即了解中国的过去、现在及将来。可惜有很多人常是主观主义，自以为是，完全不重视调查研究工作。

毛泽东又说，共产党是信奉科学的，不相信神学。所以调查工作要面向下层，而不是幻想。同时，事物是运动着的、变化着的、进步着的。因此，调查是长期的，甚至要一代又一代地进行下去，唯有如此，才能不断地认识新的事物，获得新的知识。

在讲话中，毛泽东还特地介绍了自己从事调查的经验，强调调查工作要有耐心地、有步骤地去做，不要性急。他自己认识农村，就是经过好几年的工夫的。他说，自己做了4个月的农民运动，得知了各阶级的一些情况，可是这种了解是异常肤浅的，一点也不深刻。后来，调查了长沙、湘潭、湘乡、衡山、醴陵5县，才了解到农民运动并不是有些人所说的那样"过火"，而是必然的，是地主阶级压迫所造成的。他还说，他虽然考察了湖南农民运动，但对于农村阶级的结合仍不是十分了解的。到井冈山之后，作了寻乌调查，才弄清了富农与地主的问题，提出解决富农问题的办法。而贫农与雇农的问题是在兴国调查之后才弄清楚的。

讲话的第二个问题是关于调查研究的方法。他认为，调查研究的过程就是认识客观事物的过程。在调查研究过程中必须自觉地贯彻认识事物的三个步骤。这三个步骤就是观察、分析与综合。他说："当我们观察一件事物时，第一步的观察只能看到这件事物的大体轮廓，形成一般概念。好比一个初来延安的人，开始他对延安的认识只是一般的、笼统的。可是当他参观了抗大、女大以及延安的各机关学校之后，他采取了第二个步骤，用分析方法把延安的各部分有秩序地加以细细的研究和分析。然后第三步再用综合法把对各部分的分析加以综合，得出整体的延安。这时认识的延安就与初来时认识的延安不同，他开始看见的是整个的延安，现在看见的也是整个的延安，但与开始的了解不同了，现在他对延安就有了科学的认识和具体的了解。观察一个农村，也同样是如此。"①

　　毛泽东认为，要搞好调查研究，除了必须采取上述三个步骤之外，还应详细地占有材料，抓住要点。材料是要搜集得愈多愈好，但一定要抓住要点或特点。如果有十样事物，有一个人调查了九样，只有一样没有调查，而调查的九样都是一些次要的东西，把主要的东西都丢掉了，那么，这样的调查仍旧是没有发言权。所以他说："假若丢掉主要矛盾，而去研究细微末节，犹如见树木而不见森林，仍是无发言权的。"②

　　毛泽东还回答考察团成员提出的相关问题，这实际上也是对具体的调查研究方法的解答。

　　关于如何开调查会，毛泽东说，一个调查会不仅提出问题，而且要有解决问题的方法。参加调查会最好有三五人。

　　关于如何找调查的典型，毛泽东说，调查的典型可以分为三种：先进的、中间的、落后的。如果能依据这种分类，每类调查两三个，即可知一般的情形了。

　　关于如何收集和整理材料，毛泽东说，都必须自己亲身去做，在做的过程中找出经验来，用这些经验再随时去改进以后的调查和整理材料的工作。

　　关于怎样使对方说真话，毛泽东说，每个人特点不同，因此，要采取的方法也各不相同。但是，主要的一点是要和群众做朋友，而不是去做侦探，使人家讨厌。群众不讲真话，是因为他们不知道你的来意究竟是否于他们有利。要在谈话过程中和做朋友的过程中，给他们一些时间摸索你的心，逐渐地让他们能够了解你的真意，把你当做好朋友看，然后才能调查出真情况来。群众不讲真话，不怪群众，只怪自己。③

　　毛泽东上述文章和讲话，既是他多年从事调查研究特别是农村调查的

---

① 《毛泽东农村调查文集》，人民出版社1982年版，第23—24页。
② 《毛泽东农村调查文集》，人民出版社1982年版，第26页。
③ 《毛泽东农村调查文集》，人民出版社1982年版，第26—27页。

经验总结，也是对全党大兴调查研究之风的发动与动员。

二、中共中央决定加强调查研究

为了进一步引起全党对调查研究的重视，大兴调查研究之风，并为调查研究提供组织保障，1941 年 8 月 1 日，中共中央发布了毛泽东起草的《关于调查研究的决定》和《关于实施调查研究的决定》两个重要的党内文件。

《关于调查研究的决定》对建党以来调查研究所取得的成绩和存在的不足，作了实事求是的分析和评价，指出："二十年来，我党对于中国历史、中国社会与国际情况的研究，虽然是逐渐进步的，逐渐增加其知识的，但仍然是非常不足；粗枝大叶，不求甚解，自以为是，主观主义，形式主义的作风，仍然在党内严重的存在着。抗战以来，我党在了解日本、了解国民党、了解社会情况诸方面是大进一步了，主观主义、形式主义作风也减少了，但所了解者仍然多属粗枝大叶的，漫画式的，缺乏系统的周密的了解，主观主义与形式主义作风并未彻底消灭。对于二十年来由于主观主义与形式主义，由于幼稚无知识，使革命工作遭受损失的严重性，尚未被全党领导机关及一切同志所彻底认识。"①

《决定》对党内许多干部未能充分认识调查研究的重要性提出了严肃批评，指出："到延安来报告工作的同志，其中的多数，对于他们自己从事工作区域的内外环境，不论在社会阶级关系方面，在敌伪方面，在友党友军方面，在自己工作方面，均缺乏系统的周密的了解，党内许多同志，还不了解没有调查就没有发言权这一真理。还不了解系统的周密的社会调查，是决定政策的基础。还不知道领导机关的基本任务，就在于了解情况与掌握政策，而情况如不了解，则政策势必错误。还不知道，不但日本帝国主义对于中国的调查研究，是如何的无微不至，就是国民党对于国内外

---

① 中央档案馆：《中共中央文件选集》第 13 册，中共中央党校出版社 1991 年版，第 173 页。

情况，亦比我党所了解的丰富得多。还不知道，粗枝大叶、自以为是的主观主义作风，就是党性不纯的第一个表现；而实事求是，理论与实际密切联系，则是一个党性坚强的党员的起码态度。"①

中共中央认为，中国共产党已是一个担负着伟大革命任务的大政党，必须力戒空疏，力戒肤浅，扫除主观主义作风，采取具体办法，加重对于历史，对于环境，对于国内外、省内外、县内外具体情况的调查与研究，方能有效地组织革命力量，取得抗战的胜利。为了加强调查研究工作，中共中央特决定如下办法：

（一）中央设置调查研究机关，收集国内外政治、军事、经济、文化及社会阶级关系各方面材料，加以研究，以为中央工作的直接助手。

（二）各中央局、中央分局、独立区域的区党委或省委，八路军、新四军之高级机关，各根据地高级政府，均须设置调查研究机关，收集有关该地敌友我政治、军事、经济、文化及社会阶级关系各方面材料，加以研究，以为各该地工作的直接助手；同时供给中央以材料。

（三）关于收集材料的方法，《决定》列举了如下七种：

第一，收集敌、友、我三方关于政治、军事、经济、文化及社会阶级关系的各种报纸、刊物、书籍，加以采录、编辑与研究。

第二，邀集有经验的人开调查会，每次三五人至七八人，调查一乡、一区、一县、一城、一镇、一军、一师、一工厂、一商店、一学校、一问题（例如土地问题、劳动问题、游民问题、会门问题）的典型。从研究典型着手是最切实的办法。由一典型再及另一典型。

第三，在农村中，应着重对于地主、富农、商人、中农、贫农、雇农、手工工人、游民等各阶层生活情况及其相互关系的详细调查；在城市中应着重对于买办大资产阶级、民族资产阶级、小资产阶级、贫民群众、

---

① 中央档案馆：《中共中央文件选集》第13册，中共中央党校出版社1991年版，第173—174页。

游民群众及无产阶级的生活情况及其相互关系的详细调查。

第四，利用各种干部会、代表会收集材料。

第五，写名人列传。凡地主、资本家财产五万元以上者，敌军、伪军、友军团长以上的军官，敌区、友区县长以上的官长，敌党、伪党、友党县以上的负责人，名流、学者、文化人、新闻记者在一县内外闻名者，会门首领、教派首领、流氓头、土匪头、名优、名娼，以及在华外人活动分子，替他们每人写一数百字到数千字的传记。此种传记，要责成地委及县委同志分负责任，传记内容须切合本人实际。同时注意收集各种人员的照片。

第六，个别口头询问，或派人去问，或调人来问，问干部、问工人、问农民、问文化人、问商人、问官史、问流氓、问俘虏、问同情者，均属之。

第七，收集县志、府志、省志、家谱，加以研究。

（四）除中央及各地的调查研究机关外，必须动员全党、全军、政府之各级机关及全体同志，着重对于敌、友、我各方情况的调查研究，并供给上级调查研究机关以材料。

（五）向各级在职干部与训练干部的学校，进行关于了解客观情况（敌、友、我三方）的教育。"鼓励那些了解客观情况较多较好的同志，批评那些尚空谈不实际的同志；鼓励那些既了解情况又注意政策的同志，批评那些既不了解情况又不注意政策的同志；使这种了解情况、注意政策的风气，与学习马列主义理论的风气密切联系起来。在学习中反对不管实际只记条文的风气，反对将学习马列主义原理原则与了解中国社会情况、解决中国革命问题互相脱节的恶劣现象。"①

在此之前的 7 月 1 日，中共中央发出了《关于增加党性的决定》，要求全体党员尤其是党员干部更加增加自己的党性锻炼，把个人利益服从于

① 中央档案馆：《中共中央文件选集》第 13 册，中共中央党校出版社 1991 年版，第 176 页。

全党的利益，把个别党的组成部分的利益服从于全党的利益，使党能够团结得如同一人。为此，中共中央责成各级党部将本决定与7月1日所发决定联系起来，向党的委员会及干部会议作报告，并讨论实施办法。

为使调查研究工作的组织领导，中共中央同一天发出《关于实施调查研究的决定》。这个文件依据前一决定，对开展调查规定了具体的实施办法：

在中共中央下设中央调查研究局，担负国内外政治、军事、经济、文化及社会阶级关系各种具体情况的调查与研究。内设调查局、政治研究室、党务研究室3个部门，作为中央一切实际工作的助手。

——调查局担负收集材料之责。在晋察冀边区设第一分局，担负收集日本、满洲（东北）及华北材料；在香港设第二分局，担负收集欧美材料，同时收集日本及华中、华南沦陷区材料；在重庆设第三分局，担负收集大后方材料；在延安设第四分局，担负收集西北各省材料。

——政治研究室担负根据材料加以整理与研究之责。政治研究室内设中国政治研究组、中国经济研究组、敌伪研究组、国际研究组。

——党务研究室担负研究各地党的现状与党的政策，内设根据地研究组、大后方研究组、敌占区研究组、海外研究组。

文件还规定，中共中央北方局、华中局、晋察冀分局、山东分局，中共上海省委、南方工委及各独立区域之区党委或省委，均须设立调查研究室，专任收集该区域内外敌、友、我三方政治、军事、经济、文化及社会阶级关系各种具体详细材料，加以研究，编成材料书籍与总结性文件，成为该局委工作之助手；并责成各局委将所得材料供给中央调查研究局。拨给必要经费，给予各种便利，以达系统的周密的调查与研究一切必要情况之目的。

8月27日，中共中央政治局会议正式决定成立中央调查研究局，毛泽东兼任局长，任弼时为副局长。中央调查研究局下设党务研究室和政治研究室。党务研究室下设根据地、大后方、敌占区、海外4组，任弼时任主任兼根据地组组长；政治研究室下设政治、国际、敌伪 3 个研究组，毛泽东兼任主任，陈伯达为副主任。中央调查研究局的设立，对中共中央领导全面的调查研究工作，提供了强有力的组织保证。

中共中央加强调查的决定，得到了各级党组织的积极响应，亦纷纷根据中共中央的精神作出决定，要求大兴调查研究之风。

1941 年 11 月 3 日，中共中央华中局发出《关于调查研究工作的指示》，决定设立以曾山为主任、彭康为副主任的调查研究委员会，各区党委及省委、各师级军事机关应迅速设立调查研究室，各行政专员公署、专员公署联合办事处设立调查统计科，地委及县委、县政府设立调查统计干事。《指示》要求各级党委、政府将调查研究作为经常性的工作，及时调查自己区域内外敌我友三方政治经济文化及社会各阶级阶层各方面的材料。各级党政军民机构应配备有调查研究经验的干部主持工作，并根据中共中央所规定的收集材料的方法，制成各种专门表格与调查须知，指导各级进行调查研究。除调查研究机关外，必须动员全党全军及党外同志进行敌我友三方的情况调查。华中局还特别强调，一切有关调查研究报告书必须百分之八九十为具体材料，只有百分之十或可为分析及结论。①

同年 11 月 7 日，中共中央北方分局作出《关于实施调查研究的决定》，要求对中共中央关于加强调查研究决定的指示进行深入的讨论，彻底检查自己工作上的主观主义与形式主义作风，并根据各地具体情况，规定实施调查研究的具体办法。北方分局要求各级党的组织部门开展对党的组织问题的调查研究；党的宣传部门开展对文化运动、学校教育、社会教育、党内教育等问题的调查研究；各级政府的党组开展对政府法令的执行情况，政权的组织与工作状况，财政、经济、教育等问题的调查研究；对于社会经济、政治情况、阶级关系、各阶层动态、各阶层对党的政策执行的具体情况和实际反映等问题，各级党委必须经常搜集材料，指定专人进行研

① 中共中央华中局：《关于调查研究工作的指示》（1941 年 11 月 3 日）。

究；各地在实施调查研究工作中所获得的具体材料及对这些问题的研究心得，应随时向上级报告等。①

1942 年 1 月 1 日，中共晋西北区党委作出《关于调查研究的指示》，认为主观主义、形式主义在晋西北党员中是严重存在的，例如，不踏实了解具体情况，领导上作风上的粗枝大叶，机械抽象地执行党的政策等。为了加强调查研究工作，晋西北区党委决定设立调查研究室，除专任干部外，另聘请军政民各方高级干部 50 人以上兼任调查研究员，受区党委调查研究室的直接领导，进行调查研究工作，并赋予调查研究员适当的特殊权利。各地党委成立调查研究科，由地委书记直接管理。县设调查研究员 1 人，由县委书记直接管理。同时，要求政府机关和群众团体也相应成立调查研究机构。晋西区党委还决定，党委系统的调查研究机关主要调查阶级关系及其变迁，包括政策执行及反映、各阶层政治动向等情况；政府系统的调查研究机关重点了解政权建设，包括"三三制"的执行、财政经济建设、敌伪政权的调查；群众团体的调查研究机关，主要从事群众运动、群众武装建设等方面的调查。

晋西北区党委号召一切党员和干部都要主动地担任调查研究工作，要将之视为反对主观主义、形式主义的思想方法上的大革命，而不能将这个工作看作只是少数调查研究员的任务，并在自觉的调查研究中进行自己思想上和工作方法上的改变，克服主观主义和形式主义，代之以依据客观、实事求是、踏实朴素的作风，并且在调查中树立阶级分析的观点、历史变化的观点。②

1942 年 3 月 24 日，中共晋鲁豫区党委发出《关于调查研究工作的指示》，要求所属各级党委着重开展土地、负担、生产贸易、人民思想动态等问题的调查。从各种不同类型的村庄中调查各阶层土地占有的变化，地

① 中央档案馆等编：《晋察冀抗日根据地》，中共党史资料出版社 1989 年版，第 587—588 页。
② 中共吕梁地委党史资料征集委员会办公室：《晋绥根据地资料选编》第三辑，1984 年编印，第 165—171 页。

租、高利贷、商业资本剥削关系的变化，农民与地主间斗争的酝酿，打击争取的经过与偏向，以及各阶层的土地经营、日常生活、政治地位、对我态度与要求等；通过对各地人口、耕地产粮、工商副业收入、历来总的与各阶层的负担等调查，来研究适当的各阶层负担比例、累进办法，计算各地负担能力，求得顺利完成财政任务打下基础；从调查人民政治经验的提高与落后，对进步与封建迷信组织的认识、伦理关系、道德观念、审美标准、风俗习惯、娱乐生活等的变化，对鬼神命运来世的迷信、流氓投机行为的发展等，来总结进步，认识落后。此外，还应当调查各种帮、会、道、教与友党问题，敌人政策及敌占区的社会变化，婚姻、劳动、优抗（指优待抗日军人家属）等问题，并深入调查与研究一百个各种类型的党支部。

在调查方法上，晋鲁豫区党委特别强调，开调查会是一个重要的方式，特别是对于某些富于生动内容的问题更加适用，其不足以个别访问补足之。派调查团的方式便于深入了解典型，对于某些比较复杂易于隐瞒的问题（如负担能力等）必须用这种方法。根据群众的思考习惯提出一些问题或拟定谈话大纲，进行测验性谈话，是了解群众心理的一种有效办法，但在方式上应十分注意，不要使群众产生戒备之心。还应动员各个系统、各个部门就自己工作范围的某一问题，负责收集材料加以研究，如农会负责调查土地问题，财粮部门负责调查负担问题；同时配合各个时期的中心工作，拟定一些简明的提纲表格，随着工作布置下去进行调查。①

1942 年 2 月 6 日，中共中央山东分局作出《关于建立全省调查研究机关的决定》，决定设立分局调查研究室，下设党务、党派、敌伪、政经各股，分局下属的区党委设立调查研究组。同一天，山东分局发出《关于进行调查研究工作的指示》，指出："举凡国内政治、军事、经济、文化与

---

① 太行革命根据地史总编委会：《太行革命根据地史料丛书之二：党的建设》，山西人民出版社 1989 年版，第 209—212 页。

党务活动及社会阶级关系等，均为调查研究的对象"，并要求迅速着手调查研究太平洋战争爆发后大小城市的变化，敌人强化治安的各种办法，历次反"扫荡"的经验，人民武装及地主武装的发展情形，生产建设工作实况，等等。指示提出的调查研究口号是"逢人便问，遇事即查，不放松一个调查的机会"，并且明确要求县和地委的调查研究员要定期报告，提出专题，经常派人向各级党政机关军民搜集材料，并动员和约定各机关团体一有材料即送调查研究机关；组织专人调查，即指定一定的县、区、村或机关、部队，或指定一定的问题，通过关系对敌伪区进行调查；利用各种机关谈话访问，如各种代表大会、在各机关团体招待所的客人、学校学生、俘虏、统战人物与各种特定机关特定人物的访问等。①

1943 年 2 月，中共淮北区党委发出《关于调查研究工作的指示》，对前一阶段的调查研究进行检讨，承认这项工作尚未取得显著成绩，除客观原因外，一是有负责干部对此项工作仍没有足够的认识和注意；二是此项工作过去较少经验，虽然做过一些调查，但在方法上存在缺陷，诸如一下子都想把各方面都调查好，列举了许多项目，结果毫无所成，不知道也不会选择典型等。为了改进调查研究工作，淮北区党委指示各级党委：地、县委一级应经常讨论调查研究工作，并推定一人专门负责此事；调研工作应以县为单位，切实进行，由县文教科组织对全县人口、人物、土地、出产、交通及一切行政问题上的调查，由县委宣传部组织全县政治、经济概况的典型调查。②

为了帮助干部学会调查研究的方法，一些地方专门拟定和下发了"调查研究须知""调查研究方法"等材料。如 1943 年 4 月中共北岳区党委编成的《我们怎样做农村调查研究》的小册子，包括"调查研究方法的几个基本原则""调查研究的方法与步骤""统计方法的几个问题""论农村阶

---

① 山东省档案馆等：《山东革命历史档案资料选编》第 8 辑，山东人民出版社 1983 年版，第 149—151 页。

② 豫皖苏鲁边区党史办公室：《淮北抗日根据地史料选辑》第 4 辑，1985 年编印，第 95 页。

级关系的分析"等内容，并对其中的每一个问题都作了具体的论述。例如关于调查的方法与步骤，就分为"调查的准备工作""调查程序""几个问题的调查方法""怎样开调查会""调查工作中的组织领导问题""总结"等细目，并作了具体详细的介绍。

三、广泛深入的调查研究活动

根据中共中央加强调查研究的指示精神，为配合即将开展或正在开展的整风运动，各中央局及其所属的各级党组织，在延安的中共中央直属机关，组织了多个调查团或考察团，展开了深入而广泛的调查研究工作，掀起了全党性的农村大调查。仅在陕甘宁边区，就有中共中央西北局调查研究室考察团对边区政治、经济、党务等问题的调查，有张闻天为团长的延安农村调查团对陕北、晋西北农村的调查，有中央青委考察团对绥德延家川等地的经济社会调查，有中央妇委妇女生活调查团对绥德沙滩坪村的调查等。

在这些调查活动中，时间最长、取得调研成果最丰的，要数张闻天率领的延安农村调查团对晋陕农村的调查。

张闻天原本是从"左"倾中央领导集团中"首先觉悟而分化出来的成员"①。在遵义会议上为结束"左"倾错误统治作出了重大贡献。遵义会议之后，他在反对张国焘分裂党和红军的斗争、在建立抗日民族统一战线和坚持抗战中，又发挥了重要作用。1941 年 9 月至 10 月，毛泽东在中共中央政治局扩大会议上作了反对主观主义和宗派主义的报告，认为"过去我们党很长时期为主观主义所统治，立三路线和苏维埃运动后期的'左'倾机会主义都是主观主义。苏维埃后期的主观主义表现更严重，它的形态更完备整，统治时间更长，结果更惨"。"遵义会议后，实际上变更了一

① 程中原：《张闻天传》，当代中国出版社 1993 年版，第 483 页。

条政治路线。过去的路线在遵义会议后，在政治上、军事上、组织上都不能起作用了，但在思想上主观主义的遗毒仍然存在。"① 毛泽东的这个报告对张闻天震动很大，他在会议上诚恳地检讨了自己在苏维埃后期的错误，随后停止了自己的工作，集中研究党的历史文件和毛泽东的全部著作。

为了响应中共中央和毛泽东调查研究的号召，这次政治局扩大会议后，张闻天下决心到农村去进行调查研究。经中共中央批准，他从中央机关抽调了 9 名干部（包括张闻天夫人刘英，中央党务研究室的雍文涛、薛光军，中央政治研究室的曾彦修，中央财委的尚明、徐羽，中央研究院的马洪、许大远、薛一平），组成"延安农村调查团"，由他担任团长，于1942 年 1 月 26 日出发前往晋西北调查。为了工作方便，张闻天将自己化名为"张晋西"。

调查团经延川、清涧，于 2 月 2 日到达绥德。在这里休息了几天，然后经米脂、佳县，于 2 月 14 日即农历除夕来到黄河岸边的彩林村渡口。彩林有"塞上江南"之称，时属新设的位于神木、府谷两县之间的神府县。张闻天原计划由此东渡黄河进入晋西北地区，由于当时敌人的冬季"扫荡"仍在继续进行，调查团在这里过了春节以后，只得折回陕甘宁边区。

2 月 18 日，张闻天率调查团到了神府县的贺家川村。这是一个较大的村庄，也是神府中共分委和县政府所在地，张闻天的晋陕农村调查就是从这里开始的。

到达贺家川后，张闻天将调查团分成 4 个组，在神府县直属乡调查了 8 个自然村：贺家川、孟家沟、贾家沟、阎家山、尚家庄、西山上、路家南洼、崔家峁。张闻天亲自调查贺家川，"调查很深入，统计非常具体。如关于生产力的情况，了解当地各种土地类型及其等级，各种作物在各种

---

① 中共中央文献研究室：《毛泽东年谱（1893—1949）》中卷，人民出版社、中央文献出版社 1993 年版，第 326—327 页。

土地单位面积上的播种量、施肥量和常产量，各种牲畜的使役量、产肥量、租用借用办法、全年的经济效益、各种草料的消耗量等，牛、驴、猪、羊、鸡、兔的粪各有什么特点，适于什么土壤、什么庄稼，为什么高粱产量低仍然要种它，为什么贫穷人家不能种小麦、不能种大蒜头，都了解得清清楚楚"。①

4月初，各调查小组将通过调查整理出的材料，汇集到张闻天那里。张闻天在综合研究后，亲自写成了《陕甘宁边区神府县直属乡八个自然村的调查》，并于5月中旬将印刷本送到毛泽东、中共中央书记处、中央党务研究室等处。1943年10月，这个调查报告由中共中央西北局调查研究室出版，并署名为延安农村调查团。

这份调查报告的内容非常详细，共涉及40多个问题，其中包括行政区划、地理位置、革命简史、政治环境、人口与土地、氏族集团、土地质量、土地分配、农具、劳动力、役畜、肥料、种子、农作物的耕作过程、各类农作物的耕种面积与产量、革命后阶级关系的变化、租佃关系、雇佣关系、借贷、商业、物价、农村经济发展趋势、政治情况、各种负担，等等。

4月13日，张闻天率调查团东渡黄河到达晋西北根据地的兴县。他原本打算深入晋西北内地进行调查，但由于当时敌情紧张而只好作罢，于是便选择中共晋西北区党委驻地兴县碧村及兴县范围内的村庄做调查。张闻天住在碧村对面的任家湾。

调查团原来只准备调查几个村子，但晋西北区党委表示想派一些负责干部参加，一起到下面调查，请张闻天指导。这样一来，兴县调查的队伍一下大了许多，晋西北党、政、群各系统的干部有40多人参加进来，调查的范围也扩大到14个自然村：碧村、任家湾、黑峪口、唐家吉、桑蛾、中庄、高家村、西坪、赵家川口、冯家庄、花园沟、柳叶村、碾子村、高

---

① 程中原：《张闻天传》，当代中国出版社1993年版，第485页。

家沟。张闻天亲自设计调查表格，商定调查组织，制订实施方案。①

在正式下村调查之前，张闻天召集全体调查人员作了一次讲话，介绍神府调查的经验。他认为，深入老百姓中进行实地调查十分重要。张闻天说："过去领导同志作决定的时间多，许多东西好像发报机一样发下去。但须知最终执行这些决定的是广大村庄中的老百姓。我们检查工作是经常检查干部，但检查老百姓很少。而老百姓是在自然村。要真正了解我们政策法令执行的情形，必须深入到自然村里去。""只要我们把老百姓的情形了解清楚，那么我们的政策及办法，就会更加实际。"②

张闻天很看重生产力与生产关系的调查，他提出，这次调查的目的就是要深入了解这个问题，把农村的阶级关系搞清楚，而过去对这个问题的调查太少。根据贺家川调查的经验，他认为抓住一个自然村作深入的调查，要比走马观花好得多，调查应该由一个最具体的东西调查起，由个别的事物个别的人调查起。收集材料只是调查工作的第一步，而第二步是研究，凡是调查中的东西，都要反复研究。过去调查的主要问题是没有研究，结果浪费精力很大，得到的益处很少，因此要从具体的问题中找到问题的原则性。

4月22日起，调查团下村开展调查。然而，调查刚刚开始，日军向晋西北抗日根据地发动大规模"扫荡"，兴县又是敌人此次"扫荡"的重点，调查团只好疏散到黄河西边的神府县境，这样的疏散前后经历了3次。张闻天和调查团虽在黄河两岸来回奔波，但对调查工作却一点也没有放松。张闻天还亲自调查了任家湾和碧村，整理出了《碧村调查》，对该村的土地占有变化和租佃关系进行着重研究。调查团其他成员也在张闻天指导下，分别写出各个自然村的调查材料，可惜这些材料后来在中共中央撤离延安时散失了。

① 程中原：《张闻天传》，当代中国出版社1993年版，第486页。
② 《张闻天晋陕调查文集》，中共党史出版社1994年版，第291页。

在调查期间，张闻天亲自撰写了《晋西北兴县二区十四个村的土地问题研究》的报告大纲。他根据战争和革命所造成的农村阶级关系的变化，提出要继续削弱封建主义，但必须容许部分封建主义的存在，要积极推动资本主义经济的发展，并扶持大多数小农经济的发展。他认为，今后根据地富农将有较大的发展，不是害怕其发展，而是要鼓励其发展，因为资本主义的生产，比个体小生产进步。个体经济在农村中占绝对优势，但不要把个体小经济理想化。应当说，这些观点在当年是很有创见的。

张闻天在晋西北农村调查的时候，著名的延安整风已经开始。5月7日，他在中共晋西北区党委召开的整顿三风座谈会上作了发言，结合实际事例具体地分析了主观主义、宗派主义、党八股的种种表现，强调整风要从实际工作中学习，认真研究中共中央宣传部规定的22个学习文件，根据其精神解决实际问题。他还指出，晋西北同样存在着主观主义、党八股，而且很严重。张闻天在调查团作区村政权领导方法的讲话中，也认为晋西北区乡政权领导中存在的问题，基本是"三风"不正，并列举了"三风"的具体表现。

不料，张闻天对当地"三风"不正的批评，引起了晋西北个别领导人的不悦。"本来，张闻天领导的兴县调查，成绩显著，当时晋西北区机关参加工作的同志对这次调查研究都很满意、很兴奋。他们说，这次调查对他们帮助很大，他们这次真正接触了农村，接触了老百姓，知道他们过去的领导如何不合实际等。但当时的晋西北区负责同志从延安回来却很不以为然，认为调查团搞的这一套东西，完全要不得，说调查也可以是主观主义的。""既然人家不欢迎，张闻天即决定结束在晋西北的调查。晋西北区机关参加调查的人员都要求对这次调查研究工作作一总结，张闻天提议把他们集中起来完成此事，也遭拒绝。"[1] 如此一来，在兴县的调查也就不便再继续下去了。9月下旬，张闻天率调查团离开兴县，来到米脂县杨家沟

---

[1]　程中原：《张闻天传》，当代中国出版社1993年版，第489页。

继续进行农村调查。

到杨家沟之后，张闻天在兴县调查的基础上，写了一篇关于发展新式资本主义的文章。该文具体分析了兴县2区14个自然村897户的阶级成分，说明"资本主义生产成分在农村是很微弱的，封建的成分，即地主与农民的成分还占优势"。张闻天指出："封建剥削制度是落后的。资本主义生产方式，是现时比较进步的，可使社会进化的。"通过封建的和资本主义的经营方式对比分析，张闻天认为说明资本主义的经营"对全社会更有利"。而且中国将来的社会主义，也要靠新式资本主义的发展为基础。同时他又指出："我们所提倡的新式资本主义，与欧美的旧资本主义不同。我们有革命政权和革命政策，调节社会各阶级关系。凡可以操纵国民生计的工商业，均握在国家手中。"

在文章最后，张闻天提出一个非常重要的观点："中国社会将来才是社会主义和共产主义，今天则要实行新民主主义，就是新式资本主义。因为中国太落后，只有走过新式资本主义的第一步，才能走社会主义的第二步。社会主义和共产主义是我们的理想。发展新式资本主义是我们现时的任务也是我们当前的具体工作。若把理想当现实，乱来一阵，会弄糟糕的。"①

杨家沟是米脂县一个偏僻的山沟，从外表看，与陕北其他的小山沟一样并无特别之处，但这里却是全国罕见的一个地主经济集中的村庄。全村共有270多户，其中聚居着马姓大、中、小地主55户。除4户小地主外，都属于"马光裕堂"的分支。这个马姓地主集团的创始人叫马嘉乐，"光裕堂"是他的堂号，他靠放高利贷、兼并土地起家。调查团到来的时候，杨家沟最大的一家殷实地主叫马维新，是这个地主集团实际上的代表人物。"他的思想赤裸裸地代表着地主阶级的利益。他没有新名词做装饰品，也不玩政客的手腕。一切对他有利的，他就认为合理，一切对他不利的，

---

①　《张闻天晋陕调查文集》，中共党史出版社1994年版，第323—325页。

他就认为不合理。他的一切行动都服从于他的地主的经济利益。他对农民的一切剥削，都是认为当然的，无容置疑的。"[1]

马维新家保存着自清朝道光二十五年（1845）起近百年的买地、典地、收租、放债、雇工、经商和日常生活收支等各种账簿。张闻天知道后如获至宝，立即让调查团的马洪去商借。马维新比较开明，其子女也有参加革命的，于是同意将这些账簿全拿出来让调查团借阅。刘英后来回忆说："闻天一本一本翻阅，我在旁边帮着抄录数据、材料，马洪打算盘，日夜统计。我们一起忙了一个来月。闻天风趣地说：马克思在伦敦大英博物馆里算资本家的'账本子'，写了《资本论》，我们想要弄明白中国的经济，也不能不研究马太爷的'账本子'啊！"[2]

在算账和调查、访问的基础上，张闻天同调查团成员进行了深入的研究，然后由马洪执笔写出调查报告初稿，交给张闻天反复修改定稿，形成了《米脂县杨家沟调查》。这个调查报告"细致地解剖了马维新这个地主从18岁代替父亲管理家务起39年的经济活动，详尽地分析了马维新兼并土地的活动，他的租佃关系、借贷关系、雇佣关系，以及商号经营情况，统计出1912—1941年30年来马维新一家的收支情况，还参照其他材料统计出1894年以来近50年杨家沟一带的年成。调查报告以翔实可靠的材料说明，封建地主阶级如何以地租剥削为基础，同高利贷和商业剥削结合在一起，对农民残酷剥削和掠夺土地，以至大地主如何对中小地主进行弱肉强食的土地兼并的情况"[3]。这是一个非常有价值的调查报告，为人们了解和解剖中国地主经济提供了可靠的参照。

结束杨家沟的调查后，张闻天在米脂城内作了10天的调查。随后又前往绥德西郊河川地区及双湖峪（今属子洲县）作经济调查，涉及盐滩、煤窑等工业。1943年1月上旬到2月下旬，又到绥德城里作商业调查。

---

① 《张闻天晋陕调查文集》，中共党史出版社1994年版，第140页。

② 《张闻天晋陕调查文集》，中共党史出版社1994年版，第414页。

③ 程中原：《张闻天传》，当代中国出版社1993年版，第490页。

在绥德城里调查的时候，中共中央通知张闻天回延安参加政治局会议，他只得中止调查返回延安，接着参加延安整风。"通过陕北、晋西北调查，张闻天对于中国农村经济实际进行了具体的深入的研究，得到关于农村生产力与生产关系现状和发展趋势的比较系统的认识，对当时农村政策的执行情况及调整办法也提出了自己的看法。这些真知灼见，有的当时就受到重视，有的以后才为人们所注意。"①

张闻天此次调查的一个显著特点，就是注重生产力和生产关系的考察，而这恰恰是过去很少进行的。而且他在调查中始终贯穿一个总的精神，即非常注重生产力的发展情况。张闻天认为，像晋西北、陕北这样的中国农村，总的趋势是从封建式的土地集中向分散的小生产发展。这种发展有利于生产力的提高。但是，小生产经济无法使用比较进步的生产工具，劳动力的所有与使用存在矛盾，畜力的大量和合理使用受到妨碍，肥料的产量与适当使用也大受影响，因此分散的小生产还是影响生产力的发展，土地生产力总的说来是低下的。这就说明，一方面现有农村经济可以战胜根据地面临的困难，支持长期抗战；另一方面，要重视政策的执行与必要调整，以利于农村生产力的发展。

从当时中国农村落后的生产力水平出发，张闻天强调必须发展新式资本主义。他认为，不能把改善农民生活完全放在合理分配别人的财富上，而应当主要从发展生产、增加社会财富来求民生之改善。他还说，为要发展新式资本主义，不要怕农民受苦，即不要怕雇农多，没法安插，失业，工资低，生活恶化，"欧美各国资本主义发达。工人生活比今天中国的小地主好得多，可见落后国家的地主，日子过得还不如先进国家的工人。在新民主主义政权下，只要资本主义发展了，工人生活一定会改善"。② 这些观点的提出，在当时是非常新颖的，在今天也仍有它重要的启示意义。

---

① 程中原：《张闻天传》，当代中国出版社1993年版，第490页。
② 《张闻天晋陕调查文集》，中共党史出版社1994年版，第324页。

回到延安后，张闻天集中精力对一年多的调查进行总结，并于1943年3月底写成了《出发归来记》一文，作为自己一年多调查情况向中共中央的一个报告。

张闻天感到，一年多的调查研究，对他来说，最为重要的是"冲破了教条的囚笼，到广阔的、生动的、充满了光与热的、自由的天地中去翱翔"①。正如有研究者所言："这是张闻天思想发展过程中的又一次飞跃。这次飞跃主要是在哲学世界观方面，因此带有根本性质。从此，他完全地、彻底地摒弃了主观主义的学风，自觉地向着理论与实际联系、领导与群众结合的方向不断前进。"②

张闻天说："一个真正唯物论者的起码态度，就是一切工作必须从客观的实际出发，必须从认识这个客观的实际出发。一个共产党员是否真正的唯物论者，不仅在他口头上是否承认或者宣传唯物论的普遍原则，而主要的要看他在实际行动上是否能这样做。""整顿三风，对于一个共产党员是否有了实际的效果，也可以拿这个标准加以测量。"③

一年多的农村调查，使张闻天认识到，要从实际出发，要认识实际，其基本的一环，就在于对这个实际的调查研究。没有这一基本工作，一切关于从实际出发、要认识实际一类的话，仍然是无意义的空谈。因此，调查研究工作，不论是对于领导者和被领导者，都是绝对必要的。作为一个领导者，如果他对于当前具体的问题没有精密的调查研究，他就无法提出正确的任务，而且即使正确的任务提出之后，如果不作调查，也无法将任务加以落实。作为被领导者，在接受上级的任务之后，在执行任务的时候，如果不作调查研究，就会盲目乱干一气。因此，作为被领导者，不但对于上级所给的任务应有清楚的认识，有完成任务的决心与勇气，而且需要有不脱离群众、不违反政策的完成任务的具体办法，如果没有对于当前

---

① 《张闻天晋陕调查文集》，中共党史出版社1994年版，第327页。

② 程中原：《张闻天传》，当代中国出版社1993年版，第493—494页。

③ 《张闻天晋陕调查文集》，中共党史出版社1994年版，第330页。

情况的调查研究，要完成上级所给的任务也是不可能的。所以不论是领导者还是被领导者，都必须把调查研究工作作为自己一切工作的基础。

那么，如何才能搞好调查研究呢？张闻天的体会是，首先必须着重典型。因为每一个人的时间与精力都有限，不可能把所有的事物一件件调查清楚，而且也没有这个必要，办法就是从一类事物中选择典型来进行调查研究。至于典型如何选择，张闻天认为，最好的典型，应是最能做同类事物代表的具体事物，典型选择愈好，则得出的结论愈带有普遍性。

在典型选择好了之后，调查研究能否成功，就在于进行正确的分析和综合。他指出："调查研究工作的主要方法是分析与综合。"同时他还对二者的关系进行了论述："从感性方面得来的关于调查对象的统一的、笼统的印象，必须首先加以分析，加以解剖。""这是我们的思想从全体的认识到部分的认识的过程"。张闻天又说："如果只有分析而没有综合，那我们得到的关于一个事物的各个组成部分的了解，就会变成孤立的、静止的、死板的。它们不是整个事物的有机组成部分，而变成为脱离整体的独立的东西了。这使我们对于这个事物的整体，同样得不到了解，或者得到完全错误的了解。所以我们的分析方法必须要以综合方法来补充。"①

一年多的农村调查，使张闻天积累了许多调查研究的经验，他在《出发归来记》中写道：

——在调查开始前，应弄清楚调查的目的，即要调查的是什么事情，根据调查材料所要解决是什么问题。

——选定调查对象后，对调查对象所处环境应有必要的了解，不要把调查的东西从它的具体环境中孤立出来看。

——善于同群众接近，生活群众化，诚心诚意抱定当群众小学生的态度，一切不懂的事情应好好地向群众请教。态度应不太庄严，使群众害怕；也不要油腔滑调，使群众看不起。待人和气、亲热、自然

---

① 《张闻天晋陕调查文集》，中共党史出版社1994年版，第339—340页。

是最主要的。

——同当地党政军民机关取得联系，得到他们的帮助，但应该完全独立自主的做工作，不要依赖他们。只有亲自动手得来的材料才是比较可靠的。别人的材料只能当做参考。

——从当地群众中的积极分子着手，同他们交朋友，从他们那里开始调查，经过他们的介绍，推广到其他的群众。但也不要以此束缚自己，落在少数积极分子的小圈子内。如能找到别的关系，应抓住不放。

——调查方式，可以采取开调查会、个别谈话及实地调查三种，适当地把三种方法结合起来。调查材料，能当时记录者，即应记录，当时记录不便者，事后应记录，记忆力的可靠性不大。谈话次数可不拘，要以问题谈清楚为主，但谈话时间，力求以不妨碍对方生产、损失对方利益为原则。谈话不要采取像审问或填表格的形式，而以生动的、随便的，但又有一定方向的"拉话"为最好。

——尽量搜集书面材料，如各种账簿、契约、分家单、收条、收据、家谱、碑记等。关于过去的历史材料，平常人不易记忆清楚，以书面材料较为可靠。

——调查工作初步完成后，最好能在当地即加以研究，在研究中发现问题不清楚的，再行搜集材料。研究工作应该紧跟在调研工作之后，而且最好就在调查的地方进行。两者相隔太久，会使研究工作流产，因而也不能完成调查的任务。

——调查工作不要太匆忙，以从容不迫为有利。熟悉一个地方的情形，不但需要问话，而且需要生活，需要有一定时间的考察和体验。

张闻天关于调查研究经验的总结，是中国共产党调查研究理论的重要组成部分，也是对毛泽东调查研究思想的丰富和发展。

张闻天的这次农村调查结束时，中共中央机构作了调整，推选毛泽东为政治局主席和书记处主席，书记处由毛泽东、刘少奇、任弼时组成，张闻天仍是中央政治局委员，但已不再是中央领导集体的核心成员。这时，张闻天职务发生了大的变动，但此次调查研究给他的思想认识也同样带来了巨大的变化。他在这篇文章中说："这次出发，从调查研究得来的一些材料，一些具体知识，当然就是我一年来工作的结果。但最重要的，还不在这里。最重要的，还在于我最后认识到：我以后有向着实际、联系群众的方向不断努力的必要。""其次，还在于我实际开始使用马克思主义的方法，来研究一下中国的实际。不容讳言，因为我是开始学着射箭的，所以我觉得我的箭术很是生疏。但每射一次，比着上次总觉得更熟练些。求得箭术的进步，除了实习练习外，是没有其他方法的。"①

1942 年 1 月，中共中央西北局组织了一个有三四十人参加的考察团，由西北局书记高岗带队，前往绥德、米脂调查。参加考察团的，除了西北局调查研究局（四局）边区问题研究室的全体人员外，还有中共中央统战部的人员和经济学家王思华。毛泽东的夫人江青原本也参加了考察团，但到绥德后即返回了延安，没有参加调查活动。

为什么要选择这两个县作为考察对象，参加考察团的于光远回忆说："选择绥德、米脂这个地区是经过一番考虑的。陕甘宁边区有五个分区，延安、陇东、三边、关中、绥米。""在这五个地区中绥德地区最使人感兴趣。它有一个名称：绥米警备区。八路军进驻这个地区之后，这个地区便有八路军和国民党的专员何绍南两重政权，现在国民党的势力不存在了，但是这个地区的情况同延安地区有很大差别，我们的政策也必须适合当地的情况。这个地区的领导也有不少问题希望得到西北局的指示。因此，这次行动不同于一般的调查。"②

绥德、米脂当时属于陕甘宁边区的绥德分区，这里在 1934 年时部分

---

① 《张闻天晋陕调查文集》，中共党史出版社 1994 年版，第 344 页。

② 于光远：《我的编年故事（1939—1945）》，大象出版社 2005 年版，第 107 页。

地区就进行过土地革命，分配了土地。1936 年这些曾分配了土地的地区又遭国民党军队占领，分配给农民的土地又回到了地主的手里。全民族抗战爆发后，八路军进军绥德地区，成立了警备区，而国民党也在绥德县城设陕西省第二行政督察专员公署，由何绍南任专员，于是绥德、米脂等地形成了共产党和国民党两个政权并存的局面。由于何绍南不断进行反共"摩擦"，1940 年 2 月被八路军和绥米人民赶跑，结束了这里的双重政权并立局面。

考察团进入绥德后，分成两路，一路到东面的义合镇进行调查，另一路到西面的双湖峪进行调查。之所以选择这两个地方，因为义合镇是经过土地革命的地区，而双湖峪是没有经过土地革命的地区，选择这两个地方进行调查是便于对比。

东西两路的考察团成员在进行一段时间的调查之后，汇集到绥德城里，相互介绍调查中得到的材料和印象，提出各自发现的问题，然后又一起去米脂进行调查。因为绥德有相当一部分地区曾经过土地革命，而米脂只有小部分地区有过红军和游击队活动，土地革命基本上没有开展，而且米脂比绥德土地更加集中，并且形成了一些地主集中的村落。

经过两个月的调查，考察团收集到一批绥德、米脂地区经济、政治、党务等方面的材料，西北局调查研究局边区问题研究室的柴树藩、于光远、彭平等人，根据这些材料，同时参考中央妇委和中央青委考察团的调查及其他材料，对两县的土地问题进行了集中研究，写出了《绥德、米脂土地问题初步研究》一书，于 1942 年冬出版。

《绥德、米脂土地问题初步研究》全书约 8 万余字，共有 7 章，分别为农业生产概况，土地变革的历史，绥、米土地分配现状，土地租佃关系，土地变动及趋势，土地纠纷，农村阶级关系，每章的末尾是"本章结论"，书末附有《绥、米农村负担问题》一文。这个调查研究报告真实地记录了 1942 年时绥德、米脂的历史与现状，并且提出了许多有价值的观点。例如，报告认为，那些未经过土地革命的地区，租佃问题是全部农民土地问题的中心，以往的减租减息政策，虽然确实给了农民一些实惠，初步削弱了封建剥削的力量，但减租还未彻底认真地执行，广大农民积极性的发动还不够，地主阶级在经济上还占很大的优势，封建剥削还相当重。因此如何认真实行减租，如何充分发动未经土地革命地区的农民群众，具有迫切的意义。因而这个调查所得出的结论证明，1942 年 1 月中共中央政治局通过的《中共中央关于土地政策的决定》中提出的"扶助农民，减轻地主的封建剥削，实行减租减息"的政策，既是适时的也是必要的。

1941 年 12 月至 1942 年 1 月下旬，陕甘宁边区政府主席林伯渠率 20 多人组成的考察团，前往甘泉县、富县进行调查研究。林伯渠选择甘泉县 3 区 2 乡作为重点调查点，将考察团的 20 多人分成若干小组，到行政村与自然村了解乡村各方面的情况，他自己也走村串户，亲自调查。结束甘泉的调查后，林伯渠又率考察团到富县采取同样的办法进行调查，并主持召开县议员和士绅座谈会，征询他们对政府工作的意见。在 1942 年 2 月 9 日边区政府召开的政务会议上，林伯渠报告了他调查了解的情况，指出了这两个县存在的许多亟待解决的问题，"如三三制实行得比较差、县参议会没有开展经常性工作；租佃关系未能解决，对人权保障不够；行政机构尚不健全；干部文化水平太低等"。①4 月 25 日至 5 月 6 日，林伯渠又前往安塞、志丹两县农村进行实地调查。调查结束后，他在《解放日报》发表了《农村十日》一文，介绍了他在农村的所见所闻。他说："这次农村小住 10 日，觉得实际的内容太丰富了，需要虚心去学习的地方还多着哩。"②

以上列举的不过是这次全党大调查中几个代表性的例子。当时，这样深入调查研究的事例还有很多。在广泛调查研究的基础上，各地撰写出一批全面反映农村经济社会特别是土地关系的调查报告。如冀热边区党委的

---

①　《林伯渠传》编写组编：《林伯渠传》，红旗出版社 1986 年版，第 274 页。

②　《林伯渠文集》，华艺出版社 1996 年版，第 330 页。

《冀热边社会状况考察》（1943 年 8 月）、苏北区党委的《关于人民生活情况的调查报告》（1943 年 10 月）、华中局调查研究室的《关于阜宁县守望乡四个保的土地分配调查》（1942 年 8 月）、盐阜区党委的《阜东县长兴乡调查》（1943 年，具体时间不详），等等。中共中央机关报《解放日报》就刊载了不少调查报告，如《边区的土地减租形式》（1943 年 2 月 23 日）、《延安县川口区六乡农业调查》（1943 年 4 月 2 日）、《赤城五乡的租佃关系》（1943 年 5 月 29 日）、《记两个变工队》（1943 年 7 月 23 日）、《牦牛沟减息斗争》（1943 年 10 月 7 日）、《合水六区二乡三村的减租斗争》（1943 年 10 月 25 日）、《合水县一区一乡的减租斗争》（1943 年 10 月 27 日）、《米脂县印斗八乡减租调查》（1943 年 10 月 31 日）、《移民问题》（1943 年 11 月 15 日），等等。

这些调查报告，详细调查了某一地区的自然环境、地形、物产、交通、政治区划、人口和阶级区分、旧有的土地关系、旧有的剥削关系、旧时政治情况和社会状况、抗日民主政权建设与群众运动发展过程、剥削关系的变化、土地关系的变化、减租减息政策的贯彻情况、各阶层经济条件和生产方法的变化、人民生活的变化、人民负担的今昔变化等。这样的调查，不但真实地记录了当时中国农村经济社会场景，为各级党组织制定相关政策提供了决策依据，而且也为后人了解和研究 20 世纪 40 年代的中国农村提供了有价值的史料。更重要的是，各级干部在深入农村调查研究的过程中，逐步加深了对中国基本国情的了解，逐步学会了用马克思主义的基本观点去分析中国社会关系和社会现象，并从中真正认识到马克思主义与中国具体实际相结合的重要性，认识到主观主义（教条主义）的危害，从而有力配合了正在进行的整风运动，为在全党确立实事求是的思想路线创造了条件。

第四章　农村调查与土改纠偏

　　1946 年 5 月 4 日，中共中央作出关于土地问题的指示，随后各解放区开展了轰轰烈烈的土地改革运动。1947 年下半年在平分土地的过程中，由于一些地方没有制定明确的阶级划分标准等原因，一度发生了侵犯中农和民族工商业甚至乱打乱斗现象。中共中央和毛泽东通过调查调研发现土地改革出现的"左"倾偏差后，采取一系列的措施进行纠"左"，并通过调查研究决心停止新解放区的急性土改，从而保证了土地改革运动的顺利开展。

一、"左"倾错误的出现与发现

　　1946 年 5 月 4 日，中共中央发出《关于土地问题的指示》，提出"耕者有其田"的口号，随即在解放区启动了规模空前的土地改革运动。1947 年 7 月至 9 月，受中共中央的委托，中央工委（1947 年 3 月国民党军队进占延安后，中共中央决定毛泽东、刘少奇、任弼时留在陕北，主持中共中央和人民解放军总部的工作，刘少奇、朱德等到河北平山，组成中央工作委员会，负担中央委托的任务）在晋察冀根据地的平山县西柏坡村召开全国土地会议，制定了《中国土地法大纲》，提出要彻底废除封建半封建剥削的土地制度，实行耕者有其田的制度。按照全国土地会议的精神，各解放区派出大批的工作队深入农村，发动农民进一步开展土地改革，土地改革运动由此进入平分土地阶段。

　　全国土地会议后，各解放区的土地改革运动在向纵深发展的同时，由于对前一阶段的土改成绩估计不足，没有制定明确具体的划分阶段的标准，对保护中农及工商业者的利益没有作出具体的政策规定等诸多原因，在克服右的倾向时没有注意防"左"，因而各地在土地改革中一度发生了比较严重的"左"倾偏差，主要表现在：

一是在划分阶级的问题上，没有把生产资料的占有关系作为划分阶级的依据，而是除了看有无剥削外，还以"摊摊大小"（即看其住房、穿戴、摆设好坏）、"政治态度"和"查三代"作为标准，甚至更着重于这三条，结果把许多没有剥削或只有轻微剥削的农民，也划到地主、富农当中，扩大了打击面。

二是侵犯了中农和工商业者的利益。由于划分阶级成分时将大量的中农划为地主、富农，或者用"查三代"的办法，将中农划为"破产地主""下坡地主""生产富农""下坡富农"等，片面强调所谓"贫雇农路线"，号召"贫雇农打江山坐江山"，提出要"彻底平分一切土地"，对中农要采取所谓"又团结、又斗争"的策略。结果，在政治上排挤和打击了中农，经济上不但中农"长余的土地"被抽了出去，就是在平分土地中，其土地也普遍少于贫雇农。

三是乱打乱斗现象相当严重。1947 年 9 月 24 日，晋绥边区农会临时委员会在《晋绥日报》上发表了《告农民书》。这是一个不但在晋绥，而且在各解放区都产生了广泛影响、内容非常"左"的文件。其中说："地主阶级当中，罪大恶极的反动分子，不管他是什么人，大家要怎样惩办，就可以怎样惩办。""富农当中，罪大恶极的恶霸分子，大家要怎样惩办，就怎样惩办。""农民当中少数的恶霸、敌伪爪牙和地主的狗腿子，大家要怎样惩办，就怎样惩办。"受晋绥《告农民书》的影响，各解放区都发表了类似的文件。由于号召对被认为是罪大恶极的地主、富农及地主狗腿子"要怎样惩办，就可以怎样惩办"，而何谓"罪大恶极"却无具体标准，加之在平分土地过程中强调要彻底挖出地主的底财，于是乱打乱斗也就随之发生。同时，由于对农民在土改运动中激发出来的阶级仇恨未加正确引导，认为地主剥削农民，现在农民翻了身，也要让地主、富农过过苦日子，穷日子，于是相当多的地方对地主、富农采取"扫地出门"的办法，不给生活出路。

四是对干部采取惩办主义。全国土地会议之后，结合平分土地各地开展了整党。这期间，各解放区发表的《告农民书》也是无一例外地将广大干部当作彻底完成土改的障碍，即压在贫雇农身上使其未能彻底翻身的石头，因此，必须"把地主富农当村干的和不好的村干部，统统撤换，让他们下台，村里的一切事，由贫农团领头来办"①。甚至对于所谓"坏干部"，提出"想斗争谁就斗争谁""想怎么斗就怎么斗"，而"坏干部"的标准是什么同样不明确。在全国土地会议后新一轮土改运动中，撇开原有的乡村干部，由上级派来的工作团（工作组）依靠新组织的贫农团领导土改，贫农团的成分往往良莠不齐，而原有的乡村干部成为打击对象，于是各解放区掀起一股"搬石头"风，使一部分基层干部被撤职甚至遭批斗，使其受到了本不应该有的伤害。

自然，土地改革是一场翻天覆地的社会改造，在如此巨大的社会变动中不发生任何偏差也是不可能的。这些"左"倾错误的产生，既有历史的原因也有现实的原因，而且土地改革以大规模的群众运动的方式进行，固然起到了动员组织群众的作用，但在群众运动中如果不加强领导也容易产生尾巴主义的倾向，产生群众要怎么办就怎么办的思想，错误地认为这样才是走群众路线。其实，群众的思想认识水平和觉悟程度并不是整齐划一的，如果不加以正确的引导与领导，群众运动容易为少数积极分子（甚至个别投机分子）所操纵。本来，发动土地改革运动的目的，在于用这种方式解决农村的土地问题，一则是为了彻底地消灭封建剥削的制度，促进生产力的解放；二则是通过这种方式启发广大农民的阶级觉悟，解决他们的生产、生活困难，动员他们积极参军参战，支持正在进行的革命战争，这

---

① 《冀东区新农会临时委员会为实行土地法大纲告农民书》（1947年12月26日）。

也是土改运动最直接的动因。如果将这场运动变成一场单纯的对地主个人和所谓"坏干部"的打斗，变成农民与地主及"坏干部"间的个人恩怨的发泄，就会产生使土改运动失去原有意义的危险。

1947年年底，一些地区土改运动中出现的比较严重的"左"倾错误，通过不同的渠道反映到了转战在陕北高原上的中共中央。较早发现这个问题的领导人是任弼时。1947年10月1日的《晋绥日报》以赞赏的语气报道了兴县黑峪口村群众斗争晋西北著名开明绅士刘少白的情况。接着，中共中央晋绥分局主办的《土改通讯》又发表了《关于兴县后木栏杆自然村成分问题的研究》（即《后木栏杆调查报告》，其中发明了划阶级成分时"查三代"的办法）。任弼时看了这两份材料，甚感吃惊，特地让晋绥分局书记李井泉渡过黄河来陕北汇报情况。

土改运动出现"左"的偏差，一个重要的原因是许多地方并没有一个具体的可操作的划分阶级的标准，结果使得作为斗争对象的地主、富农的划分随意性很大，而中国农民自古以来就有不患寡而患不均的平均主义思想，因而将不少家境稍好的农民划为地主、富农当作斗争对象。这时，任弼时想起1933年毛泽东在领导中央苏区的查田运动时曾写过《怎样分析农村阶级》，还主持制定了《关于土地斗争中一些问题的决定》，于是就要时在晋绥的中央机要局负责人曾三查找这两个文件，他为此事问过陕甘宁边区政府主席林伯渠和从晋绥来陕北的中央法制委员会副主任谢觉哉，请他们帮助寻找。11月下旬，任弼时终于找到了这两个文件。

这期间，任弼时还抱病到驻地米脂县的钱家河周围正在进行土改的村庄进行调查，亲自访问农民，征求他们对土改的意见。他同时布置身边的工作人员利用外出帮助群众干活的机会，调查一村一户的人口数、土地数和评定阶级成分的情况。还让工作人员在外出购物时，问小商人生意好不好做、怕不怕没收等，然后写成材料交给他。这样，他掌握了周围30多个村子的基本情况。

11月29日，根据任弼时的建议，中共中央决定将《怎样分析农村阶级》

和《关于土地斗争中一些问题的决定》略加删节后，发给各地参考，并提出关于阶级成分分析的明确意见，报告中共中央。中共中央指出：这两个文件其中地主不分田、富农分坏田等政策是过"左"的错误政策，但关于阶级成分的规定（即两项文件的主要部分）则是基本上正确的。

全国土地会议后，人民解放军已由战略防御转入战略反攻，毛泽东开始将更多精力和注意力，放到了对土地改革运动的指导上。他曾让任弼时多收集、了解和研究各解放区执行《中国土地法大纲》的情况，以及土地改革中的发现和遇到的各种具体问题，他自己也于10月中下旬花了半个月的时间在陕北的佳县进行调查研究。随后，他又听取了任弼时关于解放区土改情况的汇报。

当时，中共中央所在的陕北地区土改时也存在"左"的现象。绥德县在土改中，斗争了著名的开明绅士、陕甘宁边区第二届参议会副议长安文钦，没收了他的浮财，并将他扫地出门。陕甘宁边区政府主席林伯渠发现这个情况后，向毛泽东作了汇报。毛泽东明确表示，下边一些干部的做法过火，对开明绅士要加以保护。毛泽东对林伯渠说，美国记者爱泼斯坦在延安访问时讲过，共产党真厉害，把地主、开明绅士请出来当副主席(按：陕北另一位著名开明绅士、米脂人李鼎铭在1941年被选陕甘宁边区政府副主席)、副议长。现在一搞土改，又把他们的浮财分了，赶出他们自己的家，有朝一日这位记者再来，说起安文钦先生时，怎么交待？随后，林伯渠亲自找安文钦谈话，向他当面赔礼道歉，并发还了没收的浮财。①

1947年11月下旬，中共中央进驻米脂县的杨家沟(就是前文提及的张闻天调查过的地方)。这里不通大道，偏僻安静，容易保密，窑洞又多，便于长时间居住和召开较大的会议。这是中共中央转战陕北以来一个条件比较好的地方。此时，陕北战场的形势和全国形势一样，已发生了根本性的变化，战略大反攻开始后，人民解放军在各个战场向国民党军队发

---

① 《林伯渠传》编写组：《林伯渠传》，红旗出版社1986年版，第340页。

动了一个又一个攻势，陕北战场的形势也彻底改观，因而有了一个相对稳定的环境，可以集中讨论土地改革和其他事关中国革命成败的重大问题。为此，中共中央决定在这里举行一次扩大会议（史称杨家沟会议或十二月会议）。

为开好这次中央扩大会议，12月7日至24日，中共中央将前来参加会议的人员分成3个组，分别讨论政治、军事和土改问题。土改小组由任弼时主持，参加者有林伯渠、叶剑英、习仲勋、李井泉、张德生等，主要是讨论土改中的有关政策特别是正确分析阶级的问题。习仲勋、李井泉等根据自己的调查研究，分别介绍了陕甘宁和晋绥地区土改的情况。

会议期间，毛泽东为了起草好会议的主题报告，逐一同参加会议的人员谈话，调查研究，听取意见。其中，习仲勋向毛泽东汇报了陕甘宁边区战争、生产和群众生活情况，并如实地谈了自己对边区土地改革中存在的问题和形势发展的看法。毛泽东听得非常专注，并不时提出一些问题来让习仲勋补充回答。①

12月25日，十二月会议正式召开，会议由毛泽东主持，出席会议的有中共中央书记处书记周恩来、任弼时，中共中央宣传部部长陆定一，西北野战军司令员兼政治委员彭德怀，陕甘宁晋绥联防军司令员兼西北财经办事处主任贺龙，陕甘宁边区政府主席林伯渠，西北野战军第一副司令员张宗逊，中共中央西北局书记习仲勋、副书记马明方，中共中央后方委员会书记叶剑英，西北野战军前委民运工作委员会第一副书记张德生，西北野战军政治部主任甘泗淇，陕甘宁晋绥联防军副司令员王维舟，中共中央晋绥分局书记李井泉，中央法制委员会主任王明、副主任谢觉哉，中共中央城市工作部部长李维汉，中共中央晋绥分局城工部部长赵林，中共中央军委作战部代部长李涛等。正式会议开始前，毛泽东把他花了很大精力为会议起草的主题书面报告——《目前形势和我们的任务》的书面报告，发

---

① 《习仲勋传》编委会：《习仲勋传》上卷，中央文献出版社2008年版，第541页。

给与会者讨论。

书面报告第一次明确提出了土地改革总路线，这就是："依靠贫农，巩固地联合中农，消灭地主阶级和旧式富农的封建的和半封建的剥削制度。"毛泽东强调，在贯彻这条总路线时，应当注意两条基本原则：第一，必须满足贫农和雇农的要求，这是土地改革的最基本的任务；第二，必须坚决地团结中农，不要损害中农的利益。他说："只要我们掌握了这两条基本原则，我们的土地改革任务就一定能够胜利地完成。"①

为了防止土改中扩大打击面，毛泽东根据各地的调查，在书面报告中指出，在农村中按户数计算，地主、富农只占8%左右，中农、贫农、雇农合占90%，这个阵线不能混乱。毛泽东认为，对地主、富农也要有些区别，土地分配不能搞绝对平均，由于当地地主、富农太少就要同中农扯平，这也是不对的。

毛泽东强调，现在反对右的偏向问题上已经解决了，所要解决的新的问题，是在中农、中小资产阶级和党外人士问题上新出现的"左"的偏向。当"左"倾成为一种潮流的时候，共产党员要反对这个潮流。

在十二月会议上，任弼时也就如何纠正土改中的"左"倾错误作了系统的发言，并针对已经出现的"左"倾错误做法，提出若干政策界定：

——对地主应斗争彻底，经济上交出全部土地财产，按土地法规定分配，政治上要压服。但地主要分大中小，恶与不恶，普通的中小地主不必都捆打，更不应打死人。地主一般不给选举权和被选举权，但开明绅士可在群众同意的条件下，保留选举和被选举权。开明的条件是：现在拥护反蒋和土改，愿意把土地财产拿来分配。

——富农在经济上要与地主有区别，政治上也可考虑不同待遇，一般保留选举权，开明的富农，也可保留被选举权。对新式富农，土地平分，多余财产是否分，要根据自愿，他们应有选举权和被选举权。中农被错定

① 《毛泽东选集》第四卷，人民出版社1991年版，第1250—1251页。

成分者，如成分降下来，东西应尽可能退还原主。

——地主富农之有工商业者，保留其工商业，可不分给土地；其参加公营工商业者，合法的保护，非法的没收。

——对地主分子，一般以强迫劳动来改造，凡继续劳动五年，政治上无反革命行为，地财拿出者，可以改变成分；富农三年改变成分。在新解放区，以人民解放军到达前一年的成分为标准。

十二月会议是中国革命在重大转折关头召开的一次具有深远意义的会议。它在土地改革运动史上有着特殊地位。以这次会议为标志，土地改革中的"左"倾偏差逐渐得以纠正，土改运动很快重新走上正轨。

二、在调查研究中进一步纠"左"

十二月会议后，中共中央继续开展调查研究，并在此基础上采取了许多措施，纠正前一阶段土地改革中出现的"左"倾错误。

其间，任弼时对纠正土改中的"左"倾错误做了大量工作。1948年1月12日，他在杨家沟向西北野战军前委扩大会议作了《关于土地改革几个问题》的长篇报告。报告有针对性地讲了6个方面的问题：划分阶级的标准；坚固地团结中农；对地主富农的斗争方法；对工商业政策；正确对待知识分子和开明绅士；反对乱打乱杀。这个报告毛泽东事先作了审阅，并加写了不少文字，实际上是中共中央关于土地改革若干政策的具体说明。

1948年春，毛泽东本人也花了大量的精力解决解放区土改工作中出现的"左"倾错误。1月15日，在西北野战军前委扩大会议上，毛泽东作了讲话，其中专门讲到消灭地主阶级与改造地主个人的关系问题。他指出："地主作为一个阶级要消灭，作为个人要保护。"并解释说，消灭地主阶级因为它代表的是反动的生产关系，但废除地主阶级的私有权，并不等于连他的人也不要了。地主和旧式富农占农村人口的十分之一，全国共有3600万人，这是社会的劳动力，是一种财富。他强调："我们对封建剥削要非常恨，但地主本人还是劳动力，经过改造过几年还有选举权。对地主要安置好，安置不好会出乱子，我们就不可能取得胜利。"①

此时毛泽东和中共中央考虑最多的，是如何根据不同地区的具体情况贯彻执行《中国土地法大纲》的问题。

十二月会议刚刚结束，习仲勋就把自己调查了解到的情况写了一份报告给西北局并中共中央。报告提出：对于苏维埃时期的老区，许多情况是与抗日战争时期的新区不同的。内战时期阶级成分一般定得高，群众对此不满意，应按新规定重新评议阶级。老区中农多，贫雇农少，有的乡村无一地主和旧富农存在，真正少地或无地的贫雇农，最多不足总户数的20%，如果再来一次平分土地，会使80%的农民不同意，像这样的老区不应平分土地，最好以抽补（抽多补少）的办法解决无地或少地农民的土地问题。

习仲勋还认为，老区的地主、富农比新区少得多，地主、富农占中国农村户数8%的概念在老区必须改变，如果老区的地主、富农定得和新区一样多，就可能犯这样三种错误：一是会把新富农评为旧富农；二是会将已经被没收了土地并参加劳动至少8年以上的地主、富农，又定成地主、富农再去斗争；三是会把富裕一点的农民定成地主、富农，或把我方公职的人员，其家中缺乏劳动力者，也定成地主、富农。习仲勋说，这在老区是一个非常重要的问题，必须慎重处理。

对于这个报告，毛泽东极为重视，批示说："我完全同意仲勋同志所提各项意见，望照这些意见密切指导各分区及各县的土改工作，务使边区土改工作循正轨进行，少犯错误。"同时，他还提议中共中央西北局的各负责人到各县去巡视。②

根据毛泽东的指示精神，这年1月上旬，习仲勋到子洲等县进行了9

① 《毛泽东文集》第五卷，人民出版社1996年版，第23—24页。
② 《习仲勋传》编委会：《习仲勋传》上卷，中央文献出版社2008年版，第546页。

天的土改专题调查。通过与各地干部座谈和访问群众，习仲勋了解到，各县普遍召开了土地改革会议，但运动的发展还不平衡，特别是运动已经开展起来的地方，出现了一些人为浑水摸鱼大抓一把而鼓动群众自发斗争的倾向。子长县一些地方将对地主的斗争变成了对干部党员的斗争。该县涧峪岔附近的四朴塔村斗争一个反动保长时，竟逼其妻剖腹自杀。延长县交口村五六十名群众住在地主家里，杀羊宰鸡，每日三餐，早上米饭，中晚馍馍面条，吃喝了八九天，临走时又乱拿一顿。

1月8日，习仲勋致信中共中央西北局，列举了子洲县土改运动中存在的9种不良倾向：一是错将中农甚至是贫农定为富农进行斗争，只要有吃有喝的人就是斗争对象；二是对地主富农不加区别一律斗争；三是凡被定为地主富农者，个个必斗，斗必打，打必拷，将大量时间放在逼地主、富农的底财上，并将之扫地出门；四是不艰苦地深入发动群众，而是被搞所谓斗争搞昏了头；五是在贫农和中农之间划一道鸿沟，把贫农团神秘化；六是不能正确地对待党员老干部；七是曲解土改法大纲关于没收土地的含义，认为就是要多吊拷人、多打死人，多用肉刑来贯彻土地法令；八是凡搞斗争的地方，大吃大喝成风，既不利于救灾，又浪费了胜利果实；九是在土改运动中干部包办代替多，没有形成群众自觉的行动，要创造党内一种新作风。1月10日，西北局将习仲勋的这份调查报告转报中共中央。①

1月19日，习仲勋又将他在巡视中了解到的情况向毛泽东作了汇报：土改发动之后，即发生了极"左"的偏向。凡动起来的地区，多去强调"贫雇路线"，反对所谓"中农路线"，都是少数群众起来乱斗、乱扣、乱打、乱拷、乱没收财物、乱扫地出门。在问题最严重的佳县，有几个村庄连贫农中农的东西都一律没收，干部家也未能幸免，有的烈士家属还被扫地出门，该县乱搞不到5天时间，便搞得一塌糊涂。在机关学校中也发生"左"的事件，马夫起来斗争班长，也被称作贫雇农翻身；绥德干小（指绥德分

---

① 《习仲勋传》编委会：《习仲勋传》上卷，中央文献出版社2008年版，第547—548页。

区以招收干部子弟为主的小学）把地主出身的校长夫妇（老党员）赶走，整出的十几名都是八九岁的干部子弟为狗腿子。"虽则事不普遍，但影响所及，人心不安。闹得农村极度紧张，死人不敢埋，人病无人医。弄得大家都有顾虑。"

习仲勋在报告中提出：经过土地革命的老区农民，现在都有一种不愿当中农的倾向。在边区的劳动英雄中，那些真正勤苦劳动、热爱边区的，因有余粮往往被作为斗争对象，这使广大农民对劳动致富的方针发生了怀疑，如果不改变这种状况，将对党和人民造成莫大的损失。由于老区中农已占优势，真正的贫雇农已很少。仍为贫雇农的人中，有的是因偶然的灾祸贫穷的，有的是地、富成分下降还未转化好的，有的是好吃懒做、抽赌浪荡致贫的。如果由这些本在农村毫无威信的人组织贫农团领导土改，就等于把领导权交给坏人。这样运动中就会出乱子，这也是很多地方运动发生严重偏差的重要原因。①

对习仲勋的报告，毛泽东再次作了批示，他要求华北、华中各老解放区有相同情形者一定要密切注意"左"的倾向，并且告诫各级干部："凡犯有'左'的错误的地方，只要领导机关处理得法，几个星期即可纠正过来，不要拖延很久才去纠正。"②

在平分土地中之所以各地均出现"左"的偏差，一个重要的原因，是不分各地区的具体情况和土地改革的程度，一律实行平分土地。在那些土地问题已基本解决的地区，再来一次平分土地，等于把已经打倒了的地主、富农再斗一遍，并且在"挖底财""起浮财"的名义下，将地主、富农投资的工商业也加以没收，甚至把稍微富裕一点的中农也当作地主、富农斗争，结果扩大了打击面，出现乱打乱斗，造成社会恐慌，农民不安心

① 《中国的土地改革》编辑部等：《中国土地改革史料选编》，国防大学出版社1988年版，第450—351页。
② 中共中央文献研究室：《毛泽东年谱（1893—1949）》下卷，人民出版社、中央文献出版社1993年版，第270页。

生产。对于这个问题，毛泽东经过调查研究后，提出了在不同地区实施不同策略的方针。

1948 年 2 月 3 日，毛泽东在给刘少奇的一封电报中，概括地提出了分三类地区实行土改的基本原则：（一）日本投降以前的老解放区。这种地区大体上早已分配土地，只须调整一部分土地，而不是照土地法再来分配一次土地。在这种地区，过去的贫农大多数已升为中农，中农已占乡村人口的大多数，所以必须吸收中农中的积极分子参加农村的领导工作。（二）大反攻后的半老区，即 1945 年 9 月至 1947 年 8 月两年内所解放的地区，完全适用土地法，普遍地彻底地分配土地，并且应当准备一次分不好再分第二次，还要复查一二次。这种地区必须组织贫农团，必须确定贫农团在农会中、在农村政权中的领导地位。（三）大反攻后新解放的地区。这种地区应当分两个阶段实行土地法。第一阶段，中立富农，专门打击地主。第二阶段，将富农出租和多余的土地及其一部分财产拿来分配，并对前一阶段中分配地主土地尚不彻底的部分进行分配。[①]

2 月 5 日，刘少奇复电毛泽东说，在晋察冀，经过土改复查，土改彻底地区只有一部分下中农稍少一点土地，贫农与富裕中农稍多一点土地，这种地区，完全不用再平分，也不必抽补（按：即抽多补少）了，如有个别缺地较多者，只需实行个别调整即可。这些地区应以生产和整党为中心工作。太行解放区的情况是有 1000 万人口的地区已彻底土改，另有 1000 万人口的地区基本彻底但留有尾巴，那里是贫农特别是干部分得多于中农的土地，地主则只分得少于中农也坏于中农甚多的土地，富农的土地亦少于中农。故这些地方也不需要再分了。上述这两种情况，老区和半老区都有，但最大部分还是在半老区。因此，应规定在半老区中土地已大体平分的地区，也不应再平分，只须实行个别或部分的调整。[②]

[①] 《毛泽东选集》第四卷，人民出版社 1991 年版，第 1277—1278 页。

[②] 《中国的土地改革》编辑部等：《中国土地改革史料选编》，国防大学出版社 1988 年版，第 459 页。

随后，毛泽东又分别致电各大区负责人，就按三种地区的不同情况实行土地改革的问题，征询意见。

各大区负责人很快就回电表明自己的看法。习仲勋在报告中说，陕甘宁边区是约有 130 万人口的老区，在去年 12 月边区土地会议前，土地都大体上平分了。现在这些地区，不是地主、富农占有土地多数（土地革命区，地主、富农过去漏网的是极少数），而是中农占有土地多。如要平分，一般都是要动大部或全部中农土地，甚至还要动 10% 贫农（户数）的土地。要分给的是一部分很少或无地的移民，或倒给地主、富农补进不足土地。这会使农民对土地所有权的信心发生动摇。普遍现象是农民都不愿积极生产，认为这次平分了，又不知几年之后，再来平分。①

主持晋冀鲁豫中央局工作的薄一波在 2 月 5 日的报告中说，老区地主、富农一般已经斗彻底、分彻底，60% 至 80% 的贫雇农已经满意，老区剩下的问题，主要是各级干部、党员所包庇的地主富农没有斗彻底，地富中的军干烈属多留土地财物；非地富军干革命烈属多分土地财物；党员干部多占土地财物。这就是老区的基本情况。如果不顾这一具体情况，只在土地问题上打圈子，再来一次平分运动，一定不能发动热烈的群众运动，而且一定会发生"左"倾错误。因此，老区不应机械地再来一次平分运动。可采取抽补调剂、动少数不动多数的办法。②

2 月 10 日，薄一波又就分三种地区进行土改的问题作了专题报告。报告中说，老区地主富农已经彻底消灭，贫雇农绝大部分已经彻底翻身，土地早已平分，新、老中农合计占全村户数的 80% 以上；半老区的地主富农亦已大体斗彻底，土地亦大体平分过，新老中农合计占全村户数的 60% 至 70%。因此，这两类地区中，均不必再来一次平分土地运动，只

---

① 《中国的土地改革》编辑部等：《中国土地改革史料选编》，国防大学出版社 1988 年版，第 463 页。

② 《中国的土地改革》编辑部等：《中国土地改革史料选编》，国防大学出版社 1988 年版，第 460 页。

实行抽补调剂与填平补齐即可。只有第三类地区可完全按照《中国土地法大纲》开展土地改革。①

在经过反复征求意见之后，中共中央委托周恩来起草了《老区半老区的土地改革与整党工作》的指示，经毛泽东修改后，于2月22日公开发表。

该指示明确将所有老区与半老区（1947年人民解放军由防御转入进攻以前解放的地区），分为三种类型，采取不同的工作方针：

第一类地区是土地改革较为彻底的地区。这类地区，应被认为土地已经平分，决无再行平分的必要。留下的问题是在较小的范围内，用抽补方法调剂土地及一部分其他生产资料，使尚未彻底翻身的贫雇农从地主旧富农，尤其是占有超过农民很多的土地财产的干部家庭那里补进土地及其他必需的生产资料。如果需要抽出新富农甚至一部分富裕中农的土地时，必须取得被抽者的同意，方可抽动。

第二类地区是土地改革尚不彻底的地区。这类地区，应被认为平分已大体实施，但不彻底。因此，一般地也不是再来一次全面的平分，而是实行在较大范围内的调剂。只在某些特殊地方，在多数农民要求并取得中农同意的条件之下，应当重新平分。在这类地区如果不抽动新富农及一部分中农的土地不能满足贫雇农的要求时，凡中农所有土地的平均数超过贫雇农所有土地的平均数在一倍上下者，在取得本人同意以后，可以抽出中农的一部分土地，但以不超过其全部土地的四分之二为限度。

第三类地区是土地改革很不彻底的地区。其中，一部分地区虽然也经过了清算和土改，但是工作很坏。另一部分地区，则是边沿区或收复区，土改工作尚未进行。所有这些地区，土地并未平分，封建制度依然存在，土地关系及阶级情况仅有若干变动，地主旧富农仍占有大量的土地财产，贫雇农仍然是人多地少。在这类地区，完全适用平分土地彻底消灭封建制

---

① 《中国的土地改革》编辑部等：《中国土地改革史料选编》，国防大学出版社1988年版，第465页。

度的方针。

在第一、第二两类地区中，在农民已经发动和组织起来的地方，目前应依上述各项规定，于春耕前将土地调剂完毕，确定地权，以利生产。在工作尚未做好估计春耕前已不可能完成土改任务的地方，即应将土改工作推迟至夏季以后进行，并保证今年的土地生产物归耕者所有，而将工作迅速转入生产、整党和建立乡村民主生活上去。在第三类地区中，更应将已着手的土改工作赶快作一结束，推迟至夏季以后重新进行，以便迅速转入生产及一般的宣传组织工作。

为了指导各地纠正土改中出现的"左"倾错误，顺利完成土改工作，中共中央特地向各解放区推荐了从调查中发现的三个典型经验。

一是山西崞县召开土地改革会议的经验。晋绥解放区崞县一区与城关区的 32 个自然村，在前一阶段的土改中，富农错定地主者共 43 户，中农错定富农者 106 户，中农错定地主者 26 户，中农错定所谓"下降地主"者 5 户，其他错定为破产地主者 51 户。根据 19 个村的检查结果，斗争面一般在 10% 左右。

根据中共中央土改纠偏的有关指示，1948 年 1 月 27 日至 31 日，崞县一区与城关区召开第二届联合区代表会议，重点解决改正错定成分、平分土地、检查斗争与分配、健全与巩固组织等问题。会议开始后，首先把毛泽东《怎样分析农村阶级》小册子在各小组宣读一遍。与会代表听后，表现了各种复杂的思想、态度与看法。会议开始时，代表们在以前划成分"错"与"没错"问题上展开争论。有的代表说，过去定成分时，贫雇农都在场，一家一家都讨论过，一点也没错。还有的代表说，《怎样分析农村阶级》这个本本是南方的，到我们这里并不适用。看到这种情况，领导就让代表们反复酝酿讨论，并加以启发引导，最终使代表们认识到改正成分对全体农民有利。

虽然有了这样的认识，但要农民代表公开承认错误并加以改正，他们又顾虑重重，有的不愿说"软话"（公开承认错误），有的怕地富报复，但最主要的是怕退东西,特别是东西已经分配的地方。有的代表说:"粮食吃了,衣服穿了,白洋交贸易局了,怎往回退?""东西已经分了,吃进肚里去不能往回吐啦!"这时,参加各组讨论的县委干部就诱导启发,进一步组织学习晋绥分局所发的关于分析阶级的补充草案,引导代表具体研究分析各村到底定错几家,应当怎样改正,并分析了定错成分的原因。

接着,会议又讨论了平分土地的问题,讨论前,先学习有关文件,然后由各组自由讨论,最后提出了具体的解决办法。在讨论一般地主富农的分地问题时,一开始,代表们原来的意见都是"恩赐"地主富农一小部分坏地,数量也不足维持生活。他们说:"让狗×的也受受咱农民的苦处,叫他们掏烂沙地去!"学习有关文件后,改变了认识,他们说:"对着哩!要够他吃的。不然,他们偷咱们,要的吃,还得剥削咱们。""他要没活法,狗急跳墙,闹得村子里不安,对咱们还是个不利!"于是一致认为要使"富农能生产,地主能生活"。会议还对地主富农出身而为革命牺牲的军人与干部、解放军军人、国民党军队官兵、二流子等如何分配土地提出了具体意见,并分析了土地分配中可能出现的各种纠纷,提出了具体解决办法。①

在这里指导土改的中共中央晋绥分局社会部长谭政文了解上述情况后,即向分局书记李井泉作了详细报告。晋绥分局迅速将崞县纠偏的经验上报给了中共中央。毛泽东看到这个报告后,对崞县的做法给予了充分肯定,认为这个报告中"所描述的两个区的农民代表会议上所表现的路线,是完全正确的"。②

二是平山老解放区土改经验。晋察冀解放区的平山县分为老区和半老区两部分。平山老区已解放10年以上,经过了抗战中的减租减息;半老区也解放了两年半,并经过了抗战胜利后激烈的反奸清算。不论在老区和

---

① 中央档案馆:《中共中央文件选集》第17册,中共中央党校出版社1992年版,第102—109页。

② 中央档案馆:《中共中央文件选集》第17册,中共中央党校出版社1992年版,第100页。

半老区，都经过了土改和土改复查。新的富农、中农经济已占相当优势，贫雇农的比例已相对减缩。在老区，无地和少地的农民一般只有30%至40%，真正缺地，特别是缺乏好地和近地的农民则只占20%。在半老区，无地和少地的农民也只占40%左右。占有较多和较好土地的地主、富农，差不多全是党员干部的家庭，以及"三三制"中的党外人士。旧富农虽然拥有比斗争过的地主较多的土地，但比新富农甚至比富裕中农还少。

平山在前一阶段的土改中，也曾发生过各种偏向。比如群众自发起来斗争所谓坏干部。在不少地区，有一些党员干部被捕、被打，造成一般党员干部的惊慌。有些受到打击的地主、富农看到这种情况，认为有机可乘，煽动群众对党员干部胡乱斗争。上级派来的土改工作团把解决土地问题和民主运动机械分开，将大批党员干部当作"石头"搬走等。为了克服上述偏向，在1948年年初的平分土地与整党运动中，平山创造性地将土改与整党结合起来，采取开门整党，给犯错误的干部办训练班的做法。首先是公开党的支部，把党的会议与群众大会合而为一。其次是从乡到县建立了人民代表大会，首先吸收非党贫农参加，接着吸收非党中农也参加，改变了过去农村支部开会时那种神秘性。最后是党员、干部在群众对证下受到清查，并由群众提出处理好坏党员的意见。

主持中央工委工作的刘少奇了解了平山土改与整党相结合的做法后，认为这个办法有三点好处。第一，整党中有群众参加支部大会，非党群众觉得受到党的尊重，有了充分作证、说话、提意见的机会，但他们没有权力在党的会议上打人或胡闹。党既尊重了非党农民，非党农民就加倍尊重党的领导。这样既可主动地处理干部，又不至于陷入群众大会处理干部那种被动过火状态。第二，开门整党，请群众参加，这样大会也是群众大会，具有群众大会的压力，使得干部任何错误都无法隐瞒、欺骗和狡赖。再加上强有力的领导，能够了解全盘情况，被批评的干部可以在会议上说明他们的某些错误是要上级负责，上级当时也可替他作证，这样就可分清责任，避免群众单纯片面的观察党员干部缺点。第三，用这种方式要地主富农出身的农村党员干部交出土地财产来，也会比一般的把他们交给群众大会去斗争的方式要更适当些。^①刘少奇将平山土改与整党结合的经验向毛泽东作了汇报，得到了毛泽东的充分肯定。

三是绥德黄家川抽补典型经验。黄家川是陕甘宁边区绥德县义合区三乡的一个普通村庄，全村共有 75 户，333 人，土地革命时期为游击区，土地未被分配。1940 年，黄家川进行过一次"并地"（即由农会主持把地主土地分配给农民耕种，租子减一半，并具有永佃性质，但土地所有权属于地主），1947 年春天进行过一次比较彻底的土改，将地主的土地按人口分给无地或少地的农民，全村消灭了无地户。

平分土地前，该村有 3 户地主，24 人，每人土地平均 1 坰 6 堆 3（按：当地 1 坰为 8 堆约合 3 亩）；31 户贫雇农，113 人，每人平均 1 坰 6 堆 4；5 户富裕中农，32 人，每人平均 2 坰半；36 户中农，164 口人，每人平均两坰又半堆。从数量上来看，土地问题已基本解决。所以平分运动开始时，贫雇农因急欲求得地主的粮食和浮财，没有认真进行土地分配。后经发动群众深入的登记土地和调查，发现不仅山地有好坏，川地也有好坏，并有远地、近地的差别，同时发现了不少的公地、合作社地和绝户地，以及上年春天土改中分配不公的情形。经过农会组织的精密计算，发觉各阶层土地产量相差很大。地主 70% 以上是好地和较好地；贫雇农的土地 52% 是坏地。

随后，工作组按照抽肥补瘦、抽多补少的原则解决土地问题。这时，中农表面上都赞成彻底平分，但实际上都有着种种顾虑，如担心动了坟地、养老地，分了祖业地，怕把土地分成小块等。针对这种情形，工作组解释说抽补调剂土地不是打乱一切土地平分，同时加强对贫雇农宣传团结中农的重要性，使其认识到既要领导中农又要向中农让步。然后召集中农

① 《平山老解放区土改经验，创造整党与发展运动相结合的范例》，《人民日报》1948 年 2 月 29 日。

和贫雇农一起开大会，反复解释讨论土改中要满足贫雇农要求和团结中农两条原则。经过双方深入的讨论，动员中农自动"欢迎"土地（即自动拿出之意）。在此基础上，全村进行土地调剂，经群众反复酝酿，按照全村平均产量及人口，并照顾贫苦和老弱残废，实行抽肥补瘦、抽多补少，先动用地主土地、公地，不足时再动用中农"欢迎"土地，全村基本上达到拉平。这样分配的结果是，地主每人平均产量6斗8升4，富裕中农7斗零3升，中农7斗，贫雇和老弱残废7斗6升。全村每户都有园子，也都有好地。群众对土地分配都很满意。36户中农中，有8户分得土地12垧2堆，有7户抽动了土地，但分配了果实及调剂了园子地，并废除了债务，减轻了负担。①

毛泽东对崞县、平山和黄家川的土改经验十分重视。1948年3月12日，他把谭政文关于崞县召开土地改革代表会经验的报告，取名为《山西崞县是怎样进行土地改革的》，并加写了一段按语。毛泽东同时要求将崞县、平山和黄家川的经验印成小册子，发给每个乡村的工作干部。随后，各解放区的报纸都转载了这三个地方土改的经验，并汇集成册，发给每一个乡村干部和土改工作队员，成为各地指导土改的重要参考文献。根据中共中央和毛泽东的一系列指示精神，各解放区的土改运动参考这三个典型经验，很快走上了正轨。

三、停止新区急性土改

在此前后，中共中央和毛泽东还对新解放区的土改问题进行了反复的调查研究。1948年1月14日，毛泽东就新区是否应分不同区域并采取不同政策，新区中富农和弱小地主的态度及对其怎样处理等六个方面的问题，专门致电中共中央中原局书记邓小平征询意见。2月6日，毛泽东

---

① 《满足贫雇农要求又团结了中农，黄家川抽补典型经验》，《人民日报》1948年3月1日。

又致电邓小平，再次征询对新解放区土地改革的斗争策略和组织形式的意见。

1月15日和22日，邓小平两次回电给毛泽东，就此发表自己的意见。回电介绍了大别山根据地的特点：经过两个时期，这里的地主、富农已经有了很丰富的政治警觉和反革命经验，无论在苏维埃时期还是抗日战争时期，他们对农民及革命分子的压迫都很残酷，普遍采取自首政策，充分利用叛徒，消灭我之游击战争和党的组织。基本群众则经过多次失败教训，不敢轻易起来，但起来后则很有力量。针对大别山地区的特点和土改中存在的问题，邓小平认为，在新区土改中应分两种地区，采取不同的政策。在巩固区可以进行土改，而在游击区则暂时不能急于平分土地，而应先深入群众，宣传土地法大纲，组织秘密的贫农团，以组织动员群众，避免在土改中搞"一刀切"。

在收到邓小平第二封电报的当天，毛泽东就新区土改的有关问题起草了一封给华东野战军负责人粟裕的电报。电报稿中提出，土改工作不能性急，应按照消灭敌人武装力量的情况、领导土改干部的多少强弱、群众的觉悟程度与组织程度，决定土改工作的速度。如果通过积极努力，工作得法，不犯大的错误，能够在3年以内大体完成土改，就是极伟大的成绩。新区没收分配土地应分两个阶段，第一阶段没收分配地主的土地，中立富农，富农土地原则上不动。在没收地主土地时，还应当分别大、中、小，地主中的恶霸与非恶霸，采取不同的待遇。组织以贫农为主体，除地、富以外一切农民参加的农民协会，而不另组贫农团。第二阶段，平分一切封建阶级的土地，富农的土地此时才动。

毛泽东强调，在群众觉悟程度有很大区别的新区与老区，土地法的应用必须有所区别，在新区土改中，不能一切区、乡同时动手，而应先从一至二个区做起，做出成绩，取得经验，影响他区群众后逐步推广。新区也应当分两种地区，一种是基本巩固的地区，应当开仓济贫，斗恶霸，分大地主的浮财，组织农会、政府、民兵、游击队，逐步发展到没收分配地主阶级的土地，进行土地改革。第二种是敌人还可能再来并将久占的地区，这种地区，只能向群众作宣传，开仓济贫，分发一部分浮财，寻找积极分子，成立秘密精干的党的组织与群众组织及游击队，并教育群众准备敌人再来时的应付办法，而不可进行土改。①

这份电报稿写好之后，毛泽东并没有马上发出。为了慎重起见，他决定征求刘少奇、邓小平等人在这个问题上的意见。2月3日，毛泽东致电刘少奇，提出土地法的实施，应当分三种地区，采取不同的策略。对于大反攻之后开辟的新区，由于群众尚未发动，国民党和地主、富农的势力还很大，一切尚无基础。因此，不应当企图一下实行《中国土地法大纲》，而应当分两个阶段实行土地法。第一阶段，中立富农，专门打击地主。在这个阶段中，又要分为宣传，做初步组织工作，分大地主浮财，分大、中地主土地和照顾小地主等项步骤，然后分配地主阶级的土地。同时，应当组织贫农团作为领导骨干，还可组织以贫农为主体的农会（可称为农民协会）。第二阶段，将富农出租和多余的土地及其一部分财产拿来分配，并对前一阶段中分配地主土地尚不彻底的部分进行分配。第一阶段，大约须有两年时间；第二阶段，须有一年时间。②2月5日，刘少奇复电毛泽东，对此表示赞成。

2月6日，毛泽东致电邓小平并刘邓野战军后方指挥所，征询他们对新解放区土地改革的斗争策略和组织形式的意见，并在电报中说，关于土改时间问题，他在几个月前觉得可以快些，后来得到晋绥、陕甘宁等老区经验，觉得不能过于性急，应以条件成熟为原则。2月8日，邓小平复电毛泽东，表示同意他给粟裕电报的内容，认为新区必须树立两个观念："根据地之确立与土改之完成，要经过相当长的过程，绝非一年半载所能达到。（二）在斗争策略上，应分阶段、分地区地逐步深入。开始应

① 《毛泽东文集》第五卷，人民出版社1996年版，第35—38页。
② 中共中央文献研究室：《毛泽东年谱（1893—1949）》下卷，人民出版社、中央文献出版社1993年版，第277页。

缩小打击面，实与农民有利。否则，必犯急性病和策略上的错误。"邓小平在报告中还提出：中农打乱平分，应绝对采取自愿原则，不要勉强；贫农团在已保证贫农起领导骨干作用后，应迅速扩大为农民协会，吸收中农入会；暂时不斗富农的底财；使地主特别是小地主能够生活，不要一扫而光。①

在征求各方面的意见后，毛泽东将他给粟裕的电报作了修改，并以《新解放区土地改革要点》为题，于 2 月 15 日作为党内指示下发。指示的主要内容是：新区进行土地改革"不要性急，应依环境、群众觉悟程度和领导干部强弱决定土地改革工作进行的速度。不要企图在几个月内完成土地改革，而应准备在两三年内完成全区的土地改革。"新区土地改革应分两个阶段。第一阶段，打击地主，中立富农。第二阶段，平分土地，包括富农出租和多余的土地在内。总的打击面，一般不能超过户数的 8%，人口的 10%。分巩固区和游击区。在巩固区逐步进行土地改革；在游击区只做宣传工作和荫蔽的组织工作，分发若干浮财，不要公开成立群众团体，不要进行土地改革，以防敌人摧残群众。反动分子必须镇压，但是必须严禁乱杀，杀人愈少愈好。要严格注意保护工商业。②

1948 年 3 月下旬，毛泽东和中共中央离开转战一年多的陕北，渡过黄河途经晋绥解放区前往河北与中央工委会合。3 月 26 日，毛泽东来到晋绥解放区领导机关所在地兴县的蔡家崖，在这里住了 8 天，听取了晋绥解放区负责人的汇报，召开了 5 次干部、群众座谈会，对农村各阶级的比例、土地占有、土改工作团怎样发动群众等情况，进行了周密细致的调查研究。4 月 1 日，毛泽东在晋绥干部会议上发表了重要讲话。

讲话肯定了晋绥边区各方面工作的成绩，同时也指出在过去的土地改革中，晋绥存在的三个偏向：一是在划分阶级成分中，许多地方把许多并

① 中央档案馆：《中共中央文件选集》，中共中央党校出版社 1992 年版，第 46—48 页。
② 《毛泽东选集》第四卷，人民出版社 1991 年版，第 1283—1284 页。

无封建剥削或者只有轻微剥削的劳动人民错误地划到地主、富农的圈子里去，错误地扩大了打击面，忘记了在土地改革工作中可能和必须团结农村中户数92%左右，人数90%左右，即全体农村劳动人民，建立反对封建制度的统一战线这样一个极端重要的战略方针。二是在土地改革工作中侵犯了属于地主富农所有的工商业；在清查经济反革命的斗争中，超出了应当清查的范围；以及在税收政策中，打击了工商业。三是在过去一年的激烈的土地改革斗争中，晋绥的党组织没有能够明确地坚持严禁乱打乱杀的方针，以致在某些地方的土地改革中不必要地处死了一些地主、富农分子，并给农村中的坏分子以乘机报复的可能，由他们罪恶地杀死了若干劳动人民。

在讲话中，毛泽东第一次明确地提出了新民主主义革命的总路线，这就是："新民主主义的革命，不是任何别的革命，它只能是和必须是无产阶级领导的，人民大众的，反对帝国主义、封建主义和官僚资本主义的革命。"他指出，封建主义是帝国主义和官僚资本主义的同盟者及其统治的基础。因此，土地制度的改革，是中国新民主主义革命的主要内容。土地改革所依靠的基本力量，只能和必须是贫农。这个贫农阶层，和雇农在一起，占了中国农村人口的70%左右。土地改革的主要的和直接的任务，就是满足贫雇农群众的要求。土地改革必须团结中农，贫雇农必须和占农村人口20%左右的中农结成巩固的统一战线。不这样做，贫雇农就会陷于孤立，土地改革就会失败。土地改革的另一个任务，是满足某些中农的要求。必须容许一部分中农保有比较一般贫农所得土地的平均水平为高的土地量。毛泽东说，赞助农民平分土地的要求，是为了便于发动广大的农民群众迅速地消灭封建地主阶级的土地所有制度，并非提倡绝对的平均主义。谁要是提倡绝对的平均主义，那就是错误的。现在农村中流行的一种破坏工商业、在分配土地问题上主张绝对平均主义的思想，它的性质是反动的、落后的、倒退的。必须批判这种思想。毛泽东强调：

　　土地改革的对象，只能是和必须是地主阶级和旧式富农的封建剥削制度，不能侵犯民族资产阶级，也不要侵犯地主富农所经营的工商业，特别注意不要侵犯没有剥削或者只有轻微剥削的中农、独立劳动者、自由职业者和新式富农。土地改革的目的是消灭封建剥削制度，即消灭封建地主之为阶级，而不是消灭地主个人。因此，对地主必须分给和农民同样的土地财产，并使他们学会劳动生产，参加国民经济生活的行列。除了可以和应当惩办那些为广大人民群众所痛恨的查有实据的罪大恶极的反革命分子和恶霸分子以外，必须实行对一切人的宽大政策，禁止任何的乱打乱杀。①

至此，"左"倾错误对土地改革和中国革命事业发展的危害，引起了各级党组织的高度重视，各项土地改革的政策已十分具体和明确，中国共产党有关土地改革的理论也大大丰富和成熟。

1948 年 4 月 4 日，毛泽东、周恩来、任弼时等人离开兴县蔡家崖，前往河北平山。在途经山西岢岚、五寨、代县、繁峙等地时，他们又多次召集当地干部座谈有关土改和农民负担问题，了解中农土地变动、土改中的工商业政策、土改中的工作团与贫农团等情况。在繁峙县的伯强村，任弼时向村贫农团主席耿香民作了一次详细的调查，对这个村的地主、富农、中农、贫农的家庭状况，以及地主能不能劳动、改造地主需要几年的时间、富农划分标准、干部分占斗争果实等情况一一作了询问。4 月 10 日，毛泽东一行来到河北省阜平县西下关村。第二天，毛泽东又委托周恩来、任弼时召开阜平地区村干部参加的土改座谈会，详细地了解了土改中执行政策的情况，以及群众生产、文化教育、人民生活等情况。

4 月 11 日，毛泽东等人来到阜平城南庄，并在这里小住了一段时间。此间，毛泽东又委托任弼时召开阜平、曲阳、定县 3 县县委书记和部分区委书记参加的土改和整党工作汇报会。同时听取晋冀鲁豫、冀中、晋察冀等解放区负责人的汇报。汇报的内容，主要是土改与整党，同时还涉及土

---

① 《毛泽东选集》第四卷，人民出版社 1991 年版，第 1314 页。

改后的农村生产力、战争扩大和延长后财政情况和民力负担、为推进革命高潮对干部群众的思想教育等问题。[①]

通过从陕北到河北一路的调查了解及各解放区的情况汇报，毛泽东对新区土改工作如何进行的考虑逐渐成熟。5月24日，他就新区农村工作的策略问题致电邓小平：

> 新解放区必须充分利用抗日时期的经验，在解放后的相当时期内，实行减租减息和酌量调剂种子口粮的社会政策和合理负担的财政政策，把主要的打击对象限于政治上站在国民党方面坚决反对我党我军的重要反革命分子，如同抗日时期只逮捕汉奸分子和没收他们的财产一样，而不是立即实行分浮财、分土地的社会改革政策。……在一两年甚至三年以后，在大块根据地上，国民党反动派已被消灭，环境已经安定，群众已经觉悟和组织起来，战争已经向遥远地方推进，那时就可进入像华北那样的分浮财、分土地的土地改革阶段。这一个减租减息阶段是任何新解放地区所不能缺少的，缺少了这个阶段，我们就要犯错误。[②]

毛泽东认为，过早地分浮财，只是少数勇敢分子欢迎，基本群众并未分得，因而会表示不满。而且，社会财富迅速分散，于军队亦不利。而且过早地分土地，使军需负担过早地全部落在农民身上，不是落在地主富农身上。不如不分浮财，不分土地，在社会改革上普遍实行减租减息，使农民得到实益；在财政政策上实行合理负担，使地主、富农多出钱。这样，社会财富不分散，社会秩序较稳定，利于集中一切力量消灭国民党反动派。

5月25日，中共中央发出了《1948年的土地改革工作和整党工作》的党内指示，规定1948年9月至1949年3月，在各中央局和分局所划定

---

① 中共中央文献研究室：《任弼时传》，中央文献出版社1994年版，第680页。
② 《毛泽东选集》第四卷，人民出版社1991年版，第1326—1327页。

的地区内，必须依次完成的十项工作，其中第一项便是"乡村情况调查"。指示提出，进行土地改革必须具备如下三个条件：第一，当地一切敌人武装力量已经全部消灭，环境已经安定，而非动荡不定的游击区域。第二，当地基本群众(雇农、贫农、中农)的绝大多数已经有了分配土地的要求，而不只是少数人有此要求。第三，党的工作干部在数量和质量上，确能掌握当地的土地改革工作，而非听任群众的自发活动。如果某一地区，在上述三个条件中，有任何一个条件不具备，即不应当将该地区列入1948年进行土地改革的范围。

指示明确指出，华北、华东、东北、西北各解放区的接敌区域和中原局所属江淮河汉区域的绝大部分地区（即大反攻以来的新区），因为尚不具备第一个条件，即不应当列入1948年的土地改革计划内。1949年是否列入，还要看情况才能决定。在这类地区，应当充分利用抗日战争时期的经验，实行减租减息和酌量调剂种子、粮食的社会政策和合理负担的财政政策，以便联合或中立一切可能联合或中立的社会力量，帮助人民解放军消灭一切国民党武装力量和打击政治上最反动的恶霸分子。在这类地区，既不要分土地，也不要分浮财，因为这些都是在新区和接敌区的条件之下，不利于联合或中立一切可能联合或中立的社会力量、完成消灭国民党反动力量这一基本任务的。新区由实行土地改革到实行减租减息，是一个重大的政策转变，它对于稳定新区的社会秩序，防止和纠正"左"倾错误的发生，并最终保证土地改革的胜利起了重要作用。

中共中央还要求一切解放区，不论是已经完成土地改革的地区，或者尚未完成土地改革的地区，都必须在1948年秋季指导农民耕种麦地，并进行一部分土地的秋耕。在冬季，要号召农民积肥。所有这些，都对1949年解放区农业的生产和收成有极大重要性，必须用行政力量，配合群众工作，加以实现。随着这个指示的发出，各老区和半老区相继开展了土改的结束工作；那些不具备条件的新解放区急性土改停止下来，工作重心也从土改转向减租减息和发展生产。

在土地改革运动中，虽然一度发生了"左"的偏差，在部分地区情况还比较严重，但中共中央和毛泽东经过调查研究，很快作了纠正，从而保证了土改运动沿着正确的方向发展。到 1948 年秋，各解放区相继完成了老区半老区的土地改革，使全解放区大约有一亿左右的农民彻底从封建剥削的枷锁下解放出来，第一次真正成为土地的主人。土地问题解决后，广大农民的积极性空前高涨，他们也由此明白了一个道理，要打倒村中的地主阶级，使其永远不能反攻倒算，就必须彻底打倒地主阶级的总后台蒋介石。人民解放战争只用了 3 年左右的时间，就从根本上打倒了国民党蒋介石集团，其中固然有多方面的原因，但由于轰轰烈烈的土地改革运动解放了千千万万农民，从而极大地调动了广大农民参加革命战争的热情，是无论如何也不能忽视的一个重要原因。

第五章　20世纪50年代几次重要的农村调查

新中国成立后，中共中央决定启动新解放地区的土地改革，在充分调查研究和总结以往经验的基础上，作出了在新区土地改革中保存富农经济的决策。由于政策界限不明等因素，导致1954年农村粮食统购中一部分农民卖了过头粮，造成农村形势一度紧张，通过调查研究及时调整了统购统销政策。从20世纪50年代中期开始，由于各种原因，调查研究未能引起高度重视，一些重大决策出台前调查研究不够，或者虽然做了一些调查但没有真正深入下去，从而留下了深刻的教训。

一、新区土改中保存富农经济的调查

1949年9月，中国人民政治协商会议第一届全体会议通过了具有临时宪法性质的《中国人民政治协商会议共同纲领》(以下简称《共同纲领》)。《共同纲领》在总纲中明确规定："凡尚未进行土地改革的地区，必须发动农民群众，建立农民团体，经过清除土匪恶霸、减租减息和分配土地等项步骤，实现耕者有其田。"完成土地改革就成为年轻的人民共和国所面临的一个重大任务。用毛泽东的话说，"这是中国人民民主革命继军事斗争以后的第二场决战"。① 因此，新中国一成立，中共中央和中央人民政府就开始考虑广大新解放区的土地改革问题。

为了搞好新区的土地改革，各地在大规模地开展土改之前，有土地改

---

① 《毛泽东文集》第六卷，人民出版社1999年版，第25页。

革任务的各级党委和人民政府，抽调大批干部下乡，组成工作队或工作组，选择一般农村、城市郊区以及平原、山区等不同类型的乡村进行重点调查，特别是着重对农村的阶级关系和土地关系进行调查。应当说，这些调查是非常深入和细致的，为即将进行的土地改革作了重要的准备。例如，当时苏南行政区各级组织所开展的苏南农村调查中，既有关于一个县农村经济概况的调查，也有以乡或村为单位进行的农村情况特别是经济情况的调查，并重点调查了农村租佃、借贷关系，对特殊土地关系如族有土地、宗教土地、典当田、公堂田、湖田、农场用地、沙田、芦苇滩、鱼池、果园、蚕桑等情况，也作了详细的调查。

这些农村调查为土地改革的开展提供了重要的政策依据。根据中南的河南、湖北、湖南、江西、广东 5 省的农村调查，大致可分为土地占有集中地区、土地占有较分散地区和介于两者之间的土地集中程度一般的地区。土地占有的集中情况，湖南、广东较甚，湖北次之。这种土地占有集中的地区，以人口计，约占五省的 47.5%。这里土地占有的情况是：占农村人口 3% 至 4% 的地主，占有的耕地约为耕地总面积的 50% 左右（包括被地主操纵的公田在内）；部分地区，地主占有耕地竟达 65% 以上。占农村人口 60% 至 70% 的贫农、雇农等，却仅占有耕地 8% 至 12%。调查表明，中南各省地租剥削很重。据湖北省 6 个专区中 13 个典型村庄的调查，不管定额租、活租或分租，租额一般都在土地正产物的 40% 至 60% 甚至 70%。湖南邵阳县的租额，通常都在土地正产物的 60% 以上，最高达到 80% 多。农民佃入土地还要缴纳押金，超经济的额外剥削，在中南区各省多到二十多种。①

西南地区也是"土地高度集中，地主对农民剥削很重，租佃关系极不合理"。据川东万县 12 个保的农村调查，占人口 6% 的少数地主占有 60%

———

① 《中南区现有土地制度极不合理，广大农民热烈盼望实行土地改革》，《人民日报》1950 年 8 月 9 日。

以上的田地，而占人口 88% 的中农和贫农只有 25% 的田地。万县天成乡第二保 203 户中仅 7 户地主，占有该保田地总面积的 81.5%，贫农、佃农、小商人、小手工业者占该保户数的 92% 强，占有田地不到 1%。川西、川南和川北等区和贵州省土地占有情况也大致与川东区差不多，云南土地占有不如四川集中，但也相差不大。重庆市郊则地主占有的耕地达 96% 以上。租佃情况中，租额最重者达到田地正产物的 80% 左右。此外，农民给地主送新谷鲜货、送节礼年礼，为地主无偿服劳役或帮杂忙等额外剥削也不少。①

华东地区农村也存在严重的封建剥削。中共苏南区党委农委会调查到的情况是：苏南地区占总户数 2.33%、总人口 3.02% 的地主阶级，占有 31.69% 的土地，而占总户数 54.4%、总人口 50.59% 的贫雇农，只占 19.44% 的土地。苏南地区的地租种类很多，归纳起来主要有"定租"（即规定租额后，丰收不加，灾年不减）、"活租"（即根据产量多少，按照一定交租比例，临时评定交租）和"分租"（即地主与佃农按比例分得产量）三种，但不论哪种地租，租额一般要到产量的 40% 至 60%。在苏南农村一些地区，还存在田底权与田面权分离的情况，即地主有田底权，农民有田面权。有田面权的农民可将田面权出卖、出典、转租，但如果佃户 3 年不交租，地主就要抽回田面权抵作地租，另行招租。于是当时有一种议论，即"江南无封建"，也就是说，在这些地区无须进行土地改革。调查表明，这些地区农民交给地主的地租虽然要低于普通地租，但农民要取得田面权往往要付出很高的代价，因而实际租额很高。因此，"苏南农村不但存在着封建剥削土地制度，而且，封建剥削很厉害。地主除以地租方式残酷剥削农民的血汗外，并放高利贷，重利剥削。加之，国民党反动派苛捐杂税的榨取和帝国主义、官僚资本主义的侵蚀，造成苏南农村经济的破

---

① 《适应五千万农民的迫切要求，西南准备开展减租运动》，《人民日报》1950 年 8 月 12 日。

产，广大农民过着悲惨的生活"。①

当时，各级党委、政府不但组织了大量的农村调查，而且在《人民日报》及各级党委的机关报上，亦经常刊登这类调查报告，出版部门还将这些农村调查报告编辑出版。例如，1950 年 10 月，新华书店中南总分店出版了《湖南农村情况调查》，1951 年 5 月，人民出版社出版了《新区土改前的农村》等。这些调查充分论证了农村封建剥削的残酷性和进行土地改革的必要性，有力地推动了土地改革的进行。

在以新区土地改革为中心的农村调查中，尤其值得一提的是当时围绕是否保存富农经济开展的调查。

到 1950 年 6 月，全中国业已完成或基本上完成了土地改革的地区，约有农业人口 1.45 亿，尚有约 2.64 亿农业人口的地区没有进行土地改革。新中国成立后的土地改革，与解放战争时期的土地改革相比，情况有很大不同。过去的土地改革是在战争激烈进行的同时开展的，土改的直接目的是为了动员广大农民支持革命战争。当时城市与农村基本上还处于隔绝状态，不必过多地考虑土改中怎样处理同民族资产阶级的关系问题。新中国成立之后，土地改革是在中国共产党已取得全国政权、国内战争已经结束的情况下进行，它的直接目的也就从主要是支持革命战争，转变为解放和发展农村社会生产力，恢复和发展国民经济。同时，1949 年 3 月召开的七届二中全会已明确决定对民族资产阶级采取利用与限制的政策，因而新中国成立后在开展土地改革时，必须妥善地处理同民族资产阶级的关系。

这时，国内外的形势和党的任务也发生了根本变化，中国共产党已从一个领导人民开展革命夺权政权的党，正在转变为领导人民建设国家的党。党所面临的历史方位发生了变化，那么，新区的土地改革在政策上要不要有所改变，就成为党的领导人所考虑的一个重大问题。

毫无疑问，土地改革的对象是地主阶级，这是不能改变的。土地改革

① 华东军政委员会土地改革委员会编：《苏南农村调查》，1952 年 12 月编印，第 5—10 页。

依靠的力量是贫雇农，团结的力量是中农，这也是确定无疑，不能改变的。关键的问题是如何对待富农，对其采取什么样的政策？

中国的富农与资本主义国家的富农有很大的不同。在资本主义国家，富农实际上就是农村的资产阶级。在中国，富农往往具有双重性，既带有浓厚的封建和半封建剥削性质，同时又实行某些资本主义经营方式。他们人数虽然不多，在农业经济中也不占主要地位，但在土地改革中对它实行什么样的政策，对农村其他阶层，特别是中农，影响很大。同时，对富农采取何种政策，也必将给城市资产阶级产生影响。

在解放战争时期的土地改革中，虽然《五四指示》曾规定在一般情况下不变动富农的土地，并强调对富农应采取同地主有所区别的政策，但土地改革运动深入开展后，这个规定并没有真正贯彻执行。这主要是仅仅没收地主的土地并不能满足农民的土地要求，所以在1946年年底开始的土改复查时，各地实际上对富农多余的土地财产也采取了没收的政策。1947年9月全国土地会议通过的《中国土地法大纲》，一方面认为要将富农与地主加以区别，另一方面又提出了执行彻底平分土地的方针，于是，富农的土地自然被平分，其多余的牲畜、农具、房屋、粮食等也被征收。当时这样做也是可以理解的。对此毛泽东曾作过这样的解释："冲破《五四指示》是群众的行动。离开政治形势讲问题讲不清楚。生死存亡，这边是贫雇农、中农、城市小资产阶级，那边就是国民党、地主、帝国主义，那时候富农就对你那么好？所以那时是不能提出中立富农的口号的。"[1]

新中国成立以后，战争基本上结束了，摆在中国共产党人面前的首要任务，是如何迅速医治战争的创伤，恢复和发展国民经济。为了尽可能地减少土地改革的阻力消灭封建地主阶级，中共中央认为在制定广大新解放区的土地政策时，对富农问题必须作慎重的考虑。

还在1949年11月，毛泽东在中央政治局会议上就提出，江南土改时，

---

[1]　中共中央文献研究室：《毛泽东传（1949—1976）》，中央文献出版社2003年版，第85页。

要慎重对待富农问题，要把对地主和对富农的处理分为两个阶段进行。12月 4 日，毛泽东在中央政治局会议上再次讲到了富农问题。他说："因为这次土地改革工作是在与资产阶级合作的条件下进行的，同以前在战争期间与资产阶级隔绝的情况下进行是不同的，所以需要更加谨慎，领导机关要掌握得很紧，随时了解情况，纠正偏向，以求少犯错误。土地改革将对地主和对富农分为两个阶段有好处，便于保护中农。"①

1950 年 2 月 17 日，正在苏联访问的毛泽东就新区征粮问题，致电刘少奇说："斯大林同志曾在我向其报告土改政策时，提议将分配地主土地与分配富农土地分成两个较长的阶段来做，即使目前农民要求分配富农多余的土地，我们固不禁止，但也不要在法令上预作肯定。我们虽对中国半封建富农作了解释，并说明对资本主义富农并不没收，他仍举十月革命后的苏联为例，要我们把反富农看成是严重斗争。他的中心思想是在打倒地主阶级时，中立富农并使生产不受影响。去年十一月政治局会议时关于江南土改应慎重对待富农的问题亦曾提到过，因此事不但关系富农而且关系民族资产阶级，江南土改的法令必须和北方土改有些不同，对于一九三三年文件及一九四七年土地法等，亦必须有所修改。"②

1950 年 3 月，毛泽东结束了对苏联两个多月的访问回国。此时，毛泽东和中共中央对新形势下如何处理富农问题已有了初步设想，但并没有立即做出决策，而是决定广泛听取各中央局和省、市、区党委的意见。

3 月 12 日，毛泽东致电有土地改革任务的各中央局、分局负责人，征求他们对富农问题的看法。电文说："在今冬开始的南方几省及西北某些地区的土地改革运动中，不但不动资本主义富农，而且不动半封建富农，待到几年之后再去解决半封建富农问题。请你们考虑这样做是否有利些。"毛泽东还对为什么要保存富农经济提出了三点理由：

---

① 《毛泽东文集》第六卷，人民出版社 1999 年版，第 25 页。

② 《建国以来毛泽东文稿》第 1 册，中央文献出版社 1987 年版，第 264 页。

第一，土改规模空前伟大，容易发生过"左"偏向，如果只动地主不动富农，则更能孤立地主，保护中农，并防止乱打乱杀，否则很难防止。

第二，过去北方土改是在战争中进行的，战争空气掩盖了土改空气，现在基本上已无战争，土改就显得特别突出，给予社会的震动特别显得重大，地主叫唤的声音将特别显得尖锐，如果暂时不动半封建富农，待到几年之后再去动他们，则将显得共产党更加有理由，也就是更加有政治上的主动权。

第三，无产阶级和民族资产阶级的统一战线，现在已经在政治上、经济上和组织上都形成了，而民族资产阶级是与土地问题密切联系的，为了稳定民族资产阶级起见，暂时不动半封建富农似较妥当。

毛泽东要求有土改任务的中共中央中南局、华东局、华南分局、西南局、西北局及其所属各省委、各市委对这个问题加以讨论，将赞成和反对的意见收集起来迅速电告中共中央。①

为准备秋收后在一些省区实行土地改革，中共中央拟以中央人民政府的名义公布《中华人民共和国土地改革法》及划分阶级的决定。3月30日，中共中央向各中央局、分局、省委征询意见，列举出14个问题，要求在20天内答复。这14个问题中，其中与富农有关的占了半数，重要的有：

——土地改革可否分为两个阶段，两个阶段的间隔不是几个月，而许是几年。在第一阶段内，采取中立富农集中力量消灭地主阶级的政策。即是说只没收分配地主阶级的土地、牲畜、农具、粮食、房屋，而对富农的土地财产一律不动。照此办法，无地少地的农民能分到多少土地，相当于全村平均数的百分之几十？

——对富农的政策，如只没收分配其出租的土地，其余的土地财产一概不动，这是否仍能达到中立富农之目的？照此办法，连同没收地主之土地，加以分配后，无地少地的农民又能分到多少土地，相当于全村平均数

①《毛泽东文集》第六卷，人民出版社1999年版，第47—48页。

的百分之几十？

——在这种"僧多粥少"的情况下，是否可以规定：（一）对向来不依靠农业为生的人，原则上一律不分给土地。（二）不动富农时，雇工可否不分地，而只适当地改善其工资待遇？

——假如富农的财产全部不动，而地主一般又没有多少耕畜、农具和存粮，农民分得土地后，生产资金的困难有无办法解决，又如何解决？

中共中央要求各地就上述问题进行算账，以便在两种富农政策之间作出抉择。一种是对富农土地财产一律不动，一种是只没收富农土地的出租部分。中共中央认为，只有这笔账算清楚了，才能心中有数，才好下决心选定一个比较恰当的政策：既能适当满足无地少地的贫苦农民的土地要求，又能达到中立富农的目的。

毛泽东和中共中央征询意见的电报发出后，各中央局，新区和部分老区的省委、区党委，部分地委、县委，一些中央委员，纷纷复电中共中央，或将意见报告上级党委，一致同意关于保存富农经济、在政治上中立富农的政策。有些电文还对毛泽东所提三点理由做了补充，如新解放区地域辽阔，干部力量薄弱，基层组织严重不纯，土改中不动富农可以避免弄乱；可以缩小打击面，最大限度地达到孤立敌人、团结多数的目的；规定富农经济不动，划阶级时，就有可能避免侵犯中农的错误，即使这样的错误再出现，也容易纠正；不动富农有利于农业生产的尽快恢复和发展；等等。

这年5月，中共中央政策研究室通过对湖北、湖南、江西、河南、广东5省农村经济的调查，了解到富农在中南农村，一般占人口的5%，占土地的15%左右，从其占有土地的人均数来看，一般相当于当地平均数的250%左右。据各省典型材料推算，不动富农，贫雇农分得土地约达全村平均水平的70%至80%，在土地集中地区可达到85%至95%，基本上可以满足贫雇农的土地要求。在土地不很集中的地区可以达到70%至80%，土地比较分散的地区可以达到60%至70%，但分散地区的个别村庄也有的达不到 50%。有些地区由于土地数量少，土地占有关系又比较分散，动了富农出租土地也不能完全解决贫雇农的土地要求。另外，在局部地区有一种特殊情况：由于富农占地太多，甚至超过了地主占有的倍数，而地主土地和公田又不多，如果不动富农的土地，贫农得地后要少 2 至 4 个月的粮食；另有一些过去的老苏区，由于村中根本没有地主，公田也不太多，如果不动富农出租土地，则不能解决贫雇农最低的生活问题。①

有的省还通过算具体账，说明不动富农既是必要的，也是完全可行的。例如福建省委通过典型调查测算，不动富农可使打击面可从 10%缩小到 5%。中南有些地方测算，打击面可缩小到 3%到 5%。同时，不动富农土地，在一般地区对贫雇农影响不大，福建对此作了典型调查：一个村如动富农土地，贫雇农每人分地 2.2 亩；不动富农土地，分地 1.9 亩。另一个村动富农，分地 2.4 亩；不动，分地 2.08 亩。② 新华社记者穆青在河南调查到的情况是：动不动富农，农民所得相差无几。据河南 11 个县 28 个村的统计，共有 6519 户，32669 人，土地 83504.72 亩，全村绝对平均每人可分得 2.55 亩，动富农出租土地，每人平均 2.18 亩；不动富农出租土地，每人平均可分得 1.95 亩，二者每人相差仅 0.23 亩。③

各中央局和各省委、区党委对新区土改实行保存富农经济、在政治上中立富农的政策表明赞成态度后，中共中央决定将保存富农经济的政策公布于众，并 4 月 20 日电告中南、华东、西北三个中央局：从现在起，即可向群众口头宣传土改中不动富农的土地和财产，以稳定富农的生产情绪。4 月 26 日，中共中央发布的《庆祝五一劳动节口号》更是向全国公

---

① 中国社会科学院、中央档案馆：《中华人民共和国经济档案资料选编（1949—1952）——农村经济体制卷》，社会科学文献出版社 1992 年版，第 75—76 页。
② 薄一波：《若干重大决策与事件的回顾》上卷，中共中央党校出版社 1991 年版，第 122—123 页。
③ 中国社会科学院、中央档案馆：《中华人民共和国经济档案资料选编（1949—1952）——农村经济体制卷》，社会科学文献出版社 1992 年版，第 74 页。

开宣布："在今年秋冬实行土地改革的地方，将地主土地分配给无地少地农民，并同样分给地主一份；在土地改革中坚决联合中农，不动富农的土地财产。"

虽然各地在回电中，对中立富农的总政策没有不同意见，但却在动不动富农的出租地问题上出现了分歧。华东局、西北局、华北局认为，不动富农的土地财产，应当包括旧式富农的出租地；中南局和东北局认为，旧式富农的出租地还是要动为好。即使在同一个大区中，各省委、区党委的意见也不尽相同。华东的浙江省委和苏北、皖北区党委主张动，其他省委认为不能动。中南的江西、湖北、湖南认为要动，广西则认为不能动。各地动富农出租地的理由，主要是仅靠没收地主的土地和公地，不能满足贫雇农的土地要求；不动的理由则是动了不但社会震动大，而且也解决不了问题，贫雇农的困难可以通过发放贷款、扶持生产、社会救济等方式加以解决。

当时，党内的民主空气是很浓厚的，毛泽东本来主张暂时不动富农的出租地，但他认为对这两种意见都有展开讨论的必要，乃选择有代表性的电报，转发各中央局继续研究。

在主张富农的出租土地应该拿出来分配的意见中，中南局第三书记邓子恢是其代表；在主张不动富农出租地的意见中，华东局第一书记饶漱石是其代表。由于1950年秋后第一批土改的新区主要是华东和中南，所以毛泽东对邓子恢和饶漱石的意见都很重视。

邓子恢曾在3月16日、3月25日和4月25日三次就富农问题致电毛泽东和中共中央。他在4月25日的第三次报告中，详细地论述了必须动富农出租地的理由：江南各省土地情形已不像大革命以前那样集中，在土改中如果连富农的出租地都不动，则雇贫农所得，比之按人口平分标准，要少20%以上；不征收富农出租土地，虽然能缩小打击面，但应估计到，如可分土地太少，不能解决贫雇农土地要求，其结果会使贫雇农积极性减低；如果连富农的出租地都不动，一方面贫雇农议论纷纷，另一方面富农也不会相信我们会始终保持其这种非分之财，从而怀着不安情绪，这对中立富农反而有害；现在不动致农民分地不多，过一二年后再动必须重分，则将影响生产，中农也发生"割韭菜"的疑虑，对生产亦不利。①

4月30日，毛泽东将邓子恢的电报转发给了饶漱石，征求饶的意见。5月1日，他在复邓子恢并告饶漱石的电报里，一面继续阐述自己的观点："鉴于富农出租地数量不大，暂时不动这点土地影响贫雇农所得土地的数量也不会大，现在我的意见仍以为暂时不动较为适宜。"一面又在电报中要中南局和华东局根据各自的意见，起草一个土改法令草案，以便在即将召开的中央会议上对照讨论。②

过了两天，饶漱石电复毛泽东说："不动富农出租土地，对贫雇农所得土地数量影响不大，但对团结多数、巩固政权、发展生产及避免扰乱，益处很多。因此，我们赞成不动富农出租土地。"饶漱石还在电报中说：富农出租土地在减租与公粮累进条件下，估计数年内可能大部廉价转到佃农手中，故对内对外似应宣传不动富农土地财产为有利。如果宣传暂时不动，一二年后再动，则不但领导上可能被动，而且对生产亦可能产生若干不良影响，即发生"割韭菜"的顾虑。③

1950年5月底6月初，中共中央召开土改工作会议，讨论中央政策研究室提出的《中华人民共和国土地改革法（草案）》。参加会议的有华东土改委员会副主任刘瑞龙、中共湖南省委书记黄克诚、中共湖北省委副书记刘建勋、中共中央中南局秘书长兼中南土改委员会副主任杜润生等。会议期间，毛泽东接见刘瑞龙等人，征求他们对富农问题的意见。刘瑞龙认为，要避免过去土改的缺点，这次是更有政策、更有准备。但是封建势力

① 中共中央文献研究室：《建国以来重要文献选编》第1册，中央文献出版社1992年版，第206—209页。
② 《建国以来毛泽东文稿》第1册，中央文献出版社1987年版，第323页。
③ 中国社会科学院、中央档案馆：《中华人民共和国经济档案资料选编（1949—1952）——农村经济体制卷》，社会科学文献出版社1992年版，第72页。

的抵抗还是很厉害的，不能低估。进了城以后，替地主说话的人也更多了。杜润生则在汇报说，据调查，发现地主和富农占有土地只有50%左右，有的地方百分之四十几，最高50%，没有70%的情况。无地少地农民的数量很大，如果不动富农，光分地主土地，不够分配。毛泽东听后说：富农问题，中央的意见还以不动为好，"富农放哨，中农睡觉，有利生产。贫农将来分地少有困难，我们有了政权，可以从另外方面想点办法解决"。①

关于土地改革的这些不同的意见，在一定程度上反映了不同地区土地改革的不同情况。中共中央决定将这个问题拿到七届三中全会上讨论并做出决定。

1950年6月3日至9日，中共中央在北京召开七届三中全会。会议分析了当时国际国内形势，总结了七届二中全会以来即新中国成立前后一年多的工作。毛泽东向全会作了书面报告——《为争取国家财政经济状况的基本好转而斗争》，并在报告中特地提到了对富农的政策问题。他说："因为战争已经在大陆上基本结束，和一九四六年到一九四八年的情况（人民解放军和国民党反动派进行着生死斗争，胜负未分）完全不同了，国家可用贷款方法去帮助农民解决困难，以补贫农少得一部分土地的缺陷。因此，我们对待富农的政策应有所改变，即由征收富农多余土地财产的政策改变为保存富农经济的政策，以利于早日恢复农村生产，又利于孤立地主，保护中农和保护小土地出租者。"②

6月6日，刘少奇在会上作了《关于土地改革问题的报告》，阐述了土地改革的基本理由和目的，提出了新区土地改革的总路线和关于富农土地问题、债务问题、人民法庭问题等方面的方针政策。谈到不动富农问题时，刘少奇举例说，有一个人有40亩土地，全部出租，这个人就是地主，

---

① 杜润生：《忆50年代我与毛泽东主席的几次会面》，见《缅怀毛泽东》，中央文献出版社1993年版，第372—375页。

② 《毛泽东文集》第六卷，人民出版社1999年版，第70页。

他的土地就应没收。可是另一个人，有 90 亩土地，40 亩出租，50 亩不出租（自耕和雇人耕种），如果他出租的这 40 亩不动，同前一个人比较起来，就有些不公平，这个问题需要大家考虑。他又说，不动富农，但有些"尾子"又要调整，这样，不动富农的规定就站不住了，这个问题很值得考虑一下。刘少奇认为，在不动富农土地问题上，不必说得太死。

与会者对富农政策以及土地改革的其他政策展开了讨论。8 日，邓子恢和饶漱石在大会发言中，又重申了各自的意见。邓子恢说，他对中央改变过去征收富农多余土地政策是完全拥护的。过去他在这一点上还没有想得太通，这次根据中央这个指示，他完全理解这个精神，拥护这个方针。但是在中南的部分地区，如果富农的出租土地完全不动，则不能满足贫雇农的土地要求。希望对这个问题不要规定死，要有个机动，留一个"尾巴"，即富农土地的出租部分可以有条件地动。饶漱石说，华东的情况是，不动富农的出租土地，贫雇农所得土地占全村平均数的 60% 到 70%；动富农的出租土地，也不过占到 70% 到 75%。这样，他仍认为不动富农出租土地比较好，因为有利于生产。

会议在对《中华人民共和国土地改革法（草案）》进行审议时，来自中南地区的与会者提出：在中南地区，各地的土地占有情况是不同的。在土地比较集中的地区，不动富农的出租地，也可以适当地满足贫雇农的土地要求，而且还能解决其他失业人员的问题。但在土地比较分散的地区，特别是经过土地革命的老苏区，如果不动富农的出租土地，就会使可分配的土地量减少，差不多要减少 10% 至 20%。鉴于这种情况，他们建议在动不动富农土地问题上不说得太死，应该机动一些。如果有的地方土地特别少，不动富农的出租地就无法解决大多数贫雇农最低限度的生活，在经过省人民政府批准后，应当允许这些地区实行征收富农出租土地的政策。会议接受了这个建议，将《土地改革法（草案）》中的"不动富农土地财产"，修改为"保护富农所有自耕和雇人耕种的土地及其他财产，不得侵犯。富农所有已出租的小量土地，亦予保留不动；但在某些特殊地区，经省以上人民政府的批准，得征收其出租土地的一部或全部"。

七届三中全会结束后不久，中国人民政治协商会议一届二次会议在北京召开。此次会议的中心议题就是讨论和研究有关土地改革事宜。

6 月 14 日，即会议开幕的当天，刘少奇作了《关于土地改革问题的报告》。报告中，刘少奇再次对为什么要保留富农经济作了说明。他说，虽然现在新中国还面临许多困难，但困难的性质与过去战争中所遇到的困难是不同的，现在的困难主要是在财政经济方面的困难，是恢复、改造与发展社会经济上的困难。同时，全国各民族、各民主阶级、各民主党派、各人民团体的革命大团结，已经在政治上和组织上形成，富农的政治态度，一般地也比以前有了改变，如果人民政府实行保存富农经济的政策，一般地是能够争取富农中立的，并且能够更好地保护中农，去除农民在发展生产中某些不必要的顾虑。因此，在目前的形势下，在今后的土地改革中，采取保存富农经济的政策，不论在政治上和经济上都是必要的，是比较地对于克服当前财政经济方面的困难，对于我们的国家和人民为有利些。①

政协一届二次会议审议并同意刘少奇《关于土地改革问题的报告》，通过了中共中央提出的《中华人民共和国土地改革法（草案）》，并对这个文件提出了若干修改和补充意见，建议中央人民政府采纳。6 月 28 日，中央人民政府委员会第八次会议通过了《中华人民共和国土地改革法》。6 月 30 日，中央人民政府主席毛泽东发布命令，将之公布施行。

《中华人民共和国土地改革法》与 1947 年全国土地会议通过的《中国土地法大纲》相比一个大的变化，就是前面已多次提到的由对富农征收多余的土地财产改变为保存富农经济。《土地改革法》第六条规定："保护富农所有自耕和雇人耕种的土地及其他财产，不得侵犯。""富农所有的出租的小量土地，亦予保留不动；但在某些特殊地区，经省以上人民政府的批

---

① 《刘少奇选集》下卷，人民出版社 1985 年版，第 39 页。

准，得征收其出租土地的一部或全部。""半地主式的富农出租大量土地，超过其自耕和雇人耕种的土地数量者，应征收其出租的土地。富农租入的土地应与其出租的土地相抵计算。"①

《中华人民共和国土地改革法》的发布，标志着广大的新解放区拉开了轰轰烈烈的土地改革运动的序幕。从 1950 年下半年到 1952 年 9 月，华东、中南、西南和西北广大新解放区在两年多的时间里基本完成了土地改革，约有 3 亿左右的农民从封建剥削制度的压迫下解放出来。在如此短的时间里完成如此巨大的社会变革，并且成功地避免了在土地改革中出现大的社会动荡，很大程度上得益于中共中央做出的保存富农经济的决策。这个政策孤立了地主阶级，稳定了民族资产阶级，保证了中农的利益不受侵犯，减少了土地改革的阻力，避免"左"的偏差，促进了土地改革的顺利进行。而这个决策的出台，又是充分发扬党内民主，广泛调查研究，集中全党智慧的结果，是发扬党内民主的一个成功范例。

二、调整统购统销政策的农村调查

1953 年年底，根据当时尖锐的粮食供需矛盾，中共中央决定在农村实行粮食的计划收购（简称统购，即农民除了要交纳公粮之外，还需要将扣除口粮、种子、饲料之外的绝大部分余粮卖给国家），在城市实行粮食计划供应（简称统销，这一政策实施之初，统销的粮食品种，北方城市仅限于面粉，南方城市仅限于大米，后来逐渐扩大到主要的粮食品种和食用油），即对粮食实行统购统销。1954 年是开展统购统销工作的第二个年头。在 1954 年的粮食统购中，农民粮食统购任务的分配，基本不采用 1953 年的个人自报、民主评议的方法，而是在确定留粮标准之后，采用随征带购或随征派购的方式。统购的基本原则是"国家需要，农民够吃，余多多购，

---

① 《中华人民共和国土地改革法》，《人民日报》1950 年 6 月 30 日。

余少少购，不余不购"，按照实际产量，在扣除公粮、种子、口粮和饲料后，划分余缺，分夏秋两次统购入库，秋后一并计算全年任务。

由于1954年的粮食统购任务要比1953年大，而且逐级号召超额完成任务，而经历1953年粮食统购统销之后，一向自由散漫的农民对统购统销制度颇有些不习惯，加之有的地方征购（征即是公粮征收，购即为余粮统购）时购了过头粮，造成这部分农民1954年春夏粮食消费紧张，由此产生了一些不满和抵触情绪。同时，那些直接与农民打交道的乡、村干部，"他们或则工作里曾经发生过毛病，曾经受过批评；或则怕得罪群众；或则（主要是青年积极分子）在家庭中不能做主，去年受过家庭的气，以致不敢带头，怕别人讥讽；或者觉得工作艰苦，发生厌倦情绪"。① 在这种情况下，上级派来的工作组或干部为了急于完成任务，往往忽视做干部群众耐心细致的思想工作，而简单采取强迫命令的做法。因此，在1954年的粮食统购中，部分地方出现了较为严重的强迫命令现象。

1954年秋统购工作开始时，山东单县"由于缺乏实事求是的精神，估产不符实，派购任务大，形成以任务套产量，同时由于统购中存在畸轻畸重的不合理现象，致使部分的自给户和余粮户卖了口粮"。单县秋季作物除谷子收成正常外，高粱、豆子均由灾减产。在秋季征购工作中，该县未按实际情况核实产量，而是按分配任务数字提高每亩的产量。这样评定产量的结果，许多自给户或缺粮户也被评为余粮户。由于农民手中的余粮并没有评定的那么多，为了完成任务，工作组和干部就采取强迫命令的办法让群众卖出余粮。据对该县第九、十两个区的不完全统计，在统购过程中，发生冻、押、吊、打等违法乱纪事件100余起。②

浙江省1954年粮食产量为141亿斤，连征带购共51亿斤，占总产量的38%强。全省农村人均留粮只有477斤，实际每人每年种子加口粮

---

① 《贯彻多购余粮的方针，争取超额完成粮食统购任务》，《人民日报》1954年11月12日。
② 国务院第一办公室农村调查组山东组：《关于山东单县统购统销中几个主要问题的报告》（1955年5月12日）。

需要 540 斤。由于征购任务重，挤了农民的口粮，农民对统购产生对立情绪，于是强迫命令在各地普遍发生，一些地方还提出了"斗争富裕中农""拔钉子"等错误口号。有的农民不满地说："搞别的工作，共产党总有个路线，搞粮食，也没有路线了。"① 类似的情况，在其他地方也有发生。

1954 年也是农业合作社大发展的一年。我国农村的互助合作化运动，在 1951 年就已正式启动，当时的重点是发展互助组，在一些地方试办了少量的农业合作社。1953 年过渡时期总路线提出后，运动的重点转向建立农业合作社，于是农业合作社的数量迅速增多。1953 年 10 月，全国共有 14171 个，截至 1954 年秋，全国发展到 225400 个农业合作社，到 1955 年 1 月，全国又新办农业合作社 38 万个。

通过对过渡时期总路线和社会主义美好前景的宣传教育，一部分农民确实产生了走互助合作道路的愿望和积极性。但是，由于当时离完成土地改革的时间还不长，许多农民刚刚分配到土地，他们更希望在自己的土地上好好经营，发家致富。对于相当一部分农民特别是中农来说，他们个体单干的积极性，在某种程度上比互助合作的积极性要更大些。因此，那些加入合作社的农民，亦有相当一部分是随大流进来的，也有一部分是被迫"请"进来的，因而在农业合作化运动中，也存在较为普遍的强迫命令现象。山东曹县一些干部在办合作社时提出的口号是："思想教育不是万能""群众觉悟不能等待""运动要暴风骤雨""猛虎下山，饿虎扑食""哪个运动还能不死人，看死的什么人"。群众由于惧怕，向干部哭哭啼啼要求入社，干部反而认为群众入社的热情高，更助长了强迫命令的作风。②

由于粮食统购统销和农业合作化运动中存在的问题交织在一起，1955 年开春后，许多农村发生了缺粮闹粮和闹社的现象。在 1955 年 4 月的第

---

① 黄道霞等主编：《建国以来农业合作化史料汇编》，中共党史出版社 1992 年版，第 244 页。
② 《中央农村工作部关于曹县合作化运动情况的通报》（1955 年 4 月 13 日）。

三次全国农村工作会议上，中共中央农村工作部部长邓子恢（1953年邓子恢从中南局调任此职）在会议的开幕词中，对当时的形势作了这样的概括："农民的警告已经不止在言论上说怪话、发牢骚；并且表现在行动上。其积极的如几百人、几千人的集合骚动，在广东、湖北，各省均有发生，最近江苏萧县尚有5000多人的骚动，谣言四起。消极的如不务生产、宰牲口、杀猪、杀鸡，不积极积肥以及砍伐树木如果树、桑树，等等。"①就这样，如何改进统购统销方法，改善党和政府同农民的关系，在1955年春天已成为一个十分紧迫的问题。

各地在统购统销中存在的问题，引起了中央高层的高度关注。1955年1月，陈云到江苏青浦县（1958年划归上海市）练塘区的小蒸乡进行实地调查，重点研究了统购统销中的两大问题：一是农村周转粮（调剂粮）的问题，二是对农户统购多少、留粮多少、缺粮怎么办的问题。在调查中，陈云专门找农民、商人、小学教员、居民和干部座谈。在座谈中，这些人对统购既有赞成的，也有反对的。还有的人只赞成统销，不赞成统购；有的批评干部购了过头粮，也有的不少农民反映留粮过少，口粮短缺。为了摸清农村粮食的真实情况，陈云专门到小蒸乡的挺秀村作了一次调查。这个村有87户，不缺粮的有43户，缺粮的有44户。缺粮的数量从1个月至3个月不等。

通过这次调查，陈云感到，统购统销在实施中确实有缺点和漏洞，应该加以补充改进。回到北京后，他即向中共中央提出：在农村的统购统销要实行"三定"，即定产、定购、定销；各地政府要根据产量确定统购数字，规定卖粮户留粮标准，力求消灭卖过头粮现象；要确定农村统销数字，留出周转粮，从统购统销总数内扣除。②

1955年2月，在陈云的筹划和主持下，全国财经会议在北京召开。

---

① 中国人民解放军国防大学党史党建政工教研室编：《中共党史教学参考资料》第20册，国防大学出版社1986年版，第546页。

② 中共中央文献研究室：《陈云年谱》中卷，中央文献出版社2000年版，第235页。

会议的中心议题是讨论农村情况和粮食统购统销问题。会议认为，导致当前农村形势紧张的原因，主要是 1954 年国家多购了几十亿斤的粮食，农民群众，尤其是中农对党和政府的统购统销政策不满，感到多增产就多收购，对自己没有好处。此外，有的地方互助合作运动搞得过粗过快，某些措施不尽合理，也是一个原因。

陈云在会上发言时指出：各地应根据不同情况，使用不同力量，对去年统购统销工作做得不好的地区作程度不同的补课。粮食问题已成为农村工作和农业生产的中心问题。粮食是农民的命根子，粮食紧张了，各项工作就一定紧张，同农民的关系也就必然紧张。在很长时间内，我们和农民在粮食问题上的紧张关系是不可避免的。①

这次会议的一个重要成果，是为中共中央、国务院起草了《关于迅速布置粮食购销工作，安定农民生产情绪的紧急指示》（以下简称《紧急指示》）。3 月 3 日，中共中央、国务院正式发出了这一指示。

《紧急指示》在充分肯定粮食统购统销政策的同时，着重指出："目前农村的情况相当紧张，不少地方，农民大量杀猪、宰牛，不热心积肥，不积极准备春耕，生产情绪不高。应该看到，这种情况是严重的，其中固然有少数富农和其他不良分子的抵抗破坏，但从整个说来，它实质上是农民群众，主要是中农群众对于党和政府在农村中的若干措施表示不满的一种警告。"《紧急指示》同时认为："农民不满的主要原因是农民对统购统销工作感到无底；感到增产多少，国家收购多少，对自己没有好处；感到购的数目过大，留的数目太少，不能满足他们的实际需要；对于许多统销物资的供应，城市松，农村紧，也有意见。农民是现实的，如果他们觉得增产没有好处，就不再热心增产。"②

为了既照顾农民的利益又能满足国家工业化和城市居民的粮食需要，

---

① 中共中央文献研究室：《陈云年谱》中卷，中央文献出版社 2000 年版，第 239—240 页。

② 中共中央文献研究室：《建国以来重要文献选编》第 6 册，中央文献出版社 1993 年版，第 76 页。

《紧急指示》强调："必须进一步采取定产、定购、定销的措施，即在每年的春耕以前，以乡为单位，将全乡的计划产量大体上确定下来，并将国家对于本乡的购销数字向农民宣布，使农民知道自己生产多少，国家收购多少，留用多少，缺粮户供应多少。这样，使农民心中有数，情绪稳定，才有利于缓和农村的紧张情况，才使农民有可能订定自己的生产计划和安排自己的家务，才有利于发展农业生产，才有利于国家有计划地控制粮食的购销。"①

中共中央、国务院的《紧急指示》下发后，各地立即采取有力措施加以贯彻，并开始在农村进行以乡为单位的定产、定购、定销的"三定"试点。与此同时，毛泽东和中共中央也加紧了对统购统销的调查研究工作。

1955 年 4 月 24 日，中国民主建国会中央常委彭一湖请全国人大常委会副委员长黄炎培转给国务院一封信。信中反映了他的家乡湖南省东部地区农村中的一些情况：（一）留粮点过低。1954 年办统购的时候，由于给农民留下的粮食数量过少，使农民吃不饱，体力不足，生产情绪低，影响了生产，农民无力养猪，副业也受到打击。（二）定产量的问题。1952 年查田定产的时候，由于对平地水田的产量定得过高，加之 1954 年雨水过多，实际产量降低，使规定产量与实际产量之间出现空额。统购时由于对这一点估计不足，使农民留粮进一步减少。（三）区乡干部作风问题。一些区乡干部遇事不深入群众了解实际情况，不接受群众的正确意见和要求，为了完成任务，往往用强迫命令的方式去执行，引起群众的反感。

在转交这封信时，黄炎培也给陈云写了封信，谈到他对当时粮食问题的一些看法。黄炎培说："以我综合各方面的报告，推想起来，到底有粮者叫是少数，无粮者叫是多数。而且前者是跟随着后者而发生的。要分别处理，但断不可不处理。"②

———————————

①　中共中央文献研究室：《建国以来重要文献选编》第 6 册，中央文献出版社 1993 年版，第 76—77 页。

②　《建国以来毛泽东文稿》第 5 册，中央文献出版社 1991 年版，第 118 页。

面对各种农村缺粮的声音，毛泽东觉得有必要就粮食等问题进行一番调查研究，以了解农村缺粮的真相。5月28日，他亲自为中共中央起草了《关于调查粮食问题的各项情况的通知》，要求中共中央上海局、各中央分局和各省市党委在接到通知后一个月的时间内，将下列各点调查清楚报告中共中央：

（一）去年定产偏高的占百分之几，偏低的占百分之几，恰当的占百分之几；

（二）缺粮户（以缺一个月粮为起点计算）占百分之几，自足户占百分之几，余粮户占百分之几；

（三）缺粮户供应方面，该供应的真缺粮户占百分之几，不该供应而供应了的假缺粮户占百分之几（除去周转粮不计在内），本粮食年度内因对假缺粮户盲目供应而耗费的粮食共有若干；

（四）以叫唤缺粮的人为一百，真缺粮而又供应不足或供应不及时因而引起叫唤的占百分之几，假叫唤的占百分之几；

（五）销售补课工作，已经做好的占乡或户的百分之几，尚未做好的乡或户占百分之几，何时可以做好？

（六）各省市销粮肯定应当减少，下一粮食年度究竟可减销若干。

与此同时，毛泽东还派了自己身边的几位警卫战士回家乡进行调查。这年五六月间，这些警卫战士将报告送到了毛泽东手中。

家在河南兰考县第六区小胡庄乡北孙庄村的胡全德说，由于连年水灾，北孙庄村大多数群众，尤其是贫农没有余粮，缺粮户达到50%。今春没有东西吃，只好吃树叶。造成这种情况的原因主要是发放的购粮证太少，困难户太多，定产过高，实际产量达不到。群众普遍反映村干部传达政策不及时，因此不满意。有的农户甚至拔麦子吃，影响了明年的粮食生产。

家在河南延津县第五区阎屯乡王连屯村的王文礼说，王连屯村农民对粮食统购统销政策反映不一，有好有坏。统购时，有些农民想不通，干部的工作方法简单粗暴。统销时，有三分之二的农户要购粮证，实际上现在没有吃的是少数。该村去年冬天组织了一个生产合作社，贫农占三分之二，中农占三分之一。开始建社时，由于速度过快，又没有采取自愿互利原则，使部分人思想不通，准备退社。由于不注意喂养，社里的牲口死了一些。社员不断吵架，生产情绪不高。社领导力量薄弱，缺乏经验，影响了生产。

家在河南新蔡县第八区新化乡的李好学说，该乡连年受灾，粮食收成不好，缺粮户增多，私商从中牟利，粮价上涨，有些人为买粮食把农具、日用品都卖光了，农民的思想波动很大。在统购时，由于去年收成不好和部分干部工作中的偏差，使许多农户把口粮都卖了，而有些区乡村干部的余粮则未卖，农民有意见。

家在广东南雄县第三区新田乡溯水村的叶遥说，溯水村在粮食统购方面，采取自报卖余粮的办法，农民都踊跃卖粮，特别是合作社有组织地把全部余粮都卖出去了。但也有极少数农民不愿意卖余粮，该村在自报余粮时，有一户中农和一户贫农拒卖余粮，被工作干部扣留起来，造成了不好的影响。

家在广西防城县东兴区松柏乡松柏村的凌理德说，松柏村对粮食问题的反映主要是叫苦，而这些叫苦的绝大多数是单干的中农。经了解，10户叫苦的中农中没有一个有真正的苦。报告还谈到相邻的钦县遭受大旱灾，粮食恐慌，每人每天只能吃到一两米，完全靠上山挖野生植物吃，有人因此中毒身亡。①

这年7月，毛泽东对这些报告一一写了批语，有的还批转给了所在省份的党委负责人。7月中旬，毛泽东专门抽出了3天时间听取了这些警卫战士的汇报。

5月下旬，陈云也离开了北京，到南方调查粮食和农业问题。他再次

---

① 《建国以来毛泽东文稿》第5册，中央文献出版社1991年版，第210—211页。

回到家乡青浦县，找当地区、乡、村干部了解粮食统购统销情况。"通过摸情况，算细账，陈云掌握了大量翔实的数据"，并且认为在粮食问题上曾犯过次错误，第一次是 1954 年 7 月起没有抓粮食销量指标，第二次是这年 5 月全国财经会议决定 3 月统购大补课没有引起注意。他还认为，统购面大的主要原因，是统购时普遍挖了口粮，因而统销时时都须补一点，同时也与干部没有做好工作有关。①

1955 年春，按照中共中央、国务院的指示，大部分地区把粮食"定产、定购、定销"工作贯彻到了乡。每个乡的粮食产量和全乡购、销粮食的数字都初步定下来了，解除了许多农民"统购无底"的顾虑，生产积极性也提高了。但是，仍有许多农民对这个政策不大放心。他们说：乡里的数字是定了，我自己还是不摸底。也有农民担心，虽然说了"三定"，但谁知道到了秋后征购时变不变？他们迫切要求这个政策能够稳定下来，并且最好能将"三定"落实到户，这样心里才觉得真正有底了。

为了采取措施扭转粮食工作上的被动局面，改进统购统销的具体办法，从根本上解决粮食问题，在调查研究的基础上，中共中央决定召开一次全国粮食会议。这年 6 月，全国粮食会议在北京召开。会议总结了 1954 年度粮食统购统销工作，确定 1955 年的粮食征购任务为 860 亿斤，重点讨论了农村粮食统购统销办法和城市粮食定量供应办法，并草拟了《农村粮食统购统销暂行办法》和《城市粮食定量供应暂行办法》。这次会议确定了粮食统购统销的几项原则，即按农民的实际产量不许高估产量；按农民实际需要扣除农民用粮，按合理比例计算购量而不采取累进计购；将定产、定购、定销的数字，进一步规定到户。

8 月 3 日，中共中央发出《关于建立制度、控制购销、改进粮食工作的指示》，肯定了全国粮食会议拟定的《农村粮食统购统销暂行办法》《市镇粮食定量供应暂行办法》，并且指出：在农村实行购销结合、划分余粮、

---

① 中共中央文献研究室：《陈云传》，中央文献出版社 2005 年版，第 943 页。

统一安排、凭证管理的制度，是做好农村粮食统购统销，避免购过头粮，避免供应混乱，消除农民紧张心理的有效办法。在城市实行以人定量的供应制度，按照城市人口年龄不同，劳动轻重等情况规定适当的分等供应标准，凭票证供应，这一办法也是正确的和必要的，这样可以既切实保证城市必需的粮食供应，又能控制销量，推动粮食节约，防止浪费。

8月5日国务院第十七次会议通过《农村粮食统购统销暂行办法》《市镇粮食定量供应暂行办法》。25日，这两个办法正式向全国公开发布。

《农村粮食统购统销暂行办法》规定：农村粮食统购统销，应分别核定每户农民的粮食产量，分别规定各类农户和不生产粮食的农村居民的用粮标准，按户计算用粮量；凡生产粮食的农户，按照核定的粮食产量，减去用粮量和实缴公粮后，粮食有余的为余粮户，不余不缺的为自足户，不足的为缺粮户，不生产粮食的农村居民也为缺粮户；国家对余粮户分别核定粮食交售任务进行统购，对缺粮户分别核定粮食供应量进行统销，对自足户不进行统购统销。粮食的定产、定购、定销，个体农民和互助组以户为单位；农业生产合作社可以社为单位，也可以户为单位。

从1955年8月起，全国农村陆续开展粮食"三定"到户的工作。至这年年底，这项工作基本结束，全国大陆除西藏、青海、新疆外，各省、市、自治区粮食"三定"核定的数量是：定产3547亿斤，定购1083.3亿斤（其中公粮征收429.7亿斤，余粮统购653.6亿斤），定销208.2亿斤。[①]"三定"到户之后，许多地方基本上纠正了以往粮食统购时农民卖过头粮问题，农民留粮与"三定"前有了一定的增加。据对四川省安岳县土桥乡一村的调查，统购后贫农每人平均留粮490斤，比1954年增加17%，中农每人留粮491斤，比1954年增加8%，富农留粮444斤，地主432斤，较1954年稍有降低。又据对四川乐至县文峰乡四村调查，统购户留粮每人平均455斤，自给户394斤，供应户380斤，克服了过去有

---

①　赵发生主编：《当代中国的粮食工作》，中国社会科学出版社1988年版，第88页。

些供应户吃粮超过统购户的不合理现象。① 总体来讲，农民对粮食"三定"
到户是赞同和拥护的，许多地方的农民都说"三定"其实是"四定"，不
仅粮食的产、购、销定了，而且自己的心也定了。

在农村贯彻粮食"三定"到户政策的同时，在城镇也开展了粮食供应
定量到人的工作，即按照不同的职业、工种、年龄确定居民的口粮供应标
准。经过农村粮食"三定"到户和城镇粮食供应定量到人，统购统销制度
基本定型。

三、一次旨在加快合作化速度的调查

1955 年中共中央在决定调整统购统销政策，实行农村粮食"三定"
到户的同时，还针对农业合作化运动中存在的问题，开展了农业合作社的
整顿。

这年 3 月上旬，邓子恢向毛泽东汇报农村工作，当汇报到当前农村的
紧张情况时，毛泽东说："生产关系要适应生产力发展的要求，否则生产
力会起来暴动，当前农民杀猪宰牛就是生产力起来暴动。"②

当时农村的严峻形势，使毛泽东感到农业合作社的发展有必要加以适
当控制。大约在这年 2 月，毛泽东找邓子恢作了一次谈话。他说，5 年实
现农业合作化的步子太快，有许多农民入社，可以肯定不是自愿的。到
1957 年入社农户发展到三分之一就可以了，不一定 50%。毛泽东还说，
干脆现在就停下来，到明年秋后再看，停止一年半。③

此次谈话后没几天，毛泽东又一次听取了中央农村工作部的汇报。当
汇报到农业生产合作社发展方针时，毛泽东说：方针是"三字经"，叫一
曰停，二曰缩，三曰发。他与邓子恢等人当场议定：浙江、河北两省收缩

---

① 遂宁专员公署：《遂宁专区 1955 年粮食"三定"工作总结报告》（1956 年 1 月 16 日）。
② 顾龙生：《毛泽东经济年谱》，中共中央党校出版社 1993 年版，第 346 页。
③ 《邓子恢传》编辑委员会：《邓子恢传》，人民出版社 1996 年版，第 481 页。

一些；华东、东北一般要停止发展，其他地区（主要是新区）再适当发展一些。①

根据毛泽东的指示和农业合作化运动的实际，3月22日，中央农村工作部发出了《关于巩固现有合作社的通知》（以下简称《通知》），强调春耕季节已到，全国农业生产合作社已发展到60万个，完成了预定的计划。不论何地均应停止发展新社，全力转向春耕生产和巩固已有社的工作。《通知》指出，在大发展之后，进行整顿巩固工作，社数和户数有合理减少是必要的。有些地方怕数字减少，百分比下降，就不敢贯彻自愿原则，这是不对的，应该改变。

1955年三四月起，各地广泛开展了整顿农业生产合作社的工作。据中央农村工作部二处1955年7月26日编印的《农业合作化运动最近的简情》统计，全国农业生产合作社在贯彻"停、收、发"方针后，原有的67万个社中，有65万个巩固下来了。"缩"的情况是：浙江15000个，河北7000个，山东4000个。其他省份无大变动，有的还有所增加。

1955年年初，毛泽东对农村紧张形势的看法与邓子恢等人是一致的，因而也赞成停止合作社的发展。但是，到了5月，他的态度发生了根本性的变化，认为合作社不但不应停止发展，反而应该加快发展。

促使毛泽东改变对农业生产合作社发展速度的原因，一是毛泽东此时感到粮食并非那么紧张。

这年春天，正当农村销粮大幅度增加，而缺粮的呼喊声也越来越大的时候，中共中央收到了一份反映山西闻喜县宋店乡粮食统销情况的材料。这份材料说，这个乡原本要求供应粮食10170斤，经过对统销工作进行整顿后，不仅不要供应，而且还多余6200斤机动粮。有些农户本可以自给自足，看到别人向国家买粮食，自己也跟着喊粮食不够。也有的农户本来有余粮，只因为害怕别人说自己售粮太少或别人前来借粮，故意和别

---

① 顾龙生：《毛泽东经济年谱》，中共中央党校出版社1993年版，第346页。

人一起喊缺粮。有的基层干部因为自己多买了粮或包庇亲友多买了粮，明知缺粮是假，也睁一只眼，闭一只眼。另外，由于没有经验，统销办法不规范，也助长了供应不公或宽打窄用。不缺粮而喊缺粮的人中，各阶层都有，而以富裕中农为多。类似的材料中共中央还收到不少，由此使毛泽东和中共中央认为，"所谓缺粮，大部分是虚假的，是地主、富农以及富裕中农的叫嚣"。①

促使毛泽东改变农业生产合作社发展速度的第二个原因，是他此时认为党内有部分人不愿走社会主义道路，他们对办合作社采取消极态度，这种状况必须改变。

4月下旬，毛泽东离开北京，前往南方视察。此时正是春暖花开时节，毛泽东在视察的途中，看了铁路公路两旁庄稼的长势，听了一些地方负责人的汇报，对农村的形势作出了新的判断。他说："说农民生产消极，那只是少部分。我沿途看见，麦子长得半人深，生产消极吗？"尤其是中共中央上海局书记柯庆施对他讲了一个情况，说他经过调查，县、区、乡三级干部中，有30%的人反映要"自由"的情绪，不愿意搞社会主义。这使毛泽东立即意识到：这种"不愿意搞社会主义"的人，下面有，省里有，中央机关干部中也有。中央农村工作部反映部分合作社办不下去，是"发谣风"。这一系列的情况反映到毛泽东的脑子里，"不仅使他改变了对春季农村的形势的看法，而且开始用阶级斗争的观点看待来自各方的对农村形势的估量"。②

5月9日，毛泽东约见邓子恢、中央农村工作部副部长廖鲁言以及国务院副总理李先念、粮食部副部长陈国栋谈话。毛泽东说：下半年粮食征购任务原定900亿斤，可考虑压到870亿斤。这样可以缓和一下，这也是

---

① 薄一波：《若干重大决策与事件的回顾》上卷，中共中央党校出版社1991年版，第372页。

② 薄一波：《若干重大决策与事件的回顾》上卷，中共中央党校出版社1991年版，第372—374页。

个让步。粮食征购数字减少一点，换来个社会主义，增加农业生产，为农业合作化打基础。今后两三年是农业合作化的紧要关头，必须在三年内，打下合作化的基础。他问邓子恢：1957年化个40%，可不可以？邓子恢说：上次说三分之一，还是三分之一左右为好。毛泽东勉强表示：三分之一也可以。接着又说：农民对社会主义改造是矛盾的，农民是要"自由"的。这种思想党内也有。显然，毛泽东对邓子恢仍坚持原来的发展速度已经有所不满了。

5月17日，毛泽东在北京主持召开南方十五省市委书记会议。会上，有的省委书记汇报说，按照中央农村工作部的建议收缩合作社，引起了农村干部和群众的不满。也有人在汇报中埋怨中央农村工作部压制了下面办社的积极性。这些汇报进一步使毛泽东认为中央农村工作部前一阶段反映的农村情况是不真实的，停止发展农业合作社是不正确的。毛泽东说："合作社问题，也是乱子不少，大体是好的。不强调大体好，那就会犯错误。在合作化的问题上，有种消极情绪，我看必须改变。再不改变，就会犯大错误。对于合作化，一曰停，二曰缩，三曰发。缩有全缩，有半缩，有多缩，有少缩。社员一定要退社，那有什么办法。缩必须按实际情况。片面的缩，势必损伤干部和群众的积极性。后解放区就是要发，不是停，不是缩，基本是发；有的地方也要停，但一般是发。华北、东北等老解放区里面，也有要发的。譬如山东百分之三十的村子没有社，那里就不是停，不是缩。那里社都没有，停什么？那里就是发。该停者停，该缩者缩，该发者发。"①

毛泽东在这里虽然也重申了停、缩、发的方针，但他所强调的已不是停和缩，而是如何发。

6月14日，刘少奇主持中共中央政治局会议，听取中央农村工作部关于第三次全国农村工作会议情况的汇报。刘少奇提出："建社有很大成

---

① 黄道霞等主编：《建国以来农业合作化史料汇编》，中共党史出版社1992年版，第239页。

绩。要估计到我国和苏联情况不同。苏联农业集体化以后，一两年内减产。我国显然不同，社一建立起来，百分之七十五都增产（去年）；减产的，整顿后第二年也增产了。对农业合作化事业要有充分的信心，对成绩要有充分的估计。"①会议批准了到1956年秋收前农业生产合作社发展到100万个（即在已有65万个社的基础上增加35万个，一年翻半番）的计划。

7月11日，毛泽东又一次约见了邓子恢，参加约见的还有农村工作部的副部长陈伯达、廖鲁言、刘建勋、陈正人和秘书长杜润生及谭震林。邓子恢汇报了全国农业合作化的基本情况。毛泽东听完汇报后，严厉批评邓子恢，说邓子恢自以为了解农民，又很固执。邓子恢作了检讨，还说，主席啊，我没有说过"砍"合作社。毛泽东说，你没有说过"砍"合作社，我就放心了。我的话说得挖苦一些，没有别的意思，就是希望你们今后注意。但是，这次谈话后，邓子恢对于1956年发展合作社要翻一番仍然放心不下，经过反复考虑，于7月15日又向刘少奇反映，说130万不行，还是100万为好。刘少奇说："邓老，你们是专家，这个意见我们考虑。"毛泽东对邓子恢坚持己见甚为生气，对中央秘书长邓小平说："邓子恢的思想很顽固，要用大炮轰！"②

为了讨论农业合作化问题，毛泽东和中共中央决定召开一次各省市自治区党委书记会议。7月31日，会议在北京召开，毛泽东在会上作了《关于农业合作化问题》的报告。报告一开头，就对邓子恢等人的所谓"右倾错误"进行了严厉批评。

毛泽东认为，土地革命已经过去，封建所有制已经消灭之后，农村中存在的是富农的资本主义所有制和像汪洋大海一样的个体农民的所有制。在最近几年中间，农村中的资本主义自发势力一天一天地在发展，新富农

---

① 中共中央文献研究室：《毛泽东传(1949—1976)》，中央文献出版社2003年版，第379页。

② 中共中央文献研究室：《毛泽东传（1949—1976)》，中央文献出版社2003年版，第380—381页。

已经到处出现，许多富裕中农力求把自己变为富农。许多贫农，则因为生产资料不足，仍然处于贫困地位，有些人欠了债，有些人出卖土地，或者出租土地。这种情况如果让它发展下去，农村中向两极分化的现象必然一天一天地严重起来。在这种情况之下，工人和农民的同盟就不能继续巩固下去。要解决这个问题，只能在逐步地实现社会主义工业化和逐步地实现对于手工业、对于资本主义工商业的社会主义改造的同时，逐步地实现对于整个农业的社会主义的改造，即实行合作化，在农村中消灭富农经济制度和个体经济制度，使全体农村人民共同富裕起来。

8月26日，毛泽东在青海省委关于在畜牧业生产中互助组织形式的问题给中共中央的请示报告中，写下了这样一段批语：

> 小平、尚昆同志：
>
> 请电话通知中央农村工作部：在目前几个月内，各省市区党委关于农业合作化问题的电报，由中央直接拟电答复；并告批发此类来报的同志，不要批上"请农村工作部办"字样。但对其他来报，例如青海省委关于畜牧问题的请示电报，仍应批交"农村工作部办"。[①]

这样一来，中央农村工作部和邓子恢暂时"靠边站"了。

为了进一步批判所谓右倾保守思想，加快农业合作社的发展速度，毛泽东又亲自组织编辑了《中国农村的社会主义高潮》一书。

《中国农村的社会主义高潮》毛泽东编辑了两次。一次是1955年9月，一次是同年12月。毛泽东为编辑这本书耗费了很多的心血，认为这是新中国成立后作的第一次调查。1961年3月，中共中央在广州召开工作会议，他在会上回忆编辑这本书的情况时说：解放后11年，我做了两次调查。一次是为农业合作化的问题，看过一百几十篇材料，每省有几篇，出了一本书，叫做农村社会主义高潮。每篇都看，有些看过几遍，研究他们为什么搞得好，比如讲河北的建明社，那也是研究。又一次是十大关系，

---

① 《建国以来毛泽东文稿》第5册，中央文献出版社1991年版，第324页。

那是经过两个半月和 34 个部门讨论。每天一个部或两天一个部，听他们的报告，跟他们讨论，然后得出十大关系的结论。①

这本书是 1955 年 9 月开始编辑的，原来的书名叫《怎样办合作社》。编辑好了之后，印出了若干样本，发给了这年 10 月召开的七届六中全会的与会人员，请其提意见和建议。有人提出，书中有些材料已经过时，需要补充一些材料。会后，大多数省、市、自治区都送来了补充材料，其中不少是反映 1955 年下半年农业合作化的情况。

毛泽东第一次编辑此书时，正值他所作的《关于农业合作化问题》的报告传达到农村党支部，各地纷纷开展对"小脚女人"和"右倾思想"的批判，并重新修订合作社发展规划之时。所以在材料选择和所加的按语中，重点是如何帮助人们克服右倾保守思想，使"消极态度的人积极起来"，指导不会办社的干部群众办社，当然，更重要的是要通过具体的事例，说明合作社不但能大办，而且能办好，以推动农业合作化运动高潮的到来。

但是，七届六中全会后，党内在发展合作社的问题上已没有不同声音，各地纷纷快马加鞭，大办农业合作社，合作化运动的高潮已经到来了。情况发生了变化，编辑此书的目的自然也有相应的改变。毛泽东第二次编辑这本书，固然希望就此进一步把农业合作化运动的高潮引向深入，但更主要的，还是想通过对农业合作化过程中"右倾思想"的批判，解决工业、商业、交通运输、教育科学文化各项事业中的他认为也存在的"右倾保守"问题，由农业的社会主义改造高潮带动各项建设事业的快速发展。从 1955 年夏批判所谓"小脚女人"、七届六中全会明确提出让资本主义"绝种"起，毛泽东在确立社会主义制度和进行社会主义建设问题上急于求成的倾向明显表露出来，而农业合作化运动高潮的迅速到来，又使他相信，

① 参见董边等编：《毛泽东和他的秘书田家英》（增订本），中央文献出版社 1996 年版，第 48 页。

早日完成社会主义改造和加快各项事业发展的速度是能够实现的，关键的问题是克服各种"右倾保守思想"。

根据情况的变化，毛泽东在第二次编辑《中国农村的社会主义高潮》时，将原有的 121 篇材料中删去了 30 篇，留下了 91 篇，从新收到的材料中选出了 85 篇，共计 176 篇，约 90 万字。

毛泽东是在极为认真地编辑《中国农村的社会主义高潮》。据协助他编辑此书的逄先知回忆："毛泽东编《高潮》时，是那样认真地精选材料，认真地修改文字。有的材料文字太差，毛泽东改得密密麻麻，像老师改作文一样。毛泽东还对大部分材料重新拟了题目，把一些冗长、累赘、使人看了头痛的标题，改得鲜明、生动、有力，而又突出了文章的主题思想，引人注目。"[①] 毛泽东看完《中国农村的社会主义高潮》的最后一批稿件后，本设想将书名定为《五亿农民的方向》，并为此征求秘书田家英意见，田家英认为还是叫《中国农村的社会主义高潮》比较好。1956 年 1 月，《中国农村的社会主义高潮》由人民出版社正式出版。该书出版时，报纸、电台都没有发消息，但它的重要思想却迅速传遍了全中国，成为农业合作化运动的强劲推动力。

《中国农村的社会主义高潮》选编了 176 个合作化运动的典型经验。按照书末所附的索引，这些典型经验共分为 47 类，如"一个地方实现农业合作化的过程""共产党的乡村支部对于农业合作化运动的领导""树立贫农在合作社领导机关内的优势""农业生产合作社的政治工作""农业生产合作社的保卫工作""民族杂居地区的农业生产合作社""工业薄弱地区的农业生产合作社""办社的辅导工作"，等等。由此可见，这都是一些如何办农业合作社的具体经验。即使是不会办社的人，看了这本书，也能找到办社的具体方法。这也是毛泽东编辑出版本书的用意之一。

《中国农村的社会主义高潮》对我国农业合作化运动的影响，不仅其

---

① 董边等编：《毛泽东和他的秘书田家英》(增订本)，中央文献出版社 1996 年版，第 48 页。

中176篇文章，为人们提供了具体的办社模式，更重要的是毛泽东为这些材料写下的大量按语，成为各地进行农业合作化的指导思想。

毛泽东在《中国农村的社会主义高潮》一书中总共写了104条按语。这些按语是他农业合作化思想的重要体现。其中不少按语是有其积极意义的，也是经得起实践检验的。例如：

——以是否增产和增产多少作为检验合作社的标准。《中国农村的社会主义高潮》中的《只花了一个多月时间就使全村合作化》一文，介绍了河北省邢台县东川村1952年只用了一个月，就使全村实现了合作化的经过。合作化后，该村又通过实行包工包产，使粮食产量年年增长，社员收入逐年增加。毛泽东在这篇文章的按语中指出："一切合作社，都要以是否增产和增产的程度，作为检验自己是否健全的主要的标准。"[①]以是否增产和增产多少作为检验合作社工作好坏的主要标准，无疑是十分正确的。

——关于勤俭办社的思想。毛泽东为介绍王国藩合作社事迹的《勤俭办社》一文，写下了这样一段按语中："勤俭经营应当是全国一切农业生产合作社的方针，不，应当是一切经济事业的方针。勤俭办工厂，勤俭办商店，勤俭办一切国营事业和合作事业，勤俭办一切其他事业，什么事情都应当执行勤俭的原则。这就是节约的原则，节约是社会主义经济的基本原则之一。中国是一个大国，但是现在还很穷，要使中国富起来，需要几十年时间。几十年以后也需要执行勤俭的原则。"[②]艰苦奋斗、勤俭办一切事情，不论过去与现在，都有重要的指导意义。

——政治工作是一切经济工作的生命线，做思想政治工作要耐心细致，以理服人。毛泽东十分重视政治工作对于办好农业合作社的重要性，他在为《严重的教训》一文所写的按语中，不但提出了"政治工作是一切经济工作的生命线"的观点，而且强调："提倡以集体利益和个人利益相

---

① 《毛泽东文集》第六卷，人民出版社1999年版，第449页。

② 《毛泽东文集》第六卷，人民出版社1999年版，第447页。

结合的原则为一切言论行动的标准的社会主义精神，是使分散的小农经济逐步地过渡到大规模合作化经济的思想的和政治的保证。这一工作是艰巨的，必须根据农民的生活经验，很具体地很细致地去做，不能采用粗暴的态度和简单的方法。"①

——合作社要开展多种经营。他在《多余劳动力找到了出路》一文的按语中指出："人民群众有无限的创造力。他们可以组织起来，向一切可以发挥自己力量的地方和部门进军，向生产的深度和广度进军，替自己创造日益增多的福利事业。"② 在《诸翟乡把大批兼营小商贩的农民吸引到农业合作中来》的按语中，更是明确指出："发展多种经营，剩余劳动力就有出路了。"③

毛泽东在这本书的按语中，还就青年工作、妇女工作、扫除文盲、推广新的农业技术、改进领导方法和工作方法等方面，提出了若干有价值的观点。

《中国农村的社会主义高潮》的编辑出版，固然推动了农业合作化运动以更加迅猛的速度发展，但它加大了对所谓"右倾保守思想"的批判，人为地制造了农业合作化的高潮，并提出了一些经不起实践检验的观点，而这些观点对我国的农业和农村工作产生了重大影响。

虽然在该书的序言中毛泽东曾明确表示，农业社会主义改造方面右倾保守思想的问题已经得到了解决，但在这本书中的按语中，还是对所谓"右倾保守思想"作了更为严厉的指责和批评。他在书稿第一篇文章《书记动手，全党办社》的按语中说："自己不懂，怕人问，就'绕开社走'的人，现在各地还有不少。"毛泽东还在按语中向人们提出这样一个问题："为什么这个地方可以这样做，别的地方就不可以这样做呢？如果说不可以，你们的理由在什么地方呢？我看只有一条理由，就是怕麻烦，或者

---

① 《毛泽东文集》第六卷，人民出版社 1999 年版，第 450 页。
② 《毛泽东文集》第六卷，人民出版社 1999 年版，第 457 页。
③ 《毛泽东文集》第六卷，人民出版社 1999 年版，第 461 页。

爽直一点，叫做右倾机会主义。因此就是'绕开社走'，就是书记不动手，全党不办社，就是从不懂到不懂，从少数人到少数人。要不然，就是手里拿着刀，见了找麻烦的合作社就给它一砍。只要有了这样一条理由，那就什么事也做不成了。"① 而《机会主义的邪气垮下去，社会主义的正气升上来》一文的按语说："几乎带普遍性地在许多地方存在着的、阻碍广大的贫农和下中农群众走合作化道路的、党内的右倾机会主义分子，同社会上的资本主义势力相呼应着。""有些人虽然顶着共产主义者的称号，却对于现在要做的社会主义事业表现很少兴趣。他们不但不支持热情的群众，反而向群众的头上泼冷水。"②

从这些按语中可以看出，毛泽东对在合作化问题上主张稳步前进的邓子恢等人的批评，已由"小脚女人走路"的指责，发展到了"右倾机会主义"的批判，把党内在合作社发展速度问题上的分歧，上升为两条路线的斗争。这样一来，党内党外谁也不敢在合作化的速度问题上提出不同意见，各级干部更是只能一味地想方设法加速合作化进程，违背群众自愿原则、强迫群众入社的现象也就难免发生。这种将党内正常的意见的分歧，当作两条路线斗争的做法，也破坏了党内生活的民主原则，造成了不良的后果。

毛泽东在编辑《高潮》的过程中，认为农民群众蕴藏着一种极大的社会主义积极性，这显然是过高地估计了农民的合作化要求。过渡时期总路线公布后，各级组织和各种媒体对社会主义的优越性和未来的幸福生活做了大量的宣传，广大农民对社会主义毫无疑问是向往的，但向往社会主义并不等于愿意立即实行社会主义。同时，也应该看到，这时距完成土地改革的时间还不长，尤其是广大的新区，完成土地改革还只有 3 年多一点的

---

① 中共中央文献研究室：《建国以来重要文献选编》第 7 册，中央文献出版社 1993 年版，第 200 页。

② 中共中央文献研究室：《建国以来重要文献选编》第 7 册，中央文献出版社 1993 年版，第 232 页。

时间，农民正打算在分得的土地上好好经营一番，要求他们带上土地、牲畜，参加合作社，对那些生产条件比较差、生活较困难的农民来说，还有此种要求，一般生产条件较好的农民就很难说自愿了。由于过高估计了农民走集体化道路的积极性，又主观地认为"右倾机会主义"者压制了这种积极性，现在需要把这种积极性释放出来。这种对农民集体化积极性人为拔高的做法，其结果是人为地制造了农业合作化加速又加速，由于形式简单划一、发展过快过急，由此留下了一系列的后遗症。

按照预定的设想，我国的农业集体化必须经过互助组——初级农业合作社——高级农业合作社这三个互相衔接的步骤，半社会主义性质的初级社必须稳定在一个较长的时间里，只有群众的觉悟提高了，生产力有了较大发展，农业机械化有了一定基础，才能将初级社转变为高级社。1955年以前，虽然在一些地方办了若干具有试点性质的集体农庄，但已建立的合作社基本上是土地入股分红的初级社。这种形式的合作社，既有较多的社会主义性质，但主要生产资料仍保持农民个体所有，符合我国当时的生产力水平和农民的觉悟程度，而且事实证明，凡是真正按照自愿原则建立起来的这种合作社，由于较好地体现了按劳分配和按生产要素分配，农民是比较愿意参加的，也有相当多的这种合作社建立后生产得到了发展，农民收入有所提高。可是，初级合作社刚刚建立，它的优越性还未发挥出来，由于1955年下半年毛泽东发动对所谓"小脚女人"的批判，不但急于要实现初级形式的合作化，而且认为高级形式的合作化也要加快实现，于是急急忙忙地将初级农业合作社转变为取消土地分红、完全实行按劳分配的高级农业合作社，而如何实现按劳分配又没有一套行之有效的办法，结果，按劳分配变成了吃"大锅饭"，严重地挫伤了农民的积极性。

毛泽东在编辑《中国农村的社会主义高潮》这本书时，不但有意识在选用了多篇高级社的材料，还对其中的 6 篇加了按语。浙江省慈溪县岐山乡五洞闸村 1952 年春 14 户农民直接创办了全省第一个高级社，到 1955年 11 月，这个社扩大到 188 户，生产连年发展，并带动了全乡实现合作化。《中国农村的社会主义高潮》一书收进了这个社的材料，并取名为《高级社利益最大，而且并不难办》。这篇文章的按语说："看完这一篇，使人高兴。希望大家细心一读。希望一切条件成熟了的初级社，将这一篇向社员们宣读一遍，并且加以讨论，以便动员他们高兴地并社升级。这个浙江省慈溪县五洞闸合作社的了不起的事例，应当使之传遍全国。五洞闸合作社所在的这个乡——慈溪县的岐山乡，有百分之九十二的农户加入了八个高级社，谁说高级社那么难办呢？"[1] 他在《白盆窑农业生产合作社是怎样办成高级社的》一文的按语中说："这是两个由互助组直接进入高级形式、没有经过初级形式的合作社。有些条件适合的地方可以这样做。白盆窑的情况，使人看了高兴。其中有些经验，初级社也可以吸取。"[2] 这里，毛泽东讲到了两个重要的观点，一是高级社不难办；二是不经过初级社的过渡也可以直接办高级社。在这种思想指导下，1956 年年初我国农村在基本实现初级合作化时，又在极短的时间里实现了初级社到高级社的转变，有不少的高级社就是从互助组直接过渡而来的，有的甚至连互助组这个阶段都没有经过。

此外，按语中还将富裕中农视为农村走资本主义道路的代表，导致农民不敢致富不愿致富。他在《谁说鸡毛不能上天》一文的按语中说，中国的富农经济很弱，但富裕和比较富裕的中农的力量却是相当强大的，他们占农村人口的 20% 至 30%。"在中国的农村中，两条道路的斗争的一个重要方面，是通过贫农和下中农同富裕中农实行和平竞赛表现出来的。""富裕中农的后面站着地主和富农，他们是有时公开地有时秘密地支持富裕中农的"，"在合作社的这面站着共产党"。[3] 在《长沙县高山乡武塘农业生产合作社是怎样从中农占优势转变为贫农占优势的》一文的按语中则认为，富裕的和比较富裕的新老中农中的上中农（即富裕中农），与老中农中的

---

[1] 《建国以来毛泽东文稿》第 5 册，中央文献出版社 1991 年版，第 516—517 页。

[2] 《建国以来毛泽东文稿》第 5 册，中央文献出版社 1991 年版，第 502 页。

[3] 《建国以来毛泽东文稿》第 5 卷，中央文献出版社 1991 年版，第 525 页。

下中农政治态度是不相同的，后者在政治上有较高的觉悟，对过去的困苦生活能比较容易地回忆起来，比较容易接受社会主义改造。① 这样的阶层划分，实际上把富裕中农划分到了地主富农一边，其结果是谁最穷就把谁当作依靠力量，似乎越穷越容易接受社会主义，谁富裕了就是企图走资本主义道路，而富裕中农则成了农村中企图走资本主义道路的代表，于是在社会上产生了越穷越光荣的错觉。由此导致了在一个相当长的时间里农民不敢致富，并且造成了社会舆论不但鼓励农民致富，而且还将农民致富的愿望同所谓企图走资本主义道路等同起来，严重挫伤了农民劳动致富的积极性。

毛泽东的这次农村调查，既提出了许多有价值的思想观点，亦对农村的情况作了诸多不切实际的判断，提出了一些对我国农村长期发展产生了负面影响的观点。应当说，毛泽东对这次农村调查是花了很大的力气的，但效果并没有他民主革命时期的农村调查那样明显，对农村真实情况的把握也没有过去那样真切。其中重要的原因，在于他实际上作的是间接调查，而没有真正深入到农村、农民当中去，使用的调查材料来自各级上报的报告，而这些经过了筛选的报告，提供的不一定全是客观真实的信息。加之他已形成了农业合作性可以快办、大办这样的想法，实际上先带有这种印象去调查，因而在调查材料的取舍上也就难免不那么客观了。

四、公社化前后的两次农村调查

1958 年的"大跃进"和人民公社化运动，造成了严重的后果，留下了许多值得吸取的教训。有人认为，这两场运动之所以被发动一个重要的原因，就是没有进行调查研究。历史其实并不是如此简单。1958 年是党的各级干部极为忙碌的一年，也是党的领导人外出视察考察活动极多的一

---

① 《建国以来毛泽东文稿》第 5 卷，中央文献出版社 1991 年版，第 529 页。

年。毛泽东视察地方之多，离京外出时间之久，在新中国成立后都是少有的。但是，"大跃进"和人民公社化运动仍出现了严重的失误，原因何在？从毛泽东这年8月上旬和10月中下旬进行的两次农村调查的对比中，或许能说明一些问题。

经过1958年1月的南宁会议、3月的成都会议和5月的八大二次会议，"大跃进"运动在全国范围内如火如荼地开展起来。在这场运动中，广大人民群众确实以前所未有的热情投入到各项生产工作中，加之各种高指标提出之后出现严重的虚报浮夸，一时间，党的领导人误以为工农业生产确实出现了巨大的跃进，已经找到一种快速建设社会主义的好方法，中国生产力水平落后的状况很快就会改变，必须及时地调整生产关系，为迅速过渡到共产主义创造条件。在这种情况下，一些地方开始把小型的农业合作社合并，毛泽东等中央领导人亦开始酝酿在农村建立公社的问题，试图以此作为向共产主义过渡的基层组织形式。毛泽东就是在这样的背景下，于这年8月上旬对河北、河南、山东3省农村进行视察的。

8月4日，毛泽东离开北京，开始了他的视察之旅。当天下午4点半，他来到"大跃进"运动中崛起的农业生产先进典型河北徐水县，视察了县城东面的南梨园乡大寺各庄农业社。

"大跃进"发动后，各地不断地报告粮食获得了大丰收，而且一些"卫星"田号称亩产已达数千斤甚至上万斤，因而毛泽东对徐水的粮食产量很关心。在农业社的俱乐部里，毛泽东问今年的麦子收成如何？农业社的负责人回答说平均每亩产量为754斤。随后，毛泽东又询问大秋作物的预计产量和全县的总产量有多少。中共徐水县委第一书记张国忠说，今年全县夏秋两季一共计划要拿到12亿斤粮食，平均每亩产2000斤。听了张国忠的汇报，毛泽东不觉睁大了眼睛，满脸笑容地看了看屋里的人，说道："要收那么多粮食呀！"又说："你们夏收才拿到9000多万斤粮食呢！秋季要收11亿斤呀！你们全县31万多人口，怎么能吃得完那么多粮食啊？你们粮食多了怎么办啊？"如果徐水年产粮食真有12亿斤，等于全县31万人平均每人有近 4000 斤，怪不得毛泽东问他们粮食多了怎么办。

毛泽东这一问，在场的县乡干部一时还愣住了，过了一会，有的说粮食多了可以换机器，有的说可用粮食造酒精。毛泽东听后表示："其实粮食多了还是好！多了，国家不要，谁也不要，农业社员们自己多吃嘛！一天吃五顿也行嘛！"[1] 毛泽东与徐水干部这段关于"粮食多了怎么办"的对话，曾被正在这里体验生活的作家康濯写进《毛主席到了徐水》的报道中，并刊登在 8 月 11 日的《人民日报》上。

毛泽东离开徐水的第二天，受中共中央一位领导人的委派，中央农村工作部副部长陈正人来到徐水，准备在这里进行过渡到共产主义的试点。据称，陈正人从北京带来了两本书，一是《马恩列斯论共产主义》，一是康有为的《大同书》。为了搞好向共产主义过渡的全面规划，中央有关部门、中共河北省委、保定地委和徐水县委组织了有 100 多人参加的规划班子，对徐水未来 5 年的工农商学兵、政治、经济、文化、人民生活、建筑等全面进行了规划。8 月 22 日，这份题为《关于加速社会主义建设向共产主义迈进的规划草案》编制出来了。8 月 26 日，《徐水报》加以全文刊登。按照这个规划，徐水到 1962 年就可实现共产主义。

早在 1958 年 4 月，毛泽东就已经有了在农村建立公社的设想（之所以要建立公社，因为不论是欧洲的空想社会主义者，还是马克思主义经典作家，都认为未来共产主义社会的基层单位将是公社）。在这年夏天的小社并大社运动中，新并成的大社名称五花八门，有称集体农场或农庄的，有直接称大社的，亦有个别地方将新并成的大社称为农业公社、人民生产公社或共产主义建设公社。这年 8 月 1 日，河南新乡县七里营大社正式更名为七里营人民公社，成为全国第一个挂出人民公社牌子的地方。

8 月 6 日下午 4 时，毛泽东来到了已经成立了人民公社的七里营视察。毛泽东走到公社大院门口，看到了"新乡县七里营人民公社"这块牌子时，

---

[1]　康濯：《毛主席到了徐水》，《人民日报》1958 年 8 月 11 日。

乃停下脚步，一字一顿地念起来。中共新乡县委第一书记胡少华随即对毛泽东说："这是全县的第一个人民公社。"旁边的中共新乡地委第一书记耿起昌问道："他们起这个名字怎么样，行不行呀？"毛泽东用肯定的语气说："人民公社这个名字好！"[1] 当天晚上，毛泽东在郑州听取了中共河南省委书记处书记史向生关于遂平县嵖岈山卫星人民公社的情况汇报。随后，前往长葛、襄城及商丘等县视察，并详细地询问了当地粮食和其他农作物的产量

8 月 9 日，毛泽东来到山东。车过兖州时，找济宁地委书记高逢五等人谈了话。毛泽东在谈话中询问了当地"大跃进"的情况，又问参加谈话的地方干部们，粮食产量有多高，粮食多了怎么办，并特地问到了农业社的合并问题，认为农业社搞大一点好，可以搞成五六千户万把户。[2]

在山东省会济南，中共山东省委书记处书记谭启龙、裴孟飞向他汇报了山东各项工作。毛泽东在听取汇报时强调，领导必须多到下面去看，帮助基层干部总结经验，就地进行指导，还讲到了办大社的优越性。随后去历城县的北园乡视察农业合作社。

视察中，毛泽东详细询问了北园农业合作社的水稻种植情况。农业社主任李树诚汇报说，50 亩高额丰产田原计划亩产 2 万斤，现在要争取 4 万斤，过去 1 亩只产二三百斤。毛泽东说："好，你这个人，不干就不干，一干就干大的。"

毛泽东还视察了农业社的水稻试验田，在地边的树林稍做休息时，李树诚向毛泽东汇报了"北园大社"的办社情况和社员讨论的意见，请示毛泽东是叫"大社"好呢，还是叫"农场"或"农庄"好？并汇报了办起大社以来生产面貌的变化和今后的打算，毛泽东没有立即回答。陪同视察的山东省委负责人汇报说："现在北园乡准备办大农场。"这时，毛泽东

---

① 参见林英海主编：《毛泽东在河南》，河南人民出版社 1993 年版，第 156 页。
② 《谢华同志从济宁给谭启龙同志的来信》（1958 年 8 月 10 日）。

说："还是办人民公社好，它的好处是可以把工、农、商、学、兵结合在一起，便于领导。"①

毛泽东在这几天的视察中，最为关注的是粮食的产量和乡社合并问题。这一年风调雨顺，又正值秋季作物长势最旺的时候，他所到之处确实是一片丰收在望的景象。这里有一个值得讨论的问题，就是毛泽东真的相信这些高产"卫星"吗？据时任水利电力部副部长的李锐回忆，毛泽东本来对那么高的粮食产量也不那么相信，但自从看了科学家有关粮食高产的论证后就有些相信了。这年 6 月 16 日，有一位著名科学家在《中国青年报》上发表了一篇《粮食亩产量会有多少》的短文，其中说，如果每年植物能利用 30% 的太阳能，再把其中五分之一算作可吃的粮食，那么粮食产量就不是现在 2000 斤或 3000 斤，而是 2000 斤的 20 多倍。

应当说，毛泽东对于这年粮食将获得大丰收是深信不疑的。究其原因，一则他认为"大跃进"释放出了广大人民群众空前的生产工作热情，这是以前从未有过的；二则是他相信通过采取深翻土地、大力积肥、合理密植等措施，粮食能够实现大幅度增产，他曾不止一次地推广山东莒南县大山农业社和河南长葛县深翻土地的经验。而且他每到一个地方，听到的汇报都差不多，都说粮食大丰收，而且所看到的庄稼确实长得不错，这就不能不使毛泽东觉得，粮食产量即使没有这些地方汇报的那样高，但比过去有较大的增长是没有问题的，从而又使他坚信，通过"大跃进"的方式可以大大地发展生产力。

当然，对于那种亩产万斤甚至更高的粮食"卫星"，稍有农业常识的人并不难辩明其真伪，毛泽东亦然。因而他每到一个地方，都要询问粮食产量，而且不止一次地对当地的产量表露出怀疑。但他对那些离奇的高产"卫星"没有公开否定和批评，一个重要的原因，是他认为群众的干劲

① 《山东农业合作化》编辑委员会：《山东省农业合作化史料汇集》下，山东人民出版社 1989 年版，第 118—119 页。

只可鼓而不可泄。通过发动"大跃进",将干部群众的积极性调动起来了,如果再来一个1956年那样的"反冒进",就可能使干部群众的积极性受挫。在他看来,"大跃进"中的虚报浮夸与干部群众的积极性相比,后者更为重要,所以他对那些所谓的高产"卫星"采取了容忍和默许的态度。因此,在调查研究中,领导者应当调查到真实情况,不为假象所迷惑;被领导者也要实事求是,如实反映真实情况。如果领导者调查到的是虚假情况,又根据这些虚假信息作出决策,将造成十分严重的后果。

8月13日,毛泽东结束了对河北、河南、山东3省的视察,回到北京。11日起,新华社相继播发了毛泽东视察3省农村的消息。在8月12日关于毛泽东视察七里营的报道上,特地提到七里营"按照毛主席指示的道路,已经在全乡农业合作化的基础上,建立了七里营人民公社"。13日,《人民日报》在报道毛泽东视察山东时,用了这样的大字标题——《毛主席视察山东农村,强调部署各项工作必须通过群众鸣放辩论,办人民公社的好处是把工农商学兵结合在一起便于领导》,并将他在北园乡关于"还是办人民公社好"的话放在报道的第一段。于是,"办人民公社好"的消息迅速传遍全国。

从表面上来看,建立人民公社也是经过调查研究的,也遵循了从群众中来到群众中去的工作方法。那么,为什么还是出了问题呢?恐怕与调查研究的方法有关。因为毛泽东在视察前实际上已有了并小社为大社、在农村建立公社的想法,这次调查的目的就是印证自己的想法是否可行。下面的干部们自然投机所好,一路听到的,都是粮食大增产、办大社好的汇报,从而使毛泽东坚信,"大跃进"带来了生产力的快速发展,建立人民公社的方向是正确的。毛泽东曾有两句名言,一为没有调查没有发言权,二为不做正确的调查同样没有发言权。轻率地发动人民公社化运动,实际上是违背了他的第二句名言。当然,客观地讲,由于种种限制,新中国成立后的毛泽东,也确实难以能做民主革命时期那样真正深入实际的农村调查了。

　　1958 年 8 月中下旬，中共中央在北戴河召开的政治局扩大会议，重点研究两个问题：一为钢铁生产，决定采取小（小型）、土（土高炉）、群（群众运动）的方式，完成全年 1070 万吨钢（比 1957 年翻一番）的生产任务。二为在农村建立人民公社，通过了《中共中央关于在农村建立人民公社问题的决议》（以下简称《决议》）。《决议》指出："在目前形势下，建立农林牧副渔全面发展、工农商学兵互相结合的人民公社，是指导农民加速社会主义建设，提前建成社会主义并逐步过渡到共产主义所必须采取的基本方针。"《决议》虽然承认现阶段是建设社会主义，但又强调建立人民公社首先是为了加快社会主义建设的速度，而建设社会主义是为了过渡到共产主义积极地作好准备。因此，《决议》最后满怀信心地说："看来，共产主义在我国的实现，已经不是什么遥远将来的事情了，我们应该积极地运用人民公社的形式，摸索出一条过渡到共产主义的具体途径。"[1]

　　北戴河会议后，全国农村迅速掀起人民公社化运动的高潮，仅一个多月的时间，就基本实现了人民公社化。全国 70 多万个农业合作社合并成 2 万多个"一大二公"（即规模大公有化程度高）的人民公社。农业合作社转变为人民公社，不只是名称的变化，更重要的是人民公社被定性于向共产主义过渡的"桥梁"。于是，在体制上实行政权组织与经济组织的合一（即政社合一），在分配上实行所谓的供给制和工资制（前者是为了增加共产主义的因素，因为供给制已经有了按需分配的成分；后者是为了使农民与工人一样领取工资，以示消灭工农差别和城乡差别），在生活方式上实行集体化（如办公共食堂、敬老院、托儿所等）。如此这般，目的都是为了增加公社中的共产主义因素，以尽早实现向共产主义的过渡。这些举措其实都脱离了当时农村的实际，是人为拔高了生产关系，结果导致了

---

[1]　中共中央文献研究室：《建国以来重要文献选编》第 11 册，中央文献出版社 1995 年版，第 417、450 页。

在小社并大社办人民公社的过程中，一平（平均主义）二调（无偿调拨）的"共产风"盛行。

毛泽东是人民公社化运动的积极推动者，但也隐约感到公社化运动中存在一些问题。为了解公社化后农村的情况，1958年10月中旬，他来到天津，连续几天同中共河北省委、天津市委、保定地委以及徐水、安国、唐县、正定等县委的负责人谈话。在谈话中，各县的粮食产量是毛泽东问得最多的问题。其中，中共安国县委第一书记刘振宗汇报说，安国东风社搞了千亩小麦"天下第一田"，火箭社搞了2万亩的"宇宙最高峰"，都是大面积高产小麦。又说计划1959年人均粮食将达1万斤，1960年土地休息一年，集中力量搞建设、学文化。毛泽东对此颇为怀疑。他说：安国去年平均亩产464斤，徐水去年平均亩产214斤，100亩才搞2万斤，日后1亩1万斤，98亩就别种了。

中共徐水县委第一书记张国忠汇报了该县幸福院、幼儿园和新村建设的试点规划。当谈到夫妇住一处，小孩住一处，老人住一处时，毛泽东对此不以为然，说：太单调了嘛，也要大中小结合，老人不跟壮丁、小孩结合怎么办？整天只有老头对老头行吗？在谈到徐水的全民所有制问题时，毛泽东说：徐水叫全民所有制，你和鞍山有什么不同？机械化、生产能力不如它，你产品是不是向国家调配？粮食不要，还要什么东西？张国忠回答说：还产麻、苇、油料、甜菜、猪、鱼、鸭、鸭蛋、钢铁、造纸等。毛泽东说：还是和国家交换，不是调配嘛。鞍钢每人生产16000元，成本6000元，包括每人工资800元，给国家上交1万元。你在徐水讲全民所有制，可以讲，你在全国讲，和鞍钢总是还有差别，还有所不同嘛，贡献不同，和天津的国营工业也有不同，你还有奋斗目标。

当然，毛泽东此时对形势的估计还是乐观的，对人民公社也是充分肯定的。在谈话中，他说，我们过去三钱油、三钱盐、一斤半面，结果把日本打跑了，把美国薪金制打败了，是供给制战胜薪金制。搞供给制是一不死人，二不瘦，三很健康。毛泽东还说：社会主义比资本主义好，归根到底还是在大大提高劳动生产率。同样的工具，比他生产的多，我们和美国还不是同样的工具，但我们组织起来了，过去是一家，后来社也小，才几百户，搞他一万多户的一个公社，力量就大了。

尽管如此，毛泽东通过此次天津之行，还是感受到人民公社化运动中许多人在"急急忙忙往前闯"，有一大堆的混乱思想，必须作深入的调查研究，了解其中的问题，并找到解决的方法。谈话结束时，他指示中共河北省委派调查组去徐水了解情况，然后向他汇报。

在此之前，毛泽东曾派了中共中央办公厅机要室的 18 名工作人员，前往徐水县商庄人民公社前所营村参加秋收种麦劳动，实地考察徐水的"大跃进"和人民公社化运动。10 月 18 日，中办机要室下放人员将他们在徐水劳动中的所见所闻向毛泽东作了报告。

报告说，一穷二白，干劲冲天，对明天充满希望和信心，是这里群众的显著特点。但在劳动中也看到一些问题，例如，主观主义和强迫命令现象在局部地区依然存在，有些干部在布置生产任务时，都是以简单的命令下达，遇事很少和社员商量，特别在处理劳动不积极、思想落后等问题时，往往采取简单粗暴的工作方法；由于县里布置任务都是又急又多，下面的干部感到压力太大，因此工作中的虚报现象不少；公社化以后，自留地没有了，吃饭也都在食堂吃，个人不再喂养鸡鸭，又没有组织集体饲养，长此下去就会吃不到鸡鸭和鸡蛋；提出的一些口号也值得研究，如"1960 年建成社会主义，1963 年建成共产主义"，"到那时候，吃什么有什么，穿什么有什么，要什么有什么"之类。

看了这个报告后，坚定了毛泽东进一步调查研究的决心。10 月 19 日，他致信秘书陈伯达，要他与时为中共上海市委宣传部部长的张春桥，前往当时名声很大的河南遂平县卫星公社进行为期 7 至 10 天的调查，甚至还提出要让中央办公厅为陈伯达等人准备一架专机，将其直接送到郑州。可见当时毛泽东了解人民公社真实情况的心情是何等的迫切。

在毛泽东从天津返回北京的第二天，即 10 月 18 日，中共河北省委立即组织了一个工作组，由省长刘子厚率领，于 10 月 18 日至 20 日到徐水进行了 3 天的调查。10 月 21 日下午，刘子厚等人就调查了解到的主要问题，去北京向毛泽东作了汇报。

汇报中，刘子厚说，徐水实际上还是集体所有制，不是全民所有制，但他们已经公布了是全民所有制，究竟如何提法为好？毛泽东说，徐水实际上是集体所有制，他们说是全民所有，也不一定公开改，马虎下去就是了。交换问题要向两个方面发展，一方面大范围的内部调拨要发展，另一方面社会主义市场、社会主义商业要发展。必须多产经济作物，好交换，国家好供应，不然就没有交换的东西了。徐水的全民所有，不是全国的全民所有，它有两个不同，一是和过去合作社不同，一是和国营工业也不同。

在谈到供给制问题时，毛泽东说：劳动力多的，恐怕还要补给他一点，使他多得一点，多劳多得还是社会主义原则。对于那些劳力多的，就要多发一点工资，别人发一元，他发一点五元，二元，不行还可三元，使他不锁门，下地多出力。要把劳动力多的积极性调动起来，使他收入多点，工资多点，不要搞平均主义。

对于"共产风"问题，毛泽东说：家具可以不归公，这是一部分生活资料，吃饭集体，衣服、床、桌凳不能集体。私人债务，一风吹，又"共"一次"产"。这是劳动人民内部的劳动所得，把它吹掉不好，群众会说你们不讲信用，说了话不算话。这些私人借贷全吹了，吹了老本了，占有别人的劳动。

在汇报中，刘子厚谈到徐水存在假报产量的问题。对此，毛泽东表示：要实事求是，把猪都并到一起，就不是实事求是了。初看可以，经不起细看，经不起分析，要告诉县里，叫他们不要搞这一套。又说：对虚报的人要进行教育，进行辩论，不要讲假话，是多少就是多少。①

---

① 刘子厚：《回忆毛主席在河北的几个片断》，中共河北省委党史研究室：《领袖在河北》，中共党史出版社 1993 年版，第 95 页。

通过这次河北省委对徐水情况调查的汇报，使毛泽东认为，对于人民公社出现的问题，还需要进一步的了解。10 月 23 日，他再次致信陈伯达，要调查组花一个星期的时间调查卫星公社及所属的大队和生产队的各项问题，然后找遂平县委的领导座谈，研究全县的各项问题。

10 月 26 日，他又找新华社社长吴冷西和秘书田家英谈话，要他们各带几个助手，分别去河南的修武县和新乡县七里营人民公社，进行为期一个星期的调查，了解公社化后的情况。

在同吴冷西和田家英的谈话中，毛泽东说，中国今年出了两件大事，一是"大跃进"，一是公社化。其实还有第三件大事，这就是炮打金门。他说，"大跃进"是他发动的，公社化是他提倡的。这两件大事到 8 月间北戴河会议时达到高潮，但那时心思并没有全花在这两件大事上，很大一部分精力被国际问题吸引去了。

毛泽东说，"大跃进"和公社化，搞得好可以互相促进，使中国的落后面貌大为改观；搞得不好，也可能变成灾难。你们这次下去，主要是了解公社化后的情况。北戴河会议时我说过公社的优点是一大二公，现在看来，人们的头脑发热，似乎越大越好，越公越好。

毛泽东要吴冷西和田家英下去调查时带两本书，一本是中国人民大学编辑的《马恩列斯论共产主义社会》，一本是斯大林写的《苏联社会主义经济问题》。出发前要把这两本小册子通读一遍，至少把人民大学编的那本书看一遍，要他们的助手也这么办。毛泽东还特地交代：下去调查时不要各级领导作陪，要找生产队长就只找生产队长，不要公社书记、大队长参加；要找群众谈话就不要找干部参加；要找县委书记也只请他本人来谈。因为人多了谈话就有顾虑。找群众谈话要有各个阶层的人物，尤其要注意中农的态度。还可以找下放干部谈话，他们可能顾虑较少。总之要了解各种人的真实想法。毛泽东还吩咐他们下去不要张扬，要吴冷西带的调查组以新华社记者的名义，田家英带的调查组则以中央办公厅工作人员的名义。①

这次谈话后，吴冷西和田家英即各率领一个调查组，前往河南修武县和新乡县进行调查。

10 月 31 日，毛泽东自己也离开北京，到河北的石家庄地区、邯郸地区和河南的新乡地区视察，沿途不断找人谈话，询问人民公社生产和社员生活情况。当天到了石家庄，同中共石家庄市委负责人谈话。一开始，他就了解农业生产的情况，询问今年的麦子种得怎样，每亩下了多少种，土地深耕了多少，是否具备搞大面积丰产田的条件，人民公社搞得怎么样，食堂办起来了没有，群众是一起吃饭还是打回家去吃，是否欢迎吃大锅饭。又说，每个公社都要种商品作物，如果只种粮食那就不好，就不能发工资。山区可以种核桃、梨，可以养羊，拿到外面去交换。他还认为，现在是社会主义，价值法则还是存在的。11 月 1 日下午，毛泽东来到邯郸，又同中共邯郸地委负责人谈话，了解群众对"大跃进"的反映和全年的粮食产量，还着重谈了带小孩、吃饭和休息的问题，要求把这几件事办好。随后，毛泽东到了新乡，并同中共新乡地委和部分县委的负责人谈话，询问了新乡钢铁生产和小麦下种情况。

11 月 6 日，前往修武、新乡调查的吴冷西、田家英等人在郑州向毛泽东汇报了调查了解到的情况。毛泽东详细询问了修武县同国家的经济关系，相互间进行哪些交换，以及七里营公社实行供给制的"十六包"的具体内容。毛泽东认为，修武不同于鞍钢，产品不能调拨，只能进行商品交换，不能称为全民所有制，只能叫做集体所有制，千万不能把两者混同起来。

通过半个多月的调查研究，毛泽东发现，"大跃进"和人民公社化运动中存在大量问题，必须使全党对此高度重视，并对那些过"左"的做法加以纠正。只有这样，"大跃进"运动才能健康发展，人民公社才能巩固。

---

① 吴冷西：《回忆领袖与战友》，新华出版社 2006 年版，第 87—88 页。

在初步调查研究的基础上，中共中央于1958年11月2日至10日，在郑州召开了有部分中央领导人和省委书记参加的会议，即第一次郑州会议。毛泽东在会上就人民公社的商品生产和商品交换、区分集体与全民两种所有制、区别社会主义与共产主义等问题，作了一系列的重要论述，并由此开启了半年多时间的纠"左"。

这是两次效果完全不同的调查。毛泽东8月上旬进行农村调查的时候，虽然那时农村的"大跃进"已经存在许多问题，如得不偿失的所谓"大兵团作战"，在粮食产量上的虚报浮夸，干部作风中的强迫命令等，但这些问题的暴露需要一个过程。两个月后，农村实现了人民公社化。但由于建立人民公社是农村生产关系和社会结构的重大变革，而这种变革是在极短的时间里完成的，建立人民公社本身又被认为是向共产主义过渡的重大举措，因而在建立人民公社的过程中，各地大刮"一平二调"的"共产风"。当农民对"共产风"进行抵制时，又使用所谓"大辩论"实际上强迫命令来化解这种抵制，这就使得本已严重存在的强迫命令风进一步泛滥起来。人民公社建立后，在分配上实行"吃饭不要钱"的供给制，理由是反正粮食大丰收，已经到了多得吃不完的地步。为了论证供给制的可行性，又不惜在粮食产量上搞虚报浮夸。到毛泽东10月中下旬再次进行调查的时候，农村的问题比8月上旬已经更多地暴露出来了。所以毛泽东此次农村调查，是为了掌握农村真实情况，以便纠正和克服运动中存在的问题。尽管其目的并非否定"大跃进"和人民公社，而是为了实现更大的"跃进"和巩固人民公社，但此次调查毕竟不是带着答案找证据式的调查。通过调查，他发现在人民公社化运动中，许多人匆匆忙忙向前闯，有一大堆混乱思想，因此有必要让干部们将过分发热的头脑冷静下来，对人民公社进行整顿。

毛泽东这年8月的那种走马观花式的调查，虽然热热闹闹，但实际上容易为基层干部所左右。"上有所好，下必甚焉"，既然领袖如此看好"大跃进"和人民公社，所到之处自然是一片附和声，而这种附和声反过来又促使领袖相信自己的决策是正确的。10 月的调查，毛泽东已经发觉"大跃进"和人民公社化运动中存在许多问题，因此，此时他所希望听到的不是那些好听的假话，而是能够了解真实情况的实话。毛泽东虽然一再认为干部群众的劲只可鼓而不可泄，因而他在一定程度上容忍上"大跃进"发动之后就一直存在的浮夸风等问题，但是，当各地的"共产风"、虚报浮夸风、强迫命令风的存在，危及"大跃进"的继续进行和人民公社的巩固后，他就认为必须加以控制了，因而他在 10 月中旬保定地区几个县委负责人座谈会中，对安国县委负责人汇报的粮食预计产量和徐水建立幸福院之类，颇不以为然，随后还责成中共河北省委组成调查组到徐水调查。

　　毛泽东 10 月中下旬的调查与 8 月上旬的调查相比，之所以能够掌握较多的真实情况，也与这次调查的方式与 8 月上旬的调查不同有关。这次他虽然没有到田间地头视察，但调查却要深入得多，形式也多样化，有中共河北省委及陈伯达、吴冷西、田家英等人率调查组的调查，有他自己亲自在天津主持的中共河北省委和保定地区几个县委负责人的汇报会，也有他前往郑州的途中听取沿线地区负责人的汇报。这样，他通过多种形式的调查，比较全面地了解到了农村的实际情况。就他本人而言，这次调查主要是采取开调查会的方式，这种方式虽然没有与群众直接接触，但了解问题深入。开调查会的方式本是毛泽东一再倡导的，集中体现在他调查研究思想的《反对本本主义》这篇文章中，在讲到调查的技术时，第一条就是提出"要开调查会作讨论式的调查"。他说："只有这样才能近于正确才能抽出结论。那种不开调查会，不作讨论式的调查，只凭一个人讲他的经验的方法，是容易犯错误的。那种只随便问一下子，不提出中心问题在会议席上经过辩论的方法，是不能抽出近于正确的结论的。"[①] 这两次不同结果的农村调查，进一步印证了毛泽东的两句名言："没有调查，没有发言权，没有正确的调查同样没有发言权。"

---

① 《毛泽东农村调查文集》，人民出版社 1982 年版，第 9 页。

第六章　国民经济调整中的全党农村大调查

由于没有认真调查研究就仓促地发动"大跃进"和人民公社化运动，加上自然灾害等因素，导致 1959 年至 1961 年我国连续三年面临严重的经济困难。面对严重的困难，人们发热的头脑开始冷静下来，意识到调查研究的重要，中共中央和毛泽东一再号召要大兴调查研究之风，党的领导人身体力行深入农村调查，从中央到地方组织了大批的调查组了解人民公社存在的问题。在调查研究的基础上，中共中央决定大幅度调整农村政策，制定了《农村人民公社工作条例》等，从而调动了广大农民的积极性，有力地推动了国民经济的恢复和发展。

一、毛泽东号召大兴调查研究之风

1958 年 11 月的第一次郑州会议后，毛泽东又相继主持召开了武昌会议、八届六中全会、上海会议、八届七中全会以及第二次郑州会议。这些会议的议题很多，但中心问题是两个，一是降低过高的工农业生产指标，二是调整人民公社政策，开展整风整社。经过半年多时间的努力，高指标有所降低，国民经济比例失调的情况有所好转，农村政策作了一定的调整，解散了一些公共食堂，向农民退赔了刮"共产风"刮走的部分财物，中止了将农村劳动力调来调去的所谓"大兵团"作战，恢复了社员的自留地和家庭副业，形势开始向好的方向转化。

但是，也应该看到，虽然进行了半年多的纠"左"，但就中央领导层而言，并没有意识到整个"大跃进"和人民公社化运动的总体指导思想本身就是"左"的，而是仍然将其与1958年5月中共八大二次会议通过的"鼓足干劲，力争上游，多快好省建设社会主义"的总路线一起，并称为"三面红旗"加以高举，认为这"三面红旗"本身是正确的，问题是在具体执行过程中出现了一些偏差，只要将这些偏差纠正了，"大跃进"就可以继续进行，人民公社就能够得以巩固。因此，此间毛泽东虽然也作了一些调查研究，包括他1959年5月回到家乡韶山时所进行的一些调查，但所发现及解决的仅是一些具体问题，都未能触及"大跃进"和人民公社化运动问题的实质，反而给他造成了一种印象：这些问题已经解决或正在解决，新的"跃进"高潮在经过一段时间的调整之后会再次到来。这也是随后召开的庐山会议为何由开始的纠"左"转变为后来的"反右倾"的重要原因。因为彭德怀在会议期间所写的信中触及的问题，在他看来已经动摇了高举"三面红旗"信心，已经是从右的方面对"三面红旗"进行挑战，故而发动了全党范围的"反右倾"运动。

庐山会议中断了纠"左"的进程，在随后的"反右倾"运动中，一大批的敢于讲真话、讲实话的党员干部，被错误地打成"右倾机会主义分子"，还有一些在这年上半年纠"左"时对"大跃进"、人民公社等问题作了认真调查的干部，因为他们在讲话或调查报告中如实地反映了问题而遭到错误的批判。例如，中共安徽省委书记处书记、副省长张恺帆到无为县调查时，发现许多群众面黄肌瘦，了解到公共食堂问题严重，乃向干部和群众宣布吃饭还原、住房还原、小块土地还原的"三还原"。可在庐山会议后的"反右倾"运动中，张恺帆被打成反党反社会主义的"右倾机会主义分子"，撤销省委书记处书记、副省长等职。1958年年底，中国人民大学和北京大学部分师生组成调查组，到河南的信阳、鲁山和河北的藁城等地进行调查，调查组由人民大学副校长邹鲁风（随后调任北京大学副校长）负责指导。调查组在调查中发现这些地方人民公社存在许多问题，形成了一份《问题汇编》的调查报告。不料在庐山会议后反"反右倾"的过程中，调查组被指责为进行"反党反社会主义活动"，邹鲁风也为此遭到错误批判而自杀。

不但如此，为了回击"右倾机会主义者"对"三面红旗"的进攻，就必须千方百计论证"三面红旗"特别是人民公社的无比优越性。为此，1959年下半年至1960年，各地开展了一场声势颇为浩大的人民公社调查，甚至还编辑出版了一批这样的调查报告。从这些调查报告集的名称上，就可以看出这种调查要说明何种问题：《初升的太阳——北京市郊区九个人民公社调查报告》（中共北京市委宣传部编）、《人民公社的光芒——广西人民公社调查》（中共广西壮族自治区委员会办公厅编）、《幸福的道路——吉林省人民公社调查》（中共吉林省委办公厅编）、《初升的太阳——辽宁省人民公社调查选编》（中共辽宁省委办公厅编）、《碧海朝阳——人民公社调查》（山东人民出版社编）、《历史发展的伟大见证——天津人民公社调查报告》（中共天津市委农村工作委员会公社处编）等。此外，新华社还编辑了两大本《农村人民公社调查汇编》。这些调查的主题，毫无例外都是论证人民公社的优越性，大唱人民公社的赞歌。由于这些调查是先定了人民公社制度无比优越的基调，因而这样的调查报告除了大量的假话和空话外，并无实际意义。

由于庐山会议后发动新一轮的"大跃进"，并且对人民公社的制度大加维护，结果，庐山会议前已经有所纠正或正在纠正的"左"倾错误再度泛滥起来。如此一来，使本已比例失调的国民经济运转更为失常，广大农民的生产积极性严重受挫，新中国遇到了前所未有的经济困难，最直接的表现是城乡物资供应紧张，特别是粮食极度短缺，人民生活水平大幅度下降，部分农村甚至出现了浮肿病和非正常死亡。

面对严重的经济困难，中共中央意识到必须对国民经济进行调整，其中，加快农业的恢复与发展尤显重要。而这几年粮食产量之所以下降，除了天灾的因素外，最主要的是农民的积极性受挫。造成这种情况的原因自然是多方面的，如平均主义的供给制、吃饭不自由的公共食堂、超越农民承受能力的粮食高征购（1958年至1961年的粮食征购率，分别为

29.4%、39.7%、35.6%，意味着农民需将所生产粮食的三分之一甚至更多交售给国家）、"一平二调"的"共产风"等。当然，最根本的还是人民公社体制本身。因此，要调动农民的积极性，最关键的是对人民公社体制及相关政策进行调整，特别是必须取消农民意见最大的供给制和公共食堂。可是，公共食堂与供给制在它出现的时候，上上下下对其大唱赞歌，认为它们具有共产主义的萌芽，而且在庐山会议后全党"反右倾"的过程中，一些干部还因曾解散公共食堂而遭受错误的批判甚至处分，办食堂也被上升到了"坚守社会主义阵地"的高度。因此，一开始，人们还不可能将政策调整的目光放到这两件事上。而在1958年年底和1959年上半年纠"左"的时候，毛泽东曾对"共产风"的问题作过较多批评。因此，1960年下半年当农村的问题越来越多地暴露出来的时候，人们开始将政策调整的重点放到"共产风"的纠正上。

为了从根本上解决"共产风"问题，1960年秋天，受中共中央委托，周恩来主持起草了《中共中央关于农村人民公社当前政策问题的紧急指示信》（以处简称《紧急指示信》）。这年11月3日，毛泽东对《紧急指示信》作了几处重要修改。当天，中共中央用电报将《紧急指示信》发给了生产大队、生产队党总支和党支部以上各级党的组织。《紧急指示信》的主要内容是：

（一）三级所有，队为基础，是现阶段人民公社的基本制度。（二）坚决反对和彻底纠正一平二调的错误。（三）加强生产队的基本所有制。（四）坚持生产小队的小部分所有制。（五）允许社员经营少量的自留地和小规模的家庭副业。（六）少扣多分，尽力做到90%的社员增加收入。（七）坚持各尽所能、按劳分配的原则，供给部分和工资部分三七开，使劳动力强、出勤多的人除了吃饭外还能得到较多的工资。（八）从各方面节约劳动力，加强农业生产第一线。（九）安排好粮食，办好公共食堂。坚决实行以人定量、指标到户、粮食到堂（食堂）、凭票吃饭、节约归己的制度。（十）有领导有计划地恢复农村集市，活跃农村经济。（十一）认真实行劳逸结合，必须坚决保证社员每天睡足八小时。（十二）放手发动群众，整风整社。因为这个指示信共有十二条内容，故简称"十二条"。

为了使《紧急指示信》能够迅速贯彻，同一天，中共中央又发出了《关于贯彻〈紧急指示信〉的指示》，要求各地至迟在12月中旬前把《紧急指示信》传达到农村中去，传达到全体农村党员、干部和农民群众中去。具体步骤是：先召开有地委、县委书记和省直各系统各部门负责干部参加的省委扩大会议，展开讨论，弄通思想。然后，以地委、县委为单位，召开生产小队以上的干部会议，吸收若干社员代表参加，进行传达动员，其中要有持不同意见的人参加。再由省、地、县委的负责人带工作组到农村去，帮助社、队干部向全体党员、干部、社员进行传达，以造成一个轰轰烈烈的贯彻《紧急指示信》的群众运动。中共中央还明确提出，这场运动搞得彻底的主要标志是：一平二调的遗留问题都已经全部解决；干部的思想水平和工作作风有了显著的改进和提高；群众真心满意，情绪高，干劲足；农业生产出现了新的面貌。①

"十二条"下发后，许多省区市召开省、地、县三级或省、地、县、社、队五级干部会议，贯彻《紧急指示信》的精神，一些省委和地、县委结合自己工作的实际，进行了认真的自我批评。中共甘肃省委在给中共中央的报告中认为，自公社化以来，全省的"共产风"问题一刮再刮，"其根本原因，应当也必须从省委领导工作中的缺点错误方面去寻找"。② 甘肃省委还认真检查了在执行中央政策、工作任务的安排、领导作风等问题上的错误和偏差。中共山西省委向全省人民检查了在人民公社化运动中发生的错误，分析了产生"五风"的思想根源，提出了改正的措施，并要求各地（市）县在整风大会上宣读省委的检查，以接受基层干部、群众的批

---

① 中共中央文献研究室：《建国以来重要文献选编》第13册，中央文献出版社1996年版，第680页。

② 黄道霞等主编：《建国以来农业合作化史料汇编》，中共党史出版社1992年版，第626页。

评和监督。① 在进行自我批评的同时，各省、市、自治区党委还相继作出了贯彻"十二条"的补充规定。

"十二条"的出台，标志着中共中央、毛泽东停止了庐山会议以来的"反右倾"运动，开始转向重新纠"左"。这是一个重大的转变，为扭转农村的经济困难创造了有利条件。但是，这"十二条"以及随之出台的一系列政策，仍有很大的不足。如"十二条"中强调的"队为基础，三级所有"中的"队"，指的是生产大队，而非生产小队，仍然肯定了平均主义的供给制和工资制的分配制度。尤其是群众反映强烈、意见最大的公共食堂问题，仍明确规定"必须坚持"，只有在北方的严寒季节和缺乏燃料的地方，在经过县委一级批准后，方可允许采取由食堂统一管理，由各户分散做饭的临时办法。因此，广大农民一面对"十二条"表示由衷的欢迎，一面又迫切希望进一步解决困扰他们积极性的供给制和公共食堂等问题。

1960年12月24日至1961年1月13日，中共中央在北京召开工作会议，主要内容是进一步部署业已启动的农村整风整社运动。

会议确定，所有社队都必须以中央的《紧急指示信》为纲，进行整风整社，彻底纠正"共产风"、浮夸风、瞎指挥风、干部特殊化风、强迫命令风"五风"，彻底清算平调账，坚决退赔。在整风整社中必须放手发动群众，大鸣大放，依靠群众，把运动搞深搞透，并集中力量整顿三类社队。三类社队的整顿，主要依靠上面派去的工作团，经过深入群众，扎根串连，挑选一批是真正贫农下中农的积极分子，同时吸收原有组织中好的和比较好的干部参加，组成贫农下中农委员会，在党的领导下主持整风整社，并且临时代行社队管理委员会的职权，领导生产，安排生活。一类、二类社队也存在着程度不同的"五风"问题或者其他问题，必须认真进行整顿。一类和二类社队的整顿，主要依靠原有组织力量，上面也必须派强

① 参见山西省史志研究院：《中国共产党山西历史（1949—1978）》，中央文献出版社2001年版，第325页。

的工作团去帮助，加强领导。

如何纠正"共产风"问题，是这次会议研究讨论的一项重要内容。对于这个问题，毛泽东的态度很坚决。他说："县、社宁可把家业统统赔进去，破产也要赔。因为我们剥夺了农民，这是马列主义完全不许可的。平调农民的劳动果实，比地主、资本家剥削还厉害，资本家还要花点代价，只是不等价，平调却什么都不给。一定要坚决退赔，各部门、各行各业平调的东西都要坚决退赔。赔到什么都没有，公社只要有几个人、几间茅屋能办公就行。不要怕公社没有东西，公社原来就没有东西，它不是白手起家的，是'黑手'起家的。所有县、社的工业、房屋、其他财产等，凡是平调来的，都要退赔，只有退赔光了，才能白手起家。县、社干部可能会不满意，但是只有这样，才能得到群众，得到农民满意，得到工农联盟。"①

这次会议还对如何退赔作出了具体工作的规定，要求社队各级和县以上各级各部门的平调（即"一平二调"）账，都必须认真清理，坚决退赔，谁平调的谁退赔，从哪里平调的退赔给哪里。清算平调账和退赔兑现，必须走群众路线，充分发扬民主，把党的政策规定交给群众。要退赔实物，原物还在的，一定要退还原物，并且给予使用期间应得的报酬；原物损坏了的，修理好了退还，且给予适当的补贴；原物已经丢失或者消耗了无法退回的，可以用等价的其他实物抵偿。退赔的实物退光以后，仍然还不清的平调账，再用现金赔补。

自从出台"十二条"各地开展整风整社活动后，毛泽东对农村的真实情况有了较多的了解，开始感到农村困难局面的出现，很大程度上同决策脱离实际有关，是调查研究不够、情况不明造成的，因此有必要大力提倡调查研究。1961年1月13日，也就是中央工作会议的最后一天，毛泽东就农业问题、工业问题、建设方针、国际形势等阐明了意见，着重讲了调

① 《毛泽东文集》第八卷，人民出版社1999年版，第227页。

查研究的问题。他说:"这一次中央工作会议,开得比过去几次都要好一些,大家的头脑比较清醒一些。比如关于冷热结合这个问题,过去总是冷得不够,热得多了一点,这一次结合得比过去有进步,对问题有分析,情况比较摸底。当然,现在有许多情况,就中央和省一级来说,还是不摸底。""我希望同志们回去之后,要搞调查研究,把小事撇开,用一部分时间,带几个助手,去调查研究一两个生产队、一两个公社。在城市要彻底调查一两个工厂、一两个城市人民公社。""这些年来,我们的同志调查研究工作不做了。要是不做调查研究工作,只凭想象和估计办事,我们的工作就没有基础。所以,请同志们回去后大兴调查研究之风,一切从实际出发,没有把握就不要下决心。"

毛泽东在讲话中认为,只有情况明,才能决心大、方法对,因此必须开展调查研究。他说:"今年搞一个实事求是年好不好?河北省有个河间县,汉朝封了一个王叫河间献王。班固在《汉书·河间献王刘德》中说他'实事求是',这句话一直流传到现在。提出今年搞个实事求是年,当然不是讲我们过去根本一点也不实事求是。我们党是有实事求是传统的,就是把马列主义的普遍真理同中国的实际相结合。但是建国以来,特别是最近几年,我们对实际情况不大摸底了,大概是官做大了。我这个人就是官做大了,我从前在江西那样的调查研究,现在就做得很少了。今年要做一点,这个会开完,我想去一个地方,做点调查研究工作。"①

中央工作会议后,接着又于1961年1月中旬召开了中共八届九中全会。全会确定对国民经济实行"调整、巩固、充实、提高"的八字方针。会上,毛泽东又讲到了调查研究的问题,说这几年我们吃了不调查研究的亏,重申1961年要成为实事求是年、调查研究年。

正当毛泽东大力提倡调查研究之际,前文提到的《调查工作》的石印小册子摆到了他的案头,他见后非常高兴。这篇文章是毛泽东的得意之

---

① 《毛泽东文集》第八卷,人民出版社1999年版,第233—234、237页。

作，但自中央红军撤出中央苏区后，毛泽东一直未能找到，故而在20世纪50年代初编辑《毛泽东选集》第一卷的时候，未曾将这篇文章收录进去。1959年中国革命历史博物馆建馆到各地征集革命文物，在福建的龙岩地区发现了这本小册后作为重要文物收藏起来。1960年年底，中共中央政治研究室的人从革命博物馆将其借了出来。毛泽东的秘书田家英得知此书后，将其送到了毛泽东手中。

毛泽东写作这篇文章的时候，正是中国革命刚刚走出困境不久。在开创井冈山和赣南闽西革命根据地时期，除了要打破反动派对革命力量的"进剿""围剿"之外，毛泽东还必须面对革命队伍内部教条主义者的指责和干扰，但他坚信自己选择的革命方向是正确的，因为这是他经过反复的调查研究之后得出的结论。看到文章中那些亲手写出来的文字，联想到当前困难的形势，毛泽东倍感调查研究的重要。八届九中全会刚刚结束，他就致信田家英，要他和陈伯达、胡乔木各带一个调查组，分别去浙江、湖南、广东3省农村，用10天至15天的时间，各调查一个最好的队和一个最坏的队，然后直接向他汇报。信是这样写的：

田家英同志：

（一）《调查工作》这篇文章，请你分送陈伯达、胡乔木各一份，注上我请他们修改的话（文字上，内容上）。

（二）已告陈、胡，和你一样，各带一个调查组，共三个组，每组组员六人，连组长共七人，组长为陈、胡、田。在今、明、后三天组成。每个人都要是高级水平的，低级的不要。每人发《调查工作》（1930年春季的）一份，讨论一下。

（三）你去浙江，胡去湖南，陈去广东。去搞农村。六个组员分成两个小组，一人为组长，二人为组员。陈、胡、田为大组长。一个小组（三人）调查一个最坏的生产队，另一个小组调查一个最好的生产队。中间队不要搞。时间十天至十五天。然后去广东，三组同去，与我会合，向我作报告。然后，转入广州市作调查，调查工业又要有一个月，连前共两个月。都到广东过春节。

毛泽东

一月二十日下午四时

此信给三组二十一个人看并加以讨论，至要至要！！！

毛泽东又及 ①

1961 年 1 月 21 日，3 个调查组离京前往浙、湘、粤 3 省农村调查。

随后，毛泽东自己也离开北京南下，亲自进行调查研究。在路经天津、济南、南京时，他在专列上先后听取了河北、山东、江苏 3 省党委负责人关于贯彻中央工作会议、八届九中全会精神的汇报，包括调查研究、整风整社、人民生活、轻工业生产和市场等问题。在听取汇报时，他一再强调调查研究的重要。毛泽东说："今年这一年要大兴调查研究之风，没有调查研究是相当危险的。""水是浑的，有没有鱼不知道。要大兴调查研究之风，要把浮夸、官僚主义、不摸底这些东西彻底克服掉。过去几年不大讲调查研究了，是损失。不根据调查研究来制定方针、政策是不可靠的，很危险。心中也无数，数字也许知道，实际情况并不知道。""成绩、缺点要两面听，两点论嘛。成绩、缺点，正面、反面，光明面、黑暗面，已经认识了的世界和未被认识的世界等等，一万年也是这样。"②

二、中央调查组对三省农村的调查

1 月 22 日，由田家英率领的中央浙江调查组到达杭州。田家英向中共浙江省委负责人传达了毛泽东给他的信，浙江省委也决定派人参加调查组。根据毛泽东各调查一个最好的队和一个最坏的队的指示，调查组和浙

---

① 《毛泽东文集》第八卷，人民出版社 1999 年版，第 239—240 页。

② 中共中央文献研究室：《毛泽东传（1949—1976）》（下），中央文献出版社 2003 年版，第 1120—1121 页。

江省委商定在富阳县选一个最好的生产队（即东洲公社的五星生产队），在嘉善县（当时合并到嘉兴县）选一个最差的生产队（即魏塘公社的和合生产队）作为调查对象，整个调查工作由田家英统一领导。调查组分成两个小组，一个小组去嘉善，一个小组去富阳。田家英自己先去嘉善调查。

1月24日下午，田家英率领的调查组来到嘉善的魏塘公社。当天晚上，调查组就听取了公社负责人的汇报，对这个公社1958年以来组织"大跃进""放卫星""大办钢铁""人民公社化""大办食堂""大兵团作战"等情况有了初步印象。

调查工作开始后，调查组首先采取串门个别访问、分阶层召开各种座谈会的方法了解情况。选择了两户贫农、两户下中农、两户上中农，用几天时间对这6户家庭新中国成立以来的劳力、经济、生活状况的变化，进行了算账对比。调查组还请来了几位老贫农、老雇农、老中农和生产队干部进行交谈，连续座谈了几天，对和合生产队1956年至1960年生产发展情况、存在的严重问题有了深入了解。

对于这个队的落后面貌，调查组将之概括为"队困民穷，集体负债，社员倒挂（即透支）"，主要表现在三个方面：

一是生产力遭到了严重破坏。自1958年下半年以来，和合生产队的耕牛、猪、羊大批死亡，农具大量损坏，瘦瘠地不断增加。这个生产队的耕牛已由1956年高级社时的108头减少到68头，仅1958年冬到1959年春就死掉十多头；猪从1958年的486头减少到1961年年初的180头，羊从200只减少到74只；瘦瘠地却由510亩增加到1960年的830亩。农具的损失和破坏也相当严重，农具中的水车由101部减少到52部，犁耙由99张减少到57张，稻桶由82只减少到54只，而现有的农具许多破旧不堪，需经过修理才能使用。

二是社员生活十分困难，收入减少，口粮下降，体质很差，疾病增多。新中国成立以来，这里的农民本来收入一年比一年增加，日子一年比一年好，但1957年以后，生活水平就逐渐下降，1960年更是直线下降。这一年每个社员的平均收入只有 21.27 元，还不到 1956 年 73.4 元的 30%，而每个人的最低标准口粮就需要 30 元左右，社员一年辛勤劳动，到年终结算，还成了"倒挂户"，全队"倒挂户"占到了总户数的 58.6%。

社员生活最大的困难就是口粮不足，1956 年以后社员口粮连年下降，1960 年只有 353 斤原粮，仅为定量的四分之三，这个队已连续 3 年春天闹粮荒。调查组来时，每人每天只有半斤大米，三餐都是稀饭，蔬菜很少，又没有其他代食品，社员普遍反映："这三年来，人有点饿坏了。"他们形容这几年的生活是："王小二过年，一年不如一年。"由于口粮不足，吃不饱饭，社员体质明显下降，生病的年年增多。当时全队有 170 个病人，占全队人数的 13.7%，其中劳动力 80 人，占 19%。

三是集体经济受到削弱。由于生产力的破坏，社员生活的下降，从而严重影响了集体经济的巩固。1961 年上半年和合生产队生产周转资金缺口达 11000 元，必需的基本建设和生产费用需要 29000 元。如果没有国家的支援，和合大队已经到了连简单的再生产也无法维持的程度。而这个生产队已经欠国家贷款等 48000 元。这几年，社员从集体分到的收入，无论是绝对数或比重，都是愈来愈小。1960 年集体分配部分仅占社员总收入的 63%，每一个劳动日只有 0.163 元。

调查组发现，和合生产队出现这种严重局面，主要原因并不是自然灾害。群众反映说，这几年的年景不错，并没有什么自然灾害。调查组认为，造成这个队落后的最主要的原因，是"共产风"、浮夸风、强迫命令风、生产瞎指挥风、干部特殊化风等"五风"。从 1958 年下半年起，和合生产队"五风"一直在刮，且越刮越大，越刮越厉害。其结果，不但刮掉了合作社时期的一套行之有效的经营管理制度，严重挫伤了广大农民的生产积极性，引起粮食问题更加紧张，还使高级社时就已存在的问题，如由于生产队规模过大而产生的平均主义等矛盾更加突出。

这个队的"五风"起源于 1958 年早稻估产时的浮夸风，大盛于公社化初期的"大兵团作战"。那时以"共产风"为主"五风"齐刮。1959 年下半年以来，"共产"风稍有停息，瞎指挥和强迫命令风仍在继续发展，1960 年发展到了十分严重的地步。直到中共中央紧急指示信即"十二条"下达后，"五风"才基本停息下来。[1]

在调查中，许多老农向调查组反映：办初级社时最好，十几户、几十户人家自愿结合在一起。既是生产单位，又是分配单位，看得见，摸得着，算得清，分得到，大家的生产积极性很高。公社化后，一个和合生产队，要管 11 个小队，南北十多里，望不到边，分配搞平均主义、吃大锅饭，哪里来的劲头搞集体生产。调查组在讨论这个问题的时候，出现了有不同意见，有人提出，应该调整生产队规模，把核算单位放到生产队（即当时的小队）；有人则怀疑这样做"倒退到初级社了"。在这个问题上田家英的态度很明朗，认为不应该以过去的框框去谈论什么"前进""倒退"，而主要看是否符合群众的意愿，是否有利于生产。[2]

从 1 月 25 日至 2 月 2 日，田家英率调查组经过 7 天半的调查，收集了大量的第一手资料，基本上掌握了和合生产队的情况及存在的问题。

随后，田家英又赶到富阳县东洲公社，调查了解五星生产队的情况。在此之前，另一调查小组已在这里调查了一个星期，但对这个队的粮食产量依然摸不清底细，采访了不少老农、基层干部，说法各不相同；查账也是几个数字、互相矛盾。田家英和调查组其他人分别找会计、仓库保管员、生产队长和支部书记谈心，干部们才交了底，说出了真情。这个生产队的粮食生产之所以没有下降，人民生活情况还比较好，主要原因是生产队干部、党员和部分老农协商一致，有组织地抵制来自上面的瞎指挥，对粮食产量采取两本账的办法；对密植采取路边密点、里面常规的办法加以应付。田家英听了生产队的汇报之后，立即肯定了他们的这套"防风林"

[1]　《中央调查组关于魏塘人民公社和合生产队调查》，中共嘉善县委党史研究室：《田家英嘉善调查与人民公社〈六十条〉的制订》，东方出版社 1997 年版，第 32—49 页。

[2]　林乎加、薛驹：《忠心赤胆为人民——深切怀念田家英同志》，《人民日报》1996 年 8 月 29 日。

的措施。[1]

在田家英率调查组到浙江时，胡乔木率领的另一个中央调查组，也到了湖南。随后，调查组前往长沙、湘潭、安化等县调查。

1961 年 1 月 30 日至 3 月 7 日，中央调查组与湖南省委、湘潭地委调查组一起，来到湘潭县的石潭公社古云大队调查。调查组住在古云大队部的一栋旧瓦房里，胡乔木住一小间，其他人在一间大点的房子打通铺。

2 月 9 日，调查组开了一次干部座谈会，参加调查会的 5 人中，有 4 个是生产小队长和 1 个被撤职的大队财粮委员，其中 3 人是党员。

调查组问：这几年，哪年生产搞得最好，粮食搞得最多？

回答是：土改后一亩能收 500 斤，1953 年和 1954 年产量更高，平均每亩有 600 斤，1955 年和 1955 年低了些，平均 500 斤上下。到 1958 年，粮食产量降低了，每亩只有 390 斤，1959 年只有 200 多斤，1960 年每亩仅收了 100 多斤。

调查组问：为什么近几年粮食产量逐年下降，急剧下降呢？

回答是：除了 1960 年有较大的灾害和 1959 年稍有灾害外，主要是生产瞎指挥，"乱搞乱顿姜"（湖南方言，乱来，无计划之间）；刮"共产风"，"你的就是我的"；基层干部的作风不民主，强迫命令，打人骂人。

这个大队的生产瞎指挥，从 1958 年春天就已开始，下什么种，什么时候浸种，都是按上边命令；1958 年上级号召深耕，犁田不看田底子，有的田深耕 3 尺。最严重的是乱调人，1958 年早稻刚收完，就抽了一部分人去找煤矿，一部分人去炼铁，留在家里的人很少，到 11 月才把晚稻收回来。1959 年早稻刚上场，就发动社员去修"幸福堤"；"幸福堤"刚修完，又修"增产坝"和"花果山"。参加座谈的干部们说："搞来搞去，把些人搞疲了，和烂泥巴一样，骂也不动，打也不动。""按这号搞法，再搞几年，

---

[1]　林乎加、薛驹：《忠心赤胆为人民——深切怀念田家英同志》，《人民日报》1996 年 8 月 29 日。

就没有人了，都会'散工'（死亡）。"

调查组问：为什么这几年生猪、鱼、鸡鸭都少了？

回答是：以前这里每户都养猪，有的还有猪婆（母猪）。养猪最多的时候是1952年到1957年，那时候食品公司猪都收不过来，一天收一二百头。从1958年起，生猪就减少了。为什么？一是办起食堂后，屋里没有谷米加工，没有糠碎，社员私人不喂了，只有食堂喂了几只；二是猪喂壮了，政府又叫送走了，喂猪的人没有肉吃。这样一来，大家都不愿喂猪了。这几年政府（指大队）要抓现金，不问来源，只分配任务，规定每个中队（生产队）要交多少钱给大队，鱼只捉不放，哪里还有呢？1959年冬公社收购鸡鸭，往下硬性分配任务，几天向上面报一次"喜"。社员不送来，（公社）供销部就派人去捉。这样一来，就坏事了，你捉了一只，其余两只都"该死"，还不越搞越少。

参加调查会的小队干部还反映，瞎指挥不仅使当年生活受到影响，而且使生产工具和耕牛受到损害，影响了再生产。古云大队从土改到合作化，农具逐年增加。到了1958年以后，生产瞎指挥加上"共产风"，农具用了就丢，没人收捡，没人清洗，放在外面日晒夜露。耕牛也减少了，其原因，一是耕牛的劳役加重了，二是耕牛的体质和气力减弱，也没有牛崽子了。①

1月28日，陈伯达率领的广东调查组来到广州。这个调查组的成员来自中共中央办公厅、中共中央农村工作部、中共中央宣传部、国家计委、红旗杂志社等单位，共有11个人。到广州后，调查组又分成两个小组，分别由中共中央宣传部副部长许力群和《红旗》杂志副总编辑邓力群担任小组长。

调查组到广州后，先听取了中共广东省委第一书记陶铸等人关于广东农村和整风整社情况的介绍，接着又参加了由广东省委组织的南海县和新

---

① 中央、省、地、县调查组：《古云大队调查会》（1961年2月）。

兴县两个大队干部座谈会，对食堂、供给制等问题有了初步的了解。2月1日，调查组来到番禺县大石公社，在听取公社党委的情况介绍后，然后分成两个小组，分别到沙溪、西二两个大队进行调查。前者是一个生产搞得比较好的大队，后者则是一个搞得比较差的大队。调查组通过家庭访问、个别谈话、开调查会等方式，对这两个大队的生产情况、公社体制和社有经济、分配和食堂、干部参加劳动等问题作了深入的调查。西二大队的调查，从2月2日至2月10日，进行了9天，2月11日，调查组成员到了番禺县的大石公社，调查了社有经济的情况；沙溪大队的调查，则从2月2日调查到了2月8日，进行了7天，2月9日，调查组成员前往被认为是猪粮并举取得出色成就的两阳县（1959年由阳江县和阳春县合并而成，1961年重新分设两县）岗列大队调查。

2月17日，调查组将调查情况辑录整理成《广东农村人民公社几个生产队的调查纪要》（以下简称《纪要》）。《纪要》中说："公社各级的关系，在解决了自下而上的'共产风'问题后，似乎应当注意更适当地解决队与队之间、社员与社员之间在分配上的某些平均主义。"关于队与队的平均主义，《纪要》举例说，新兴县里洞公社蒙坑大队是由原来的两个高级社合并起来的，一个在山上，副业门路多，收入高，一个劳动日1.2元；另一个在平地，副业门路少，收入低，一个劳动日0.7元。现在都降低了，而且降成一样，都是0.4元，社员意见很大，收入降低多的社员意见更大。

关于社员与社员之间的平均主义，《纪要》认为，主要表现在供给与工资的比例、公共食堂等制度上。大沥公社平均每月共发工资500元，可是按人口平均供应的粮食、菜、油、盐、柴等合计每月需2600元，按劳分配的工资部分还占不到总分配数的20%，而按人口平均分配的供给部分却占了总分配数的80%多。公社干部认为，"劳动力强的和弱的都一样地吃，能挑百斤泥的人没有劲了，劳动力弱的也不积极，有些人就'走自发'①，谁也瞧不起工分了。"据典型调查，农村里劳动力多、人口少的家庭和人口多、劳动力少的家庭，大体都占农户总数的40%左右。人民公社要分配合理，重点就是处理好这两类户之间的矛盾。公社的分配制度必须认真改变供给和工资倒三七、倒四六甚至倒二八的状况，更好地实行按劳分配的制度。

调查组认为，对于公共食堂，可以多种多样，有大有小。有的食堂可以农忙多办，农闲少办，必须是积极办好，自愿参加。不愿意参加的，或者为了养猪而愿意自己做饭的，应当适当给予方便。

这年2月初，毛泽东也到了杭州，并于2月6日听取了中央调查组的汇报。田家英向毛泽东汇报了和合生产队的调查情况，主要反映了三个问题。第一，主要由于"五风"严重破坏，造成粮食生产大幅度减产，水稻亩产由常年的四百多斤下降到291斤；第二，生产队的规模太大，共辖11个小队；第三，社员对公共食堂普遍不满，不愿意在食堂吃饭，食堂实际上是造饭工厂，不做菜，社员将饭打回去，还得再热一次。

在听了田家英汇报后，毛泽东又听取浙江省委负责人江华、霍士廉、林乎加、李丰平汇报整风整社和省委召开扩大会议的情况，并就有关问题发表了自己的看法。

讲到社、队规模时，毛泽东说，县、社规模太大，大了搞不好，管不过来。几年来并县、并社，都是从上面方便着想的，不是从群众要求、从生产有利出发的。浙江有600个公社，一分为二，1200个就好办了。他说："生产队的规模也大了。我们中央有几个调查组，在你们浙江就有一个，让他们调查一个最好的生产队和一个最坏的生产队，不要只钻到一头，好就好得不得了，坏就坏得不成话，应该有好有坏，这样才能全面。关于生产队规模问题，他们反映，生产队管的小队太多。田家英同志调查的那个

---

① 当时农民如从事超过规定外的家庭副业，被称为搞自发，意即将自发走上资本主义道路。——笔者注

队就管 11 个小队，有几十里宽。这里的农民不知道那里的农民搞些什么事情，这怎么行呢？我看一个生产队管不了这么多，太大了。"

毛泽东说，在一个基本核算单位里，有富（队）、中（间队）、贫（队）就有问题，群众就不满意。小队就是过去的初级社。他建议把小队改成生产队，原来的生产队改成生产大队，把生产队（原来的生产小队）变成生产单位和消费单位。他还要浙江省委研究一下，是把基本核算单位放在过去的初级社好，还是放在过去的高级社好？就是说，放在生产小队好，还是放在生产队好？这说明，毛泽东此时已考虑到人民公社基本核算单位下放的问题。①

农业合作化运动时，东北区、华北区都制定过《农业生产合作社试行章程》。1955 年 11 月，一届全国人大常委会第二十四次会议还通过了一个全国性的《农业合作社示范章程草案》，1956 年的一届全国人大三次会议又通过了《高级农业合作社示范章程》。农业合作化运动虽然在后期尤其是初级社转为高级社时，也存在过急过快、形式简单划一等问题，但总的来说，还算有章可循。人民公社建立两年多来，虽然也出台了不少文件，作了许多规定，但却没有一个规章性的东西对公社各级的责、权、利加以明确。对此，田家英向毛泽东汇报调查情况时，建议中共中央搞一个人民公社工作条例，被毛泽东采纳了，并决定在随后的广州会议上集中研究这个问题。

2 月 10 日和 11 日，毛泽东在南昌和长沙，分别听取了中共江西省委和中共湖南省委及在湖南调查的胡乔木的汇报，明确提出要将社队的规模划小，并征求了对公共食堂和基本核算单位放到哪一级的意见。2 月 12 日晚，毛泽东离开长沙前往广州，并在广州过春节。

2 月 22 日，按照毛泽东的指示，赴浙江、湖南、广东的 3 个中央调查组的组长，各带一名助手来到广州会合，向他汇报调查情况。25 日，

---

① 《毛泽东传（1949—1976）》（下），中央文献出版社 2003 年版，第 1123 页。

毛泽东召集胡乔木、陈伯达、田家英和中共广东省委第一书记陶铸、书记赵紫阳和中共中央农村工作部副部长兼农业部部长廖鲁言开会，讨论起草农村人民公社工作条例问题。毛泽东提出条例的起草工作由陶铸挂帅，陈伯达为副帅，廖鲁言、田家英执笔，于3月10日写出初稿。随后，根据毛泽东的意见，条例的起草工作又吸收了几个省的负责人参加讨论和修改。

在此之前，中央农村工作部部长邓子恢在农村调查时感到，第二次郑州会议以来，中央出台了好些文件，但到了基层，有的没有同群众见面，有的执行不认真，有的执行中打折扣甚至走了样。这其中可能与某些具体规定朝令夕改有关。如果能搞出一个条例，把现有的处理人民公社内部矛盾的方针、政策、办法归纳起来，使之条理化、规范化，公布于众，对于纠正农村工作中的错误，稳定农民生产情绪，将起重大作用。[①] 于是，邓子恢组织了一班人花了40多天的时间，写出了《农村人民公社内务条例（修改稿）》。这个《条例》就成了起草农村人民公社工作条例的重要参考资料。

2月23日，中共中央政治局候补委员、宣传部部长陆定一到广东新会县调研。在同县委第一书记党向民座谈时，陆定一问党向民，为什么我们的农村工作在过去一直都是顺利的，到了人民公社的时候却发生了一些问题？

党向民说，人民公社以来，他感觉有三点不同：第一点，没有经过试点。过去，无论土改、互助组、低级社、高级社，都经过试点，试点时很谨慎，规模小。试点本身就是对群众很好的宣传。群众看到新办法比老办法更有利于生产，就自然而然地赞成新办法了。而人民公社没有经过过去那种试点过程，立即全面铺开，一哄而起。第二点，以前因为经过试点，中央规定的办法很具体。人民公社则不然，办法不具体、不细致，有的问

---

① 《邓子恢传》编辑委员会：《邓子恢传》，人民出版社1996年版，第536页。

题反复多次。第三点，过去管理制度规定得严密，人民公社的管理制度不严密。

陆定一觉得党向民这些话说得很中肯，2月27日，他将谈话的情况给毛泽东写了一封信，并提出现在许多地方采取新的措施时，也务必稳妥一些，先试点，后推广。毛泽东认为陆定一反映的情况对起草条例具有参考价值，就将这封信批转给起草条例的陶、陈、胡、田等人阅看。

2月25日，三个中央调查组的部分人员，又到南海县大沥公社的大镇大队作了半天的座谈和访问，主要是了解该社解决生产小队之间和社员之间平均主义问题的办法。

据了解，这个公社贯彻"十二条"后，各大队之间的"共产风"问题基本解决了，干部和群众的积极性也调动起来了，但小队与小队间、社员之间的"大拉平"问题还没有解决。小队与小队之间的"大拉平"，主要体现在"三包"（即指生产小队向生产大队包工、包产、包成本）问题上。按规定：小队超产100斤稻谷，小队可得70斤的超产奖励，其中一半给钱，一半给谷，实际上小队只得到35斤谷，其余的65斤要上交大队。有一个生产小队1960年超产了一万斤谷，上交给大队6500斤，然后在全大队范围内按照口粮标准统一分配，社员们说："这样做，只有太阳从西边出来才能吃饱饭。"

为了解决小队与小队间的"大拉平"问题，这个大队改变了"三包"的办法，把生产小队上交给大队的征购粮、饲料、种子、蔬菜、鱼塘和其他产品，都包了绝对数，按数上交后，剩下的都归小队分配。粮食上交以后，小队可以多吃；蔬菜上交后，剩下的小队可以自己卖；别的东西完成产值后，余钱由小队支配。实行这个办法后，克服了小队之间的"大拉平"，小队干部和社员的积极性提高了，再也不说太阳从西边出来才能吃饱饭了。调查组将座谈的情况整理成《南海大沥公社社、队干部和几个社员的谈话记录》，随后在广州召开的中央工作会议上印发。

三、"要亲自了解基层的情况"

3月5日，毛泽东在广州主持召开中央政治局常委扩大会议。出席会议的有周恩来、朱德、邓小平、林彪、彭真、陈伯达、胡乔木、陶铸。毛泽东说："我这次出来之后，沿途和河北的同志谈了一下，和山东的同志谈了一下，和浙江的同志谈了一下，也和江西、湖南的同志谈了一下。他们所反映的问题和你们了解的情况差不多。他们普遍感到社、队大了，要求划小一点。我们搞了三个调查组，目前他们正在这里起草一个农村人民公社工作条例，初稿已经写出来了，准备让几个省来几个同志参加讨论修改。修改后再广泛征求意见，然后提交中央工作会议。"①

会上，有的人对划小社、队规模，起草人民公社工作条例，还有些顾虑，主要是怕公社搞小了，对各方面是否会有影响；怕现在变动影响生产，因为正是春耕季节；同时还考虑到国际影响问题。

但是毛泽东坚持公社要划小。他说："我的家乡湘潭，原来是21个都。以前对那个都还嫌大，分成了上七都、下七都。如果一个都一个公社，也要21个公社，但现在只有13个公社。你们看，河南只有1200个公社，湖北只有600个公社，都太大了。总而言之，要适合群众的要求，要反映群众合情合理的要求。食堂也是一样。田家英同志在浙江调查了一个生产大队，二百多户。这个大队领导了11个生产小队，这11个小队里面有富队，有中等队，也有穷队，在分配的时候统统拉平，这么一来就发生问题了。现在他们建议将这个生产大队分成三个大队，把经济基础差不多的小队分在一起。这样，分配上就不拉平了，使得经济情况都差不多。这是队与队之间的拉平问题。还有一个队里面人与人之间的拉平问题，这个问题还没有解决。如果这些问题解决了，就可以调动起群众的积极性。"

---

① 中共中央文献研究室：《毛泽东传（1949—1976）》（下），中央文献出版社2003年版，第1134—1135页。

他接着说："过去我们老是要数字，什么东西种了多少，产了多少，今天积了多少肥，明天又搞些什么，天天统计，天天上报，统计也统计不及。横直就是那样，你瞎指挥，我就乱报，结果就浮夸起来了，一点也不实在。包括我们中央发的文件在内，也是那样。今后不要搞那么多文件，要适当压缩。不要想在一个文件里什么问题都讲。为了全面，什么问题都讲，结果就是不解决问题。不要批文件过多，过去我也是热心家，也批了许多文件。我就批了贵州关于食堂问题的那个文件，结果对各省影响很大。又比如，每年到春耕时，中央就要发指示，国务院就要发命令，今年不搞了好不好？我说这都是多余的。"①

除了人民公社体制问题，公共食堂始终也是毛泽东放心不下的一个问题。

3月7日，毛泽东找来参加人民公社条例起草工作的湖北省委第一书记王任重谈话，他说："参加食堂也是要大家愿意。如果不愿意就搞农忙食堂，不愿意吃食堂的也可以让他在家里吃。"不过毛泽东内心还是希望食堂能够办下去，因此说到这里，他又明确表示："我们办食堂这个制度是肯定了的。"

王任重对办食堂也表示赞成："食堂不办不行，肯定还是要办，因为妇女要参加劳动，还有一部分贫农确实要吃食堂。但有一部分中农也确实不愿意吃食堂，因为不如家里吃得好。"

毛泽东表示："城市里头吃食堂的人才占40%，农村有20%的人吃食堂就行了。"

这时，王任重反映了一个情况，河南一些食堂为了解决烧柴问题，用了许多劳动力去拾柴，还有的拆房子烧，有的拆桥烧，有的甚至把修好了

---

① 中共中央文献研究室：《毛泽东传（1949—1976）》（下），中央文献出版社2003年版，第1136—1137页。

的水闸拆了当柴烧。毛泽东听后说："那就非得改变不可！"①

中共中央紧急指示信"十二条"下发后，农村形势出现了好转的迹象。当时，党内有人认为，有了这"十二条"，政策调整也就差不多了，农村的问题就可以大体解决了。而毛泽东通过调查后认为，"十二条"并没有把农村人民公社的诸多问题加以解决，出台农村人民公社工作条例很有必要。为了讨论农村人民公社工作条例和进一步解决农业问题，中共中央决定在广州和北京分别召开工作会议。广州工作会议于3月11日举行，由毛泽东主持，出席会议的有中南、华东、西南三大区的中央局书记和各省市自治区党委书记，简称"三南"会议；北京工作会议同时召开，由刘少奇、周恩来主持，出席会议的有华北、东北、西北三大区的中央局书记及各省市自治区党委负责人，简称"三北"会议。

为引起高级干部们对调查研究工作的重视，"三南"会议的第一天，毛泽东就将他的《调查工作》一文印发给了与会人员，并写了一个说明："这是一篇老文章，是为了反对当时红军中的教条主义思想而写的。那时没有用'教条主义'这个名称，我们叫它做'本本主义'。写作时间大约在一九三〇年春季，已经三十年不见了。一九六一年一月，忽然从中央革命博物馆里找到，而中央革命博物馆是从福建龙岩地委找到的。看来还有些用处，印若干份供同志们参考。"②

3月13日清晨，毛泽东致信刘少奇、周恩来、陈云、邓小平、彭真及"三北"会议全体人员，强调调查研究的重要性，要求包括中央政治局常委在内的负责干部，抽出时间下去调查。信中指出："大队内部生产队与生产队之间的平均主义问题，生产队（过去小队）内部人与人之间的平均主义问题，是两个极端严重的大问题，希望在北京会议上讨论一下，以便各人回去后，自己并指导各级第一书记认真切实调查一下。不亲身调查

---

① 中共中央文献研究室：《毛泽东传（1949—1976）》（下），中央文献出版社2003年版，第1137页。

② 《建国以来毛泽东文稿》第9册，中央文献出版社1996年版，第438页。

是不会懂得的，是不能解决这两个重大问题的（别的重大问题也一样），是不能真正地全部地调动群众的积极性的。也希望小平、彭真两位同志在会后抽出一点时间（例如十天左右），去密云、顺义、怀柔等处同社员、小队级、大队级、公社级、县级分开（不要各级集合）调查研究一下，使自己心中有数，好做指导工作。"

毛泽东在信中写道："我看你们对于上述两个平均主义问题，至今还是不甚了了，不是吗？我说错了吗？省、地、县、社的第一书记大都也是如此，总之是不甚了了，一知半解。其原因是忙于事务工作，不作亲身的典型调查，满足于在会议上听地、县两级的报告，满足于看地、县的书面报告，或者满足于走马看花的调查。这些毛病，中央同志一般也是同样犯了的。我希望同志们从此改正。我自己的毛病当然要坚决改正。""我的那篇《调查工作》的文章也请同志们研究一下，那里提出的问题是作系统的亲身出马的调查，而不是老爷式的调查，因此建议同志们研究一下。可以提出反对意见，但不要置之不理。"①

毛泽东在上午 8 时写完信后，又在"三南"会议上反复阐明解决队与队、社员与社员间平均主义和调查研究的重要性。毛泽东说："这次会议要解决两个很重要的问题：一是生产队与生产队之间的平均主义；一是生产队内部人与人之间的平均主义。这两个问题不解决好，就没有可能充分地调动群众的积极性。"

"要做系统的由历史到现状的调查研究。省委第一书记要亲自做调查研究，我也是第一书记，我只抓第一书记。其他的书记也要做调查研究，由你们负责去抓。只要省、地、县、社四级党委的第一书记都做调查研究，事情就好办了。"

"今年 1 月找出了三十年前我写的一篇文章，我自己看看觉得还有点道理，别人看怎么样不知道。'文章是自己的好'，我对自己的文章有些也

---

① 《毛泽东文集》第八册，人民出版社 1999 年版，第 250—251 页。

并不喜欢，这一篇我是喜欢的。""文章的主题是，做领导工作的人要依靠自己亲身的调查研究去解决问题。书面报告也可以看，但是这跟自己亲身的调查是不相同的。自己到处跑或者住下来做一个星期到十天的调查，主要是应该住下来做一番系统的调查研究。农村情况，只要先调查清楚一个乡就比较好办了，再去调查其他乡那就心中有数了。"

毛泽东还说，过去这几年我们犯错误，首先是因为情况不明。情况不明，政策就不正确，决心就不大，方法也不对头。最近几年吃情况不明的亏很大，付出的代价很大。大家做官了，不做调查研究了。他承认自己虽然也做了一些调查研究，但大多也是浮在上面看报告。现在，要搞几个点，几个调查的基地，下去交一些朋友。调查的目的是为了解决问题，不是为了报表。了解情况主要不靠报表，也不能靠逐级的报告，要亲自了解基层的情况。①

"三南"会议开始时，集中讨论的是公社的规模问题。中南小组在讨论中认为，从中南地区的情况来看，现在已不是应不应该调整的问题，而是如何调整的问题。事实证明，公社越大越不好办，生产上越是瞎指挥，"共产风"越是刮的厉害。与会者一致认为，公社一般应相当于原来的乡或大乡，大队一般应相当于原来的高级社，调整之后，一般分为公社、大队、生产队三级。西南小组认为，为了克服生产队与生产队之间的平均主义，首先要解决公社组织规模过大和生产队户数过多的问题，公社划小后，更易于加强公社各级的领导，促进生产的发展。对于这些意见和建议，毛泽东都很重视，并要求与会人员在讨论人民公社工作条例草案时能将这些意见考虑进去。

根据毛泽东的指示和会议的讨论，条例起草小组于 3 月 15 日写出了第二稿，送给了毛泽东。当天下午，毛泽东召集陈伯达、胡乔木、田家英、廖鲁言等谈条例问题，并决定将之印发当天开幕的中央工作会议

---

① 《毛泽东文集》第八册，人民出版社 1999 年版，第 252—254 页。

讨论。

在会议期间，中央调查组和广东省委调查组，又将新兴县里洞公社蒙坑大队党总支书记梁纪南和公社宣教委员苏品芳请来广州，于3月14日、15日就有关人民公社的几个重要问题与他们交换意见，并形成了一份座谈纪要。据梁纪南和苏品芳反映：

——社队规模问题。蒙坑大队原来是两个高级社，一个收入高，一个收入低，公社化后合成一个基本核算单位，拉平了，原来收入高的很有意见。贯彻"十二条"后，蒙坑大队按原来高级社的规模，分为两个大队，解决了穷村同富村的矛盾，两边对生产、积肥都积极了，对耕牛、农具也都爱惜了。

——分配问题。过去搞三七开，事实上不劳动者也可以得食，因此可以考虑打破这个框框，全部实行按劳分配，用公益金和公益粮补贴困难户，这样就可以调动全体社员的劳动积极性。

——食堂问题。应当粮食分到户，农忙办食堂，这样生产队菜地就有可能给市场提供更多的菜，社员也能养猪、积肥。

——定征定购问题。征购粮要定下来，使农民心里有底，至少3年不变，能5年不变就更好。定征定购后，生产队的超产部分，可以留出一定的比例作为储备粮，要逐步使队队、社社、县县都有储备粮，同时也要逐步使家家户户都有粮食储备。

3月15日，陈伯达将座谈会记录报送给了毛泽东。毛泽东看后认为，这是"一个重要文件"，要求印发给参加"三南"会议的全体人员。

毛泽东原打算派陶铸去北京通报"三南"会议的情况，并带去给刘少奇等人的信和《调查工作》一文。但他很快就改变了主意，决定从15日起将"三南"与"三北"会议合并在广州召开。3月14日，参加"三北"会议的4名中央政治局常委和其他与会人员分乘两架飞机来到广州。

3月14日晚，毛泽东主持召开中共中央政治局常委扩大会议。会上，毛泽东再次重申：公社、生产大队划小这个原则，已经肯定了，过大了对生产不利。他强调："队与队之间的平均主义，队里边人与人之间的平均主义，从开始搞农业社会主义改造、搞集体化、搞公社化以来，就没有解决的。现在这个条例，就是要解决平均主义问题。""穷富队拉平的问题，现在已经证明，对富队不好，对穷队也不好。必须对生产大队下面的生产小队，区别对待。小队里头人与人之间的平均主义，也就是劳动力多的与劳动力少的社员户之间的矛盾。因为实行粮食供给制、劳动力少的户跟劳动力多的户吃粮都一样，他横直有的吃，所以就不积极。而劳动力多的户，他们想，反正吃粮都一样，我干也是白费了，所以他也不积极了。"①

这时，如何克服生产队与生产队、社员与社员间的平均主义问题，一直萦绕在毛泽东心头，他希望能够找到一条既能巩固人民公社又能克服平均主义的办法。

毛泽东的话引起了刘少奇的共鸣，他接过话头说："群众提出他们对多产多购少吃很有意见。他们要求，如果他们丰收了，多产了，可以多购，但他们也要多吃；如果少产了，那就少购少吃。我们对多产的，应该有所奖励，国家应该采取这个政策。按劳分配，不但要表现在工资问题上，而且要表现在实物上，就是说多产的要能够多吃一点、多用一点、增加收入的问题，不但贫队要增加收入，富队也要增加收入，这样他们才满意。"②

从 15 日开始，"三南"和"三北"两个会议重新编组，就两个平均主义、公共食堂、供给制等问题开展讨论。在 3 月 19 日和 20 日，中央工作会议重点讨论了调查研究问题。

在中南、华北小组会上，陶铸第一个发言。他说，1958 年以来，在"三面红旗"的指引下，总的来讲，我们的确取得了巨大的成绩，无论工业、农业和其他各方面，都建立了很大的家当。但是，在实际工作中，我

---

① 中共中央文献研究室：《毛泽东传（1949—1976）》（下），中央文献出版社 2003 年版，第 1142 页。

② 中共中央文献研究室：《刘少奇年谱》下卷，中央文献出版社 1996 年版，第 508 页。

们下面（省委以下）确实犯了不少错误。这些错误，主要表现是：在大好形势面前，脑子发热了，想的和做的很不谨慎，往往不顾实际可能，想怎么干就怎么干，做了许多蠢事。对于出现这些错误的原因，陶铸认为最根本的就是缺乏认真的调查研究。他说，这几年也不是一点调查都没做，也做过一些调查，但调查的态度、方法很有问题。或者是走马观花，极不深入，不愿意下苦功夫，对问题满足于一知半解；或者是脑子里先固定一个框框，根据框框找材料和证据，适合这个框框的就要，不适合的就不要。下面一些干部怕沾右倾的边，于是乎看（上级）脸色行事，你想听什么，给汇报什么，你要什么材料，给你什么材料。这样一来，怎能了解到真实情况呢？正因为我们没有很好地进行调查研究，情况不甚明了，盲目地干，就不可避免地要碰钉子。如果谨慎一点、虚心一点，多做调查、多做试验，也不至于犯这么多的错误。

中共中央华北局第一书记李雪峰说，问题的关键是各级第一书记要亲自动手去做调查研究。调查研究必须采用分析、比较、回忆对比的方法，进行系统的分析研究。深入一点对全局来说是一个局部，就一个点来说，必须全面摸，从各个方面，各个角度去摸。例如三七开，公共食堂，各阶层的反映不同，要了解什么人拥护，什么人反对；一定要听一听困难户、有意见户的意见。用背对背、面对面的方法进行调查研究。[1]

在西南、西北小组会上，中共甘肃省委第一书记汪锋说，甘肃省的问题原因很多，基本原因有一条，就是不作调查研究，不了解情况。工作中，不是党的组织活动，而是个人的活动，真实情况反映不上来。也下去做调查研究，但脑子里先有个框框，只听适合自己口味的东西，不愿听真实情况，只接近少数干部，不向群众作调查研究。这样的调查，不可能了解到真实的东西。[2]

---

① 《中央工作会议小组会议情况简报》，第12号，1961年3月22日。
② 《中央工作会议小组会议情况简报》，第16号，1961年3月22日。

　　中共陕西省委第一书记张德生说，不认真进行调查，不仅不可能准确地向中央反映情况，也不可能准确地执行中央、主席的指示。要少犯错误一定要认真进行调查研究工作。他还坦承自己对调查研究做得不够，大部分时间用于开会、谈话、看文件，很少深入基层解剖麻雀，系统的调查研究工作更少。因此，对许多情况不甚了了。今后一定要转变这种事务主义作风。

　　中共中央西北局第一书记刘澜涛说，必须把领导方法的重点放在调查研究工作上，摆脱一部分日常事务，自己真正深入群众中去，亲自动手系统地进行历史的全面的调查研究。

　　中共中央西南局第一书记兼中共四川省委第一书记李井泉也承认，三年"大跃进"付出了一定代价，有过严重的教训。工作中的若干错误，如果认真做些调查研究，就可以避免，至少可以减少工作中的缺点，可以缩短对事物认识的过程。

　　云南省省长、中共云南省委第二书记于一川说，现在深切地感到，没有调查研究，就必然容易用感想代替政策，对于情况不甚了了，结合本省情况执行中央规定的政策，也就没有准确性，甚至发生错误。现在必须痛下决心，坚决改正。①

　　华东、东北小组会上，中共中央华东局第一书记兼中共上海市委第一书记柯庆施说，我们这几年的工作是有很大成绩的，但也发生了不少毛病。毛病产生的原因是什么？除了那些由于认识必须有一个过程而不可避免的某些缺点外，还有些主观主义。他表示虽然几年来也做了一些调查研究，但很不深入，多是听干部的汇报，看书面的报告，走马观花式地看一看的多，切实地蹲在一个点里，彻底解剖一个麻雀，把问题彻底搞清楚的少。有时也和群众谈话，但多是浮皮搔痒的，没有和群众交上知心朋友，掏出他们的心里话。他还表示，这次会议后，一定带几个人到一个公社去

① 《中央工作会议小组会议情况简报》，第14号，1961年3月22日。

搞十天、半个月的调查，带头兴起调查研究之风。

中共中央东北局第一书记宋任穷说，到东北工作来后，走马看花是有的，系统调查研究未做到。并不是没有时间，主要还是思想认识问题。无论从当前实际工作来看，还是从长远的发展来看，都必须注重调查研究。只要认真做好调查研究工作，纠正工作中的缺点，就能更进一步调动群众生产积极性，就可以将工作做得更好。①

在这一天的中南、华北小组会上，刘少奇、周恩来、邓小平、彭真等也就调查研究发表了讲话。

刘少奇说："这几年调查研究工作减弱。调查研究是做好工作的最根本的方法。当然，还有其他根本方法。""全国解放以来，特别是1958年北戴河会议以来，我们提出了三面红旗：总路线、大跃进、人民公社。从总的方面来讲，是正确的，取得了很大的成绩，不容动摇。今后还是要坚持三面红旗，数量不跃进，质量要跃进。多快好省就包括数量和质量两个方面。但是，从1958年以来，在执行三面红旗的过程中，犯了不少的大大小小的错误，受了相当大的损失。各省程度不同，各行各业程度不同。这些损失，有些是不可避免的，有些是可以避免的。如果作好了调查研究，工作作风好，工作方法对，损失可能减少，时间可以缩短，不至于陷于现在这样的被动。"

刘少奇接着说："造成目前的被动局面，中央已把责任担当起来，各省也有自己的责任。下面的报告和干部的话，不可不信，也不可全信，有的根本不可信。如小麦卫星，报上登出来，高兴了几天，就不相信了。有些反面意见，吞吞吐吐，也不完全可靠。我们看省委的报告，省委又是听下面的，省委的报告也是不能全信的。"刘少奇直言不讳地承认："中央有些政策，决定前缺乏很好的调查研究。根据不够，决定之后，又没有检查执行情况，发现问题，及时纠正。"刘少奇强调："调查研究是今后改进工

---

① 《中央工作会议小组会议情况简报》，第15号，1961年3月22日。

作的最根本的方法，要提到这样一个高度。""现在提倡讲真话，要改变这种情况。要转变下面的作风，首先要看上面的态度，他看你眼色嘛！看你要什么嘛！不转变作风，就不可能了解全面情况。可以先从反面提问题，让他把两个方面的情况都拿出来。调查研究，无非是决定政策，解决问题。首先是提出问题，我们提不出，群众是可以提出的。经过调查，决定了政策，解决了问题，然后还要检查。"最后，他表示："我本人也要下决心搞调查，搞一个工作组，这比看报纸、听汇报要好得多。"[1]

周恩来这一天也参加了中南、华北小组的讨论会，刘少奇的这一番话，引起了他强烈的共鸣，也提出了自己对调查研究问题的看法。他说："进城以后，特别是这几年来，我们调查研究较少，实事求是也差，因而'五风'刮起来就不容易一下子得到纠正。""毛泽东同志最近几次讲到大兴调查研究之风，讲究实事求是；又说，右要反，'左'也要反，有'左'就反'左'，有右就反右。是好是坏，要从客观存在出发，不能从主观想象出发。进行调查研究，必须实事求是。我们下去调查，必须对事物进行分析、综合和比较。""下去调查，要敢于正视困难，解决困难。一个困难问题解决了，新的困难问题又来了。共产党人就是为不断克服困难，继续前进而存在的。畏难苟安，不是共产党人的品质。"周恩来深有感触地说："智慧是从群众中来的，但对群众的意见领导方面还要加工，然后回到群众中去考验，在这基础上再加工。脱离我们的基本阶级群众，就会丧失党的基础。尾巴主义，随着群众跑，就会放弃党的领导。目前的毛病，还是我们发号施令太多，走群众路线太少。"[2]

邓小平和彭真也就调查研究问题发表了自己的看法。邓小平说，1957年以前搞民主革命，搞社会主义改造，从中央到下面干部比较熟悉，搞得很顺畅，但1956年高级合作化时，出现了高潮，提出了多快好省，形

---

[1] 《刘少奇论新中国经济建设》，中央文献出版社1993年版，第418—421页。

[2] 《周恩来选集》下卷，人民出版社1984年版，第313—314页。

势很好，头脑就不够冷静了。1958年以来，如果搞得谨慎一点，有些话慢点说，可能会好一点。从中央到地方都有缺点，中央应该负担主要责任。他诚恳地说，中央的具体工作由书记处主持，作为中央常委和主席的助手，工作没有做好，日常工作做得不坏，但方针政策方面出的好主意不多，没有直接的调查研究，有些问题发现了没有采取有效措施加以解决，没有认真去调查和处理。他还说，这几年教训是沉痛的。我们决心大，就是情况不明，方法不对。根本方法就是调查研究，实事求是。所谓实事求是，就是要承认千差万别。大同是大的方针政策，小异是重要问题。大同要调查，小异也要调查。过去大同不作调查吃了大亏，小异不作调查同样吃了亏。[①] 彭真也说，几年来之所以吃亏，就是因为没有很好地调查研究。越是困难，越是要加强调查研究，调查研究就可以找出办法。今后要建立一种经常的调查研究作风，要形成一种习惯，把这种制度巩固下来。他又说，中国这样大，这样复杂，情况千差万别，没有调查研究不行，每个部门、每个单位都要调查研究。[②]

3月19日，起草小组开始修改农村人民公社工作条例第二稿。根据毛泽东的意见，每一大区吸收1至3人参加条例的修改。3月21日，条例草案写出了第三稿。这一稿共十章六十条，所以这个条例草案又叫"农业六十条"。这十章的标题分别是：第一章，农村人民公社在现阶段的性质、组织和规模；第二章，人民公社的社员代表大会和社员大会；第三章，公社管理委员会；第四章，生产大队管理委员会；第五章，生产队管理委员会；第六章，社员家庭副业；第七章，社员；第八章，干部；第九章，人民公社各级监察委员会；第十章，人民公社中的党组织。其中，对公社体制最有突破性的是第一章和第六章。

条例草案第一章，是关于农村人民公社现阶段的性质、组织和规模。

---

① 邓小平：《在中南、华北小组会上的讲话》，1961年3月19日。

② 彭真：《在中南、华北小组会上的讲话》，1961年3月19日。

条例规定：人民公社是政社合一的组织，既是基层政权组织，又是社会主义的集体经济组织；公社一般分为公社、生产大队和生产队三级，实行生产大队所有制，大队是基本核算单位，生产队是直接组织社员的生产和生活单位。

对于公社的规模，条例草案明确规定："人民公社各级的规模，都应该利于生产，利于经营，利于团结，不宜过大。特别是生产大队的规模不宜过大，避免在分配上把经济水平差距过大的生产队拉平，避免队和队之间的平均主义。""人民公社的规模，一般地应该相当于原来的乡或者大乡；生产大队的规模，一般地应相当于原来的高级农业生产合作社。但是，也不要强求一律。公社、生产大队和生产队，都可以有大、中、小不同的规模，由社员根据具体情况，民主决定。"①

这个规定十分重要。自北戴河会议决定在全国农村建立人民公社以来，"大"曾被认为是人民公社的特点和优点，认为公社人多地广，便于规划，可以集中力量办大事，有利于加快向全民所有制过渡。所以北戴河会议后办起的人民公社规模都很大，1958 年 10 月底，全国共有 23384 个公社，平均每社 4797 户，有相当多的社在万户以上，还有些地方如河北的徐水县、河南的修武县和遂平县等，一度一个县就是一个人民公社。

实际上，当时对于人民公社优越性的概括，很大程度上是想当然的产物。公社规模过大，公社下面的管理区（生产大队）和生产队的规模也很大，而又以生产大队甚至公社为基本核算单位，造成了生产队与生产队之间的平均主义，也容易在生产工作上出现瞎指挥和强迫命令。虽说人民公社也曾规定实行评工记分制度，但根本无法做到，评工记分只能是流于形式，有的地方甚至连这个形式都没有。至于集体的生产、分配等各种大事，社员更不可能心中有数，因而对生产队的生产经营发展也不关心，更没有生产积极性。1959 年上半年在整顿人民公社的过程中，社队的数量

---

① 黄道霞等主编：《建国以来农业合作化史料汇编》，中共党史出版社 1992 年版，第 632 页。

有所增加，规模有所缩小。但随着庐山会议后"反右倾"运动的开展，尤其是1960年1月中共中央政治局扩大会议提出用8年时间完成基本队有制向基本社有制过渡后，人民公社的规模再度扩张。到1960年年底，全国27个省、市、自治区共有人民公社25204个，平均户数大体相当于1958年年底的水平。

中共中央"十二条"紧急指示信下发后，不少地方意识到必须解决社队规模过大的问题，认为在目前农业生产仍处在分散、交通不便、基本还是手工操作和使用畜力的情况下，社队规模过大，是不利于生产的。"三南"会议前，中共湖南省委在给中共中央和毛泽东的一份报告中说："对于这个问题（按：指社队规模过大），群众早有意见，说社队规模大了，'看不到，摸不着'，'不知葫芦里卖的什么药'，'不是共同富裕，是共同遭殃'，'反正摊到我头上只有几粒谷子，怕懒得（按：湖南方言，无所谓之意）'。因此，普遍存在着'混道场'、'坐大船'的思想，影响了群众的生产积极性。"[1]此次广州中央工作会议上，与会者普遍感到社队规模过大的弊端甚多，纷纷提出要缩小社队规模，于是有了"六十条（草案）"中关于社、队规模的上述规定。

"农业六十条（草案）"的另一突破，是对自留地和家庭副业的规定。在人民公社成立时，规定社员的自留地、私有房基、牲畜、林木等生产资料全部转为公社所有，个人只能保留少量的家禽家畜。其实，就是少量的家畜家禽社员也没有保留住，一则是公社建立后各项事业都强调"大办"，于是将社员自养的家畜家禽刮进了所谓的社办养鸡场、养猪场；二则社员害怕于刮"共产风"，于是在加入公社之初即将自养的家禽家畜宰杀吃掉。这样一来，公社化后社员的自留地和家庭副业基本上不存在了。虽然年前下发的紧急指示信"十二条"中，也曾有专门一条提出"允许社员经营少量的自留地和小规模的家庭副业"，但社员对公社化以来的两次"共产风"

---

[1] 《中共湖南省委关于调整人民公社的规模和体制问题的报告(初稿)》(1961年3月8日)。

心有余悸，以致出现了自留地不要、家庭副业不搞的情况。

"六十条（草案）"中专门列了一章讲家庭副业问题，并且强调："人民公社社员的家庭副业，是社会主义经济的必要的补充部分。它附属于集体所有制经济和全民所有制经济，是它们的助手。在积极办好集体经济，不妨碍集体经济的发展，保证集体经济占绝对优势的前提下，人民公社应该允许和鼓励社员利用剩余时间和假日，发展家庭副业，增加社会产品，补助社员收入，活跃农村市场。"并规定自留地长期归社员家庭使用，自留地的农产品，不算在集体分配的产量和口粮以内，国家不征公粮，不计统购。① 这样，以条例的形式将家庭副业和自留地肯定下来，经过宣传和动员，终于消除了社员的顾虑，调动了社员经营自留地和家庭副业的积极性，对于他们开展生产自救、救荒度灾发挥了重要作用。

此外，条例还规定，公社占用大队的劳动力，一般不得超过生产大队劳动力总数的2%；生产大队占用生产队的劳动力，一般不能超过生产队劳动力总数的3%。为了巩固大队所有制和发展大队经济，在今后几年内，公社一般应少提或不提生产大队的公积金；如果要提，提取的比例要经县人民委员会批准。生产大队对生产队必须认真执行包产、包工、包成本和超产奖励的"三包一奖"制；超产指标要留有余地，超产的大部或全部应奖给生产队。人民公社的各级干部，必须坚持实事求是的工作作风，说老实话，如实反映情况；严禁干部打人骂人和变相体罚，严禁用"不准打饭""不发口粮"和乱扣工分的办法处罚社员。人民公社的各级党组织，既要加强对公社各级和各部门的领导，又不应包办代替各级管理委员会的工作，社、队的日常业务工作，应该由管理委员会处理。这些规定在当时都是很有针对性的。

"六十条"草案也有其不足，如仍然规定以生产大队为基本核算单位，

---

① 黄道霞等主编：《建国以来农业合作化史料汇编》，中共党史出版社1992年版，第635—636页。

生产队仅是生产的组织单位，还没有生产经营自主权，小队与小队间的平均主义问题还没有解决。同时，条例草案虽然提出在分配中工资部分至少不能少于七成，供给部分至多不能多于三成，但对这种社员间的平均主义分配方式没有加以否定；虽然条例草案也提出公共食堂必须坚持真正自愿参加的原则，但同时又强调"在一切有条件的地方，生产队应该积极办好公共食堂"，而恰恰是供给制和公共食堂严重挫伤了社员的积极性，是人民公社化后最不得人心的两件事。

挫折使人清醒，困难催人奋进。当时，以毛泽东为核心的第一代中央领导集体，对解决人民公社中存在的问题，扭转农村工作和农业生产的被动局面，是下了大力气的。为了使各项政策能真正贯彻落实到群众中去，并在实践中加以检验，中共中央决定将条例草案发给全国农村党支部和农村人民公社全体社员进行讨论。3月22日，中央工作会议通过了《农村人民公社工作条例（草案）》。同一天，中共中央发出了《关于讨论农村人民公社工作条例（草案）给全党同志的信》。

信中指出，目前农村人民公社还存在着许多迫切需要解决的问题，主要是：（一）在分配上，无论是生产队与生产队之间，或者是社员与社员之间，都存在着不同程度的平均主义现象；（二）公社的规模在许多地方偏大；（三）公社对生产大队，生产大队对生产队一般管理得太多太死；（四）公社各级的民主制度不够健全；（五）党委包办代替公社各级行政的现象相当严重。上述现象必须及时适当地改变，才能有利于生产的发展。从这封信中所讲到的问题可以看出，党的实事求是的传统正在恢复。因为人民公社化运动以来，直接面向全体党员和公社社员的文件中，如此直截了当地指出人民公社中存在的问题，还是第一次。

在信中，中共中央要求：第一，县级以上各级党委，要详细研究条例草案，然后领导公社各级党委研究这个条例草案，并征求他们对于条例草案的修改意见。第二，要把这个条例草案从头到尾一字不漏地读给和讲给人民公社的全体党员和全体社员听，对于同社员关系密切的地方要特别讲得明白，对于他们的疑问要作详细解答，并征求他们对条例草案的修改意见。第三，县级以上各级党委要帮助公社各级党委，详细研究本地区在试行条例草案时可能遭到的各种问题，并同群众反复商量，定出切合实际的解决问题的办法和实施步骤。第四，在讨论和试行这个条例草案的时候，一定要注意不妨碍当前的生产。第五，各省、市、自治区党委可根据当地情况和民族特点，拟定自己的补充条例。第六，城市中的机关、工厂、学校、部队和其他单位，也都应当领导党员和适当范围内的群众讨论条例草案，以便使他们了解党关于农村人民公社的政策。①

为了使各级干部能切实转变工作作风，把"农业六十条"草案贯彻落实下去，迅速扭转农村工作的被动局面，加快农业的恢复和发展，广州中央工作会议的最后一天，即 3 月 23 日，毛泽东结合对《调查工作》这篇文章的介绍，再一次讲明了调查研究的重要性。

毛泽东说，这篇文章的中心点是要做好调查研究工作。接着，他对文章的主要内容逐节作了介绍，并联系实际说明搞社会主义革命和建设开展调查研究的重要性。讲话中，毛泽东还坦承自己新中国成立后调查研究不够，说新中国成立后这 11 年只做过两次调查，一次是为合作化的问题，看过一百几十篇材料，每省有几篇，编出了一本书，叫做《中国农村的社会主义高潮》；还有一次是关于十大关系问题，用一个半月时间同 34 个部门的负责人讨论，每天一个部门或两天一个部门，听他们的报告，跟他们讨论，然后得出十大关系的结论。

毛泽东认为，现在全党对情况比较摸底了，但还是不甚了了。现在局势已经是有所好转，但是不要满足，不要满足于现在已经比较摸底、比较清楚情况，要鼓起群众的干劲，同时鼓起干部的干劲。干部一到群众里头去，干劲就来了。他说："我的经验历来如此，凡是忧愁没有办法的时候，

---

① 中共中央文献研究室：《建国以来重要文献选编》第 14 册，中央文献出版社 1997 年版，第 223—224 页。

就去调查研究，一经调查研究，办法就出来了，问题就解决了。打仗也是这样，凡是没有办法的时候，就去调查研究。""调查研究就会有办法，大家回去试试看。"他还说："教条主义这个东西，只有原理原则，没有具体政策，是不能解决问题的，而没有调查研究，是不能产生正确的具体政策的。"①

同一天，中共中央就认真进行调查研究问题致信各中央局，各省、市、自治区党委，要求党的高中级干部联系最近几年工作中的经验教训，认真学习毛泽东的《调查工作》一文。并指出，最近几年农业、工业方面的具体工作中发生的缺点和错误，主要是放松了调查研究工作，满足于看纸上的报告，听口头的汇报，下去的时候也是走马观花，不求甚解，并且在一段时间内，根据一些不符合实际的或者片面性的材料作出一些判断和决断。这段时间，夸夸其谈，以感想代替政策的恶劣作风又有了抬头。这是一个主要的教训，对于这样一个付出了代价的教训决不可忽视和忘记。

中共中央要求从现在起，县以上的党委领导人员，首先是第一书记，要将调查工作作为首要任务，并订出制度，造成风气。在调查中，不要怕听言之有物的不同意见，更不要怕实践检验推翻了已经作出的判断和决定。只要坚持调查研究、实事求是的作风，目前所遇到的问题就一定能够顺利地解决，各方面的工作就一定能够得到迅速的进步。②

四、围绕"农业六十条"草案的大调查

广州会议之后，从党的领袖到省、地、县各级领导机关的干部，纷纷走出机关，带着"农业六十条"草案，深入农村，宣传"农业六十条"草案，解决贯彻"农业六十条"草案时遇到的问题，全党上下大兴调查研究

---

① 《毛泽东文集》第八卷，人民出版社1999年版，第261—262页。
② 中共中央文献研究室：《建国以来重要文献选编》第14册，中央文献出版社1997年版，第225—226页。

之风，形成了全党性的大调查。

广州会议之后，毛泽东在广州停留了几天的时间，在这里等待听取陶铸和陈伯达关于番禺大石公社贯彻"农业六十条"草案的情况汇报。随后，他离开广州，来到湖南，在长沙听取中共湖南省委和中央调查组关于农村干部群众对"农业六十条"反映的汇报，尤其是对公共食堂的弊端有了更多的了解，下决心要解决食堂问题。其他中央政治局常委也都深入农村开展调查研究，刘少奇去了湖南的长沙县和宁乡县，周恩来去了河北的邯郸地区，朱德前往四川、陕西、河南，陈云到了上海青浦县，邓小平到了京郊顺义、怀柔县。

中共中央还组织了一批调查组，前往各地农村进行调查研究，如习仲勋率领的河南长葛调查组，谢富治率领的河北邯郸调查组，杨尚昆率领的河北徐水、安国调查组，陈正人率领的四川简阳调查组，胡耀邦率领的辽宁海城调查组，钱瑛率领的甘肃天水调查组，王从吾率领的黑龙江双城调查组，平杰三率领的山东泰安调查组，廖鲁言率领的山西长治调查组等。这些调查组与农民同吃同住同劳动，掌握了农村的许多真实情况，对人民公社存在的问题有了深入的了解。在中共中央的带领下，各省、地、县的党委也纷纷组织调查组，深入本地农村了解"六十条"草案的贯彻情况。

在调查中，群众反映最强烈的是公共食堂、供给制问题以及山林和房屋问题。

广州会议一开完，刘少奇就到了长沙，准备到湖南农村进行深入的调查研究。这几年，刘少奇在外地视察的时间并不少，但他感到，以前的调查，虽然走的地方多，但不深入，没有把真实情况摸清楚。这一次，他下定了决心，一定要掌握农村的真实情况。行前，他对中共中央中南局和中共湖南省委负责人说："这次去湖南乡下，采取过去老苏区的办法，直接到老乡家，睡门板，铺禾草，不扰民，又可以深入群众。人要少，一切轻车简从，想住就住，想走就走，一定以普通劳动者的身份出现。"

1961 年 4 月 2 日，刘少奇回到了湖南宁乡，到了离老家炭子冲仅十多里的东湖塘公社王家湾生产队，以生产队养猪场的一间破旧空房做了办公室兼卧室，在这里一住就是 6 天。

结束对王家湾的调查后，为了进一步了解真实情况，刘少奇决定选择一个比较典型的生产队进行调查。在同中共湖南省委商量后，于 4 月 12 日他来到了长沙县广福公社的天华大队。

天华大队合作化以来一直是湖南农业生产和农村工作的一面红旗。在这年第 4 期的《中国妇女》杂志上，还登载了一篇专题介绍天华大队党支部书记彭梅秀事迹的文章，说这个大队的生产和生活是如何如何的好。实际上这个大队也是粮食连年减产，"共产风"、浮夸风盛行。在刘少奇来之前，中央调查组在这里调查了一两个月的时间。由于当地的一些干部极力掩盖问题，而天华大队又是各级树的典型，在生产和生活上给予了一些扶持与照顾，调查组并没有完全了解到真实情况，而是认为这是一个生产和生活都搞得较好的典型，并向中共中央作了报告。

在天华，刘少奇一共住了 18 天。其间，他多次召开不同人员参加的座谈会，详细了解干部群众对公共食堂、供给制等问题的反映。

在 1958 年"大跃进"的时候，刘少奇也曾是公共食堂的热心倡导者。1958 年 6 月 14 日，刘少奇同全国妇联主席蔡畅，副主席邓颖超、杨之华等谈话。刘少奇说，八大二次会议上，河南代表、青年团代表都讲了公共食堂问题，江苏常熟普遍办起了农忙食堂，可见大家趋向共产主义。空想社会主义的想法在那时没有实现的条件，现在马克思主义者抓住了阶级斗争，已经消灭阶级或正在消灭阶级的过程中，这样，把空想社会主义者不能实现的空想实现了。[①] 同年 7 月，他视察山东省寿张县时又说，现在有的地方组织了公共食堂、托儿所、缝纫组，等等，使家务劳动集体化，既省钱又省人，使广大妇女能够更好地参加社会生产，在社会主义建设中发

---

① 刘少奇:《同全国妇联党组的谈话》，1958 年 6 月 14 日。

挥更大的作用。① 在其他一些场合，他也讲过类似的话。

事情的真相只有经过仔细的调查才能发现，对事物的认识也只有真正接触实际才能提高。三年"大跃进"和人民公社下来，公共食堂那些想当然的优越性自然全不见踪影。过去说食堂节约了劳力，理由是一家一户分灶做饭，一个生产队有多少户人家就需要多少人做饭，办起食堂后，一个生产队有几个人做饭就行了，于是解放了大批的妇女劳动力。公共食堂还有节约粮食、节约柴煤、社员出工齐等优越性。更重要的是，社员集体生产、集体生活，能培养农民的集体主义觉悟，而且家庭作为生活单位功能的弱化，就可以进一步削弱农民私有观念，为实现共产主义创造条件。实际情形完全不是这样，就是节约劳动力一条，未办食堂之前，用劳动力专门在家做饭的并不多，从事做饭等家务劳动的，往往是没有多少劳动能力的老人、小孩或体力弱、家庭拖累重的妇女。食堂办起来后，把这些人"解放"出来，而食堂需要专门的劳动力做饭、种菜、打柴、挑水等，这些过去辅助劳动力或农民工余能干的活，全由青壮年劳动力承担，有的生产队用在食堂上的劳动力达到三分之一。食堂其他的"优越性"也没有一条是真正发挥出来了的。

刘少奇通过调查研究，感到食堂不能再办下去了，但食堂办起来之后，一直被当作"共产主义萌芽"在宣传，庐山会议后更是上升到"社会主义阵地"，要求全力巩固，中央和各级为此作了不少的指示，发了不少的文件。年前出台的十二条紧急指示信中，还强调公共食堂的制度必须坚持，就是刚刚出台的"农业六十条"草案，也明确规定"在一切有条件的地方，生产队应该积极办好公共食堂，真正做到便利群众，便利生产"。因此，对于天华的干部们来说，在食堂问题上一时还难以畅所欲言，说出自己的真实思想。在这个问题上，刘少奇没有责备他们，只是耐心地启发他们办食堂一定要群众自觉自愿，不要勉强，群众勉强参加，食堂必然办

---

① 《刘少奇同志视察山东工厂农村》，《光明日报》1958 年 8 月 4 日。

不好。自愿就办，不自愿就不办。办得好就办，办得不好就散。不加入食堂的，也不是反社会主义，反人民公社，也不是不光荣，不要对他们歧视。生活单干同生产单干不一样，生活单干还是社会主义。一定要自愿，不自愿，勉强是一定搞不好的。

调查期间，刘少奇在与群众的接触中，得知有一个叫段树成的人，是原来的党支部副书记，他比较了解真实情况。但段树成受到彭梅秀的批判，被定为"右倾机会主义"，撤职了。刘少奇决定找段树成谈一谈。

段树成和彭梅秀都是天华人，段比彭年长十几岁。天华大队的前身是天华农业社，成立于1955年。农业社成立时，彭梅秀担任社长，上级考虑到她比较年轻，就将已担任乡手工业工会主任的段树成调回村里担任农业社党支部书记。人民公社化后，天华农业社变成了天华大队，由于彭梅秀是有名的劳动模范，上级便安排她担任大队党支部书记，段树成任副书记。段与彭两人开始关系还比较融洽，但1958年大炼钢铁时，木匠出身的段树成不赞成毁林烧炭去炼钢铁，又认为搞农业生产要因地制宜，因而与彭梅秀发生了一些矛盾。庐山会议后"反右倾"时，彭梅秀组织对段树成进行批斗，并将其定为"右倾机会主义分子"，他的党支部副书记的职务也被撤掉了。

4月18日，刘少奇将段树成请来，段树成向他谈了许多的情况，说天华大队的粮食产量、养猪数、工分值等都是虚报的，实际没有那么多。社员口粮一天只有七八两，不够吃。全大队患浮肿病的超过一百人。他还说："这里是先进单位，对外开放参观，上面给补贴；因为办公共食堂，山上的树已经砍得差不多了；大队有一个篾席厂，是大队干部的吃喝点，干部经常晚上去吃喝，当然不得浮肿病。"刘少奇对段树成反映的情况很重视，还要他以后参加大队干部会议，有什么意见可以在会上讲出来。

彭梅秀听说刘少奇找段树成谈话后，很不高兴。站在路上骂人，称刘少奇为"刘胡子"，说"刘胡子"来把天华大队搞乱了。刘少奇并没有把这件事记在心上，觉得彭是基层干部，又是个女同志，不过是一时的气话。这件事却使刘少奇深感了解真实情况并不是那么一件容易的事。后来他多次讲："她骂我'刘胡子'，其实我没有胡子，她是要赶我走。我是国家主席，还有公安厅长带人保护着，想随便找人谈谈话，都要受到刁难。这说明听到真话、调查真实情况是多么不容易！"①

刘少奇在天华大队总共调查了18天，这期间，他只在4月26日因接见外宾去了一次长沙。在这十几天的时间里，他不是开座谈会或听取中央调查组的汇报，就是到农民家访问，同社员谈话。这使他掌握到了许多以前所不知的真实情况，对农业生产和农民生活的困难程度有了真切的感受。

在天华调查结束后，刘少奇去长沙工作了几天。然后，回到了阔别36年的家乡宁乡县炭子冲，继续对农村情况进行调查。经过调查，刘少奇了解到了农村的真实情况，他发现，农民生活的困难程度和公共食堂存在的弊端，比他想象的还要严重，也坚定了他解散食堂的决心。他在同炭子冲的社员谈话时表示："食堂没有优越性，不节省劳动力，不节省烧柴。这样的食堂要散，勉强维持下去没有好处，已经浪费几年了，不能再浪费下去。"②

4月底5月初，周恩来前往河北的邯郸地区，重点对武安县的伯延公社进行调查。武安位于地处晋、冀、豫三省交界处，抗日战争时期，这里是八路军晋冀鲁豫军区所在地，抗战胜利后一段时间，晋冀鲁豫中央局也一度进驻在这里，刘伯承和邓小平就是从这里率刘邓大军千里跃进大别山的。

周恩来在伯延公社作了4天的调查。到伯延的当天，周恩来召开了大小队干部座谈会。会上，周恩来主要了解食堂、供给制和包工包产的情况。他要求干部们回去后很好地讨论食堂办不办的问题，并表示，如果食

---

① 《王光美访谈录》，中央文献出版社2006年版，第240页。
② 《刘少奇选集》下册，人民出版社1985年版，第329页。

堂分开便利，就要分开。他还征求了干部们对供给制的意见，询问他们供给制要不要，是否只照顾五保户。他还说，包工包产、评工记分、"四固定"这些问题都要讨论，看看有什么问题，怎样办才好。随后，周恩来又分别主持召开社员代表座谈会、大队干部及部分小队干部座谈会，重点讨论食堂、供给制、自留地等问题，并到社员家里拉家常、了解情况、听取社员对这些问题的意见。

5月7日，周恩来将调查了解到的情况用电话向毛泽东作了汇报，他在电话中说："绝大多数甚至于全体社员，包括妇女和单身汉在内都愿意回家吃饭；社员不赞成供给制，只赞成把五保户包下来和照顾困难户的办法；社员迫切要求恢复到高级社时记工评分的办法。"① 毛泽东对周恩来的意见极为重视，当即批发给各中央局，各省、市、区党委参考。

结束对武安的调查后，5月11日至13日，周恩来在邯郸市交际处听取先期到达这里的中央调查组的汇报，参加汇报的还有中共河北省委及河北部分地、市、县的负责人。在听取汇报的过程中，周恩来表示：我这次是来试点的，在伯延揭开了盖子，大家都要求在麦收前散完食堂，这个趋势已定。问题是要不要一哄而散？特别是县委的同志，要帮助社队不愿散的同志卸下包袱，要防止简单化。过去搞食堂是为了生产前进，现在散食堂也是为了生产前进，因为食堂已影响了前进，散食堂依然是前进，而不是后退，现在思想已经解放了，省、地已下了决心，要求县委的同志要慎重散好。为了有步骤地解散食堂，周恩来要求各级干部做好九项工作：（一）房屋问题；（二）炉具问题；（三）粮食加工问题；（四）菜地问题；（五）油盐问题；（六）拉煤问题；（七）老弱孤寡挑水问题；（八）农村工作人员吃饭问题；（九）算账问题。在汇报会期间，周恩来还派人专程去武安了解食堂解散的情况，并在会上作了通报，他还就解散食堂后社员节约用粮、生产积极性的调动等一一举例说明，以证明解散食堂是符合现实

---

① 《周恩来选集》下卷，人民出版社1984年版，第314页。

和群众愿望的。①

在调查研究的过程中，其他领导人对公共食堂的问题也很关注。广州会议后，朱德前往四川、陕西、河南、河北4省视察。回到北京后，他于5月9日致信毛泽东说："四川的公共食堂是'两道烟'，即在食堂做一道，社员打回家再做一道，既浪费人力又浪费物力。陕西群众说，农村的公共食堂有五不好：一是社员吃不够标准；二是浪费劳动力；三是浪费时间；四是下雨天吃饭不方便；五是一年到头吃糊涂面。据豫东调查，允许社员自己回家做饭吃，不到一个月，浮肿病即下降了40%到50%。"②

广州会议后，邓子恢到了福建的漳州和龙岩作了一个多月的调查。5月13日，他在写给中共中央和毛泽东的信中说：公共食堂"这是包括城乡全体人民所迫切要求解决的问题，我一回到龙岩边境就有许多群众反映这个问题"③。

中共中央派往各地及各中央局和各省市区的调查组，也都在调查报告中历数公共食堂的缺点和弊端。驻河北邯郸的中央调查组组长谢富治在报告中说，调查组一进村，群众就问："食堂要不要下放到户？"又说："食堂好比紧身袄，穿在身上怎么也不自在。"初步调查，80%的社员赞成回家做饭。调查组在5个生产队采取无记名投票的方式进行公决。投票的结果是90%的社员赞成停办食堂，愿留在食堂吃饭的社员只有10%。中央辽宁海城调查组负责人胡耀邦在报告中说：青壮年、妇女、老年人、基层干部，没有一个说食堂好话的。干部们说：自从办起食堂，通常有一个干部顶着，不是丢就是坏，不是修就是补，不是吵就是闹，这个说"饼子有大有小"，那个说"勺子长眼睛啦"。伤透了脑筋。中央驻河北安国、徐水调查组负责人杨尚昆在报告中认为：两个县的食堂情况大体上同其他地区相

① 中共河北省委党史研究室编：《领袖在河北》，中共党史出版社1993年版，第174—178页；邯郸市委办公室整理：《周总理在汇报会上的插话指示纪要》（1961年5月）。

② 中共中央文献研究室编：《朱德年谱》，人民出版社1986年版，第478页。

③ 《邓子恢文集》编辑委员会：《邓子恢文集》，人民出版社1996年版，第528页。

同，也就是不能不散。

这次全党大调查重点了解的另一个问题，是农民对供给制的反映。

在过去革命战争年代，由于物资供应紧张，又加之战争环境，在军队与政府机关中普遍实行供给制。全国解放后，供给制仍维持了一段时间，但随着条件的改善和生活方式的多样化，供给制的范围不断扩大，问题也越来越多，20世纪50年代中期，国家实行工资改革，将供给制改为薪金制。为了体现按劳分配原则，实行工资制后必须划分多种工资等级。由于对马克思关于资产阶级法权理论的误解，使得毛泽东等领导人认为工资制强化了等级观念，破坏了革命队伍内部原有的平等关系，使一部分干部滋长了个人主义，觉得还是过去战争年代那种供给制比较好。而且供给制已有按需分配的成分，能增加共产主义的因素。因此，人民公社建立后，废除了原来农业社的评工记分制度，实行供给制与工资制相结合的分配方式。

人民公社所谓供给制，最初包含的内容可谓五花八门。有的人民公社一开始，搞所谓的包吃、包住、包穿、包医、包教（育）、包洗澡、包看戏，等等，河南新乡县七里营人民公社提出向社员供给的内容有15项，时称"十五包"，自然也有"七包""八包""十包"等多少不一的各种"包"。由于人民公社财力有限，各式各样的"包"能够落实并勉强坚持下来的仅是包吃，所以供给制最通俗的解释是"吃饭不要钱"（其实只不过是社员吃饭不花现钱而已）。至于工资制，则基本上没有实行过。因而人民公社建立后，搞劳民伤财的这"大办"那"大办"，如大炼钢铁、大办交通、大办水利等，而这些"大办"都需要公社、大队、生产队无偿提供劳动力和平调社队的财物，并且造成农村劳动力紧缺，根本无力发展多种经营。当年在"大办工业"的口号之下，人民公社也曾通过平调原农业社和社员的财物，一哄而起起了一些社办企业，但绝大多数是既无技术又无合适的产品，往往是白白浪费大量的人力物力而无效益，办起不久便名存实亡。公社化后，绝大多数公社并无多少工资可发。因而在工资与供给的比例中，后者占了大头，一般二者达到了四六开、三七开甚至更高。供给制是典型的平均主义，也就是社员干好干坏、干多干少都吃一样的饭，结果造成原来积极劳动的没有积极性，原来偷懒的更懒，人民公社的生产效率普遍低下。但由于公社化时曾对供给制大唱赞歌，认为它具有"共产主义萌芽"，所以"农业六十条"（草案）仍对供给制予以肯定，只是强调要降低供给的比例，使供给的比例不要超过三成。

在此次全党农村大调查中，供给制与公共食堂一样，成为群众反映最为强烈的又一问题。广州中央工作会议一结束，邓小平在处理好中央的日常工作后，于4月7日到了京郊的顺义农村，随后在这里进行了15天的调查，以蹲点、座谈、访问等形式，详细了解农村实际和干部群众的情况。5月10日，邓小平和彭真联名致信毛泽东，反映调查了解到的情况，并就农村若干重大政策问题发表了意见。信中着重讲了五个问题：

一是关于社队规模。信中说，北京近郊和各县生产大队和生产队规模都已调整，多数是万把人一个社，大队一般是以村为单位，生产队一般是50户左右，生产队之下一般建立作业组。社队规模的调整，使农民心里有了底，效果很好，它大大提高了社员的生产积极性。

二是关于粮食征购和余粮分配。在调查中，邓小平和彭真了解到，干部和群众对这个问题有两种意见，即多数生产队赞成对包产部分的余粮购九留一，对超产部分购四留六。有少数生产队愿意包死。他们认为，"因为连续两年歉收，目前社员爱粮如珠，对国家征购后的余粮，大队、生产队不宜留得多了，应该把绝大部分按劳动工分、按出售肥料分给社员，鼓舞他们像经营自留地一样，在集体经营的土地上精耕细作、积极施肥。"

三是关于供给制。邓小平和彭真的看法是："现在实行的三七开供给制办法，带有平均主义性质，害处很多。它不仅使劳动力多、劳动好的人吃亏，也不能适当解决五保户和困难户的问题。"

当时看好供给制，除了它的"共产主义因素"外，还有一个重要的原因，认为它有利于照顾贫下中农。可事与愿违，受到照顾不是贫下中农，而多是地主、富农等。邓小平、彭真在给毛泽东的信中说："许多典型材料证明，这种供给制，不但不一定对贫雇农和下中农有利，甚至对地富和上中农更有利。因为贫雇农和下中农一般结婚比较迟，子女少，劳动比较好，在他们中间占这种供给制便宜的人比例较小；而地主、富农一般抚养人口比较多，劳动比较差，又有使子女上学的习惯，在他们中间占便宜的人，比例较大。因此，在这次辩论中，干部和群众普遍主张取消这种供给制，而主张只对五保户生活和困难户补助部分实行供给。"

四是关于"三包一奖"和评工记分。信中提出，根据一些典型调查的材料，凡是几年来年年增产的单位，多是大体上坚持执行了"三包一奖"评工记分制度的，有些单位并且建立了比较系统的定额管理制度。一些实行"死分死记"或"死级活评"的单位，因为没有执行按劳分配的原则，一般都减了产。现在，有很多生产队，由于调整了社队规模，废除了老的供给制，实行了新的供给制（即只供给五保户和困难户），再加上执行和改进了"三包一奖"、评工记分的办法，劳动积极性和劳动效率显著提高。

五是关于公共食堂。邓小平和彭真认为，食堂的问题比较复杂，不能像供给制一样，一刀两断地下决心。尤其要走群众路线，让社员慢慢考虑、好好讨论，完全根据群众自愿，他自己感到怎样合算就怎样办。今后，要办食堂的，一般应当把食堂的经济核算同生产队分开。食堂不要大了，应办小型的，或者是自愿结合的。①

毛泽东对这封信很重视，很快作出批示："此信发给各中央局，各省、市、区党委，供参考。"邓小平和彭真的这些建议，在随后出台的"农业六十条"（修正草案）中都得到了体现。

邓子恢在福建龙岩调查时了解到，群众普遍反映供给制有害无利。主要表现在：其一，把工分值降低了。一般比1957年降低了50%到60%，

---

① 中共中央文献研究室：《建国以来重要文献选编》第14册，中央文献出版社1997年版，第325—329页。

甚至更多，大大影响了农民的劳动积极性。其二，一般地区供给比例在30%以上，比高级社时的公益金要高得多。由于供给面广了，供给量并不多，实际上五保户、困难户依然困难，超支户还是超支。其三，出了一批懒汉。其中有些人是偷懒不劳动，有些人则是不满供给制而不出工。①

杨尚昆在关于河北安国、徐水两县的调查报告中说，许多生产队供给同工资的比例，不是三七开，而是四六开甚至更多。由于供给制的比例大，降低了工分分值，不利于发挥劳动者的积极性。有的家庭人口多的社员，因为供给部分的收入较多，尽管有劳力也不积极出工。社员都不主张实行供给制而是主张包五保户，对劳少人多的困难户，从公益金中加以补助；同时，哪些户该补，补助多少，都应经社员讨论；其余的户，一律实行按劳分配。

根据调查的情况，中共北京市委就改变供给制分配办法给中共中央及华北局写了一个报告。报告中说：根据北京市郊区和各县的情况，所谓三七开的供给办法，害处很多；只对五保户和困难户实行供给制的办法，则好处很多，两者利害比较，优劣极为明显。北京郊区的许多公社，社员根本拿不到工资；即使发工资的，工分也不值钱。近郊菜区的工资高一点，一个工分能拿到一毛钱，远郊区一个工分一般只能拿到五分钱，低的只值一二分钱。社员们说："养个鸡，下个蛋，也比劳动挣工分强。"供给制使劳动力多、劳动好的人吃亏，吃亏户一般占总户数的百分之四五十，多的达60%。群众对这种平均主义的供给制很不满意，他们说："供给制养懒人，养坏人。""说什么吃饭不要钱，是不要死人的钱，可要活人的钱。"②

广州会议后，中共中央农村工作部副部长王观澜带领一个调查组，前往陕西临潼县华清公社和长安县韦曲公社进行调查。关于供给制问题，王

---

① 《邓子恢文集》，人民出版社 1986 年版，第 533 页。

② 《北京市委关于改变供给制的办法向中央、华北局的报告》(1961 年 5 月 15 日)。

观澜在调查报告中写道："社员和干部认为实行按劳分配、包五保户、补贴困难户的办法好得很。他们反映，高级社时实行评工记分，按劳分配，'干部愁活少，社员抢活干'，'社员做活挡也挡不住'。如果干部分配给哪个社员的活少了，活轻了，还认为干部对他'有冤'。'工分是命根子'是当时大家公认的一句话。他们回忆起当时'活不够干，粮吃不完'的情景时，个个兴致勃勃，说得津津有味。讲到现在的情形：'干活要队长挨门叫，叫也叫不动。''锣打破了人都叫不齐。'来了也是'马马虎虎向前干，工分多少都吃饭'。"报告还说："许多干部主张包五保户和定时定量补贴困难户，其余的社员都按劳动工分的多少进行分配。认为这样办，'可以治有劳不劳的人'，'去掉依赖根'。"①

此外，群众反映较多的，还有自留地、家庭副业、生产中的瞎指挥、山林问题、房屋问题和干部作风问题。

在刘少奇、周恩来前往湖南、河北农村调查稍后一点时间，陈云也回到了家乡上海青浦县开展农村调查。

陈云调查的第一个点是青浦县小蒸公社。陈云在小蒸住了15天，仅专题座谈会就开了10次，内容是：（一）公养猪；（二）私养猪；（三）农作物种植安排；（四）自留地；（五）平调退赔；（六）农村商业；（七）公社工业和手工业；（八）粮食包产指标、征购任务、农民积极性；（九）干部问题和群众监督；（十）防止小偷小摸，保护生产。此外，他还听了公社党委两次汇报，参观了十多个集体养猪场，访问了多家农民家庭。

在调查中，陈云了解到，在农村诸多问题中，小蒸农民最关心的是母猪私养、农作物种植安排和自留地三个问题。通过深入调查，陈云清楚地感到私养母猪养得好，产苗猪多，苗猪的成活率高；相反，公养母猪空怀多，流产多，苗猪死亡多。他认为，要迅速恢复和发展养猪事业，必须多产苗猪；而要多产苗猪，就必须把母猪下放给社员私养。这是今后养猪事

---

① 王观澜：《在西安临潼华清公社和长安韦曲公社的调查》（1961年5月10日）。

业能否迅速恢复和发展的一个关键。

小蒸公社这几年来，农业生产比较稳定，1960 年的粮食产量比 1957 年还有所增长，与大丰收的 1956 年大致相当，这在当时已很不容易了。尽管粮食产量没有大的下降，但由于生产上搞瞎指挥，强迫农民种双季稻和小麦，群众反映这样做是"明增暗减，得不偿失"。调查期间，陈云"带着问题亲自到田头察看耕作情况、除草质量、稻苗长势；询问早稻、晚稻、小麦、蚕豆的耕作规律，施肥种类和肥料储备情况；了解种双季稻和种单季稻、稻麦间作的优缺点，在本地区采用哪种方式比较切合实际"[1]。通过深入调查，陈云得出结论："种双季稻各方面损失很大，实际上并不合算。"[2]

自留地问题自人民公社化运动以来，就成为广大农民和农村基层干部的一块心病。自人民公社化以来，自留地收收放放，收一次有收的理由，放一次又讲放的道理。由于政策反复，农民辛辛苦苦在自留地种点农作物，常常是"共产风"一来就被各级以各种名义刮走。陈云在走访农民家庭时，总要看看他们的自留地，看看种植蔬菜的品种和长势，询问何时能收获，可以解决多少问题。

经过半个月的调查，陈云基本摸清了青浦农村的情况。调查结束后他在给邓小平的信中说："农民对我们党有赞扬，也有批评。他们的意见和情绪，概括起来有四：一是粮食吃不饱；二是基层干部不顾实际、瞎吹高指标，参加劳动少，生活特殊化；三是干部在生产中瞎指挥，不向群众进行自我批评；四是没有把集体生产组织好，农民的积极性差，相反，对自留地、副业生产积极性高。"[3]

"大跃进"运动以来，山林破坏十分严重。一是 1958 年下半年全民大炼钢时，大搞所谓小土群，不少地方从山上伐树烧炭用于炼钢铁。二是公

---

① 《缅怀陈云》编辑组：《缅怀陈云》，中央文献出版社 2000 年版，第 445 页。

② 《陈云文选》第三卷，人民出版社 1995 年版，第 178 页。

③ 《陈云文选》第三卷，人民出版社 1995 年版，第 170—171 页。

共食堂建立后需要大量地烧柴，在非产煤区，许多食堂图省事，直接砍伐树木作燃料。三是山林的所有权名义上是归大队所有，但公社要平调不敢管，食堂要砍伐管不住，公社化前形成的一套行之有效的管理制度又废除了，山林实际上处于无人管理的状态。这样一来，使山林遭到严重破坏。

中央驻湖南调查组了解到，湖南长沙县天华大队，原有 55 亩大树林，人民公社化后，砍掉 31 亩，剩下的 24 亩也被陆续砍光，原有 70 亩竹林，到 1961 年上半年已一根也不剩。湖南茶陵县有家铁厂用木炭炼钢，仅两年时间，就把周围 30 里的山林砍光。① 邓子恢在调查中也发现，沿途山林都被砍光，原因是林权不固定，山林无人管理，公社搞林木大平调，国家和公社乱砍乱伐，社员也跟着各自下手。由于山林砍光，社员副业门路断绝，给生产、生活带来困难。②

人民公社化运动之初，大办商业、工业、学校、信用部等机构，大搞生活集体化，建立公共食堂、托儿所、敬老院等，都是占用社员的房屋。还有些地方在积肥时，将社员的泥土房或泥砖房拆掉肥田。亦有一些地方不顾现有条件建所谓共产主义新村，先将社员原有的住房拆毁，结果新村未建成旧房又被拆。于是，不少社员失去自己的房屋，挤住在集体统一安排的房子里。

据中央调查组对湖南长沙县黄花公社新湘大队廖家冲小队的调查，这个小队原有房屋 119 间，人均 1.05 间。公社化以来，因积肥等拆掉了 37 间，大队敬老院和幼儿园占用了 7 间，食堂占用 7 间，空了 5 间。这样一来，社员住的只有 63 间，每人平均 0.56 间。全队 24 户中，住自己房屋的 15 户，自己房屋拆了，住别人房屋的 6 户，自己房屋被大队占用，住别人房屋的 2 户，还有一户是自己房屋被别人占了，自己又住别人房屋的。每拆一次房，社员就搬一次家。公社化以来，这个小队有 14 户搬过

---

① 薄一波：《若干重大决策与事件的回顾》下卷，中共中央党校出版社 1993 年版，第 933—934 页。

② 《邓子恢文集》，人民出版社 1996 年版，第 541—543 页。

家，搬得最多的一户不到 3 年时间搬了 5 次。①"大跃进"和人民公社化运动以来，湖南省全省共拆毁、占用农民住房 3293690 间，平均每户 0.4 间。益阳县的共同、新田两个大队，原有房屋 934 间，被拆、占 513 间，平均每户 1.6 间，占原有房屋总数的 54.4%。不少地方出现了"三代同堂""两姓一室"，在一间小屋里摆着床铺、锅灶、鸡笼、便桶的现象更是常事。②

随着公共食堂的解散，社员必须有自己做饭、饲养家禽家畜的地方，房子问题就凸显出来。湖南省长沙县广福公社工作队在一份报告中说，农村公共食堂分散后，在处理若干具体问题中，社员最关心、最迫切要求解决房屋问题。房屋定不下来，社员的自留地、自留山、前屋后的竹木等也都定不下来，社员们说："房子不解决，六十条讲要发展家庭副业是说空话。"而且房屋定不下来，现在住的只管住不管修，空着的房子无人管，许多房屋的破坏和损坏将更严重。③ 至于房屋问题，"农业六十条"（草案）中只是笼统地说包括房屋在内的生活资料归社员所有，没有对平调的社员房屋如何处理作出决定，成为贯彻"六十条"草案过程中群众反映强烈的又一个问题。

人民公社"一大二公"的体制，客观上造成了少数社、队干部的瞎指挥和强迫命令的工作作风，也便于其搞生活特殊化。1960 年下半年，各地开始了以纠正"共产风"为中心内容的整风整社运动，对改进干部作风起了一定的促进作用，但是，这个问题没有从根本上得到解决。据习仲勋对河南省长葛县和尚桥人民公社的调查，1960 年 11 月中共中央《关于农村人民公社当前政策问题的紧急指示信》下发后，"五风"虽然刹了车，

---

① 　徐羽：《长沙县黄花公社新湘大队廖家小队调查》（1961 年 3 月 10 日）。
② 　湖南省委农村办公室：《平调房屋的退赔情况》，《农村情况快报》第 49 期（1961 年 5 月 17 日）。
③ 　长沙县广福公社工作队：《关于广福公社天华大队房屋处理情况的报告》（1961 年 5 月 10 日）。

但干部作风和工作方法还没有彻底改变。主要表现是不作调查研究，自上而下布置任务多，自下而上反映群众要求少，文件多，会议多，报表多；群众路线的工作作风差，事情很少同群众商量，光要群众听干部的话，干部很少听群众的话；党委包办行政事务，书记事情很多，什么事情书记都要管。①

为了克服严重的困难，毛泽东了解农村真实情况的心情也格外地迫切，对这次各级干部开展的大规模的调查研究活动，他给予了极大的关注。1961年5月6日，他致信中共中央西南局第一书记李井泉和正在四川简阳作调查研究的农业机械部部长陈正人说：

> 陈正人同志5月1日给我的信收到，很高兴。再去简阳做一星期，最好是两星期的调查，极为有益。井泉同志：你为什么不给我写信呢？我渴望你的信。你去调查了没有？中央列举了一批调查题目，是4月25日通知你们的。5月4日又发了一个通知，将会期（按：指即将召开的中央工作会议）推迟到5月20号，以便有充分调查研究的时间，将那批问题搞得深透，到北京会议时，比起广州会议来，能够大进一步。我这里还有一个要求，要求各中央局，各省、市、区党委第一书记同志，请你们在这半个月内，下苦功去农村认真作一回调查研究工作，并和我随时通信。信随便写，不拘形迹。这半个月内希望得到你们一封信。如果你们发善心，给我写信，我准备给你们写回信。②

这次调查研究，在共和国历史上是规模空前的，党的第一代中央领导集体的成员都深入农村调查，从中央到县级以上各级党委都组织调查组，写出了大量的调查报告，了解到了许多曾经不知情的真实情况，发现了人民公社中存在的大量问题，并在调查中找到了解决问题的对策。通过近两

---

① 习仲勋：《河南长葛县和尚桥人民公社整风整社问题的调查》（1961年5月15日）。
② 《建国以来毛泽东文稿》第9册，中央文献出版社1996年版，第484页。

个月的调查，许多事关人民公社的政策问题基本明朗，对"农业六十条"（草案）需要修改、补充和完善的地方也大体明确。在此基础上，1961年5月21日至6月12日，中共中央在北京召开工作会议。会议的主题是讨论和修改广州会议制定的"农业六十条"（草案），同时制定精简城市人口、压缩粮食销量方案，对几年受到错误批判和处分的党员干部进行甄别平反。

会上，党的领导人对几年出现的失误和错误做了认真的分析。毛泽东在会上承认，两次郑州会议开得仓促。第一次就是搬斯大林，讲了一次他写的《苏联社会主义经济问题》。第二次就是分三批开会，第一批是一天，最后一批是一天半。问题并没有解决。那时心里想着早点散会，因为3月份春耕来了。如果要把问题搞清楚，一天两天是不行的。时间短了，只能是压服，而不是说服。庐山会议后，错就错在不该把关于彭（德怀）、黄（克诚）、张（闻天）、周（小舟）的决议传达到县以下。应该传达到县为止，县以下应该继续反"左"。一反右，就造成一个假象，可好了，生产大发展呀，其实不是那样。军队不搞到连队，地方不搞到公社以下去就好了。搞下去就整出了许多"右倾机会主义分子"。现在看是犯了错误，把好人、讲老实话的人整成了"右倾机会主义分子"，甚至整成了"反革命分子"。

毛泽东强调："一定要搞好调查研究。一定要贯彻群众路线。平调的财物要坚决退赔，但不要有恩赐观点。还有一个，凡是冤枉的人都要平反。"他深有感触地说："社会主义谁也没有干过，没有先学会社会主义的具体政策而后搞社会主义的。我们搞了十一年，现在要总结经验。"①

刘少奇在讲话中更是明确指出："这几年发生的问题，是由于天灾呢？还是由于我们工作中间的缺点和错误呢？""总起来，是不是可以这样讲：从全国范围讲，有些地方，天灾是主要原因，但这恐怕不是大多数；在大

---

① 《毛泽东文集》第八卷，人民出版社1999年版，第275页。

多数地方，我们工作中间的缺点和错误是主要原因……我们在执行总路线、组织人民公社、组织跃进的工作中间，有很多的缺点错误，甚至有严重的缺点错误。"他还说："农民饿了一两年饭，害了一点浮肿病，死了一些人，城市里面的人也饿饭，全党、全国人民都有切身的经验了。回过头来考虑考虑，总结经验，我看是到时候了。再也不能这样继续搞下去了。"①

会议的一项重要成果，是对《农村人民公社工作条例（草案）》中关于公共食堂和供给制的内容作了重大修改，对生产大队的山林、社员的房屋和干部纪律作出了明确规定，最后形成了《农村人民公社工作条例（修正草案）》。

对于公共食堂，"农业六十条"修正草案第 36 条规定："在生产队办不办公共食堂，完全由社员讨论决定。凡是要办食堂的都办社员的合伙食堂，实行自愿参加、自由结合、自己管理、自负开销和自由退出的原则。这些食堂，都要单独核算，同生产队的财务分开。""生产队对社员办的食堂，应该给予可能的支持与帮助，但在经济上不应该有特殊的待遇。对于参加和不参加食堂的社员，生产队都应该同样看待，不能有任何的歧视。""社员的口粮，不论办不办食堂，都应该分配到户，由社员自己支配。口粮分配到户的办法可以在收获后一次发，也可以分期发。"②

对于供给制问题，"农业六十条"修正草案取消了原草案中关于社员分配供给部分和工资部分"三七开"的规定，改为社员一切收入都"按劳动工分进行分配"。

对于山林问题，修正草案增写了一条，即第 21 条，主要内容是：原来高级社所有的山林和大队新植的林木，一般都归生产大队所有，固定包给生产队经营；少数不便于生产队经营的，由大队组织专业队负责经营；

---

① 《刘少奇选集》下卷，人民出版社 1985 年版，第 337、338 页。

② 中共中央文献研究室：《建国以来重要文献选编》第 14 册，中央文献出版社 1996 年版，第 401 页。

对于不在计划之内和不合规格的采伐，生产大队和生产小队都有权制止。

对于社员的房屋，修正草案第 43 条规定："社员的房屋永远归社员所有，任何组织和个人，都不得强迫社员搬家。任何机关、组织、团体和单位，都不得占用社员的房屋；如因建设需要必须征用的，应该严格按国务院有关征用民房的规定，给予补偿，并且对移民户作妥善安置。"

"农业六十条"修正草案增设了公社各级干部三大纪律、八项注意一条。三大纪律是：（一）如实反映情况；（二）正确执行党的政策；（三）实行民主集中制。八项注意是：（一）参加劳动；（二）以平等的态度待人；（三）办事公道；（四）不特殊化；（五）工作要同群众商量；（六）没有调查没有发言权；（七）按照实际情况办事；（八）提高政治水平。

"农业六十条"修正草案的上述重要修改，是以毛泽东为核心的第一代中央领导集体和党的各级领导干部在广泛调查研究的基础上所作出的，表明中共中央在农村政策上有了重大突破，它对于扭转农村困难局面发挥了重要作用。1961 年，我国虽然仍遭受了较严重的自然灾害，但粮食生产已经开始有了转机，比上年度增长了 2.8%，扭转了连续两年大减产的局面。到 1962 年，农村形势进一步好转，全年粮食总产量比 1961 年增长了 125 亿斤，其他经济作物也有了一定的发展，全国已有四分之一的县农业总产值恢复和超过了 1957 年的水平。

五、为下放基本核算单位再调查

"农业六十条"草案和修正草案，是全党恢复实事求是的传统和大兴调查研究之风取得的一个重要成果。"农业六十条"修正草案公布后，各省、市、自治区分别召开各种形式的干部会议，统一思想认识。各级党组织在调查研究的基础上，有针对性地宣传"农业六十条"，并结合各地的实际制定一些补充规定。在此后两三个月的时间里，农村的"五风"基本上得到制止，党同农民的关系有了改善，农民的生产积极性显著提高，各地的生产普遍有了起色。据中共中央农村工作部 1961 年 8 月 24 日《关于各地贯彻执行六十条的情况和问题》的简报，这些变化主要表现在：

（一）初步调整了社、队规模。到 1961 年 8 月下旬，全国 27 个省、市、自治区人民公社的总数增加到 55682 个，比调整前增加了 30478 个；生产大队为 708912 个，增加 225098 个；生产小队为 4549474 个，增加 1561306 个；（二）退赔已经部分兑现，公社化以来全国平调总数大约为 250 亿元，已退赔 20%—30%；（三）进一步确立了以生产大队为基础的三级集体所有制，基本上制止了瞎指挥风；（四）给社员分配和补充了自留地，发展了家庭副业；（五）普遍地恢复了"三包一奖"和定额管理、评工记分等制度；（六）过去用行政命令方式组织的"全民食堂"大部分有领导地散了，剩下约 20% 是群众自由结合的合伙食堂和农忙时的劳力食堂；（七）普遍地实行了粮食分到户的办法；（八）多数地方对今年夏收比较重视，"三包一奖"、按劳分配等比去年执行得好；（九）各地普遍地重视了人民公社的经营管理工作；（十）在中央的正确政策领导下，各地对于恢复和发展生产，有了更大的信心。①

但是，各地在贯彻执行"农业六十条"时也存在一些问题，如有的地方没有按规定给社员留足自留地，也有的地方没收社员自留地的粮食顶上交任务或顶分配口粮，广大群众对"农业六十条"既热烈拥护，但又普遍存在"怕变"的心理。尤其重要的是，"农业六十条"草案和修正草案贯彻落实后，虽然社、队规模有了缩小，但以生产大队为基本核算单位没有改变，大队仍然承担着"统一管理各生产队的生产事业"，"在全大队范围内统一分配归大队所有的产品和收入"的职能，也就是说，仍以生产大队为基本核算单位，这就使得生产队与生产队间的平均主义问题依然没有从根本上解决。

---

① 黄道霞等主编：《建国以来农业合作化史料汇编》，中共党史出版社 1992 年版，第 647—648 页。

对于生产大队内部的平均主义问题，当时并非没有完全意识到，因而"农业六十条"修正草案中，规定生产大队应对生产队采取包工、包产、包成本、超产奖励的"三包一奖"办法，但这个办法并没有真正解决问题。据中共河北省委工作组在保定地区的调查，满城县城内生产大队为了搞"三包一奖"和夏秋分配，大队和生产队两级，春、夏、秋三季要搞5次10套方案，要算49个百分比，1191笔账。群众说："年年搞'三包一奖'，年年稀里糊涂，吃亏沾光心里不清楚。"干部和会计人员反映，搞"三包一奖"一年有三愁："算账、吵嘴、熬油灯"。实行"三包一奖"，对社员应分部分的分配方法是，把包产以内的总收入刨除扣留部分后，全大队按照一个平均工值进行分配。这样，使收入多的队不能多分，收入少的队也不少分。虽说有超产奖励，但奖励的产量往往只占超产量的很小一部分，超产的大部分交给了大队。对此，群众不满意地说："这好比新出嫁的姑娘住娘家，带回去的东西少，拿走的东西多。"在"三包一奖"中，因为分配是按一个平均包工值确定的，包工多包产低的队就会多分，包工少包产高的队就会少分。涿县西皋庄大队，1960年包产时第二生产队有10亩低洼地，每亩只包产28斤豆子，每亩包工9个。这个队算了一笔账，就按这10亩豆子颗粒不收，按亏产罚30%计算，共要罚款8.4元；每亩包工9个，按每个工决算时分值0.35元计算，能分款31.5元。除去赔款还净得23.1元。如果把这些工用去搞副业，还可得100多元。其他队的社员说："三包一奖好是好，就是投机取巧管不了。"①

毛泽东一直把"农业六十条"当作他的心爱之作，但他感到5月中央工作会议修订后的"六十条"仍有欠缺，主要是"六十条"只解决了公社、生产大队和生产队规模过大的问题，但没有解决大队内部生产队之间的平均主义，而这个问题不解决，生产队和社员的积极性仍然受到影响。因此，如何解决这个问题，他觉得还是要从基本核算单位的改变上想办法。

---

① 河北省委工作组：《关于分配大包干的调查报告》(1961年8月17日)。

1961年8月23日至9月16日，中共中央在庐山举行工作会议。因为1961年上半年，从中央到地方，都在集中研究和解决农业问题，而工业、粮食、财贸和教育等领域同样问题不少，但还没有来得及集中讨论，所以这次会议重点研究这几个问题。会议认为，调整、巩固、充实、提高的八字方针虽然已经提出一年多，但由于情况不明，认识不足，经验不够，一直没有按照实际情况降低计划指标，以致工业领域的调整工作丧失了一年多的时机。会议强调指出：现在再不能犹豫了，必须当机立断，该退的就坚决退下来，切实地进行调整工作。这次会议还讨论通过了《国营工业企业工作条例（草案）》（简称"工业七十条"）、《教育部直属高等学校暂行工作条例（草案）》（简称"高教六十条"）两个文件，以此指导工业和文教领域的调整。

此时的毛泽东注意力仍主要在农业方面，关注"农业六十条"的执行情况。会议的第一天，毛泽东在讲话中说："讲到社会主义，不甚了了。公社工作六十条，讲的是所有制、分配、人与人的关系，'六十条'都是社会主义，这个问题究竟如何，你们说有了一套了，我还不大相信。不要迷信广州会议、北京会议搞的那一套，认为彻底解决问题了。""对于社会主义，我们现在有些了解，但不甚了了。我们搞社会主义是边建设边学习。搞社会主义，才有社会主义经验。'未有先学养子而后嫁者也'。""现在刚搞了一个'六十条'，不要认为一切问题都解决了。搞社会主义，我们没有一套，没有把握。"[1]

毛泽东的这番话，大致反映了他当时的心情。对于"农业六十条"，他倾注了大量的心血，也希望有了这个东西农业生产就能够迅速恢复，今后农村工作就有一个基本的规章，下面的干部就不至于乱来，也不至出前几年那样大的乱子，前几年动摇了农业的基础地位导致全局被动的教训实

---

[1] 中共中央文献研究室：《毛泽东传（1949—1976）》（下），中央文献出版社2003年版，第1168—1167页。

在太大了。但是，是否有了"农业六十条"，农村和人民公社就不会再出问题，农民的积极性就能提高，农村的形势就能根本好转，毛泽东心中也是没有底的。对于社会主义"不甚了了"，的确是他领导社会主义建设遇到挫折之后的肺腑之言。

在这次中央工作会议上，中共中央中南局负责人陶铸、王任重向他反映，"农业六十条"解决了生产队的问题，但土地、牲畜、劳力归生产队所有，而分配则以大队为基本核算单位，所有权与分配权有矛盾。其实，这个问题毛泽东在主持起草"农业六十条"草案的时候就已有所考虑。

这年3月中旬，即广州中央工作会议期间，陶铸曾给毛泽东报送了一份关于广东南海县大沥公社沥西大队试行生产队包干上调任务的情况调查。调查中说，这个大队经过整风整社后，群众的生产积极性和大队、生产队的经营积极性大大提高，但生产队与生产队之间仍有意见。生产好的队认为增产不能多吃，减产队也和自己一样按标准吃粮。为了解决这个问题，沥西大队在试行"三包""四定"（又称"四固定"，指定土地、定劳力、定牲口、定农具）的基础上，在全大队实行统一分配的前提下，定死各生产队对大队的包干上调任务，完成上调任务后，超产部分全为生产队自行处理。试行这个办法后，各生产队和社员的积极性被进一步调动起来，整个大队的生产面貌完全改观。毛泽东在这份材料上批写道："印发各同志，请各组讨论，这个办法是否可以在各地推行。"①

由于当时与会人员的注意力集中在公社以下各级的规模大小上，沥西大队这种实际上是下放基本核算单位的做法，并未引起与会人员的重视。在"农业六十条"草案和修正草案中，都没有定死生产队对大队的包干上调任务的内容，而是强调要"认真执行包产、包工、包成本和超产奖励的三包一奖制"，并且重申生产大队是基本核算单位，这就不可能从根本上解决生产大队内部的平均主义。实际上，"三包一奖"不是新东西，农

---

① 《建国以来毛泽东文稿》第9册，中央文献出版社1996年版，第445页。

业合作社时就已有了，第二次郑州会议后曾在人民公社普遍推行。因此，"农业六十条"在这个问题上没有突破。

针对"三包一奖"的不足，前面说及的河北保定地区的农民创造了"分配大包干"的办法，其特点是：按照"农业六十条"修正草案规定的比例，大队从各生产队的总收入中，提取农业税、公积金、公益金、生活费、管理费之后，剩下的都归生产队；生产队除按照有关规定提留自己的生产费用和管理费用外，都按本队社员实出工数进行分配。这样经营好的队可多分而不多摊，经营差的队少分而不少摊，从根本上防止了队与队之间的平均主义。这种方法，实际上是将生产队作为核算单位。群众认为，实行"分配大包干"后，"丝罗子事少了"，"生产队有了底码了"，"大伙的家大伙当"，"生产比着干劲干"。中共保定地委调查后也认为，"分配大包干确是一种正确处理生产大队内部关系的好办法。它是符合人民公社以生产大队的集体所有制为基础的三级集体所有制这一根本制度的。它的实质问题是：更明确划分了大队与生产队的经营管理范围，适当地扩大了生产队的经济实权，更彻底地贯彻了'承认差别，多劳多得'的原则，避免了队与队之间的平均主义。"①

这年7月，中共河北省委召开三级干部会议，专门讨论"分配大包干"问题。参加会议的人员绝大多数赞成"大包干"的做法，但也有少数人对此心存疑虑。正好这时毛泽东到外地视察路过天津（当时河北省委驻天津），河北省委向他汇报了唐县峒笼公社各生产大队实行"分配大包干"的做法，并且告诉他，这个公社实行"大包干"后，鼓励了社员的生产积极性，粮食增产了，向国家交售的粮食多了，在困难时期群众生活安排得比较好，没有发生浮肿病。毛泽东听后认为这是一个好办法，指示河北省委继续试行下去。②

---

① 《中共保定地委关于"分配大包干"问题向省委的报告》（1961年9月8日）。

② 刘子厚：《回忆毛主席在河北的几个片断》，河北省委党史研究室：《领袖在河北》，中共党史出版社1993年版，第97页。

庐山中央工作会议后，毛泽东在回北京的途中，于9月27日在河北邯郸邀集河北、山东省委和邯郸、邢台、保定、石家庄、张家口5个地委的负责人谈话。座谈中反映出的一个突出问题是："农业六十条"修正草案中用"三包一奖四固定"的办法处理生产大队与生产队的经济关系，既烦琐，又没有真正克服队与队之间的平均主义问题。在谈话中，毛泽东得知，河北保定地区有些生产大队针对"三包一奖"的弊端，创造了"大包干"的分配办法。凡是实行这种办法的大队，队内部的"五风"问题不大，外部的"五风"到队内也被化小了。因此，这些队的生产逐年稳步提高，群众生活也较好。

"分配大包干"的做法，与毛泽东一直萦绕于心的解决生产队与生产队平均主义的想法不谋而合。他当即表示："三包一奖"是个大问题，不以脚为基础，以腰为基础，闹平均主义。脚去生产，腰去分配。"三包一奖"算账算不清，强迫命令成定局，搞平均主义。他还说，什么叫队为基础，就是以现在的生产队为基础，就是过去的小队。三级所有，基础在队，在脚。这样搞上十年八年，生产发展了就好办了。

9月29日，毛泽东将自己亲笔作的《邯郸谈话会记录》，批印给政治局常委们进行讨论、研究。同一天，他致信中央政治局常委说："我们对于农业方面的严重平均主义的问题，至今还没有完全解决，还留下一个问题。农民说，六十条就是缺了这一条。这一条是什么呢？就是生产权在小队、分配权却在大队，即所谓'三包一奖'的问题。这个问题不解决，农、林、牧、副、渔的大发展即仍然受束缚，群众的生产积极性仍然要受影响。""我的意见是：'三级所有、队为基础'，即基本核算单位是队而不是大队。"他还说："在这个问题上，我们过去过了六年之久的糊涂日子（一九五六年，高级社成立时起），第七年应该醒过来了吧。也不知道是谁地谁人发明了这个'三包一奖'的糊涂办法，弄得大小队之间，干群之间，一年大吵几次，结果瞒产私分，并且永远闹不清。据有些同志说，从来就没有真正实行过所谓'三包一奖'。实在是一个严重的教训。"①

一回到北京后，毛泽东就让邓子恢主持召开中央有关部门负责人座谈会，讨论以生产队为基本核算单位的问题。10月6日，邓子恢向毛泽东报送了《关于座谈基本核算单位下放到生产队问题的情况报告》（以下简称《报告》）。《报告》不但完全同意将基本核算单位下放到生产队，而且还总结出了这样做的几个好处：

（一）可以彻底克服队与队之间的平均主义，大大调动社员的积极性，从而更好地发展农业生产；

（二）把生产权与分配权统一起来，解决了自高级社以来大队与小队之间长期存在的责权不明的矛盾，从而取消了"三包一奖"这个糊涂制度，结束了大小队干部一年吵几次的情况，减少了许多工作麻烦，使大家能更好地分工合作，搞好农业生产；

（三）便于干部遇事与群众商量，社员也才好充分发表意见，真正建立起生产上的民主管理制度；

（四）分配权下放，大队成为各生产队在经济上的联合组织，大队的支配权只限于各队上交的公积金、公益金、管理费，大队直属企业有限，这也缩小了大队干部贪污、多占，也不致影响社员的生活，有利于防止官僚主义与"五风"为害；

（五）分配权下放可以减少大队干部，节约开支，大队干部也可更好地集中精力把直属企业办好，把党与政治工作做好。

毛泽东对这项工作抓得很紧。看到邓子恢报告的第二天，他亲自起草了《中共中央关于农村基本核算单位问题给各中央局，各省、市、区党委的指示》，连同《邯郸谈话会记录》，河北省关于"分配大包干"的五个材料，中共湖北省委关于试行以生产队为基本核算单位给中南局并报中央、毛泽东的请示报告，中共山东省委农村工作部《关于农村人民公社体制问题的

---

① 《毛泽东文集》第八册，人民出版社1999年版，第284—285页。

座谈意见》和中共山东省委关于"三包一奖"问题的情况报告，中共广东省委调查组关于南海县大沥公社沥西大队试行生产队包干上调任务的情况报告，一同下发到各地。中共中央的指示肯定了以生产队为基本核算单位的做法，认为"它最大的好处，是可以改变生产的基本单位是生产队、而统一分配单位却是生产大队的不合理状态，解决集体经济中长期以来存在的这种生产和分配不相适应的矛盾"。同时要求各级党委的负责人都要亲自下乡，并派得力的调查组下去，广泛征求群众意见。各县还可选择一二个生产队进行试点，以便取得经验。①

为了解基层干部群众对下放基本核算单位的反映，10月下旬至11月上旬，邓子恢率工作组回到家乡福建龙岩就此进行调查。11月9日，邓子恢向中共中央和毛泽东报送了《关于农村人民公社基本核算单位试点情况的调查报告》（以下简称《调查报告》）。《调查报告》着重谈到了以生产队为基本核算单位后要注意解决的几个问题。邓子恢认为，基本核算单位下放后，生产队的规模应以30户左右为宜，最少不得少于20户，各小队划分应经公社批准。土地的调整应采取人口搭配同劳动力搭配相结合的办法，按照初级社时各队所有土地归还原建制，队与队之间的插花地则根据自愿互利对等交换原则加以调整。《调查报告》认为，体制下放后大队的职权，主要是承担政权方面工作、党与政治工作、联村社工作、办好大队企业4个方面。至于口粮，则采取基本口粮与劳动口粮相结合的办法比较好。

11月23日，中共中央批转了邓子恢的这个报告。中共中央在批语中说："邓子恢同志这个报告很好，发给你们参考。因为目前各地正在普遍试点，此件可发至地、县、社三级党委参考。认真调查研究，对具体问题作出具体的分析，而不是抽象的主观主义的分析，这是马克思主义的灵

---

① 中共中央文献研究室：《建国以来重要文献选编》第14册，中央文献出版社1997年版，第738—739页。

魂。建议在十二月二十日以前，各省委第一书记带若干工作组，采取邓子恢同志的方法，下乡去，做十天左右的调查研究工作。"①

在此之前的 10 月 2 日，共青团中央第一书记胡耀邦写了一个题为《二十五天三千六百里路的农村察看》的报告。报告说，农村形势确实比去年好。所到之处，群众都说形势比去年好多了，不平调了，不瞎指挥了，干部不打人整人了，能多劳多得，生产、生活有了奔头。根本问题在于认真而具体地贯彻"农业六十条"。大队统一分配，在当前是保护队与队之间的平均主义的一个堡垒。经过邯郸时，听说主席早就说过这个问题，并且说用分配大包干代替"三包一奖"，是解决生产在小队而分配在大队这个矛盾现象、真正调动小队积极性的一个大问题。我认为这是十分正确的。

报告还说，我们在安徽看到一个突出的问题，就是许多生产队实行了一种叫做计划、分配、大农活、抗灾、用水看水五个统一下的田间管理责任制。这种责任制的实际内容就是按劳力分等，把田长期分到户管，包死产量，超产全奖，减产受罚，遭灾减免。许多群众通俗地把它叫做"分田到户"或"包产到户"。在一些"五风"刮得严重的地方，这种做法对调动社员的劳动积极性确实起了积极作用，但这种做法已出现了一些难以解决的矛盾和纠纷。如大家还要干，仍可试行，但要允许不同意的地方不这样做，更不要把它说得绝对，避免被动。如果要转过来，也要有准备、有计划地转，不要造成混乱，使生产再受损失。②

如何克服农村中生产队与生产队间、社员与社员间的平均主义，是自 1961 年以来毛泽东思考得很多的问题。"农业六十条"草案和修正草案出台后，他觉得这个问题没有解决是一个缺陷。为此，他多次提示一些地方负责人，可否试一试以生产队为基本核算单位，但这些负责人并没有跟上

---

① 中共中央文献研究室：《建国以来重要文献选编》第 14 册，中央文献出版社 1997 年版，第 798 页。

② 《建国以来毛泽东文稿》第 9 册，中央文献出版社 1996 年版，第 575 页。

他的思路。河北等地实行"大包干"的做法，与他将基本核算单位下放到生产队一级的想法不谋而合，因此他对"大包干"作了充分的肯定。

毛泽东虽然对将基本核算单位下放到生产队给予了热情支持，但他却不赞成用"包产到户"的方法，去解决农村生产关系中存在的问题，认为搞"包产到户"就有滑向分田单干的危险，因此他对安徽的"包产到户"一直比较冷淡。"三南会议"时，中共安徽省委第一书记曾希圣向毛泽东汇报了"责任田"的情况。此时，他正在全力探索如何解决队与队、社员与社员间的平均主义问题，所以对曾希圣说："你们试验嘛！搞坏了检讨就是了。"同年7月，曾希圣又到蚌埠就"田间管理责任制"问题向途经这里的毛泽东作了汇报，毛泽东表示："你们认为没有毛病就可以普遍扩大。""如果责任田确有好处，可以多搞一点。"①

毛泽东认为安徽"责任田""可以多搞一点"，并不是表明他已经认同了"责任田"，而是认为安徽"责任田"也可作为一种解决两个平均主义的探索。而通过邯郸谈话会，毛泽东认为有了"大包干"即基本核算单位下放到生产队一级，大队内部的平均主义问题的解决已经有了办法，就不需要再搞"责任田"这类"包产到户"了。因此，胡耀邦这种既明确赞成"大包干"，又不同意"包产到户"做法的态度，这正是他所愿意看到的。看了胡耀邦的报告，毛泽东高兴地批写道："此件写得很好，印发各同志，值得一看。"

为了让下放基本核算单位的决策变为全党全国实行的政策，毛泽东认为有必要起草一个文件，把这个问题交到全党面前进行研究，以取得共识。毛泽东把这个任务交给了田家英。

1961年10月下旬，田家英率领调查组到了山西，在同中共山西省委和长治地委商量后，选择了潞城县的魏家庄大队作为调查对象。

---

① 安徽省农村经济委员会、安徽省档案局：《安徽责任田资料选编（1961—1963）》，1987年编印，第4、7页。

长治是革命老区，在抗日战争和解放战争时期属于太行解放区。这里是我国农村最早开展农业合作化运动的地区之一，1951年年初，长治地委在山西省委的支持下，试办了10个农业合作社，为此山西省委和它的上级中共中央华北局之间，还就该不该办合作社的问题展开过争论。华北局认为合作社办早了，现在还不能动摇私有制，刘少奇也表示支持华北局的观点，还对山西省委提出批评。毛泽东得知此事后，明确表示支持山西省委的意见。1951年9月，中共中央召开第一次农业互助合作会议，通过《中共中央关于农业生产互助合作的决议（草案）》，由此拉开了我国农业合作化运动的序幕。

魏家庄大队有200多户，是长治地区一个基础较好的大队，但由于实行以大队为基本核算单位，生产队与生产队之间搞平均主义，生产队没有自主权，从而影响了生产队的积极性。魏家庄的调查结束后，田家英又选择了晋城县一个独立核算的生产队进行调查，这个生产队只有20多户，原来是一个初级社，高级社后到现在，一直是独立核算，自负盈亏。"由于生产和分配统一起来，社员直接看到集体生产的好坏同自己的利益息息相关，因而能够自觉地关心集体，参加管理，监督干部，干部的手脚比较干净，社员之间也便于互相监督，因而这个队生产比较稳定，社员生活也比较好。"① 在通过对比调查的基础上，田家英为中共中央起草了《关于改变农村人民公社基本核算单位问题的指示》。

1961年1月11日至1962年2月7日，中共中央在北京召开扩大的中央工作会议，即著名的七千人大会。会上，毛泽东着重讲了民主集中制的问题，他强调："不论党内党外，都要有充分的民主生活，就是说，都要认真实行民主集中制。"毛泽东在讲话中还主动地承认了错误。他说："凡是中央犯的错误，直接的归我负责，间接的我也有份，因为我是中央

---

① 董边等编：《毛泽东和他的秘书田家英》（增订本），中央文献出版社1996年版，第268页。

主席。我不是要别人推卸责任，其他一些同志也有责任，但是第一个负责的应当是我。"①

在七千人大会上，刘少奇代表中共中央作了书面报告。在报告中，刘少奇总结了几年来工作中的经验教训，分析了这几年犯错误的原因。在讲到农业和农村工作时，刘少奇说："在农村人民公社的实际工作中，许多地区，在一个时期内，曾经混淆集体所有制和全民所有制的界线，曾经对集体所有制的内部关系进行不适当的、过多过急的变动，这样，就违反了按劳分配和等价交换的原则，犯了刮'共产风'和其他平均主义的错误。"②他强调，全民所有制和集体所有制不能混淆，集体所有制转变为全民所有制，不可能在一个短期内完成，而需要一个很长的时间。

在书面报告中，刘少奇还讲到了调查研究的重要性。他说："最近几年，有许多干部忘记了毛泽东同志一贯提倡的实事求是的作风。他们在决定问题的时候，不调查，不研究，以感想代替政策；在进行工作的时候，乱提高指标，说空话，瞎指挥，不同群众商量。这些同志都凭'想当然'办事，脱离实际，脱离群众，结果必然是把事情弄糟。"他还说："有些同志认真地做了调查研究，所以他们的工作就比较好。但是，有许多同志没有做，他们满足于听口头汇报和看书面汇报，而这些汇报，有许多是靠不住的。他们听了一些不确实的事情，如假典型、假'卫星'等，就以讹传讹，盲目推广；看了一些不可靠的材料，也不调查研究，就照样搬用。他们这样主观主义地做领导工作，怎么可能不犯错误呢？"③

七千人大会对田家英起草的《关于改变农村人民公社基本核算单位问题的指示》进行了讨论，其中一个重要意见是许多人提出要规定将以生产队为基本核算单位 40 年不变。一位中央负责同志提议将"40 年"改为"至少 20 年内"，并要毛泽东斟酌。毛泽东亲笔将其改为"至少 30 年内"。他

①　《毛泽东文集》第八册，人民出版社 1999 年版，第 291、296 页。
②　《刘少奇选集》下卷，人民出版社 1985 年版，第 353 页。
③　《刘少奇选集》下卷，人民出版社 1985 年版，第 396—397 页。

就此批示道："以改为'至少三十年'为宜。苏联现在四十三年了，农业还未过关，我们也可能需要几十年，才能过关。"①

经过七千人大会的讨论，又经过在此前后的试点，在此基础上，1962年2月23日，中共中央发出了《关于改变农村人民公社基本核算单位问题的指示》（以下简称《指示》）。《指示》总结了以生产队为基本核算单位的四点好处：一是能够比较彻底地克服生产队之间的平均主义；二是生产队的生产自主权有了很好的保障；三是更适合当前农民的觉悟程度；四是更有利于改善集体经济的经营管理。《指示》强调："在我国绝大多数地区的农村人民公社，以生产队为基本核算单位，实行以生产队为基础的三级集体所有制，将不是短期内的事情，而是在一个长时期间内，例如至少30年，实行的根本制度。基本核算单位一经确定之后，就要稳定下来，不能任意变动。"②

由于基本核算单位的变化，"农业六十条"修正草案中许多内容已不能适应新的形势，为此，1962年六七月间，中共中央对"农业六十条"再一次进行了修订，形成了《农村人民公社工作条例修正草案》。新的修正草案第二十条明确规定："生产队是人民公社的基本核算单位。它实行独立核算，自负盈亏，直接组织生产，组织收益的分配。这种制度定下来以后，至少三十年不变。"③

新的修正草案中，大幅度删改了原"六十条"中关于生产大队的条文，只保留了两条，而关于生产队的条文，则由原来的10条增加到22条，也就相应地增加了生产队的责、权、利的内容，明确规定：生产队范围内的土地，都归生产队所有；生产队劳动力，都由生产队支配；生产队集体所

---

① 《建国以来毛泽东文稿》第10册，中央文献出版社1996年版，第48页。
② 中共中央文献研究室：《建国以来重要文献选编》第15册，中央文献出版社1997年版，第180页。
③ 中共中央文献研究室：《建国以来重要文献选编》第15册，中央文献出版社1997年版，第625页。

有的牲畜、农具，公社和大队都不能抽调；生产队对生产的经营管理和收益分配，有自主权。

1962年9月27日，中共八届十中全会通过了《农村人民公社工作条例修正草案》。至此，历时一年多的"农业六十条"正式定型，成为农村人民公社的"宪法"。由于毛泽东强调以生产队为基本核算单位"至少30年不变"，这一制度历经了随后的"四清"运动和"文化大革命"，一直维持到十一届三中全会后农村家庭联产承包责任制的推行。这对于稳定农村的局势、防止农业生产的大起大落起了积极作用。

以生产队为基本核算单位，较好地解决了生产大队内部各生产队之间的平均主义问题，但它却没有解决生产队内部社员间的平均主义问题。本来，在"农业六十条"草案和修正草案的贯彻过程中，一些地方农民曾自发地搞起"包产到户"，从中央到地方也有不少干部对"包产到户"持支持或同情态度，但毛泽东认为"包产到户"就是分田单干，就会有滑向资本主义道路的危险，故而在这个问题上态度很坚决，因此"包产到户"在一个很长的时间里成为农村工作的禁区。

在1962年9月的中共八届十中全会上，毛泽东重提阶级斗争问题，认为阶级斗争将是长期的、复杂的，强调阶级斗争必须年年讲、月月讲，由此导致党和国家的工作重点逐渐转移到以阶级斗争为中心。从1963年起，在全国城乡开展了社会主义教育运动即"四清"（先期主要是清理工分、清理账目、清理仓库和清理财务，称为"小四清"，后期主要是清政治、清思想、清组织、清经济，称为"大四清"）运动和"五反"（即反对贪污盗窃、反对投机倒把、反对铺张浪费、反对分散主义、反对官僚主义）运动，试图以此解决反修防修问题。这场运动虽然对改进干部作风产生了一定的作用，但由于党的主要领导人对当时的国际形势和国内阶级斗争的状况作了脱离实际的估计，把党内对有关问题的意见分歧视为阶级斗争的反映，认定社会上和党内都有人企图在中国走资本主义道路，认为阶级斗争问题和反修防修的问题都没有解决，因而决定发动一场自下而上的大"革命", 从根本上解决这个问题。经过一段时间的酝酿, 于 1966 年五六月间发动了"文化大革命"。这场所谓的"革命"长达 10 年之久, 全国上下的主要精力都放到搞"革命"去了, 就全党而言, 农村调查工作实际上基本停止下来了。这种状况直到"文化大革命"结束才得以改变。

第七章　农村调查推进包产到户

党的十一届三中全会作出了改革开放的重大决策，包产到户成为农村改革的突破口。如何看待包产到户的问题，当时党内存在不同的意见分歧，通过调查研究最终统一了对这一问题的认识，从而解决了包产到户究竟姓"资"还是姓"社"的问题。在调查研究的基础上，中共中央连续出台五个一号文件，有力地推进了我国农村改革的发展。

一、引起中央重视的两个调查报告

10 年的"文化大革命"没有给中国带来繁荣与进步，反而严重迟滞了中国的发展。就农村政策而言，虽然"农业六十条"的基本内容还在发挥作用，但由于"左"倾思想的影响，农村的经济体制长期僵化，许多问题日积月累更加严重起来。例如，由于人民公社实行"三级所有、队为基础"，生产大队、生产队与公社是行政上的上下级关系，公社仍可用各种名义在本社内部刮"一平二调"的"共产风"，生产队的自主权长期得不到保障；包产到户长期被视同为分田单干甚至是走资本主义道路而被严厉禁止，在分配上存在严重的平均主义；"农业六十条"明确肯定了的社员自留地和家庭副业，被视作"资本主义尾巴"而遭严格控制，甚至一家能喂养多少家禽，自留地里只能种什么都有严格规定；国家对农产品实行严格的统购派购制度，农村集市贸易被严格监管并时开时关，农村商品流通严重受阻；等等。因此，在相当长的时间里，农业生产处于徘徊状态，农民的生活也始终没有实质性的改善。

1976 年 10 月粉碎"四人帮"后，当时全国上下对于发展国民经济产生了强烈的愿望。但是，由于长期的"左"倾教条思想的束缚，思想的解放需要一个过程，于是一时间出现了这样一种局面：一方面从上到下都感到必须快速发展经济，把生产搞上去；另一方面又沿用原来的老一套（阶级斗争思维、群众运动方式）去开展各项工作。这种情况表现在农业领域，就是强化农业学大寨运动。1976 年 12 月，中共中央先在北京、继而在大寨召开规模甚大（5000 人参加）的全国农业学大寨会议，党和国家的领导人几乎全都出席。会议虽然提出了一系列的宏伟目标，如要求1980 年全国有三分之一的县建成大寨县，基本上实现全国农业机械化等，可实现这些目标的主要手段，却是强调要"坚持以阶级斗争为纲"。

农业学大寨运动其实在"文化大革命"前就已经开展，并且起到了积极作用。然而"文化大革命"开始后，大寨不断被政治化，由原来自力更生、艰苦奋斗的典型，逐渐地演化为阶级斗争的典型，大寨的经验被简单化为阶级斗争的经验，而这种阶级斗争，又是人为制造出来的，甚至是虚构的。历史证明，搞阶级斗争不可能改变农村落后面貌，而且广大农民在经历接二连三的各类以阶级斗争为主题的运动后，对阶级斗争十分厌倦和反感，因而这样的学大寨运动也就失去了其积极意义，更无法解决农村最根本的发展问题。所以"文化大革命"结束后的最初一段时间，农业学大寨运动虽然仍在进行，但人们开始意识到，仅靠学大寨的办法无法调动农民生产积极性，也无法实现人们所期待的农业生产大发展，于是开始寻找新的办法。就在这个时候，两个调查报告引起了中共中央的高度重视。

1977 年冬，中共湖南省湘潭地委召开县委书记会议，研究在粉碎"四人帮"后如何坚持"抓纲治国"方针，加快社会主义建设步伐，高速发展农业生产的问题。中共湘乡县委在会上汇报了工作设想，认为近年来湘乡农业生产连续徘徊，社员分配逐年下降，人均纯收入逐年减少，其中一个重要的原因，是由于"四人帮"的干扰，农村政策混乱，农民负担加重，挫伤了农民的积极性。因此，县委打算在全县范围内开展一次落实党的农村政策，减轻农民不合理负担的工作，以解决农民积极性问题。湘乡县委的这个设想得到了湘潭地委的肯定，并决定以湘乡为试点，在全地区开展落实党的农村政策、减轻农民负担的工作。

1978 年 2 月，湘乡县委召开常委会议，传达地委召开的县委书记会议精神，专题研究减轻农民负担问题，决定从调查研究入手开展这项工作。会后，县委的 13 名常委除 3 人留守机关工作外，其余的 10 人各带一个工作组，分别到各公社进行调查研究。与此同时，湘潭地委书记也带了 4 个工作组来到湘乡，进行蹲点和调查。①

经过地、县工作组一个多月的调查，了解到农民负担过重主要表现在以下几个方面：

一是有的单位无偿地平调生产队的劳动力、资金和物料，大搞非生产性建设。自 1974 年以来，县级机关行政单位建了 23 栋楼房，建筑面积共有 32115 平方米，花钱 179.15 万元。这期间，各区（当时湖南在县与公社之间设区，作为县的派出机构）、公社也建了 31 栋房子，最大的一栋花钱 11 万元。

二是有些单位和社队铺张浪费、吃喝成风，有的干部违法乱纪、贪污盗窃，任意侵吞挥霍社员的劳动成果。有些地方开现场会，搞评比检查，组织对口比赛，接待上面客人都讲吃喝。有的单位以协作之名请客送礼、大吃大喝。县铁厂 1977 年开支的招待费就有 3700 元。

三是非生产人员、非生产性用工、非生产性开支大量增加，各种摊派名目繁多，干部劳动少、补贴高，农民不合理负担加重。该县太平公社 1976 年公社、大队非生产性人员 362 人，平均每个大队 28 人，占总劳动力的 10.2%，比 1973 年以前增加了 80%。自 1971 年以来，这个公社从各大队抽调了 56 人到公社机关和企业事业单位，担任管理人员和业务人员，等于国家原定编制人员的 2.3 倍。大队和生产队干部、临时工作队、

① 中共湘乡市委党史联络组：《中共湘乡地方史》，中共党史出版社 2004 年版，第 264 页。

社队企业管理人员和赤脚医生、民办教师等各种人员的补贴工，占非生产性用工总数的一半。这个公社的各种各样的摊派也多，公社建中学，按人按田从生产队摊派钱14900元、粮13400斤。公社办广播站，无钱买器材，两次向各队摊派9650元。公社买电影机也摊派了1500元。公社买拖拉机，按每亩出1.5元，又摊派16590元。此外，还摊派畜牧管理费、机械管理费、水库管理费、社队企业管理费、合作医疗管理费等项费用19000元。全公社各种摊派费共达61642元，平均每户负担21.9元（这年全国农民人均收入仅63.2元）。

此外，国家各级有关部门在兴办农村文教、卫生、交通等事业中，也把大量费用转嫁给生产队负担；有的干部、职工，长期拖欠生产队的钱，造成社员分配不能兑现；发展社队企业，调用生产队的劳动力多，付给的报酬少；农田基本建设战线过长，过多地调用了社队的劳动力和资金；一些工业部门以农业为基础的思想扎根不牢，有的支农产品价格高、质量差、缺两短秤等。由于上述种种情况，形成了"上下左右向生产队伸手，四面八方挖生产队的墙脚"的局面，结果使不少农民辛辛苦苦劳动一年，"一个工价八分钱，决算倒欠口粮钱"。

这次农民负担调查给湘乡县委以很大的震动，县委再次召开常委会议，决定将减轻农民负担作为落实农村政策的一项重要任务，并制定了具体的方案与措施，如进行了年终分配大复查，大力压缩非生产人员，统筹安排资金，对各行各业各个部门进行以农业为基础的教育等。

1978年4月，国家农林部政策研究室有关人员来湘乡调查，湘乡县委减轻农民负担的做法引起了调研人员的重视，并要求湘乡县委立即就此写一调查报告上报。随后，湘乡县委组织人员写出一份题为《认真落实党的农村政策，努力减轻农民负担》的长篇报告，经中共湖南省委上报中共中央。这个报告引起了中共中央主席华国锋的重视，认为湘乡的经验值得推广。

1978年6月23日，中共中央正式批转了湘乡县委的报告，并作了长达 2500 余字的指示。中共中央在指示中说："湘乡县委提出的问题，是一个在全国相当多的地方普遍存在的严重问题，各地都应该参照湘乡的经验，认真把这个问题解决好。"

中共中央在指示中，对于减轻农民负担提出了 10 点具体要求，例如：严禁大吃大喝，请客送礼，铺张浪费，乱盖楼堂馆所；任何部门和单位，一律不准平调社、队的劳力、财力、物力搞非生产性的建设；各地方、各部门在农村举办工业交通、财贸商业、文教卫生等各项事业，都必须有利于促进农业生产，不影响社队增产增收，不得以"群众大办"之类的借口乱行摊派；各地追回的赃款赃物，退赔和归还的钱、粮、物资，凡是属于社、队的，应该用于社、队的生产建设，纳入社、队的收益分配，并将账目向群众公布；要坚持干部参加集体生产劳动的制度，精兵简政，坚决压缩非生产人员、非生产用工和非生产性开支；各个工业部门，各个地方，要努力提高工业品特别是支农工业品的质量，降低生产成本；大搞农田基本建设，又要考虑到国家财力、物力和农民负担的可能；在从各方面减轻不合理负担的同时，大力发展社、队集体生产，坚持勤俭办社、民主办社的方针，改善经营管理，保证在增产的基础上增加农民收入；等等。

7 月 5 日，《人民日报》发表题为《落实党的政策，减轻农民负担》的社论，透露出中共中央指示的基本内容。社论要求各地都应该参照湘乡的经验，深入调查研究，根据当地的情况，认真解决好农民负担问题。社论强调，解决农民不合理负担的问题，是一个关系到巩固人民公社集体经济的问题，是一个关系到加强工农联盟的问题，也是一个真想农业高速度还是假想农业高速度的问题。各级党委要千百倍地增强政策观念和群众观念。特别是各省、市、自治区党委，都要下去亲自查一查农民的负担问题，想一想应该怎么办？各地区、各部门，特别是中央和国家机关各部委，都要认真地检查一下是不是真正地支援了农业，是不是真正地为农民办了好事，是不是真正地执行了以农业为基础的方针？只要各级党委重视起来了，采取有力措施把农民不合理负担的问题解决好了，农民的社会主义积极性就会迅速迸发出来，农业的高速度发展就大有希望，新时期总任务的实现就有了更可靠的保证。

随后，全国各省、自治区、直辖市党委相继召开常委会，对照湘乡县经验，认真检查本地区存在的类似的问题，研究制定了相应的解决办法和措施，形成了"文化大革命"结束后农村调查的第一个高潮。

例如，中共甘肃省委制订了坚决贯彻执行中共中央指示的7条措施，其中一条便是省、地、县各级领导都要亲自动手，深入基层，调查研究，抓住典型事例，分清路线是非和政策界限，突破一点，取得经验，推动全局。为此，甘肃省委决定派出两个工作组，由省委主要负责人率领到基层去，边调查，边落实。同时要求各地、市、州委和省级有关部门，也要选择一个县或一个基层单位，采取同样的办法，把中共中央的指示精神真正落实下去。

中共福建省委决定，除留一位省委书记（当时有第一书记）在家主持日常工作外，其余常委全部下到农村，狠抓政策落实，认真解决好农民负担过重的问题。

中共上海市委派出调查组到青浦、嘉定两县，调查郊区农民不合理负担的情况。郊区10个县的县委也组织力量到社队进行调查研究。

中共江苏省委决定，由省委、各地委和南京市委共同组成10个调查组，就农民不合理负担问题进行调查研究，以便抓住主要矛盾，迅速有效地加以解决。

中共广西壮族自治区党委专门从区党委政策研究室、农村政治部和财贸部门抽调一批干部，组成3个农村经济政策调查组，分赴平乐、忻城、灵山等县，进行专题调查研究。

中共中央在推广湘乡经验，以减轻农民负担，在调动农民积极性的同时，还抓住陕西省旬邑县少数干部强迫命令、违法乱纪的问题作为反面典型，旨在以此推动农村基层干部作风的转变，以改善党和农民的关系。

陕西省旬邑县的职田公社，曾是陕西省的"学大寨的先进典型"，旬邑县由此在陕西颇有名声。但是，职田公社和旬邑县的工作实际上存在很多问题，广大群众对少数干部强迫命令、违法乱纪的行为早有意见，并多次向上级反映。然而，这些意见不但未被有关部门采纳，反而给提意见的群众扣上"拔红旗""反先进"的大帽子，使问题发展得越来越严重。

1978年6月，旬邑群众向中共中央领导人写信，反映该县少数干部强迫命令、违法乱纪问题。华国锋看到人民来信后十分重视，并作出"把那里的问题解决好"的批示，要求中共陕西省委对此展开调查。陕西省委接到批示后，立即组织力量，对群众来信反映的问题进行了调查。调查结果证明，人民来信中反映的问题大部分属实，有些还比信中反映的更为严重。随后，陕西省委将调查结果和处理意见向中共中央作了报告。

调查报告说，旬邑县工作中存在的问题确实是严重的，主要是干部作风粗暴，违法乱纪，打骂群众，乱扣乱罚成风。县、社、队的干部动手打骂群众。职田公社原有10名正副书记、主任中，就有6名打过人，原底公社党委副书记兼庄里大队支部书记李某，从1974年到1977年4年内打了30多人。他曾把上工迟到的社员集合起来用皮带抽打，一次就打了20多人。有的社员说，一听李书记叫，不管春夏秋冬，先把棉袄披上，准备挨鞭子。少数干部在整治群众时花样繁多，甚至施用种种刑罚。许多公社一度组织的所谓"民兵小分队"，把群众当敌人，随意采取专政手段，以及许多侮辱人格的恶劣做法残害群众。近3年来，这个县由于干部作风粗暴、违法乱纪，造成有的群众自杀死亡，有的被逼疯打残。

此外，该县扣粮罚款之风很盛行。完不成生产定额，完不成生猪交售和饲养任务，完不成鲜蛋交售任务，交不上马铃薯种子，小学生等辅助劳动力不参加集体生产劳动，有病不能出勤，开会不到，妇女不上避孕环，不住防震棚等都要扣粮罚款。湫坡头公社西洼大队1977年规定，每户交售一头肥猪、3人养一头猪，交不出、养不够的，每头扣粮120斤，全大队50%的户被扣过粮，共扣粮10000余斤。

旬邑少数干部强迫命令、违法乱纪、打骂群众的恶劣作风，激起了群众的极大愤慨，严重地损害了党和群众的关系。有的社员说："抗日战争那会儿，村里来个干部，大家总是围成一堆，热情地问长问短，从不知害怕；现在群众见了干部，如像见了老虎，回头就走，如今怎么成了这个情景?!"

由于自然灾害的影响，加上干部强迫命令、违法乱纪和生产指挥不当，这个县从1975年以来，粮食产量连年下降，群众生活十分困难。1978年春季以来，国家已给了返销粮480万斤。在居住问题上，群众的困难也不少。这几年，因修路、搜集肥料和整顿村容，把1850户社员的5021间房屋、777孔窑洞拆掉了，致使不少群众住房既拥挤又破烂。①

根据调查了解的情况，为了解决少数干部强迫命令、违法乱纪问题，陕西省委对旬邑县少数干部强迫命令、违法乱纪的问题向全省发了通报，并作出了《关于坚决落实中央负责同志批示，认真整顿和改进干部作风的决定》，要求各级党委对照旬邑的问题，认真进行检查，发现问题及时处理，坚决纠正强迫命令、违法乱纪的歪风，教育提高干部，大力恢复和发扬党的优良传统和作风。并向旬邑县派出了工作组，"以中央负责同志的重要批示为武器，进一步放手发动群众，彻底揭露矛盾，紧密联系实际"，"揭批那种认为打骂残害群众有理的种种谬论，使干部、群众把仇恨集中在'四人帮'身上，彻底肃清其流毒和影响，边揭发，边改正，切实把那里的问题解决好"。责令犯了错误的干部向群众赔礼道歉，对乱扣乱罚社员的钱物认真清理、退赔。组织了专门班子，由领导干部带领，深入社队，对打骂残害群众后果严重的21个案子，查清落实，选择典型，公开处理。②

7月13日，中共中央转发了陕西省委《关于旬邑县少数干部强迫命令、违法乱纪问题的调查报告》，并加了分量很重的批示。批示说，旬邑县的

---

① 《发扬党的优良传统，转变干部作风》，《人民日报》1978年8月3日。
② 《发扬党的优良传统，转变干部作风》，《人民日报》1978年8月3日。

一些干部违法乱纪的情况和造成的后果是严重的。全国其他一些地方，也程度不同地存在着类似情况。陕西省委对旬邑县的问题作了认真的调查，采取了解决的措施，取得了初步成效，应当继续抓紧落实。全国凡是有类似情况的地方和单位，都要采取严肃认真的态度，切实解决好这方面的问题，大力恢复和发扬党的优良传统。

在当时的历史条件下，对旬邑少数干部发生的强迫命令、违法乱纪问题，难免从阶级斗争的角度找根源，因而中共中央在批示中认为，干部强迫命令、违法乱纪问题的出现，"从根本上来说，是'四人帮'干扰破坏所造成的。解决这些地方的问题，关键是要充分发动群众，联系当地实际，彻底批判和清除'四人帮'颠倒敌我关系，破坏社会主义法制，任意侵犯人民民主权利的流毒和影响，认真整顿领导班子"。中共中央同时认为，绝大多数干部是好的和比较好的。问题多的、性质严重的是少数。对少数犯错误的干部，要重在教育，实行惩前毖后、治病救人的方针，帮助他们改正错误，改了就好。任何人打骂群众，都是违犯党纪国法的，都要诚恳检讨，认真改正，并向受损害的群众赔礼道歉，取得谅解。对被逼被打而死的群众，应予抚恤，家属生活困难的要给予适当照顾。对违犯党的政策，无理扣罚群众的粮、款、工分，应予退赔。对当前群众生活上的困难，要立即采取措施，做好妥善的安排。

中共中央号召所有党员干部，特别是领导干部，都要以普通劳动者的姿态出现在群众之中，大兴调查研究之风，在充分发扬民主的基础上实行正确的集中，学会正确处理敌我矛盾和人民内部矛盾。要通过学习、通过整风，使广大干部、广大共产党员受到一次集中的党的传统教育、政策教育和社会主义法制教育，使干部作风来一个大的转变。

中共中央在不到两个月的时间里，连续批转了两个具有典型意义的调查报告，在全国产生了重大影响，对当时减轻农民负担、改进干部作风起到了积极作用。中共中央两个典型调查的批示都强调，各级干部必须深入农村开展调查研究，各级党委也随之组织了各种调查组就此开展调查。虽然这些调查的重点是如何减轻农民负担和转变干部作风，但在调查研究的过程中，各级干部对农村的现状有了更多的了解，对农村的落后情况有了更深的感触，这对各级党委下决心调整农村政策起到直接的推动作用。

正是由于各级干部通过调查加深了对农村实际情况的了解，因而对农民的愿望与要求也有了更真切的感受，一些地方党委的负责人开始对农民自发搞起的包产到户采取了同情甚至支持的态度。可以说，没有深入的农村调查，就没有影响数亿农民的以建立家庭联产承包责任制为主要内容的农村改革。

二、从包产到组到包产到户

以包产到户、包干到户为特征的农村改革，安徽具有典型意义。而安徽之所以能率先进行农村改革，又与当时中共安徽省委进行了深入的农村调查密不可分。

安徽是个农业大省，又是深受"左"倾错误危害的重灾区。当时，安徽农村的问题很严重，农民生活特别困难。为了加强安徽的工作，1977年6月，中共中央改组了原安徽省委，任命万里为中共安徽省委第一书记。

万里虽然出生于农村，但新中国成立后长期在中央机关和北京市工作。为了熟悉农村情况，他一到任，没有立即作指示提口号，而是先下去看农业、看农民，用三四个月的时间把全省大部分地区都跑到了。万里下去调查时，轻车简从，一般是一部小车，三两个人，事先不打招呼，说走就走，随时可停，直接到村到户，认为这样才可以了解到真实情况。这一调查，结果使他"越看越听越问心情越沉重，越认定非另找出路不可"①。

对于当时安徽农村的落后情况，万里后来回忆说："我这个长期在城

---

① 《万里谈农村改革是怎么搞起来的》，《百年潮》1998 年第 3 期。

市工作的干部，虽然不能说对农村的贫困毫无所闻，但是到农村一具体接触，还是非常受刺激。原来农民的生活水平这么低啊，吃不饱，穿不暖，住的房子不像个房子的样子。淮北、皖东有些穷村，门、窗都是泥土坯的，连桌子、凳子也是泥土坯的，找不到一件木器家具，真是家徒四壁呀。我真没料到，解放几十年了，不少农村还这么穷！我不能不问自己，这是什么原因？这能算是社会主义吗？人民公社到底有什么问题？为什么农民的积极性都没有啦？当然，人民公社是上了宪法的，我也不能乱说，但我心里已经认定，看来从安徽的实际情况出发，最重要的是怎么调动农民的积极性；否则连肚子也吃不饱，一切无从谈起。"①

为了进一步了解安徽农村情况，寻求解决之策，万里要求省委分管农业的书记王光宇准备一份系统反映全省农村经济和农民生活情况以及解决意见的书面材料，然后向省委作全面汇报。王光宇将这项工作委托给省委政策研究室主任周曰礼主持，并由各地市农委协同。不久，周曰礼拿出一个较为系统的材料出来，内容包括安徽农村落后的生产力水平状况、农民生活艰难情况、人民公社体制的种种弊端、农业学大寨运动出现的问题、农民生产积极性严重低落，等等。8 月下旬，万里与省委其他几位负责人听取了周曰礼的汇报。

据周曰礼回忆："汇报的内容，是从生产上的大呼隆、分配上的大锅饭、瞎指挥，大搞形式主义、浮夸风、农民负担重以及农业学大寨、农业机械化等方面的内容，列举大量触目惊心的事实，揭露'四人帮'在农村推行极左政策，把人的思想搞乱了，把理论和政策搞乱了，把人民公社经营管理搞乱了，把人的积极性搞完了，给农村造成了灾难性后果，安徽成了重灾区，农村经济面临崩溃的边缘。十年动乱期间，全省的粮食总产量一直徘徊在 200 亿斤左右，农民人均年纯收入一直徘徊在 60 元上下，由于价格的因素，农民实际生活水平比'文革'前下降了 30%。""全省有

---

① 《万里谈农村改革是怎么搞起来的》，《百年潮》1998 年第 3 期。

28 万多个生产队，人均年收入 100 元以上的只占 10%；60% 的队只有 60 元左右，40 元以下的约占 25%，还有 5% 的队，约 300 万人左右，常年 处在饥饿线上挣扎。从上面这些数字可以看出，除 10% 的队可以维持温 饱外，其余 90% 的队成为'三靠队'，即生产靠贷款，吃粮靠返销，生活 靠救济。根据各地匡算，大约有 30% 的队，即使把全部资产，包括土地、 耕牛、农具、房屋全部变卖了，也还不清国家的贷款和扶持款。这些生产 队名义上有一块集体经济的招牌，实际上是个一无所有的空壳，连简单再 生产都不能维持。"①

周曰礼的汇报使万里受到了深深的震撼，他感到"经济上的拨乱反正 比政治上的拨乱反正更艰巨，不搞好经济上的拨乱反正，政治上的拨乱反 正也搞不好"。万里当即表示，自己要拿出 80% 的时间和精力研究和解决 农村问题，并要求王光宇一定要认真指导、帮助省农委进一步搞好调查， 会同各地市农村工作部门集体研究，代省委起草一个解决农村问题的文件 草稿。②

10 月下旬，这份文件的草稿写出来了。随后，万里和省委其他负责 人先后到肥东县解集公社青春大队、长丰县吴山公社四里墩大队等地，分 别召开大队干部、生产队干部和社员座谈会，征求基层干部和群众的意 见。在反复调查研究的基础上，安徽省委于 1977 年 11 月召开各地、市、 县委和省直各部门主要负责人参加的全省农村工作会议，经过与会人员的 反复讨论，形成了《关于目前农村经济政策几个问题的规定》。因为这个 文件主要有六个方面的内容，故称"省委六条"。

安徽"省委六条"的主要内容是：搞好人民公社的经营管理工作，允 许生产队根据农活建立不同的生产责任制，可以组织作业组，只需个别人 完成的农活也可以责任到人；减轻生产队和社员负担，农田基本建设要坚

---

① 周曰礼：《农村伟大变革的序幕——安徽省委"六条"出台前后》，《农民日报》2008 年 11 月 22 日。

② 王光宇：《我所亲历的安徽农村改革》，《中共党史研究》2008 年第 5 期。

持自有、互利原则，不能采取平调办法，严格控制调用生产队的劳动力，任何单位不得无偿调拨生产队的财物、土地和发动社员投资捐款；分配要兑现，大力开展多种经营，尽可能使社员在正常年景下从生产中逐年增加个人收入；粮食分配要兼顾国家、集体和社员个人利益，绝对不许征购过头粮；尊重生产队的自主权，生产队在保证完成国家计划的前提下，有权因地制宜、因时制宜安排生产，领导机关不能瞎指挥；允许和鼓励社员经营正当的家庭副业，社员自留地和家庭副业的产品，在完成国家派购任务后，可以拿到市场上出售。

安徽省这六条政策，实际上并没有超过 1962 年的《农村人民公社工作条例修正草案》的规定，不过是对"农业六十条"关于生产队自主权规定的强调与重申，但由于农村多年受"左"倾错误的干扰，"农业六十条"的许多规定在农村并没有坚持下来，故而这六条政策一宣传贯彻，立即得到了安徽农民的欢迎，用《人民日报》报道中的话说："社员出勤之踊跃，劳动工效之高，人们情绪之饱满，都是前几年所没有的。"[①]

1978 年安徽出现了百年不遇的大旱灾，全省大部分地区 10 个月没有下过透雨，许多河水断流，水库干涸。全省共造成 6000 多万亩农田受灾，4000 多万人口的地区缺乏生活用水。秋天种麦之时，各级号召农民采用打井、深挖沟塘取水抗旱，同时采用干地、干土、干下种的"三干法"种麦，农民觉得这样白白把种子浪费掉了而不愿下种，于是出现了大片耕地抛荒。针对这种情况，王光宇向万里建议：现在全省耕地大面积抛荒，与其这样，不如借给农民个人耕种，充分发挥各自的潜力，尽量多种一些秋季作物以度过灾荒。万里经过慎重考虑后表示可以一试。随后，万里主持召开省委常委会专门讨论，决定采取"借地度荒"的办法：凡集体无法耕种的土地，可以借给社员种麦、种油菜，每人借 3 分地，并鼓励农民开荒

---

① 《一份省委文件的诞生》，《人民日报》1978 年 2 月 3 日。

多种，谁种谁收谁有，国家不征粮，不分统购任务。①"借地度荒"的口子一开，安徽一些地方实际上突破了借地3分的规定，搞起了包产到户。

在安徽全省抗旱救灾的过程中，滁县地区发现了3个生产搞得比较好的典型。一是来安县烟陈公社杨渡大队的魏郢生产队，偷偷地搞起了"定产到组、以产计工的"的管理办法，也就是包产到组，当年粮食产量增长了30%。二是天长县的新街公社，在眼看棉花即将枯死的情况下，决定将棉花包产到户，超产奖励，减产赔偿，结果调动了群众的积极性，大旱之年棉花增产89.6%。三是来安县的广大公社实行干部岗位责任制，年终按各项生产指标实行奖罚，公社全面增产。

中共滁县地委书记王郁昭利用到合肥开会的机会，将这三个典型向万里作了汇报，万里当即指示滁县地委将这三个典型写成详细的调查上报省委。随后，滁县地委写成了《灾年创高产，一年大变样——魏郢生产队实行定产到组、以产计工的调查》《实行产量责任制，灾年棉花大增产——新街公社棉花生产实行定额管理、超产奖励的调查》《解决农村干部干与不干、干好干坏一个样的一个好办法——来安县广大公社对干部实行奖惩制度的调查》。万里看了这几个调查报告后，指示滁县地委可以在全地区进行包产到组的试点。根据万里的指示，滁县地委决定由各县各自选择一个大队或公社进行包产到组的试点，结果许多没有定为试点单位的地方，得知这个消息后，也自发地搞起了包产到组。到1979年3月，滁县地区实行包产到组的生产队已超过半数。

就在安徽的部分地方实行包产到组之际，四川也开始推行包产到组。1977年秋，中共广汉县委书记常光南在西高公社作调查，发现这个公社有一个生产队实行分组作业、定产到组、超产奖励的办法，粮食连年增产，社员生产积极性很高。随后，常光南在有公社党委书记参加的县委扩大会议上，详细地介绍了这个生产队实行定产到组生产责任制的做法。由

---

① 王光宇：《我所亲历的安徽农村改革》，《中共党史研究》2008年第5期。

于定产到组与包产到组实际上没有区别，而包产到组曾多次被作为"右倾"倒退遭受批判，对于这一做法能否推广，广汉县委不敢擅自决定，就此请求中共四川省委。当时，分管农业的省委书记杨万选回答说，可以搞试点。于是，广汉县委决定以金鱼公社作为试点单位，进行"分组作业，定产定工，联产计酬"的试验，取得了良好的效果。当年金鱼公社的116个生产队，队队增产，公社的粮食产量比上年增长22.5%，大大高于全县平均增产比例。①

广汉金鱼公社包产到组的做法，引起了中共四川省委的重视。1978年10月初，中共温江地委在大邑县召开有各县委书记参加的播种小春作物现场会。随后，省委书记杨万选带一个调查组，到金鱼公社进行实地调查，整整调研了一个星期，最后形成了题为《分组作业定产定工超产奖励——金鱼公社建立生产责任制的情况》的调查报告，于10月27日刊发在四川省委办公厅的《工作简报》上，同时加了编者按语。按语说："金鱼公社建立明确的生产责任制和奖励制的经验，是运用经济方法管理经济，具体体现按劳分配、多劳多得，使社员的劳动同自己的物质利益紧密结合起来，充分调动了社员群众的积极性，看来，这种办法是可行的。"各地、县委可以选择有条件的社队，参照金鱼公社的办法，进行试点，摸索经验，不要一哄而起，以免出现混乱现象。随后，包产到组在四川全省逐步推开。

1978年11月，中共中央在北京召开工作会议，为即将召开的十一届三中全会做准备。会议原定的一个重要议题，是讨论和修改会前形成的《中共中央关于加快农业发展若干问题的决定（草案）》和《农村人民公社工作条例（试行草案）》（即新"农业六十条"）两个文件的草稿，进一步贯彻落实以农业为基础的方针。但会议一开始，一批老同志纷纷提出当时党内外普遍关心的一些重大问题，主张彻底纠正"文化大革命"的错误，

---

① 杨超等主编：《当代四川简史》，当代中国出版社1997年版，第233页。

并为一些历史冤假错案平反，这就使这次工作会议和随后召开的十一届三中全会，突破了原定的只讨论经济问题的议题，成为全局性的拨乱反正和开创新局面的会议。

在党的十一届三中全会上，对于《农村人民公社工作条例(试行草案)》并没有详细讨论而被原则通过，与《中共中央关于加快农业发展若干问题的决定（草案）》一起，发给各省、市、自治区讨论和试行。由于新"农业六十条"在起草时，指导思想仍以"阶级斗争为纲"，因而其中还有许多不合实际的"左"的规定，并且强调"不许包产到户，不许分田单干"。但新"农业六十条"亦有一些可取之处，例如它明确规定要"建立严格的生产责任制"，并且提出"可以在生产队统一核算和分配的前提下，包工到作业组，联系产量计算报酬，实行超产奖励"。这个规定得到了广大农村基层干部和农民群众的衷心拥护。1979年春开始，各种形式的生产责任制在全国各地广泛兴起，比较普遍的是恢复和发展"小段包工、定额计酬"的责任制。在这个过程中，中国农民充分发挥自己的智慧，先是包产到组，然后不断地把组划小，进而搞起了包产到户，这其中包括现在人们所熟悉的安徽凤阳县梨园公社小岗生产队秘密进行的包产到户。

除了农民自发搞起的包产到户外，个别地方开始有组织地尝试包产到户。1979年2月，中共安徽省委组织工作队，深入到肥西县的山南公社，向社员宣读十一届三中全会通过的《中共中央关于加快农业发展若干问题的决议（草案）》和新"农业六十条"。在讨论这两个文件时，山南公社的干部社员最感兴趣的是生产责任制的问题，并且强烈要求实行包产到户。不仅劳动力强的社员对于包产到户积极拥护，就连劳动力弱的，甚至五保户，也认为包产到户的办法好。对于这一情况，工作组负责人立即向万里作了汇报。万里认为，群众的意见应该重视，乃决定专门召开省委常委会议讨论包产到户的问题。结果是安徽省委决定在山南公社进行包产到户的试点。

早在1961年，安徽全省曾推行过名曰"责任田"的包产到户，在

1962 年年初的七千人大会后，"责任田"被强行纠正以来，但安徽农民却对此一直念念不忘。他们深知，只有包产到户才能解决自己的吃饭问题。安徽省委在山南公社试点搞包产到户的消息传开后，肥西全县各生产队纷纷仿效，在一个月的时间内，全县有 40% 的生产队搞起了包产到户。山南公社和肥西县的包产到户又直接推动了全省包产到户的推行，顿时，包产到户有蔓延安徽全境之势。

包产到户毕竟是刚刚通过的新"农业六十条"明文禁止的，对于这样重大的问题，安徽省委决定向中共中央汇报。1979 年 3 月 4 日，安徽省委向中共中央报告了安徽推行责任制的情况，其中讲道："关于责任制的问题，我们认为，只要不改变所有制的性质，不改变核算单位，可以允许有多种多样的形式，三包一奖到组可以普遍地搞……少数边远落后、生产长期上不去的地方，已经自发搞了包产到户岗位责任制的，我们也宣布暂时维持不变，以免造成不必要的波动，由于为数不多，允许作为试验，看一年，以便从中总结经验教训。"①

思想的解放和认识的提高，对每个人来说是有先有后的。当包产到户重新在农村出现的时候，有的人依旧用过去两条道路斗争的观点去看待，认为包产到户是对集体经济的瓦解，破坏了社会主义公有制，是倒退和走回头路。就连分组作业或包产到作业组的办法，一些人也一时转不过弯来。

1979 年 3 月 15 日，《人民日报》在头版显著位置发表了一封署名张浩的读者来信——《"三级所有，队为基础"应该稳定》。信中说，最近，河南洛阳地区的不少县社已经、正在或将要搞"包产到组"，听社员说，这是第一步，下一步还要分田到户，包产到户。如果从便利管理，加强责任心着眼，划分作业组是可以的，但轻易地从"队为基础"退回去，搞分

---

① 周曰礼：《回顾安徽的农村改革》，《中共党史资料》第 68 辑，中共党史出版社 1998 年版，第 55 页。

田到组、包产到组，也是脱离群众、不得人心的；也会搞乱"三级所有，队为基础"的体制，给生产造成危害，对搞农业机械化也是不利的。

《人民日报》为这封读者来信特地加了编者按，其中说：为贯彻按劳分配原则，搞好劳动计酬工作，可以在生产队统一核算、统一分配和统一使用劳动力的前提下，包工到作业组，联系产量计算报酬，实行超产奖励。但这里讲的包工到组，主要是指田间管理，同"分田到组""包产到组"完全是两回事。人民公社现在要继续稳定地实行"三级所有，队为基础"的制度，不能在条件不具备的情况下，匆匆忙忙地搞基本核算单位的过渡；更不能从"队为基础"退回去，搞"分田到组""包产到户"。

《人民日报》发表这篇读者来信的时候，万里正在滁县地区的几个县进行农村调查。对此他明确表示：究竟什么意见符合人民的根本利益和长远利益，靠实践来检验。决不能读一封读者来信和编者按就打退堂鼓。他强调：已经实行的各种责任制一律不动。只要今年大丰收，增了产，社会财富多了，群众生活改善了，各种责任制的办法明年可以干，后年还可以干，可以一直干下去。凡是能增产，对国家贡献多，集体经济壮大，群众收入增加，生活得到改善，就是好办法。政策可不要变来变去，农民就怕政策多变，看准了就定下来，就干。这次我走了6个县，从群众看，对包产到组、包产到户的办法都是拥护的。[1] 同年5月，万里又到肥西县的山南公社作调查。有农民问他："包产到户允许我们搞多长时间？"万里回答说："你们愿意搞多久就搞多久，什么时候不增产了就不搞。"[2]

包产到户虽然为农民所拥护，但它在生产形式上表现为农民个体劳动，与长期形成的农业集体化农民必须集体劳动的观念相左，而且集体的土地为农民一家一户经营，也容易给人一种包产到户就是分田单干的错觉。因此，要在这个问题上突破传统观念，自然需要有一个人们逐渐理解

---

① 《万里文选》，人民出版社1995年版，第123、125页。

② 王光宇：《我所亲历的安徽农村改革》，《中共党史研究》2008年第5期。

的过程。

1979 年 3 月 12 日至 24 日，国家农委邀请广东、湖南、四川、江苏、安徽、河北、吉林 7 省农村工作部门和安徽全椒、广东博罗、四川广汉 3 个县委的负责人，在北京召开当前农村工作座谈会。会上，围绕包产到户的问题展开了激烈的讨论，有人认为包产到户虽然还承认集体对生产资料的所有权，承认集体统一核算和统一分配的必要性，但在本质上与分田单干没有什么区别。安徽等地的与会者则认为，包产到户只要坚持生产资料公有制和按劳分配，它与分田单干就有本质的不同。

这次座谈会并没有在包产到户问题上形成共识。会后报送给中共中央的《座谈纪要》说："把主要作物的全部农活由个人承担，产量多少也完全由个人负责"的包产到户，"失去了集体劳动和统一经营的好处"，"本质上和分田单干没有多少差别，所以是一种倒退"，强调人民公社的三级所有、队为基础的体制必须稳定。《座谈纪要》还提出："除特殊情况经县委批准者以外，都不许包产到户，不许划小核算单位，一律不许分田单干。"但是，《座谈纪要》又明确表示："喂养家禽、管理鱼塘、经营小宗作物等农活，实行个人岗位责任制，并且规定产量（产值），实行超产奖励，是统一经营下的专业化生产，不是对统一经营的否定，应当允许。深山、偏僻山区的孤门独户，实行包产到户，也应当允许。"①

1979 年 9 月，中共十一届四中全会通过了《中共中央关于加快农业发展若干问题的决定》。这次全会通过的决定与十一届三中全会原则通过的决定草案相比，最耐人寻味的是将草案中的"不许包产到户，不许分田单干"改为这样一段话："不许分田单干。除某些副业生产的特殊需要和边远山区、交通不便的单家独户外，也不要包产到户。"从强制性的"不许"到规劝性的"不要"，表明中共中央对待包产到户的态度已出现了明显的松动。据农业部人民公社管理局统计，1980 年 1 月，全国有 84.7%

---

①　黄道霞等主编：《建国以来农业合作化史料汇编》，中共党史出版社 1992 年版，第 919 页。

的生产队实行了各种形式的生产责任制，其中实行定额包工责任制的占生产队总数的 55.7%，实行各种联产承包责任制的占 29%，而实行包产到户、包干到户等家庭联产承包责任制的为 1.1%。①

其实，当时实行包产到户的生产队的实际数目远不止如此。据新华社从各省分社了解到的情况是：实行包产到户的生产队，安徽有 23%，其中肥西、凤阳、来安、定远、芜湖、宣城等县较多，有的县占 80% 以上；广东有 10%，其中惠阳地区较多，大约占生产队总数的 35%；内蒙的 53 个县、旗的 47849 个生产队中，实行包产到户的有 13894 个，占 29%。河南实行包产到户的生产队也有 10% 左右。此外，贵州、云南、甘肃、山东、河北及其他一些省区，也有的生产队在搞包产到户。没有搞包产到户或搞得很少的是北京、天津、上海 3 市郊区，东北三省和湖北、湖南等省。②

1980 年 1 月 11 日至 2 月 2 日，国家农委在北京召开全国农村人民公社经营管理会议。会上，安徽代表作了《联系产量责任制的强大生命力》的发言，介绍了安徽建立各种联系产量责任制的情况及其效果，并且强调在生产队统一领导下的包产到户，因为它没有改变所有制性质和按劳分配原则，不能同分田单干混为一谈。这个发言引起了与会者激烈的争论。有人认为，联系产量责任制是半社会主义的，包产到户实际上是分田单干，与社会主义沾不上边，是资本主义性质的，更有人将包产到户戴上违反中央文件和宪法规定的大帽子。

1 月 31 日，会议向华国锋、邓小平、李先念等中央领导人汇报情况。华国锋在讲话中强调，责任制和包产到户单干不要混同起来，已经搞了包产到户的要认真总结经验，提高群众觉悟，逐步引导他们组织起来。邓小平则表示，对于包产到户这样的大问题，事先没有通气，思想毫无准备，

---

① 朱荣等主编：《当代中国的农业》，当代中国出版社 1992 年版，第 310 页。
② 吴象：《中国农村改革实录》，浙江人民出版社 2001 年版，第 150—151 页。

不好回答。

实践的发展改变着人们的认识。随着包产到户在越来越多的地方被推广，领导层及有关农业和农村工作主管部门，对包产到户的态度也在逐渐发生变化。这年 3 月 6 日，国家农委印发了《全国农村人民公社经营管理座谈会纪要》，除了重申《中共中央关于加快农业发展若干问题的决定》中对于包产到户的规定外，还表示"至于极少数集体经济长期办得很不好、群众生活很困难，自发包产到户的，应当热情帮助搞好生产，积极引导他们努力保持、并且逐渐增加统一经营的因素，不要硬性扭转，与群众对立，搞得既没有社会主义积极性，也没有个体积极性，生产反而下降。更不可搞批判斗争"①。

1980 年 4 月，主张包产到户的万里从安徽调任国务院副总理，表明中央高层对包产到户的某种认同。但是，此时党内对包产到户问题的认识还没有统一，就在万里到北京赴任的时候，国家农委主办的《农村工作通讯》这年第 2 期和第 3 期上，分别发表了《分田单干必须纠正》《包产到户是否坚持了公有制和按劳分配》两文，对包产到户进行了公开的责难，批评包产到户并没有坚持公有制和按劳分配，实际上倒退到单干。其他一些报刊也刊发文章对包产到户进行批判。3 月 20 日，山东《大众日报》发表《包产到户不是责任制》的文章，认为包产到户同集体经营、分工协作的责任制有本质上的区别，包产到户有滑向单干道路上去的危险。8 月 14 日，《湖南日报》也公开发表《大田生产不宜包产到户》的文章说，大田包产到户，如果领导不好，生产队很难搞统一核算和分配，容易变成变相单干，成为个体经济，这就违背了坚持走社会主义道路的原则。

还有一些地方则是明令纠正包产到户或不准包产到户。1979 年 12 月，中共陕西省委就渭南地委报送的《关于个别地方发生"口粮田"的情况报

---

① 中共中央党史研究室等:《中国新时期农村的变革》中央卷（上），中共党史出版社 1998 年版，第 86 页。

告》作出批复，认为分给社员"口粮田"（按：所谓口粮田，就是从集体耕地中划出一部分由社员自己耕种代替口粮分配，是包产到户的一种变通），势必形成社员热衷于经营"口粮田"而影响大田生产，不利于巩固集体经济。安徽在万里调离后，也引发了包产到户的大争论，安徽省委个别人给包产到户扣上了"经济主义""机会主义""工团福利主义"等大帽子，指责包产到户是倒退，是"迁就农民落后意识"。一些地方还不顾群众反对，强行纠正包产到户，有的县委负责人还宣布，谁搞包产到户就以破坏生产论处，要加以逮捕。刚刚萌生的包产到户面临再次夭折的危险。

就在这个时候，几个月前对包产到户"不好回答"的邓小平，在经过深思熟虑后，作出了肯定的回答。1980年4月2日，邓小平找胡耀邦、万里、姚依林、邓力群谈长期规划问题。邓小平让姚依林（时任中共中央书记处书记、国务院副总理兼国家计划委员会主任）先讲。姚依林说：工业、农业都要甩掉一些包袱。拿农业来说，甘肃、内蒙古、贵州、云南这些省份，中央调给他们很多粮食，这是国家的很大负担。对这些地区可不可以改革，在这些地区政策上搞得宽一些，（不如）索性实行包产到户之类的办法。让他们多想办法，减轻国家背得很重的包袱。

邓小平接过话头说：对地广人稀、经济落后、生活穷困的地区，像贵州、云南、西北的甘肃等省份中的这类地区，我赞成政策要放宽，使它们真正做到因地制宜，发展自己的特点。西北就是要走发展畜牧业的道路，种草造林，不仅要发展现有的牧场，还要建设新牧场。农村要鼓励种树，要发展多种副业，发展渔业、养殖业。政策要放宽，要使每家每户都自己想办法，多找门路，增加生产，增加收入。有的可包给组，有的可包给个人，这个不用怕，这不会影响我们制度的社会主义性质。在这个问题上要解放思想，不要怕。在这些地区要靠政策，整个农业近几年也要靠政策。政策为农民欢迎了，即使没有多少农业投资，只要群众的积极性发挥了，各种形式的经济、副业发展了，农业增产的潜力大得很，发展余地大得很。①

5 月 31 日，邓小平同胡乔木、邓力群谈话。他说：农村政策放宽以后，一些适宜搞包产到户的地方搞了包产到户，效果很好，变化很快。安徽肥西县绝大多数生产队搞了包产到户，增产幅度很大。"凤阳花鼓"中唱的那个凤阳县，绝大多数生产队搞了大包干，也是一年翻身，改变面貌。有的同志担心，这样搞会不会影响集体经济。我看这种担心是不必要的。我们总的方向是发展集体经济。实行包产到户的地方，经济的主体现在也还是生产队。可以肯定，只要生产发展了，农村的社会分工和商品经济发展了，低水平的集体化就会发展到高水平的集体化，集体经济不巩固的也会巩固起来。② 邓小平的这两次谈话，把能不能搞包产到户的门打开了。

同年 7 月，在此前（2 月）的中共十一届五中全会上当选为中央政治局常委、中央委员会总书记的胡耀邦，在全国宣传工作会议上作讲话时指出："中央不反对搞包产到户。""我们不把包产到户同单干混为一谈，即使是单干，也不能把它同资本主义等同起来，不要一提到单干就认为是走资本主义道路。说单干就等于走资本主义道路，这在理论上是错误的。在我国目前条件下，单干户，也就是个体所有制的农民，已不同于旧社会的小农经济，它同社会主义的公有制是密切联系着的，它本身没有剥削，在一般情况下，不会发展到资本主义，不要自己吓自己。"③

为了进一步了解干部、群众在农业生产责任制方面的创造和意见，1980 年春夏之交，中央一些领导同志分别到了云南、青海、宁夏、陕西、内蒙古、黑龙江、吉林、辽宁等省和北京郊区农村，进行调查研究。中共

---

① 中共中央文献研究室：《邓小平年谱（1975—1997）》，中央文献出版社 2004 年版，第616 页。

② 中共中央文献研究室：《邓小平年谱（1945—1997）》，中央文献出版社 2004 年版，第641 页。

③ 吴象：《胡耀邦和万里在农村改革中》，《炎黄春秋》2001 年第 7 期。

中央和国务院还委托国家农委组织一百多位农村工作者和经济界、理论界人士，分赴 10 个省、自治区的农村，进行了两个月的典型调查。①

与此同时，许多理论工作者和实际工作者，也深入农村进行调研，并撰写出一批有分量的调研报告，对包产到户起到了积极的推动作用。

1980 年 4 月 9 日，《人民日报》发表特约记者吴象和记者张广友的调查报告《联系产量责任制好处很多》，高度评价了联系产量的责任制（即包产到户）。其中说，安徽凤阳县历史上以"十年倒有九年荒"闻名，1979 年 70% 的生产队实行了"大包干"式的联系产量责任制，全年总产量比历史最高水平增长 19.9%，调出的粮食超过 1953 年以来 26 年调出量的总和。该县的江山公社，年年吃返销粮，年年人口外流，近八年来换过四任公社书记。第一任书记刚到任，看到这里土地多，潜力大，满怀信心地说："江山如此多娇。"干了一年，感到没法搞好，要求调走了。第二任书记记取教训，埋头苦干，生产还是上不去。群众说："公社书记累断了腰，江山还是穷面貌。"1978 年冬，县委又派来第四任书记，他看到灾情严重，开始信心不足，实行联系产量责任制后，粮、油成倍增长，一举甩掉了落后帽子，他兴高采烈地说："实行大包干，产量翻一番，再干三、五年，请看新江山。"这并不是个别公社的情况，许多地方都可以看到类似的例子。这就使联系产量责任制具有了不可抗拒的吸引力。

这年 8 月，中共安徽省委从省直机关抽调人员组成调查组，分赴全省 8 个县对包产到户进行调查。调查表明："凡是实行包产到户的地方，都在经济和思想、文化领域发生了深刻变化。包产到户对加快发展农业、活跃农村经济、改变人们的精神面貌、改进干部作风、搞好干群关系等方面，起到了巨大作用。"肥西县的山南区，1979 年年底全区所有的生产队都实行了包产到户，全年粮食总产量达到了 11530 万斤，比 1978 年增产 2753 万斤，比历史最高的 1976 年增加 453 万斤；全区人均分配收入

---

① 《时刻想着八亿农民——中南海纪事》，《人民日报》1981 年 5 月 20 日。

110 元，比最高水平的 1976 年增加 37.6 元。凤阳县梨园公社小岗生产队，1979 年搞起包产到户，收获粮食 132300 多斤，比往年增加三四倍，还收了 32000 多斤芝麻和花生，向国家交售粮食 3 万斤，油料作物 2.5 万斤，肥猪 35 头，第一次还贷 800 元，人均口粮达到 800 多斤。包产到户后，社员可以自由支配时间，乃想方设法搞家庭副业，家畜家禽饲养量明显增多，许多人的副业收入达到了一两千元。调查组认为，包产到户之所以能促进生产的发展，最基本的一条就在于"把生产成果同社员个人的经济利益最直接、最紧密地联系起来，超产奖励，减产要赔，生产队给了他们必要的自主权，社员群众多年来被束缚的思想和手脚松开了，迸发出了长期被压抑的智慧和力量，用最大努力，千方百计地增产增收，改善生活"[1]。

1980 年 9 月，中共中央召开各省区市党委书记座谈会，讨论加强和完善农业生产责任制问题。会议开始时，只有少数人赞成包产到户。会上，国家农委副主任杜润生作了《对进一步加强和完善生产责任制几个问题的说明》的发言，着重讲了如何处理包产到户的问题，强调"要区别包产到户和单干，单干和资本主义"，认为包产到户虽然成了独户经营，自负盈亏，但它仍然通过承包与集体相联系，成为集体经济的组成部分，与过去的单干有所不同，因此也应算作是社会主义社会的一种经营形式，即一种责任形式。杜润生在发言中还指出，对于中西部地区的穷队来说，第一位的问题是解决温饱。解决温饱当然不限于包产到户一种方法，但包产到户有利于调动群众的积极性，有利于突破集体经济办不好，群众不积极，群众不积极，集体经济也办不好的恶性循环，不失为较好的选择。包产到户虽然有一些副作用，但只要有领导地搞，就可以最大限度地避免。[2]

经过讨论，与会者对于包产到户的问题基本上达成了共识，认为包产

---

① 中共安徽政策研究室：《关于包产到户情况的调查报告》，1980 年 8 月，载中国农村发展问题研究组：《包产到户资料选》二，1981 年 4 月编印。

② 《杜润生改革论集》，中国发展出版社 2008 年版，第 6—7 页。

到户至少在贫困地区是必要的。会议最后形成了《关于进一步加强和完善农业生产责任制的几个问题》的座谈纪要。座谈纪要强调："凡有利于鼓励生产者最大限度地关心集体生产，有利于增加生产，增加收入，增加商品的责任制形式，都是好的和可行的，都应加以支持，而不可拘泥于一种模式，搞'一刀切'。""在那些边远山区和贫困落后的地区，长期'吃粮靠返销，生产靠贷款，生活靠救济'的生产队，群众对集体丧失信心，因而要求包产到户，应当支持群众的要求，可以包产到户，也可以包干到户，并在一个较长的时间内保持稳定。"[①]中共中央随即印发了这个文件（即 1980 年第 75 号文件），并要求"结合当地具体情况贯彻执行"。

75 号文件对于"边远山区和贫困落后地区"可以搞包产到户的规定，承认了包产到户的合法性，对包产到户是一个巨大的推动。在当时的中国农村，绝大多数地区都可以说是"贫困落后地区"，有了这样一条政策，农民就可以放心地搞包产到户了。随后，包产到户发展很快。据 1981 年 6 月底的统计，当时实行各种联产承包责任制的生产队达 377.7 万个，占生产队总数的 64.2%。其中包产到户的生产队 166.9 万个，占生产队总数的 28.2%。到 1980 年年底，包产到户、包干到户[②]已在全国三分之二以上的省、自治区得到普遍推行。

三、在调查中改变对包产到户的认识

1980 年的 75 号文件虽然承认包产到户的合法性，但对包产到户的性质并没有作出明确的判断，只是说："就全国而论，在社会主义工业、社

[①] 中共中央文献研究室、国务院发展研究中心：《新时期农业和农村工作重要文献选编》，中央文献出版社 1992 年版，第 59、60—61 页。

[②] 包产到户与包干到户的区别在于：包产到户是先按估产进行包产，等实际产量出来后，用实际产量除去包产，两者之余额，上缴国家、集体后，剩下的都是承包人的；包干到户是不算细账，交了国家和集体的，都是承包者自己的。

会主义商业和集体农业占绝对优势的情况下，在生产队领导下实行的包产到户是依存于社会主义经济，而不会脱离社会主义轨道的，没有什么复辟资本主义的危险，因而并不可怕。"①也就是说，这个文件对包产到户是姓"资"还是姓"社"的问题，并没有十分明确说"是"还是"不是"。

　　然而，事实是最好的说明。1979年前，广东各地人民公社基本核算单位的分配水平是很低的。据统计，1957年人均分配42.2元，1971年是75.8元，1978年是77.4元。农业合作化后的21年间，人均年增加1.6元。全省人均分配在50元以下的有98899个生产队，占全省生产队总数的32.2%。这些生产队除集体所有的土地和合并起来的耕牛、农具外，多年没有形成新的固定资产，长期"三靠"（即粮食靠返销，生产靠贷款，生活靠救济）。②

　　1978年夏，广东开始有少数的生产队，自发地搞起将土地、劳力、耕畜、农具固定到作业组的"三定一奖"（即定人工、定产量、定成本，超产奖励）的生产责任制。到1978年冬，据中共广东省委农村工作部对全省9个地区25万个生产队的统计，在冬种中实行"三定一奖"到组的生产队已占24.9%，并且有的地方出现了生产队分队和包产到户的现象。

　　1979年2月，中共广东省委批转了省委农村工作部《关于建立"五定一奖"责任制问题的意见》（以下简称《意见》）。"五定一奖"是定劳力、定地段、定成本、定工分、定产量和超产奖励。《意见》认为，联系产量到作业组，看得见，摸得着，算得出，联系产量，超产奖励，把劳动成果和个人利益直接联系起来，使劳动者产生了更大的积极性、主动性和创造性，想办法把生产搞好。广东省委在批语中也认为，"联系产量到组的生产责任制是行之有效的，各地应认真总结经验，不断提高"。但《意见》同时又强调："生产责任制原则上到作业组，不要到个人，更不要到户"，

---

① 中共中央文献研究室、国务院发展研究中心：《新时期农业和农村工作重要文献选编》，中央文献出版社1992年版，第59、61页。

② 黄勋拔主编：《当代广东简史》，当代中国出版社2005年版，第296页。

至于那些五边地、边远地、山坡地，则"可以直接'五定一奖'责任到人、到户"。①

这个文件虽然一定程度上解决了生产队内部分配上的平均主义问题，但没有从根本上调动群众生产积极性。在贯彻这个文件的过程中，广东有不少生产队突破了责任制不要到人、到户的规定，搞了"分田单干"即包产到户。据 1979 年 10 月广东省委一位负责人在全省地、市委书记会议上的发言介绍，"海南地区有 2200 个生产队已经散伙分田单干，占总队数的 7.7%，单干户约 5 万户，占总户数的 6.4%。惠阳地区有 1438 个生产队已经散伙单干，占总队的 4.8%，有单干户 37629 户，占总户数的 4%；湛江地区单干户达 27137 户，占总户数的 1.5%；梅县地区有单干户 5805 户，占总户数的 0.9%"。②

面对推行"五定一奖"责任制后农村出现包产到户的新情况，广东省委于 1980 年 5 月召开全省地委农业书记、农村工作部长和 13 个县委书记参加的农村工作会议，就包产到户问题展开讨论。会议出现了两种意见，一种意见认为包产到户能实现增产，使群众吃饱肚子，希望省委能够了解民情，支持群众的实践；另一种意见认为包产到户是走回头路，是分田单干，应予纠正。会议讨论的结果后是后一种意见占了上风，会议形成的纪要明确表示要"稳定生产关系，坚决制止分田单干"。

这次会议后，广东省委从省直机关中抽调了 230 名干部，分赴紫金、河源、和平、五华、惠阳、廉江、海康、琼山等 16 个"分田单干"较严重的县，进行调查研究，帮助纠正"分田单干"。由于这次调查组下乡，"普遍做到深入群众，调查生产、生活真实情况，细心倾听干部、群众意见和呼声，调查结果表明：多数农民愿意接受'包产到户'的办

---

① 中共广东省委农村工作部、广东省档案馆：《广东农业生产合作制文件资料汇编》，广东人民出版社 1993 年版，第 755、756 页。
② 中共广东省委农村工作部、广东省档案馆：《广东农业生产合作制文件资料汇编》，广东人民出版社 1993 年版，第 777 页。

法"。①这次调查对广东推行包产到户起了重要作用。随后，广东省委明确表示，"已经包产到户、包干到户的，要从实际出发，加强领导，不要再去硬扭，同群众闹对立"。②

贵州是当年较早在全省范围推广包产到户、包干到户的省份。1978年3月，中共关岭县委工作队根据当地实际和群众要求，在顶云公社的16个生产队试行"定产到组、超产奖励"的生产责任制。同年10月，时任中共贵州省委第一书记的马力前来调研时，关岭县委试探性地向其汇报了定产到组的做法，马力当即表示可以试试。由于省委主要负责人的这个表态，同年11月11日的《贵州日报》以《"定产到组"姓"社"不姓"资"》为题，报道了顶云公社实行定产到组责任制的做法，并在编者按中肯定这种责任制是社会主义性质。这篇报道见报后在贵州全省引起了很大反响，并在推行定产到组的过程中发展为包产到户、包干到户的责任制。

对于包产到户、包干到户如何看，当时贵州省委的认识还不统一，由于1979年4月中共中央批转的国家农委党组《关于农村工作问题座谈会纪要》中，只是允许深山、偏僻地区的孤门独户包产到户，因此，同年12月中共贵州省委四届四次全体会议通过的《关于搞好国民经济调整工作的决定(草案)》中，亦强调"不许超过中央规定界限搞包产到户"。会后，贵州各级还派出工作组到农村去"纠偏"。但是，由于包产到户、包干到户深受群众欢迎，有的地方农民甚至以"罢耕"的方式来抵制这种"纠偏"。针对这种情况，1980年3月，贵州省委召开电话会议，宣布为了保证春耕生产的顺利进行，要求各地对群众已经采取的办法，不管什么形式，目前一律不动，停止了"纠偏"。

为了统一对包产到户问题的认识，1980年4月上旬到5月上旬，中共贵州省委第一书记池必卿及一些常委分别到州、地、县，"就农业生产

---

①　黄勋拔主编：《当代广东简史》，当代中国出版社 2005 年版，第 298 页。

②　中共广东省委农村工作部、广东省档案馆：《广东农业生产合作制文件资料汇编》，广东人民出版社 1993 年版，第 798 页。

管理形式开展了一个多月的调查研究，与农民和基层干部广泛交谈，虚心倾听各方面的呼声，对各种责任制形式进行了反复认真的比较"。①5月中旬，贵州省委召开为期9天的常委会议，集中讨论放宽农村政策问题。会议回顾了农业合作化以来贵州农业发展历史，听取了部分省委常委到州、地、县农村调研的情况汇报，在广泛交换意见的基础上，决定尊重群众的首创精神，调整农业生产关系，放宽农村政策。

7月5日，贵州省委正式发出《关于放宽农业政策的指示》，以省委文件的方式肯定了包产到户和包干到户，明确指出：只要坚持基本生产资料公有制，"什么政策办法最适合现实生产力的发展水平，最有利于调动社员群众的积极性，最有利于发展农业生产，最有利于提高农民的生活水平，就是好政策、好办法，就应当认真执行"。到1981年年底，贵州全省有98.2%的生产队实行了包干到户。

中共中央《关于进一步加强和完善农业生产责任制的几个问题的通知》下发后，为了进一步理清农村改革的思路，中央领导层作了深入的调查研究。

时任中共中央总书记的胡耀邦，在中共中央书记处成立后的一年多时间里。"已经到十几个省、市、自治区的农村调查过。他口袋里装着一个小本子，调查访问时，随手记下各地多种经营的项目。他建议每个县、每个公社、每个大队，把自己那里的每一座山、每一条沟、每一片水面都查看一遍，摸清有多少生产门路。"②

1981年1月，国家农委副主任杜润生给中共中央写了一份调研报告，反映在农村调研时所了解到的情况，并就农村经济政策问题提出了一些意见。

调查报告一开头就说，困难地区实行包产到户稳定几年大有好处。报

---

① 何仁仲主编：《当代贵州简史》，当代中国出版社1993年版，第216页。
② 《时刻想着八亿农民——中南海纪事》，《人民日报》1981年5月20日。

告以河南的兰考县和山东的东明县为例，这两个县过去是生产靠贷款、吃粮靠返销、生活靠救济的"三靠"穷县，两县自 1978 年开始试行包产到户和包干到户后，经济效果显著。兰考县过去的粮食总产量始终在 1 亿斤左右徘徊，1980 年达到了 1.55 亿斤，全县 1978 年还净吃返销粮 800 万斤，1979 年转缺为余，1980 年净售 3200 万斤。社员人均集体分配收入由 1979 年的 49.7 元增加到 80 元，如果加上超产部分的个人收入，可达 100 多元。东明县的情况也大体差不多。

调查报告说，凡实行了包产到户、包干到户的地区，社员的温饱问题已大体解决。农民喜气洋洋地说："过去愁得没饭吃，现在愁得粮食没处放，再不用出门要饭了。""联产联住心，一年大翻身。红薯换蒸馍，光棍娶老婆。"农村市场上，手表、自行车、缝纫机、收音机、的确良等消费品供不应求，同时，生产资料的需要量也大大增长。农民们说："二十多年了，可熬到自己当家了。"现在是"既有自由，又能使上劲"。"戏没少看，集没少赶，亲戚没少串，活没少干，粮没少收。"农民们普遍希望这个政策能够三五年不变，他们说："一年不变有饭吃，二年不变有钱花，三年不变小康家，国家赶快盖粮仓。"

调查报告说，包产到户激发了农民的生产积极性，这是一个不容置疑的事实。对于包产到户，群众热烈欢迎，干部冒险倡导，这表明生产关系一定要适合生产力性质这个法则在背后起着不可抗拒的作用。包产到户，特别是包干到户这种形式，虽然有个体经营性质，但由于它处在社会主义经济条件下，不同于历史上封建社会时期的小农经济，今后一个时期还会有相当大的生产潜力可以发挥。调查报告中也提到了包产到户后出现的一些矛盾和问题，并建议在不搞包产到户的地方应适当扩大自留地的数量。[①]3 月 27 日，中共中央办公厅转发了这个调查报告，这对包产到户的推广起到了积极的推动作用。

---

① 《杜润生改革论集》，中国发展出版社 2008 年版，第 9—11 页。

1981 年夏，在国家农委的统一组织领导下，由国家农委和农业部、农垦部、中国社会科学院农业经济研究所等部门组成了 17 个调查组，参加调查组的有部长、副部长等领导干部，以及有关方面的技术人员，共140 多人，分赴 15 个省、自治区，选择各种不同类型的地区，进行了为期两个月的调查研究，重点调查农业生产中的联产计酬责任制和多种经营等问题。据报道，"参加调查的同志虽然大多年逾半百，有的已是七十高龄；但他们不辞劳苦，到农业生产第一线，通过召开座谈会、走门串户、田头谈心等各种形式，获得大量第一手材料，写出了上百篇调查报告"。各调查组通过调查得到的共同感受是：当前农村形势之好是多年来没有过的。特别是那些长期贫困落后的地区，面貌变化之快，出人预料。许多过去吃粮靠返销，生产靠贷款，生活靠救济的"三靠"队，变成了"靠三"队：靠三中全会的精神改变了面貌。

通过调查，许多人改变了对包产到户、包干到户的认识。在调查结束后国家农委召开的汇报会上，国家农委委员朱则民说：在这次调查之前，我也和许多同志一样，认为包产到户、大包干是贫困落后地区治穷的权宜之计。这次从农民群众和基层干部中受到了教益，使我认识到包产到户、大包干不仅是治穷的办法，而且也是发展生产的积极办法。无论是包产到户或大包干，都没有改变集体所有制的生产关系，都是经营管理的一种形式。农业部副部长赵修说：农业生产的联产计酬责任制的中心问题是个"包"字，作为责任制来说，越具体、越明确、效果就越好。这就是许多地方农民欢迎包产到户、大包干的原因。什么是统一分配？保证国家的，留足集体的，剩下都是自己的，正确处理国家、集体、社员群众三者关系，这就是统一分配。

各调查组在汇报中普遍反映，当前，群众中普遍存在着一个思想问题：仍怕政策变。有的群众对干部说："不怕你们的唯物主义，就怕你们的'变政法'（辩证法）。"特别是一些包产到户和大包干的社队，群众更怕政策变。调查组还了解到一个情况：有些农村有一种说法，说"专业承包联产到劳"是高级责任制形式；包产到户、大包干是低级的，甚至是非法的，迟早要淘汰的。因此，有的单位不顾条件，向"专业承包，联产到劳"去靠；有些基层干部千方百计地要把包产到户、大包干"引导"或"过渡"到"专业承包，联产到劳"，纳入"正规"。同时由于思想不稳定，实行包产到户和大包干的地方，有些群众有"捞一把是一把"的思想，对土地掠夺式的使用，不作长期打算，不愿在农田基本建设上下功夫。为此，有的调查组建议，应当进一步明确采用哪种责任制形式由群众自行选择，各种责任制形式都可以长期不变，要给群众吃个"定心丸"。①

1981 年夏，中共甘肃省委代理第一书记冯纪新就包产到户问题进行专题调查。他在调查报告中认为："两年多来，随着农村经济政策的贯彻落实，特别是建立了以包产到户和大包干到户为主的生产责任制，有力地促进了农业生产的恢复和发展。"甘肃历史上一直缺粮的武都地区，由于 99% 的生产队实行了包干到户，在 30 万农户中，1980 年有 80% 的农户粮食自给自足。冯纪新在调查中发现，广大农民之所以异口同声地说"包产、包干到户好"，主要是这种责任制，一是彻底纠正了过去"上地一条龙，干活一窝蜂，分配一拉平"的吃"大锅饭"的情况，克服了平均主义。二是增产多，翻身快，包产到户搞得比较早的文县、岷县、宕昌、武都 4 个县，1980 年增产都在 25% 左右。三是精简了各种非生产人员，压缩不合理的开支，减轻群众的负担。四是包产到户和包干到户后，实行定包合同，手续简便，责任分明，群众心里明白，干部容易管理，减少了许多麻烦。五是生产队和社员群众都有了自主权，能够因地制宜广开生产门路，充分调动了集体和社员两个积极性。因此，"这种改革势在必行，挡是挡不住的"。②

1981 年 9 月，中共江西省委常务书记、省长白栋材就农业生产责任

---

① 《实践使他们提高了认识——国家农委和农口各部门领导干部农村调查汇报会侧记》，《人民日报》1981 年 8 月 4 日。

② 冯纪新：《势在必行——对农村生产责任制的调查》，《人民日报》1981 年 7 月 11 日。

制问题，对江西吉安、赣州地区十几个县进行了为期一个月的调查。他调查之后得出的结论是："现在农村出现了建国三十二年少有的很好的形势，到处是五谷丰登，六畜兴旺的喜人景象。从江西全省看，农业生产责任制大的变动时期基本过去，农村党的组织和各级领导干部要把主要注意力集中到巩固、完善和稳定农民欢迎、选择的各种责任制上。"①

1981年3月下旬至4月中旬，全国政协副主席王首道通过对湖南桃源、益阳、株洲、攸县、岳阳、宁乡等县地的调查，发现"广大农民群众按照自己的意愿，选择了生产责任制这一符合农村实际的管理形式，调动了生产的积极性。当前湖南农村形势之好是二十多年来少有的"。"这是农业生产上继土改、合作化之后出现的第三个高潮。农民劳动热情空前高涨，出勤人数、投肥数量、扩大耕地面积，都超过以往任何一年。"调查所到之处，"都可看见一派喜笑颜开、丰衣足食的新景象，感到农民现在真正开始富裕了，农村经济初步活跃了，农村形势比我所想象的还要更好一些。"王首道在调查报告中，还总结出了生产责任制具有适合当前的农业生产力水平，适合农业生产"露天工厂"的特定情况，适合我国人多田少的基本特点，适合当前农村公私两种经济并存的经济条件，适合农民居住分散和起居、劳动时间不一的习惯和状况等优点，因而"联产责任制这种生产关系完全适合当前的农业生产力水平，而且能最大限度地推动农业生产向前发展"②。

1981年3月至5月，中共中央办公厅和中共中央党校联合组成调查组，到皖、浙、赣、苏、豫5省农村调查了各种类型的生产责任制。调查组了解到，农村联产责任制形式很多，但主要的有三种。

一是包产到户和包干到户。包产到户是生产队在"三不变"，即生产

---

① 《江西省省长白栋材在农村调查后强调，要集中精力巩固完善生产责任制》，《人民日报》1981年11月15日。

② 王首道：《责任制给湖南农村带来新的生机——湖南几个地县的调查》，《人民日报》1981年6月5日。

资料集体所有制、基本经济核算单位、定产部分统一分配不变的前提下，实行把全部农活和产量包到户，以地定产，以产定工；定产以内统一分配，超产归己，赔产则罚。包干到户是在生产队体制不变、基本生产资料公有制不变的前提下，把农田包干到户耕作，生产工具分到户管理使用或作价归户，实行分户经营，生产投资由户负责，不再进行统一分配，只承包上交任务，即"保证国家的，留足集体的，剩下都是自己的"。

二是统一经营、联产到劳。基本做法叫"三不变、四统一、五定一奖到劳力"。三不变是集体所有制、统一分配、基本经济核算单位不变；四统一是种植计划、耕种、管水用水、畜役和大中农机具的管理使用统一；五定一奖是定劳力、地段、产量、投资、报酬，超产奖励，减产赔偿。

三是专业承包、联产计酬。即在坚持集体统一经营的前提下，按照农林牧副渔各业的需要，每个劳力的不同特长，实行专业分工、联产计酬。

调查组在调查中发现："由于实行了联产责任制，这些地区的农村正在发生着深刻的变化。许多穷队一季翻身，一年大变，富队更是富上加富，粮食和经济作物大幅度增产，对国家的贡献越来越大，收入几千元的农户成批涌现，不少地方盖起一排排的新瓦房，集市上人山人海，购销两旺，农民群众喜气洋洋。整个农村呈现出一派勃勃生机。"由此得出结论："广大农民冲破各种阻力起来搞各种形式的生产责任制，这不是偶然的，是生产关系一定要适合生产力性质的客观规律所决定的。表面上看，实行责任制是一种经营管理形式的变化，直接表现为经济效益上的增产增收，但实质上却反映了自土改、合作化以来农村发生的一场比较大的经济、政治、社会的变革。"[1]

此间对以包产到户、包干到户为主题的各种农村调查，深化了人们对农村改革意义的认识，也坚定了各级干部进一步推进农村改革的决心。当

---

[1]　中央办公厅、中央党校调查组：《当前农村几种联产责任制的调查和意见》，《人民日报》1981年9月1日。

时，《人民日报》等报刊公开发表了一批相关的调查报告，从而解答了社会上一些人对建立家庭联产承包责任制的疑问，澄清了人们在这个问题上的误解。从此，建立家庭联产承包责任制成为全党全民的共识。

四、农村调查与五个"一号文件"的出台

为了巩固农村改革的成果，给广大农民吃一颗包产到户、包干到户政策不会改变的"定心丸"，中共中央决定出台一个具有指导意义的相关文件。1981 年 7 月 31 日，在刚刚结束的中共十一届六中全会上当选为中共中央主席的胡耀邦，写信给国务院副总理兼国家农委主任万里，提出要再产生个农业问题指示。8 月 4 日，胡耀邦同农委副主任杜润生谈话，布置文件起草工作，特别提出文件要写政策放宽问题。据此，国家农委组织人员作了调查研究，听取意见，并起草了文件。

这年 10 月，中共中央、国务院召开全国农村工作会议，专题讨论文件草稿。胡耀邦在接见与会代表时明确指出："包产到户并未动摇农村集体经济，把包产到户说成是分田单干是不正确的。责任制用了'包'字本身，就说明不是单干。我国坚持土地公有制是长期不变的，建立生产责任制也是长期不变的。"[①]

万里也在会上作了讲话。万里说，我国农村，经过三年来的拨乱反正，特别是各种形式的生产责任制的落实，现在出现了很多新的情况、新的问题，需要我们认真地分析、研究、总结。在这个基础上，引导农民进一步解放思想，创造新的经验，使现在朝气蓬勃的势头，进一步地巩固，向新的阶段发展。万里又说，现在，有相当一部分的干部和农民，思想解放，讲究实事求是，冲破了原来的一些框框，做出了许多过去想不到的和

---

① 陆学艺：《我国农村改革第一步的回顾与思考》，中国社会科学院老专家协会编：《我在现场——亲历改革开放 30 年》，社会科学文献出版社 2008 年版，第 91 页。

不敢想的事情。农民有了自主权，就想出了很多解决问题的办法，创造了各种形式的生产责任制，照顾到国家、集体、个人三者的利益，生产者的责、权、利紧密联系，达到因地制宜、因时制宜、因人制宜。万里同时认为，有一些人脑筋是很顽固的，对是否支持群众的首创精神，这个问题还没有完全解决。有的同志可能一时跟不上，但只要肯承认事实，终究会转变过来的。在这次搞文件的过程中，以至在今后农业的指导上，还有个继续解放思想、实事求是的问题，有个承认群众的创造和正确总结社会实践经验的问题。①

这次农村工作会议开了十几天，会议的气氛很活跃，与会人员带来了各地农村改革的新情况、新经验和新问题，人们对以包产到户、包干到户为特征的家庭联产承包责任制有了新的认识。经过反复讨论和修改，在国家农委起草的文件草稿基础上形成了《全国农村工作会议纪要》。12 月 21 日。中共中央政治局讨论通过了该文件，并根据杜润生的建议，文件在 1982 年元旦发表，作为这年的第一号文件。胡耀邦在签发这个文件时表示，农村工作方面，每年搞一个战略性文件，下次还要排一号。

1982 年"一号文件"最重要的内容，就是中共中央以文件形式，第一次正式肯定家庭联产承包责任制，从而结束了自 1957 年自包产到户出现以来，这种责任制形式到底姓"社"还是姓"资"的争论。文件明确指出："目前实行的各种责任制，包括小段包工定额计酬，专业承包联产计酬，联产到劳，包产到户、到组，包干到户、到组，等等，都是社会主义集体经济的生产责任制。不论采取什么形式，只要群众不要求改变，就不要变动。"

针对一些人将包产到户、包干到户误解为"土地还家"、平分集体财产、分田单干等，文件作了必要的说明，指出："包干到户这种形式，在一些生产队实行以后，经营方式起了变化，基本上变为分户经营、自负盈

① 《万里文选》，人民出版社 1995 年版，第 193—185 页。

亏;但是,它是建立在土地公有基础上的,农户和集体保持承包关系,由集体统一管理和使用土地、大型农机具和水利设施,接受国家的计划指导,有一定的公共提留,统一安排烈军属、五保户、困难户的生活,有的还在统一规划下进行农业基本建设。所以它不同于合作化以前的小私有的个体经济,而是社会主义农业经济的组成部分;随着生产力的发展,它将会逐步发展成更为完善的集体经济。"①

中共中央 1982 年"一号文件"对包产到户、包干到户是社会主义集体经济的界定,彻底解除了人们对包产到户、包干到户的后顾之忧,促进了"双包"制在全国的广泛推行。到 1982 年 11 月,全国实行联产承包责任制的生产队已占 92.3%,其中"双包"的占 78.8%,贵州、安徽、宁夏、甘肃、福建等 11 个省、区,"双包"都在 90% 以上。到 1983 年年底,全国农村实行联产承包责任制的生产队达到了 99.5%,其中实行包干到户的占生产队总数的 97.8%。

1982 年 5 月,中共中央为了加强对农村的调查和农村政策的研究,决定成立中央书记处农村政策研究室,任命杜润生为主任。中共中央赋予农村政策研究室的任务,一是对农村工作进行系统的、深入的调查研究,及时反映农村工作的新情况、新问题;二是代中共中央起草或参加起草农村工作方面的文件、文稿;三是检查各地、各部门贯彻执行中央有关方针政策的情况;四是完成中央交办的其他事情。②

中央农村政策研究室成立后,就开始下一个"一号文件"的酝酿和起草工作。不久,向全国派出 7 个调查组,分赴山东、安徽、江苏、四川、广东、广西、河北等省、自治区调研。7 月,各调研组回到北京,并带回了各地在农村改革过程中出现的新情况、新经验:山西农民购买了不少拖

---

① 中共中央文献研究室、国务院发展研究中心:《新时期农业和农村工作重要文献选编》,中央文献出版社 1992 年版,第 59、116—117 页。

② 余国耀等:《中国农民命运大转折——农村改革决策纪实》,珠海出版社 1999 年版,第 98 页。

拉机，既有小型的，也有大型的，省里规定拖拉机不许长途贩运，农民问，什么是长途贩运，多长距离叫长途，不能贩，能不能运？不能运，农副产品如何进市场，农资如何运回农村？山东烟台农村多种经营收入超过了农业，已占 80% 以上，从事大田生产的劳动力逐渐减少，这个问题如何看？辽宁农村已出现养猪百头以上，养鸡千只以上的养殖专业户，并且发展很快，如何出台新的政策促进其健康发展？安徽一些农户在承包土地的同时，又参加了养殖、粮食加工等新的联合体，这算不算合作经济？等等。[①] 因此，包产到户合法化后，随着农村的改革发展，这些新的情况和问题亟待新的政策加以明确和解决。

农村出现的新的情况和问题，引起了中央领导层的关注，他们走出北京，到农村调研，在实践中寻求解决这些问题的答案。

1982 年 8 月，胡耀邦到黑龙江、吉林省和内蒙古自治区调研，重点了解新出现的专业承包责任制情况。在调研过程中，胡耀邦反复强调领导干部到第一线调查研究的重要性。他说，只有掌握丰富的感性知识，特别是到第一线去直接占有大量的第一手材料，才有可能形成科学的合乎实际的理性认识，作出正确的决定。不调查不研究，坐在屋子里听汇报，粗枝大叶，似是而非，要么没完没了地扯皮，要么做出的决定是错误的，这是当前党风不正的一个突出表现。革命战争年代，许多高级指挥员亲临第一线，察看地形，掌握关键性战斗，这个优良传统在新时期中应当大大发扬。老同志年老体衰，不应要求他们这样做，但是一切 65 岁以下，特别是 55 岁以下的担负领导工作的同志，都应当奋发努力，做到这一点。[②]

1982 年 11 月 30 日至 12 月 28 日，时任国务院副秘书长的田纪云根据万里的指示，率领由有关部门参加的 12 人工作组赴山东、河南、四川，

---

① 余国耀等：《中国农民命运大转折——农村改革决策纪实》，珠海出版社 1999 年版，第 98—99 页。

② 《胡耀邦同志到黑龙江、吉林、内蒙古调查》，《人民日报》1982 年 8 月 25 日。

作了近一个月的农村经济调查，撰写了 3 篇考察报告。这些调查报告客观真实地反映了当时农村所发生的深刻变化，反映了广大农民对农村改革的喜悦和期盼。调查组写的 3 篇调查报告由中共中央书记处研究室作为内部文件印发。这些调查报告用事实回答了如下三个问题：

一是广大农民衷心拥护党的十一届三中全会精神，衷心拥护在农村实行的以家庭联产承包为主的责任制，农村形势一派大好：农民生产积极性空前高涨，农业生产连年增产，基本解决了新中国成立 30 年来没有解决的吃饭、穿衣问题，到处呈现一片兴旺发达景象，新房多，林木多，牲畜多，赶集上会的人多，农村集市贸易空前活跃。所到之处，流传着许多赞美党的政策，赞美现实的顺口溜。例如："大包干是摇钱树，不出三年都变富。""过去'三靠'（即吃粮靠返销，生产靠贷款，生活靠救济），越靠越穷，现在'靠三'（即靠三中全会路线），越靠越富。""过去是：地瓜干当主粮，老母鸡是银行。现在是：粮满囤、油满缸，穿新衣、盖新房，光棍汉子娶新娘，大把票子存银行，日子越过越舒畅。"

二是家庭联产承包责任制在农村已扎了根，并在实践中进一步发展完善。家庭承包初期基层干部担心出现的一些问题，有的已经解决，有的正在解决。已经解决的有：水利设施的使用管理；农业机械的使用管理；集体牲畜的分包养用；作物布局的调整；集体债务的偿还；烈军属、五保户的照顾；干部的报酬；义务工的摊派；农田造林的收益分成；等等。正在解决的有：地块的调整；各种合同的签订；集体财务的整顿；提留的管理使用；机耕、植保的统包；集体工副业的承包；等等。实践证明，广大群众是勇于实践、富于创造的，他们既然选择了大包干等形式的责任制，就一定会想办法完善它，发展它，使之更适应于生产力的发展。实践也证明，责任制已经不是作为一种权宜之计，而是作为一种原则在种植业以外的各个领域推广。

三是随着农业生产的发展，农民购买力的提高，长期实行的由国家"独家经营"的体制已经不适应新的形势了，改革商品流通体制、改革作为农村商业主渠道的供销合作体制势在必行。①

家庭联产承包责任制极大地解放了农村生产力，也坚定了中央高层坚持这一改革的决心。在 1982 年 9 月召开的中共十二大上，胡耀邦代表中共中央所作的政治报告中强调："近几年在农村建立的多种形式的生产责任制，进一步解放了生产力，必须长期坚持下去，只能在总结群众实践经验的基础上逐步加以完善，决不能违背群众的意愿轻率变动，更不能走回头路。"②

1982 年 11 月，中共中央召开农村工作会议，参加会议的有各省、市、自治区党委分管农业的书记和宣传部部长。会议先讨论农村思想政治工作，然后讨论农村政策和生产问题。会后起草了文件，经中共中央政治局讨论通过，定名为《当前农村经济政策的若干问题》，于 1983 年 1 月 2 日下发，即农村改革的第二个中央"一号文件"。文件的主要内容有两个方面：

一是对农村实行包产到户、包干到户责任制作了高度评价。文件指出："党的十一届三中全会以来，我国农村发生了许多重大变化。其中，影响最深远的是，普遍实行了多种形式的农业生产责任制，而联产承包制又越来越成为主要形式。联产承包制采取了统一经营与分散经营相结合的原则，使集体优越性和个人积极性同时得到发挥。这一制度的进一步完善和发展，必将使农业社会主义合作化的具体道路更加符合我国的实际。这是在党的领导下我国农民的伟大创造，是马克思主义农业合作化理论在我国实践中的新发展。"③ 正如有研究者所言："在理论上对于农民群众的实践作如此高度的评价，在共产党的历史上，在中共中央的文献中，可以说是从来没有过的。"④

---

① 田纪云：《回顾中国农村改革历程》，《炎黄春秋》2004 年第 6 期。
② 胡耀邦：《全面开创社会主义现代化建设的新局面》，《人民日报》1992 年 9 月 8 日。
③ 中共中央文献研究室、国务院发展研究中心：《新时期农业和农村工作重要文献选编》，中央文献出版社 1992 年版，第 59、165 页。
④ 陆学艺：《我国农村改革第一步的回顾与思考》，中国社会科学院老专家协会编：《我在现场——亲历改革开放 30 年》，社会科学文献出版社 2008 年版，第 93 页。

二是回答了农村实行大包干之后，如何看待农村出现的个体专业户、个体工商户、长途贩运户以及少量的个体工商户开始私人雇工等问题，提出要促进"两个转化"，做到"三个一点"。文件明确指出："联产承包责任制和各项农村政策的推行，打破了我国农业生产长期停滞不前的局面，促进农业从自给半自给经济向着较大规模的商品生产转化，从传统农业向着现代农业转化。这种趋势，预示着我国农村经济的振兴将更快到来。"在这种情况下，"党和政府的各个部门，各级领导干部，都应力求做到：思想更解放一点，改革更大胆一点，工作更扎实一点，满腔热情地、积极主动地为人民服务，为基层服务，为生产服务"。①

1983年1月12日，邓小平和胡耀邦、万里、姚依林等人谈话。在谈到粮食生产和农业翻番问题时，邓小平说："一号文件"很好，政策问题解决了。农业要有全面规划，首先要增产粮食。2000年总要做到粮食基本过关，这是一项重要的战略部署。要从各方面努力，在规划中要确定用什么手段来达到这个目标。农业翻番不能只靠粮食，主要靠多种经营。要大力加强农业科学研究和人才培养。提高农作物单产，发展多种经营，改革耕作栽培方法，解决农村能源，保护生态环境，等等，都要靠科学。要切实组织农业科学重点项目的攻关。农业文章很多，我们还没有破题。农业是根本，不要忘掉。在谈到如何看待目前出现的一些新事物时，邓小平说：农村、城市都要允许一部分人先富裕起来，勤劳致富是正当的。一部分人先富裕起来，一部分地区先富裕起来，是大家都拥护的新办法，新办法比老办法好。农业搞承包大户我赞成，现在放得还不够。②

为了进一步做好"农业文章"的"破题"工作，1月下旬，中央领导人指示中央书记处农村政策研究室要及早着手第三个"一号文件"的准备

① 中共中央文献研究室、国务院发展研究中心：《新时期农业和农村工作重要文献选编》，中央文献出版社1992年版，第59、165页。
② 《邓小平文选》第三卷，人民出版社1993年版，第22—23页。

工作。这年 2 月，农村政策研究室派出人员到各地去调查研究，重点是如
何继续稳定和完善生产责任制，并在此基础上如何帮助农民提高生产力水
平，发展农村商品经济。"调查中发现，大包干实行之后，农村形势很好，
但有一个问题凸显了。因为大包干是在争论中迅速实现的，承包的年限没
有明确说清楚，有的 3 年，有的 5 年，农民还是怕政策会变化。有人说：
'共产党的恩情像太阳，照到哪里哪里亮；共产党的政策像月亮，初一、
十五不一样'。因为怕变，也影响了农民平整、改良承包地的积极性，有
的只施化肥，不施改良土壤的有机肥。另外是各地农村卖难、买难问题普
遍出现了。"①

　　1983 年 11 月 29 日至 12 月 15 日，中共中央召开农村工作会议，会
议的主要内容是分析 1983 年"一号文件"贯彻执行以来农村出现的形
势，拟定 1984 年农村工作方针，讨论并修改中央书记处农村政策研究室
的 1984 年"一号文件"的文稿。会后，中共中央书记处又专门对文稿作
了修改和定稿。最后定名为《中共中央关于 1984 年农村工作的通知》，即
1984 年"一号文件"。

　　这个文件中心内容，一是确定了 1984 年农村总体改革的指导意见，
即是"在稳定和完善生产责任制的基础上，提高生产力水平，疏理流通渠
道，发展商品生产"。文件指出，农业生产责任制的普遍实行，带来了生
产力的解放和商品生产的发展。由自给半自给经济向较大规模商品生产转
化，是发展我国社会主义农村经济不可逾越的必然过程。只有发展商品生
产，才能进一步促进社会分工，把生产力提高到一个新的水平，才能使农
村繁荣富裕起来，才能使广大干部学会利用商品货币关系，利用价值规
律，为计划经济服务，才能加速实现我国社会主义农业的现代化。针对
农民怕变的疑虑，文件明确宣布："延长土地承包期，鼓励农民增加投资，

① 陆学艺：《我国农村改革第一步的回顾与思考》，中国社会科学院老专家协会编：《我在
现场——亲历改革开放 30 年》，社会科学文献出版社 2008 年版，第 94 页。

培养地力，实行集约经营。土地承包期一般应在十五年以上。生产周期长的和开发性的项目，如果树、林木、荒山、荒地等，承包期应当更长一些。"①

1984 年，农村已普遍实行联产承包责任制，农民的生产积极性空前高涨，加之这一年风调雨顺，农业生产获得了特大丰收。粮食增产 400 多亿斤，总产达到 8146 亿斤，棉花增产 3242 万担，达到 12516 万担，其他农产品也都是丰产丰收，全国农村到处呈现出一片丰收景象。

同往年一样，中央书记处农村政策研究室向各地派出调查组，调查 1984 年 "一号文件" 的贯彻情况，了解农村改革和发展的新问题。结果，"调查组发现，农村包产到户后碰到的许多问题，大都不是靠提高农民积极性可以解决的，而是涉及方方面面，上下左右"。吉林农民反映，粮食多得没处放，让多养猪，可猪多了卖不出去；河北农民说，种一年麦子的收入还不如赶一个集；黑龙江农民说，粮食与猪肉的比价不合理，不利于粮食转化；许多省都要求改革农产品的统购派购制度，这个制度无法使农业生产因地制宜，无法调整农业种植结构和产业结构，成为农村商品经济发展的最大障碍。②

随着农业改革的深化和农业生产的发展，1953 年开始实行的粮食统购统销制度以及随之衍生的农产品派购制度已经具备取消的条件了。1984 年 5 月，在六届全国人大二次会议的政府工作报告中，提出要从五个方面进行流通体制的改革，其中第一条就是 "有计划地减少农副产品统购派购的品种和数量，扩大自由购销的范围"。

1984 年 12 月，中共中央召开全国农村工作会议。会议强调指出："随着农村以家庭联产承包责任制为主要内容的经济体制改革的推行，农村经济进入了全面发展商品生产的新阶段。但是应当清醒地看到，在农村经济

---

① 《中共中央关于一九八四年农村工作的通知》，《人民日报》1984 年 6 月 12 日。
② 余国耀等：《中国农民命运大转折——农村改革决策纪实》，珠海出版社 1999 年版，第 143—144 页。

向商品经济转化中存在着种种不协调现象。农业生产不能适应市场消费需求，产品数量增加而质量不高，品种不全，商品流通遇到阻碍；生产布局和产业结构不合理，地区优势不能发挥，一部分地区贫困面貌改变缓慢。""产生上述问题的原因是多方面的，国家对农村经济管理体制存在缺陷是一个重要原因。其中，农产品统购派购制度，过去曾起了保证供给、支持建设的积极作用，但随着生产的发展，它的弊端就日益表现出来，目前已经影响农村商品生产的发展和经济效益的提高。"[①]

这次农村工作会议最后形成了《关于进一步活跃农村经济的十项政策》，即 1985 年 "一号文件"。这十项政策的第一项就是 "改革农产品统购派购制度"，规定从 1985 年起，"除个别品种外，国家不再向农民下达农产品统购派购任务，按照不同情况，分别实行合同定购和市场收购。"[②]至此，从 1953 年起，实行了 30 余年的农村粮食统购制度被合同定购制度所取代。

取消粮食统购制度后，"农民感到种粮的吃亏，马上就转产，夏粮就减产，农贸市场粮价上涨，大城市和缺粮区抢购粮食，更加剧了市场粮价上升。但是国营粮食部门还是按 1984 年年底定的合同价收购。农民交粮越多，吃亏越大。于是农民不肯按合同定额交售了。秋后，粮食大减产，市场粮价继续走高。农民更不愿意交售合同定购粮。国家同农民利益、干部同群众的矛盾重现了"。[③]当年确定的粮食定购数的 1500 亿斤，从实际情况来看，这个任务很难完成。

5 月底 6 月初，中央书记处农村政策研究室召开西北五省和七个产粮大省的形势分析会。随后又派出几个调查组下去进行调查，了解到当年粮

① 《中共中央召开全国农村工作会议确定今后农村工作任务》，《人民日报》1984 年 12 月 31 日。
② 《中共中央、国务院关于进一步活跃农村经济的十项政策》，《人民日报》1985 年 3 月 25 日。
③ 陆学艺：《我国农村改革第一步的回顾与思考》，中国社会科学院老专家协会编：《我在现场——亲历改革开放 30 年》，社会科学文献出版社 2008 年版，第 98 页。

食减产的原因，主要是宏观失控，农民在调整产业结构时，减少了粮食种植面积，全国共减少 6900 万亩，致使粮食大减产。①

8 月 30 日，中共中央书记处召开会议，决定准出台第五个"一号文件"。在调查研究的基础上，中央书记处农村政策研究室于 10 月初写出了初稿，随后又召开座谈会讨论修改。12 月中下旬，全国农村工作会议召开。会议对第五个"一号文件"草稿进行了讨论，形成《中共中央、国务院关于 1986 年农村工作的部署》，在经中共中央书记处专门讨论修改、中共中央政治局通过后，于 1986 年 1 月印发。

1986 年的"一号文件"强调，发展国民经济以农业为基础，不但反映着经济规律，也反映着自然规律，必须坚定不移地把它作为一个长期的战略方针。我国是十亿人口、八亿农民的大国，绝不能由于农业情况有了好转就放松农业，也不能因为农业基础建设周期长、见效慢而忽视对农业的投资，更不能因为农业占国民经济产值的比重逐步下降而否定农业的基础地位。文件要求大力改善农业生产条件，增加对农业投资、水利投资，稳定化肥、柴油、农机、农药等生产资料价格，从技术、设备、资金、人员等方面给予乡镇企业大力支持。对于粮食购销问题，文件指出："把粮食统购改为合同定购，是粮食收购制度的重大改革，只能逐步完善，不可因为粮食生产出现年度性波动就动摇改革的方向。为了保护和鼓励农民生产和交售粮食的积极性，将适当减少合同定购数量，扩大市场议价收购比重，并对签订合同的农民按平价供应一定数量的化肥，给予优先贷款。"②

这五个"一号文件"，逐步突破了我国农村原来的"三级所有、队为基础"模式，建立了家庭联产承包、土地集体所有的新模式，解放和发展了农村生产力，探索出了一条我国农村改革发展的新路，同时也有力地推

① 杜润生主编：《中国农村改革决策纪事》，中央文献出版社 1999 年版，第 145 页。
② 《中共中央、国务院关于一九八六年农村工作的部署》，《人民日报》1986 年 2 月 23 日。

进了城市经济体制改革的进行。这五个"一号文件"的形成，是集中群众智慧的结果，也是调查研究的结果。

五、及时反映农村改革发展动态

以包产到户、包干到户为主要内容的家庭联产承包责任制在农村普遍推行后，极大地调动了广大农民的生产积极性，粮食和其他农产品产量及农民收入大幅度增加。但是，由于我国农村经济社会正处于转型时期，一些地方原有的大队、生产队组织实际上已遭瓦解，而新的农村基层组织尚未建立健全，致使部分农村出现公共事务无人管理的状态。在人民公社时期，生产大队和生产队对村庄管理起决定性作用，而包产到户后，除了少数集体经济发展水平较高的地方外，大多数农村农业生产已回复个体生产状态，农民收入的高低、生活的好坏，与生产队和大队已没有太大的关系，这在很大程度上使农民摆脱了对大队和生产队的人身依附。与此同时，大队与生产队也就对农民失去了约束能力，其组织管理权威亦不复存在。正是在这样的背景下，一种新型的群众性自治组织在农村萌生，这就是村民自治。

广西宜山县是包产到户后较早推行村民自治的地方。1980 年年底至1981 年上半年，该县通过贯彻落实中共中央 1980 年第 75 号文件，全县农村普遍实行了包产到户、包干上交责任制，极大地调动了广大农民的生产积极性。但是，由于"双包"责任制是农村经营体制的新突破，"领导缺乏思想准备，工作跟不上去"，加之责任制有一个发展、完善、提高的过程，于是出现了一些新的情况和矛盾，如瓜分集体财产、乱砍滥伐山林、水利设施无人负责维修管理等。"特别是村屯较大、生产队又多的地方，这些问题大队管不到，生产队管不了，矛盾更加突出，群众十分焦急。面对这种情况，老党员、老贫农、老干部积极倡议，把群众组织起来，搞好治安防范，搞好水利维修，搞好封山育林。群众推选了自己的村长，也有叫村主的。有的觉得这样称呼名声不好听，改叫它做村委会主任。"①与此同时，与之相邻的罗城县一些农村，也成立了类似的村民自治组织。

中共河池地委在得知宜山、罗城两县出现村委会这种村民自治组织后，十分重视。地委有关领导曾到建立村委会较早的宜山县北牙公社冷水村和罗城县四把公社冲湾村，实地了解过村委会的情况，认为这种自发的群众组织，既不能简单地采取否定态度，挫伤群众积极性，也不能放任自流，强调各级领导要做好调查研究，及时总结提高。②1981年10月，河池地委以"地发[1981]26号文件"的方式，转发了宜山县三岔公社关于合寨大队村委会的情况报告和中共罗城县委关于小长安公社牛毕大队新回村委会的调查，认为村委会"是农村中一种群众性组织"，并要求各县、各公社"积极推广，逐步的、普遍的把村委会建立起来"。③

1981年6月，广西自治区党委政策研究室主办的《调研通讯》上，刊登了区农委一位干部的调研报告《宜山县冷水村建立村管理委员会管理全村事务》，时任全国人大副委员长兼法制委员会主任、宪法修改委员会副主任的彭真对此十分重视，指示有关部门派人前往广西调查。1982年夏，全国人大常委会和国家民政部派出调查组，就宜山、罗城的村民委员会情况开展调查，对河池地区建立村民委员会的做法进行了肯定。1982年12月，全国人大五届二次会议通过的《中华人民共和国宪法》第一百一十条中规定："农村按居民居住地区设立的村民委员会是基层群众性自治组织。村民委员会的主任、副主任和委员由居民选举。村民委员会同基层政权的相互关系由法律规定。""村民委员会设人民调解、治安保卫、公共卫生等委员会，办理本居住地区的公共事务和公益事业，调解民

---

① 黄兴、许树侠：《宜山部分村屯成立村委会》（1981年12月11日）。

② 中共河池地委办公室：《关于部分村屯建立村委会的情况汇报》（1981年12月16日）。

③ 中共河池地委：《转发宜山合寨大队村委会、罗城牛毕大队新回村委会情况调查的通知》（1981年10月31日）。

间纠纷，协助维护社会治安，并且向人民政府反馈群众的意见、要求和提出建议。"

1983 年 10 月 12 日，中共中央、国务院发出《关于实行政社分开建立乡政府的通知》（以下简称《通知》），对村民委员会的设立、职能、产生方式诸问题作出具体规定。《通知》指出：村民委员会是基层群众性自治组织，应按村民居住状况设立。村民委员会要积极办理本村的公共事务和公益事业，协助乡人民政府搞好本村的行政工作和生产建设工作。村民委员会主任、副主任和委员要由村民选举产生。各地在建乡中可根据当地情况制订村民委员会工作简则，在总结经验的基础上，再制订全国统一的村民委员会组织条例。有些以自然村为单位建立了农业合作社等经济组织的地方，当地群众愿意实行两个机构一套班子，兼行经济组织和村民委员会的职能，也可同意试行。① 在此前后，按照宪法确定的设立村民委员会的原则和中共中央、国务院的有关指示精神，全国各地开展了村民自治的试点工作。全国农村在人民公社政社分开、建立乡政府的同时，改大队为村，建立村民委员会的工作也基本完成。

为了推进农村调查研究工作，1982 年 12 月，中共中央文献研究室编辑的《毛泽东农村调查文集》由人民出版社出版。该书是在毛泽东亲自编辑、1941 年延安出版的《农村调查》一书基础上增订而成的。全书共收入毛泽东从 1926 年至 1941 年的 17 篇著作，约 21 万字，分别编为两部分，一部分是论述调查研究的文章和讲话，一部分是调查材料和土地法。这次新增补了 5 篇著作，约 8.5 万字，其中《寻乌调查》和《总政治部关于调查人口和土地状况的通知》是第一次公开发表。

《毛泽东农村调查文集》的出版之时，《人民日报》专门发表了《不做正确的调查研究没有发言权》的评论员文章。文章认为，延安时期，由于

---

① 中共中央文献研究室、国务院发展研究中心：《新时期农业和农村工作重要文献选编》，中央文献出版社 1992 年版，第 222 页。

毛泽东的倡导，各根据地大批领导干部和在领导机关工作的同志到农村去，到基层去，掌握第一手材料，进行分析、综合，有效地贯彻执行了党的方针、政策，使各项工作得以顺利发展。调查研究成为我们党的优良作风之一。

文章指出，在走自己的路，建设有中国特色的社会主义时，必然会遇到不少困难和问题，面临一些难以预料的新情况，必须做到"情况要明，决心要大，方法要对"，大的决心和正确的方法来自"情况明"，而"情况明"则来自正确的调查研究。因此，要大力提倡各级领导干部亲自了解情况，并把有关同志带下去一起调查，一起讨论，准确地掌握真实情况。事情看准了，就能果断地办理，不会顾虑重重，贻误时机。对于改革，也能更大胆一些。到下面去进行调查研究，当然要辛苦一些，但是经过一、二年，就能造成一种好的风气，许多人会跟着学，带出一大批有胆有识、敢作敢为的实干家。只要经常不断地进行调查研究，就一定能够稳步达到全面开创新局面的目的。

1983年6月3日，《人民日报》又发表社论，号召"进一步搞好农村调查"。社论说，在民主革命时期和新中国成立初期，由于重视农村调查，对党制定正确的政策起了重大作用。事实一再说明，每当注重农村调查，从实际出发时，农村工作就搞得扎扎实实，富有成效；每当忽视农村调查，脱离实际，主观地决定工作方针、任务时，农村工作就遭受挫折和损失。

社论指出，党的十一届三中全会以来，通过对农村情况不断深入进行调查研究，在农业体制等方面进行了一系列重大改革，使农村社会主义事业更加欣欣向荣，蒸蒸日上。但是，应当看到，改革尚需深入，农村有许多事还没有破题。有的破了题，还没有成文。例如，如何引导广大农民不断前进，走有中国特色的社会主义道路；如何在人口众多、耕地缺少的条件下，开拓农产品高产的路子；如何为大量剩余劳力广开生产门路；如何筹集较多的资金，逐步实现农业的技术改造，改善生产条件；如何建立更完善的社会主义城乡关系，等等，都还处于进一步探索的过程。这些问题涉及许多方面，需要认真进行系统的调查研究。这就是当前要进一步搞好农村调查的主要原因。

那么，如何搞好农村调查，社论认为，关键是不唯书、不唯上、要唯实，就是说要实事求是。农村工作的深刻教训之一，就是在过去一个长时期里盛行主观主义、瞎指挥，调查工作的通病是按图索骥，照事先设想的框框去搜集相符的材料，以证明那种设想的"正确性"。这种调查危害极大。今天进行农村调查，要尊重客观，不带任何主观主义的框框，全面了解各种事实，不舍弃那些同自己原先的想法不同的事实，认真听取各方意见，包括反对意见。要鼓励广大干部和群众如实地反映各种情况，纠正过去那种报喜不报忧的不正常的做法。只有这样，领导才能了解到真实的和全面的情况，再经过研究分析，找到事物内部固有的规律性，据以制定比较接近实际、符合群众愿望的方针、政策。①

20 世纪 80 年代是我国农村经济社会体制发生巨大变化的时期。为及时了解家庭联产承包责任制建立后农村的新情况、新问题，引导农村改革和农村经济社会的健康发展，农村调查受到高度重视，除了从中央到地方的负责人经常深入农村调研外，有关部门还充分利用各种形式组织农村调查，为党和政府及时出台深化农村改革的政策提供决策依据。

1981 年 2 月，原国家农委利用大学生放寒假的机会，组织北京大学经济系、国政系及北京农业大学和中国人民大学两校农经系的 155 名家在农村的学生，对本村（队）实行生产责任制以来的各方面情况进行调查研究。这次抽样调查的点，分布在 27 个省、市、自治区（新疆、西藏除外）的 140 个县。大学生们在调查后，将所见所闻写成 157 份调查报告，时称"百村调查"。据"百村调查"材料统计，这两三年增产或显著增产的村达76%，其中"双包到户"地区达 85%，农民生活改善或显著改善的村达

---

① 《进一步搞好农村调查》，《人民日报》1983 年 6 月 3 日。

95%。在所调查的生产队中，实行"双包到户"（即包干到户和包产到户）的占 67%。

当然，"百村调查"也反映出各地农村在实行各种形式责任制和各项改革过程中出现的一些问题。如土地分包过于零碎，"种植自由化"的现象比较普遍；有些社队集体设备和设施被分光，林木等资源破坏严重；集体提留减少或名存实亡；农业基本建设多数地方已经停顿，少数地方仅限于维护修整已有设施；农民建房占用耕地失去控制；计划生育工作有些放任自流；封建迷信活动严重，治安情况不好；等等。①

继 1981 年组织大学生开展"百村调查"之后，1983 年中国农村发展研究中心（此时国家农委已经撤销）再次组织 600 余名家在农村（分布于全国 28 个省、市、自治区的 390 个县）的大学生，对本村、队进行了调查。调查的内容涉及农村社会、经济的各个方面，包括联产承包责任制的发展和变化、农业商品生产的状况、农村流通领域的改革、农村科技和文化教育、社会治安、人口控制等。调查得到的结论是："当前农村形势确实大好，在发展中出现一些新情况、新问题。"前者主要表现在联产承包责任制正在向林、牧、副、渔各业发展，统一经营和分散经营结合的方式已显示出巨大的经济效益；农村经济正由自给半自给经济向商品经济转化，生产的兼业化、专业化和社会化有了不同程度的发展等。后者则体现在部分地区采用平均承包土地办法，土地使用过于零碎；一些地方农民买难卖难的问题仍然十分突出，农民卖粮难、卖棉难、卖烟难、卖山货土特产难的呼声，到处可闻；文化程度低使农民难以利用书报等渠道接受外界信息、扩大眼界；等等。②

早在 1982 年年底，为了加强对农村情况的调查研究，直接从农村基层获取第一手信息资料，国家农委在各地建立了一批农村信息联系点，作

---

① 《北京一批大学生回乡进行"百村调查"》，《人民日报》1981 年 5 月 22 日。
② 《在新的历史起点上——1983 年"百村调查"综合报告》，《人民日报》1983 年 8 月 1 日。

为了解农村情况的一个固定渠道和农村信息反馈系统的一个组成部分。

到 1983 年 6 月，全国农村信息点已经发展到 76 个（57 个县，19 个地区），分布在 29 个省、市、自治区各种不同类型的地方。这些信息点连续反映和传递了党在农村的路线、方针、政策的贯彻执行情况，特别是农业改革中出现的新情况，以及农村干部、群众的思想和要求。这些信息，"不仅有助于中央、国务院及有关部门及时了解农村的新情况、新问题，作为制定和完善政策、指导工作的依据，而且对地方党委的工作也起了促进作用"。比如，许多信息点反映，农村经济政策放宽后，过去制定的某些规定、条例，已不适应农村形势的发展，需要加以修订；农村商品流通中，时有买难卖难的现象发生，影响了商品生产的发展；个别地方工作不扎实，单纯追求数字，有浮夸的苗头。"这些问题及时反映上来，引起了中央和有关部门的重视，已经或正在采取措施加以解决。"①

党的十一届三中全会后，随着家庭联产承包责任制的建立，我国农村面貌发生了深刻的变化。与此同时，实践的发展又提出了一系列的新问题。比如：如何加速发展农村商品经济，如何调整农村产业结构，如何运用现代技术加快农业发展，如何加强农村的精神文明建设，等等。面对新问题，要求再次通过调查研究，提高全党对新时期农村经济社会状况的认识，以便从理论和实践上改进农村工作。针对这种情况，1984 年 8 月，中央书记处农村政策研究室向中共中央书记处建议，1984 年冬至 1985 年春，在全国选择一批典型，对农村的基本情况进行一次系统的调查。同年 10 月，中共中央书记处同意了这个建议，并由中央办公厅向各省、自治区、直辖市党委和人民政府党组，中央有关部委和国家机关有关部委党组转发这个报告。

为了搞好这次典型调查，1984 年 9 月 10 日，中央书记处农村政策研究室特地出台了《关于开展农村社会经济典型调查的几个有关问题》（以

---

① 《全国二十九个省、市、自治区建立农村信息点》，《人民日报》1983 年 6 月 3 日。

下简称《问题》），对开展农村社会经济典型调查作出了明确要求。

关于调查的目的，《问题》指出，为了对变革中的农村取得更全面更深刻的认识，有必要集中一部分力量，选择一批典型村、镇，对社会经济的基本情况，进行一次系统周密的调查，这不但可以占有大量的第一手资料，对农村的实际情况和发展趋势获得丰富的知识，而且将有助于改变工作作风和培养提高干部，从而使制定的政策、措施更加符合实际和群众愿望。

关于调查的重点，《问题》提出，这次农村社会经济典型调查的内容，应包括农村经济、政治、科学、文化各个方面的历史和现状，发展变化的情况，以及干部群众的创造和要求，重点突出新农村变革中的新情况、新事物、新问题、新经验。调查的对象，重点是地区，基础是农户。

关于调查的队伍，《问题》提出，此次调查应当在各级党委的直接领导下，以农村工作部门为主，组织各有关方面的力量共同进行。调查队伍应由具有一定政策水平和分析能力的干部，包括退居二、三线的老同志和某些基层干部，有关方面的专家和青年知识分子组成，也可以吸收大专院校的师生参加，由省委、地委或有关部门领导同志亲自带领和主持。

关于调查点的选择，《问题》提出，选择点要照顾到不同类型，以较全面地反映出农村社会经济的基本面貌。山区、丘陵区和平原区，富裕地区和贫困地区，商品经济较发达地区和不发达地区，技术水平较高的地区和技术落后的地区，都要有适当数量的点，并且点的选择要尽可能地有代表性，其中作为村一级的调查点，其规模不宜太大，一般二三百户人家的村子较为适宜。至于调查户的选择，可采用抽样调查和普遍调查。抽样调查可按收入水平高低、承包面积的多少抽样，也可按户口簿的顺序、居住顺序抽样。

关于调查的方法，《问题》提出，除了农村调查的基本方法外，还应注意如下几点：一是进村后要向干部群众反复说明来意，有的放矢地解除其某些思想顾虑；二是要同农民交朋友，帮助农户出主意生产致富，以实际行动取得农民信任，以便使他们说出真实情况和真实思想；三是调查应当是交谈式的，而不应当是追问式的；四是要依赖干部和群众中的积极分子，通过他们去联系群众，鉴别和核实材料；五是对村里的工作要有所帮助，但不可把主要精力用在解决当地日常工作中存在的问题；六是调查以点上解剖麻雀为主，辅之以面上走马观花的考察；七是在可能的条件下，充分运用现代化的手段。

关于调查的时间的步骤，《问题》要求统计数据截止到1984年年底，具体时间由各地自行安排，一般应放在农闲时间，在1985年春季前大致将调查搞好，并在调查结束后，由各省、市、自治区农村调查领导小组，在汇总研究的基础上，向中央写出有情况、有分析、有见解的调查报告，并可附若干专题材料。

根据中共中央书记处的指示精神，从1984年冬至1985年春，除西藏外的28个省、自治区、直辖市，组织了8000多人的调查队伍，分别对272个村、37422户和93个乡、71个县，进行了一次全面系统的农村社会经济典型调查。其中重点调查的272个村，按经济发展程度分类，在当地属于发展水平较高的村占31%，发展水平较低的村占25%，其余44%的村处于中等水平。在这次历时数月的农村典型调查中，共调查了4000多项指标，填写了各种原始数据3700余万个，形成了2300多份调查报告，可以说基本上摸清了调查点的情况。调查表明：随着农村改革的开展，农村各业生产有了很大发展，农民生活显著改善，城乡关系正发生新的变化。据调查，从1979年至1984年的6年中，各调查县的工农业总产值，按1980年的不变价格计算，增长1.1倍，各调查村的生产性固定资产增长1.4倍，各调查户的人均纯收入增长1.6倍。农村的商品生产有了长足发展，商品率有较大提高。粮食的商品率摆脱了长期在20%上下徘徊的局面，达到33%。但是，调查的结果也表明，从总体上来看，我国农村生产力水平并不高，农产品的商品率和社会化程度还很低，从事第一产业的劳动力占总劳动力的75.4%，第一产业的商品率还不到一半，有些地方尚未摆脱自然经济的状态。农业还是以手工劳动为主，在农村经济有显著发展的同时，农业的基础设施并没有相应增加，在某些方面还有所削弱，基本上是靠吃老本过日子，这种状况已经不能满足农业生产进一步发展的需要。

党的十一届三中全会以来，绝大多数农民的收入不断增加，大部分人的温饱问题已经解决。有一部分人已开始富裕起来，但仍有一部分人处于贫困状态，温饱问题没有解决，其中少数人收入下降。1984 年调查户的人均纯收入为 399 元，比 1978 年的 134 元增长了 1.98 倍，扣除物价上涨因素，实际增长了 1.68 倍。由于收入的增加，农民的物质和文化生活都有了显著改善，这些农户的人均住房面积为 13.9 平方米，其中 42% 是这 6 年修建的，新建住房有 68% 为砖木结构和钢筋混凝土结构。高档耐用消费品成倍增加，1984 年，平均每百个调查农户拥有自行车 76 辆，比 1978 年增长了 1.6 倍，缝纫机 38 台，增长 1.4 倍。调查表明，包产到户后，农民收入的差距拉开了，并且呈进一步拉大的趋势。1984 年年底，人均纯收入 500 元以上的高收入户和 200 元以下的低收入户，各占调查总户数的四分之一左右，其余四分之二的户人均纯收入在 200 元至 500 元之间。农民的收入来源主要是家庭经营收入，农民的支出构成仍以生活消费为主，收支相抵后农民的剩余资金极少，有近半数的农户还入不敷出。

家庭联产承包责任制已经普遍实行。据对农区的调查，在 10481 个原有的生产队中，包干到户的 9987 个，占 95.3%；包产到户的 402 个，占 3.8%；包产到组的 25 个，占 0.2%；小段包工的 4 个，占 0.04%；其他形式的 18 个，占 0.2%。农民群众对以家庭联产承包责任制为主要内容的农村改革是普遍拥护的，希望能够长期坚持下去。他们怕政策变，主要是怕改变家庭经营，回到吃"大锅饭"的老路上去。与此同时，由于没有合作经济统一服务和组织协调的职能，家庭经营面临不少困难。因此，在坚持家庭经营的基础上，发展和完善统分结合的双层经营机制，是在发展农村商品经济中亟待解决的一个问题。

这几年来，农村流通体制改革虽然取得了一些成效，但农产品统派统购制度的改革，有待深入进行。由于城市价格尚未放开，粮食还是双重价格制。蔬菜价格在中小城市放开了，在大城市尚需进一步改革。生猪时而限购，时而派购。木材也还没有真正放开。农民对市场风险的承受力还很薄弱，国家经济控制系统尚不完善。这些问题，都有待于城乡改革进入同步发展，统一市场的范围日益扩大，使农村自然经济痕迹随着旧体制作用被新的社会主义商品经济所取代，才能最后解决。

一部分地区农民种粮的兴趣不高，主要原因在于种粮比较效益下降。前几年提高粮食收购价格农民所得好处，有不少为近年农用生产资料提价、税收和各种田亩摊派费用增加所抵消。同时，与其他多种经营项目比较，粮食的盈利最低。调查所得数据是，1984年粮食亩均净收入85元，经济作物亩均净收入172元，相差一倍。平均计算，每个调查户4.8人，2.67个劳力，承包耕地8.35亩，靠这样小规模经营粮食生产，仅能果腹，不足以致富，因而农民往往愿意把资金和劳力投向其他经营项目。从长远来看，解决这个问题的根本对策，在于促进土地向种田能手集中，实现适度规模经营，提高劳动生产率；增加长期投资，进行技术改造。

这次全国性的农村调查，还使人们对农村基层组织和基层干部的基本情况有了进一步的了解。调查结果表明，农村的基层党政组织和党员、干部，大部分是好的和比较好的。过去在吃"大锅饭"时期干部武断专行，压制民主，多记工分，群众报之以消极怠工、乱偷乱拿的风气已基本改变。但是，在新形势下，相当一部分党员的模范带头作用不明显，有些干部作风不纯，以权谋私，脱离群众。农村中的一些不良风气，如迷信、赌博、拐卖妇女、传播黄色书刊录像等，也有所滋长而未得到及时解决。农民文化水平低，在调查的村庄中，文盲比例较大，即使稍有文化的人也多缺乏专业技术。①

---

① 全国农村社会经济调查领导小组办公室：《农村改革的现状与趋势——全国农村社会经济典型调查综述》，《人民日报》1986年4月30日；中央书记处农村政策研究室、国务院农村发展研究中心：《中国农村社会经济典型调查（1985）》，中国社会科学出版社1987年版。

此次全国农村社会经济典型调查之后，考虑到农村调查是一项长期性的工作，为逐年了解农村社会经济的变化情况，直接从农村基层了解农村改革和各项建设的新动态，以便从各个方面的发展和对比中进行有连续性的综合研究，为制定农村政策提供依据。1986 年由中央书记处农村政策研究室牵头，在 1984 年典型调查的基础上，建立起了全国农村固定观察点系统。

1987 年年初，各省、自治区（缺西藏）、直辖市委农村工作部门，分别对被列为农村调查固定观察点的 293 个村庄和 28478 个抽样户进行了为期两个月左右的调查。这是继 1984 年全国农村社会经济典型调查之后所作的跟踪调查。

调查表明，两年来农村各业生产不断发展，农民收入逐年增加，经济持续增长，新的经济格局正逐步形成。以公有制为主导的多种经济形式，以家庭经营为主的多种经营方式，容纳着多层次的生产力，农村商品经济欣欣向荣。

1986 年，每个调查村的各业总收入比 1984 年增长 66.9%，并且调查村新增的总收入中，近 80% 来自二、三产业的增长。农产品商品率的提高和农民从事经济活动的空间扩大，说明农村商品经济的发展。两年来，农业劳动力向非农产业转移的速度加快。据调查村统计，离土经营的劳动力已占总劳动力的 12.3%，其中有 17% 的人在县以上城市、38% 的人在小集镇从事劳动和经营。但是，农村经济的发展，在不同地区之间的差异越来越明显。从东部、中部、西部三大经济地带的调查村来看，两年经营总收入的增长幅度，东部为 81%，中部为 40.8%，西部为 52.4%。东部和中部相比，由原来高出 1.38 倍变为高出 2.06 倍；东部和西部相比，由原来高出 2 倍变为高出 2.63 倍，地区之间的发展水平进一步拉开。

据调查村的统计数据显示，受商品经济和专业化分工发育程度的限制，许多农户采取了生产要素相对分散、发展兼业经营的方针。样本户中，以从事种植业为主的农户，在主业上的投工量占 60%，来自主业的收入占 66%，兼业投工和兼业收入分别占 40% 和 34%。对村合作经济组织 10 项常规服务的调查表明，半数以上的村没有为农户提供统一购买和供应化肥、农药方面的服务，90% 的村没有为农户提供运销鲜活产品的服务。在这种情况下，多数农民从种到收，从购进生产资料到出售产品，几乎每个环节都靠自己，家庭经营的效益难以进一步发挥，专业分离发展缓慢。因此，强化社会化服务，逐步建立和发展多层次、多形式的社会化服务体系，成为农村工作中应当引起高度重视的一件大事。

在这次调查中，基层干部和农民议论较多的是粮食问题。他们最不满意的是近几年粮食价格同经济作物价格相比明显偏低；化肥、柴油、农药、薄膜等生产资料不仅价格大幅度上升，而且供应不足、不及时，不但加大了粮食生产成本，还往往贻误农时，造成减产减收，从而使效益进一步降低。在这种情况下，自上而下硬性规定粮食种植面积和交售任务，而且"要的不能少（指定购粮），给的没保证（指'三挂钩'的平价生产资料）"，已在一些地方引起农民的对立情绪。由于种粮不合算，许多地区的农民只求保自己的需求，对生产商品粮失去兴趣，或以缩小粮食播种面积、扩大经济作物面积作为增加收入的主要选择，或以减少对粮食作物的投入、增加对经济作物的投入作为保持效益的措施。而且农民从维护自身的经济利益出发，消极地对待合同定购。于是，许多地方只好把定购任务层层分解到户，甚至挨家挨户催粮收款。①

1988 年，中央书记处农村政策研究室和国务院农村发展研究中心又通过分布在 28 个省、自治区、直辖市的近 300 个农村固定观察点（村），采取随机抽样方法，对 10938 个农户逐户进行问卷调查，征询了农民对改革等重要问题的看法。

万户问卷调查表明，87.4% 的农户对发生在农村的重大变革感到"满

---

① 《我国农村经济向商品化轨道转移——农村固定观察点调查情况综述》，《人民日报》
　　1987 年 12 月 28 日。

意"，0.8%的农户对这场变革持"不满意"态度，此外有11.8%的农户既未表示满意也未表示不满意。关于为什么对改革感到满意的问题，90.4%的农户回答是"生产有了自主权"；57.2%的农户回答是"感到比较自由了"；51.5%的农户回答是"集市贸易活跃，买卖方便"。感到不满意的农户中，理由依次为"农用物资涨价，供应不及时""国家收购农副产品价格低，合同定购任务重""各种摊派多，负担重"。

绝大多数被调查农户认为在吃、穿、住、用等方面比改革前"有所提高"或"明显提高"。其中92.8%的农户认为是由于"土地承包到户，有了积极性"；54.%的农户认为是由于"就业门路多了"；只有3.9%的农户认为自己的生活水平下降。下降的主要原因，或是"土地承包到户后缺乏生产经验"，或是由于"家庭劳动力减少"，或是由于"除了种地外没有新的就业门路"以及"天灾人祸"。在全部调查户中，自己认为已解决了温饱问题的占96%，其中34.2%的农户认为生活已较为宽裕，5.6%的农户认为已经富裕起来。只有4%的农户认为至今尚未解决温饱问题。①

全国农村固定观察点建立后，提供了大量观察数据和专题调查报告，迅速地传达了农村干部群众的需求和呼声，为决策机关及时提供了第一手资料，为农村工作和农业经济的决策、研究提供了可靠的依据和珍贵的数据。到1994年，共对遍布全国的300多个村庄、2万个农户和近千个企业进行了连续跟踪调查，共取得8000多万个基础数据，形成2000多万字的调查报告。②

为了加强对农村的调查研究，1981年，经国务院批准，国家统计局重新建立了有1600人的农村抽样调查总队，在全国范围内恢复了农业产量调查工作。到1986年，国家农村调查总队已有专业人员6000多人。③

---

① 《万户农民问卷调查》，《人民日报》1988年4月12日。
② 《农村固定观察点10年成绩斐然》，《人民日报》1994年11月17日。
③ 《农村经济统计监测网络初步形成》，《人民日报》1986年7月18日。

据不完全统计，1986 年 10 月至 1987 年 8 月，农村抽样调查总队和各省、市、自治区农调队共编写统计分析报告、调查报告、论文等 2234 篇。其中总队的统计报告由中央领导人批示和国务院办公厅、中央办公厅利用的有 17 篇，利用率为 44.7%；省级队的统计分析报告由省级领导批示和各部门采用的达 930 篇，采用率为 42%；同期县农调队提交的统计分析报告、调查报告为 1.68 多万篇。这些调查报告为我国各级党政领导部门了解农村实况、进行科学决策提供了重要依据。①

_____

① 《农村抽样调查作用显著，成为领导机关决策依据》，《人民日报》1987 年 11 月 13 日。

第八章 20世纪90年代的农村调查

农村实行包产到户后，农村的面貌发生了很大的变化，但与此同时，农民负担也呈现出加重的趋势，通过调查研究，中共中央、国务院出台了一系列减轻农民负担的举措。为引起各级干部对调查研究的重视，江泽民明确提出了"没有调查就没有决策权"的思想，并且在调查研究中及时总结农村改革的基本经验。

一、"农村承包制政策不能变"

1989年政治风波之后，我国的改革开放处在一个重要的十字路口，是坚持改革开放不动摇，还是退回原有的体制，成为当时人们普遍关心的问题。就在这个时候，有的地方由于各种原因，出台了一些"左"的政策措施，有的甚至相当严重。1989年10月17日，国务院研究室编印的《农村贯彻十三届四中全会精神后的一些情况》中，曾反映湖南农村在这一时期发生的一些值得注意的问题：

一是出现了一些有明显偏向的苗头。据零陵地区反映，安东县井头墟区在收购定购粮期间，到处写"抗粮抗税，国法难容""抓阶级斗争，促三项任务"（三项任务是指定购进度、农业税、教育附加费）的标语。在冷水滩市、道县一些农村，对欠交定购粮的所谓"钉子户"，采取游街示众、开万人大会批斗等措施。

二是部分农民怕"变"，少数干部怕"查"。据衡阳、湘潭、常德等地反映，有的农民怕政策变，怕又打"土围子""割资本主义尾巴"，庭院经济不愿搞，私人企业不敢搞，思想顾虑重重，农村个体户比上年减少了40%以上。①

此后不久，一份反映有包产到户发源地之称的安徽凤阳县小岗村农民怕"变"的调查报告，送到了十三届四中全会上当选为中共中央总书记的江泽民手中。报告说，不久前，我们到安徽滁县地区和江苏淮阴市调查，发现农村有几个带有普遍性的问题亟待解决。

一是农民存在怕"变"心理。小岗村农民普遍担心政策变。一位妇女很激动地说："打夏天来心里就一直打鼓，怕刚过了几年好日子再退回去。"村主任严俊昌说："农民都担心再搞过去那一套，因为我们是最早搞大包干的，最近周围村里很多人都到我们这里来打听，是不是又要归大堆了。"小岗农民怕政策变是有历史原因的。历史与现实的对比使凤阳的农民认准了大包干这条道；但过去贫穷的生活给他们留下的痛苦太深了，以至于他们对旧体制抱有特殊的恐惧心理，对政策的细微变化特别敏感。1989年政治风波之后，报纸等各种大众传播媒介宣传要大力发展集体经济，引导农民合作，加上凤阳县在"发展集体经济"的压力下，强调土地开发要联承包，强迫农民种烟叶，给农民派购猪，市场封死，不让农民卖余粮等，使农民感到政策变了，正在往以前的老路上退。

二是农村私营企业主、个体户忧心增多。最近中央一些文件和领导讲话中，相继提出"私营企业存在剥削关系""私营企业主不能入党"，报纸、广播中大量宣传个体户、私营企业的各种违法行为，在农村私营企业主和个体户中引起了较大的反响，他们说，前两年县委书记、县长亲自给戴大红花，说他们是发展农村商品经济的带头人，现在却宣传"私营企业存在剥剥关系"，他们感到精神压力很大。

调查报告举例说，凤阳县黄湾乡盛产芦苇，群众有编芦苇席的传统，

---

① 余国耀等：《中国农民命运大转折——农村改革决策纪实》，珠海出版社1999年版，第198—199页。

但由于销售渠道不畅，资源优势不能转变为商品优势。1980 年后农民陈兴汉办起苇席运销业，收购范围涉及邻近的几个县。他所在的黄湾乡及邻近的惠基乡成了编织专业乡。据不完全统计，1985 年这两个乡仅苇编一项人均增收百元以上。陈兴汉富了起来。他富裕后不忘集体，拿出大量资金用于农村公益事业，支持有困难的农民。最近陈辞退了雇工。一个来自贫困地区六安的青年，在陈家干了 3 年，与陈家小孩同吃同住，已存了 3000 多元钱，被辞退时哭哭啼啼不愿走。陈兴汉对目前的一些政策和报纸宣传表示不理解，他说："个体户、私营企业中确有思想落后违法的，但不是都这样。我如果贪图享受，光顾自己的话，我就不搞农业开发了，干脆把钱存入银行中吃利息算了。我是穷苦人家出身，看到国家粮食不够，周围的农民也不富裕，总想把大家搞富，但现在这种情况，你干吧，心里没底，不干吧，又不甘心。"

三是一些基层干部闻风而动，上级号召发展农村集体经济，县、乡干部想和中央保持一致，但又不知怎样才算保持一致。一些干部在加强集体经济的名义下，采取了一些措施，引起了农民的不安和不满。如凤阳县提出农业开发要联户进行，农民以为要搞合作了；向农民收回大包干时分到户的集体财产，县、乡、村按比例分成，由于缺乏相应的管理制度，农民说："又给干部送喝酒钱来了。"根据同地、县、区、乡干部深入交谈，他们都怕中央关于农村的政策向过去"左"的方向复归、倾斜，但是，实际的行动往往又作出了这样倾斜的反映，以为这是与中央保持一致。这种思想与行动的矛盾现象，是过去政治运动的后遗症的反映，值得重视。

调查报告为此建议：第一，针对农民怕变的心理，利用冬闲时间大力加强农村政策的宣传、解释、教育，以安定民心，稳定农村，促进生产。第二，农村从事开发性生产的个体户和私营企业，在促进农村商品经济发展、增加农村就业、带动农民致富方面起到积极作用，鼓励其继续发展。第三，应明确发展集体经济的具体含义、原则和方法，不然很可能导致旧体制的复归。应制止一些基层干部借发展集体经济的名义，侵犯农民利益的行为，应继续明确以家庭经营为主的各种联产承包责任制，属于集体经济的一个组成部分，以安定民心。第四，在农民完成国家定购任务和议购后，应尽快开放粮食市场。要制止部门利益膨胀危害全局的倾向，不然会把好不容易才鼓起来的农民生产积极性重新打下去。①

这份调查报告引起了江泽民的高度重视，并很快作出回应。1989年12月1日，江泽民在中南海怀仁堂接见带队参加全国农业综合开发经验交流会的各省、市、自治区和计划单列市的负责人，听取汇报。江泽民说：农民担心政策变，安徽农民说担心江泽民搞毛主席老人家一大二公那一套，这使我深思，检查一下自己，我查阅了我十三届四中全会以来的有关讲话，是不是有引起农民疑虑的。今天我在这里宣布，我主张八亿农民要稳定，十一届三中全会以来党在农村的基本政策不会变。农村承包制政策不能变。我们的各级党政领导和部门，要明确地宣传稳定政策，宣传联产承包制政策不能变。给农民吃"定心丸"，让农民一百二十个放心。②

江泽民在讲话中特别强调，要把农业搞上去，干部要下去，要改进领导作风，切实加强对农村工作的领导。他要求各级干部包括领导干部，经常下农村，了解农村情况，同农民交朋友，倾听他们的意见，关心他们的疾苦，同他们一块商量解决问题的办法。他说，近几年来，不少地方和部门的干部，特别是领导干部下农村的少了，浮在上面发号施令的多了，给农民群众的实际帮助少了。这些情况如不纠正是很危险的。

江泽民还说，最近情况有了变化，不少省、市、自治区的各级领导干部带头到农村去，有的还到农田水利工地同群众一块劳动，有些省已决定

① 《稳定农村基本政策是群众的愿望——苏皖部分地区农村调查报告》，《人民日报》1989年12月4日；余国耀等：《一九八九年的中国农村——小岗村农民的不安与江泽民的回应》，载杜润生主编：《中国农村改革决策纪事》，中央文献出版社1999年版，第194—198页。
② 余国耀等：《中国农民命运大转折——农村改革决策纪实》，珠海出版社1999年版，第197页。

今冬明春派一大批干部下农村调查研究，帮助工作，开展社会主义教育。这样就好了，希望各地各部门都这样做，并且坚持下去。干部真正深入下去了，群众即使有点怨气，也就容易消除了。

江泽民提出，特别是地、县两级的领导，要把主要精力和工作的重心，放到抓农业和农村工作上。要及时研究党和政府的各项农村政策，研究在贯彻执行中的新经验和新问题，总结推广好的经验，认真解决存在的问题，提出新的政策建议。①

12月7日，《人民日报》发表分管农业的副总理田纪云在农业综合开发经验交流会上的讲话。讲话专题讲到了坚持和稳定党的农村基本经济政策，深化和完善农村改革的问题。田纪云说："当前稳定农村基本经济政策，稳定八亿农民的心，是非常重要的，这是关系到大局的问题。只有稳定农村基本政策，才能稳住八亿农民的心；只有把八亿农民的心稳住，才能把农业搞上去；只有把农业搞上去，才能把整个经济稳住；只有把经济稳住，才有利于社会和政局更加稳定。因此，对农村政策问题要十分谨慎，要保持基本经济政策的连续性和稳定性。""十年的实践证明，家庭联产承包责任制适应我国目前绝大多数农村的生产力水平，符合广大农民的意愿，应当保持稳定并不断完善。"②

1980年6月，中共中央召开农村工作座谈会，江泽民在会上强调指出，十一亿人民吃饭是个头等大事。要把国内的工作搞好，保持稳定发展，首先就要抓好农业这个基础产业。深化改革，就要继续稳定和完善以家庭承包为主的联产承包责任制。这是一项必须长期坚持的政策，一定要非常明确地向农民讲清楚。由于种种原因，联产承包责任制在全国发展很不平衡，有的地方比较完善，有的地方不够完善或很不完善。因此，也要向农

① 《国务院召开农业综合开发经验交流会》，《人民日报》1989年12月3日。
② 田纪云：《在全国农业综合开发经验交流会议上的讲话（摘要）》，《人民日报》1989年12月7日。

民讲清楚，不仅要稳定这个制度，而且要不断完善这个制度。①

党的十三届四中全会后，江泽民身体力行，多次深入农村考察。他反复强调，必须保持党的农村政策的稳定，尤其是要稳定家庭联产承包责任制。1990 年 9 月，江泽民在内蒙古考察时，来到临河市黄羊乡广联四社，同村民拉家常、问情况。在村民王培忠家，江泽民问王培忠："问你一个不该问的问题，你现在有多少存款？"王培忠竖起两个指头："两万元。"江泽民对此很满意，他对王培忠说："老王，你就放手地干吧，党的政策不会变！要发展农业，就必须稳定以家庭联产承包为主的责任制，这项政策既适合农村的生产力水平，又能够调动广大农牧民的生产积极性。"②

同年 11 月，江泽民到广西百色地区农村考察，着重考察了右江河谷的农村经济。他来到壮族村屯，召开基层干部座谈会，了解农民的生产、生活情况；到农业科研单位调查开发扶贫的有效措施。在考察途中，江泽民一再强调稳定和完善以家庭联产承包为主的责任制的重要性，并指出，这是农村经济持续、稳定发展的根本保证。江泽民表示，要明确告诉农民，以家庭联产承包为主的责任制是不会改变的。在稳定家庭联产承包责任制的基础上，要加强社会化服务，解决农民一家一户办不了或办不好的事情，把农民家庭经营的积极性和集体经济的优越性更好地结合起来。③

1990 年 12 月 1 日，中共中央、国务院发出《关于 1991 年农业和农村工作的通知》，强调要稳定完善土地承包制。对已经形成的土地承包关系，要保持稳定；只要承包办法基本合理，群众基本满意，就不要变动。地块过于零散不便耕作的，可以按照基本等量等质的原则适当调整。因基建占地、人口变动等确实需要调整的，也要从严掌握。少数确有条件发展

---

① 《十一亿人民吃饭是头等大事，要把农业放在经济工作首位》，《人民日报》1990 年 6 月 26 日。
② 《总书记塞外行》，《人民日报》1990 年 10 月 5 日。
③ 《江泽民总书记在广西考察时强调，坚定不移贯彻执行党的基本路线》，《人民日报》1990 年 11 月 26 日。

农业适度规模经营的地方，根据群众的意愿，可以因地制宜地作适当调整，但决不可不顾条件强制推行。

1991 年 11 月，中共十三届八中全会北京举行。全会通过的《中共中央关于进一步加强农业和农村工作的决定》再次重申：把家庭承包这种经营方式引入集体经济，形成统一经营与分散经营相结合的双层经营体制，使农户有了生产经营自主权，又坚持了土地等基本生产资料公有制和必要的统一经营。这种双层经营体制，在统分结合的具体形式和内容上有很大的灵活性，可以容纳不同水平的生产力，具有广泛的适应性和旺盛的生命力。这是我国农民在党的领导下的伟大创造，是集体经济的自我完善和发展，决不是解决温饱问题的权宜之计，一定要长期坚持，不能有任何的犹豫和动摇。

二、围绕减轻农民负担的调查

实行包产到户和包干到户后，农村面貌发生了根本性变化，农民生活水平也有了很大的提高。但是，当时社会上也出现了一种过高估计农民富裕程度的倾向，似乎包产到户后农民已经很富了，农村的问题都解决了。因此，如何看待推行家庭联产承包责任制后的农民富裕程度，对于下一步农村改革发展十分重要。

就在这个时候，《人民日报》发表了一篇相关的调查报告。这篇调查报告的作者在对黑龙江省松花江地区（1996 年合并到哈尔滨市）、绥化地区、齐齐哈尔市和佳木斯市的 11 个市、县农民的经济状况、富裕程度进行调查后，得出了农民"多数人还没富裕起来"的结论。作者在调查中发现，依据当地农村干部、群众所确定的人均收入 500 元以上的属于富裕户（其特点是这些人家劳力强、土地多，生产资料比较充足，有自营拖拉机等大中型农机具；除了种地，大都还有一两项比较稳定的收入；并且具有一定的扩大再生产的能力，生活殷实），11 个县合计，只占总农户的

18%。

低于富裕户的温饱型农户（即人均收入 200 元到 500 元的农户）大约占了农户的 60%。这些农户当中，一部分农户劳力不足，农具不多，除了种地，很少有其他生产门路，大抵还谈不上商品生产。还有些农户，多有负债，房屋破旧，家具不全，吃穿简朴，稍遇天灾人祸，马上又要回到贫困户的行列中去。因此，温饱型农户基本上还停留在小农经济的水平上。

此外，还有五分之一强的农户仍然处于贫困状态。这些农户人均收入不足 200 元，房屋破旧，不得温饱。调查者认为，实行家庭联产承包责任制以来，农民生活都不同程度地改善和提高了，但温饱型和贫困型的农户仍占农村的 80% 多，因而大多数的农民还没有富裕起来。

调查报告还说，由于一些地方对农民的富裕程度估计偏高，农村工作的许多方面随之出现偏差。一听说农民富裕起来了，有人就以为农民富得不得了，于是，四面八方向农民伸手，各种摊派接踵而来，致使农民无法招架，难以忍受。集贤县农民的额外负担有 40 多种，平均每人 40 多元，等于拿走了当年收入的十分之一。甘南县各种摊派多达 47 项，人均负担 66 元，占当年收入的 16%。

调查报告认为，实行"大包干"以后，农民除了从集体承包土地外，其他生产资料所有无几，需要各家自行购置，有的还要从集体背回一个很大的债务包袱。各级领导机关正确认识农村现状，正确估量农村形势，是关系到工作成败的一个重要问题。①

为了引起人们对这个问题的重视，《人民日报》在刊发这篇调查报告的同时，还配发了《正确估计农民的富裕程度》的评论，强调指出：农村已经富裕起来的农民还是少数，多数农民的温饱问题刚告解决，还谈不到富裕；有五分之一强的农民还没有较好地解决温饱问题。我国农村长期落后，人口众多，底子很薄，农民生活比较贫困。新中国成立以后，尤其是

---

① 《莫把"温饱"当"小康"——来自黑龙江农村的调查报告》，《人民日报》1985 年 8 月 17 日。

近几年来，虽然情况起了很大的变化，但现在毕竟只是刚刚解决了大多数农民的温饱问题，刚刚开始向小康水平过渡，而完成这个过渡，还需要全国人民进行十几年或更长一些时间的努力，决不能指望一蹴而就。因此，正确估计农民的富裕程度，是正确制定农村政策、指导农村工作的前提和依据。过高估计农民的富裕程度，必然导致工作指导上发生偏差，助长某些有害倾向。各个同农村工作有关的部门和行业，都要深入农村了解情况，认真听取农民的呼声，端正业务指导思想，帮助农民发展商品生产、勤劳致富。

为解决因包产到户、包干到户使生活刚刚有了起色的农民又面临负担加重的问题，1985年11月，中共中央、国务院发出了《关于制止向农民乱派款、乱收费的通知》，要求各级党委、政府反复教育干部，统一认识，牢固树立为人民服务、一切从群众利益出发、一切从实际出发的观念，建立控制农村公共事业经费筹集和使用的制度，通过立法程序，严格规定筹资的范围和限额，并实行预决算制度和财政监督。

中共中央、国务院明确规定：各地"集资""赞助""捐献"活动必须严加控制，更不准摊派指标。压缩民兵训练规模，不要向农民筹款去建民兵训练基地，民工建勤不得超过国家规定的限额。除县和县以上政府有明文规定者外，任何部门、任何单位均不得向农民收取管理费、手续费或其他费用。国家行政部门和事业部门为农民提供经济、技术等各类服务，应当实行无偿或低偿，不能以赢利为目的，更不得强制农民接受。各级行政部门不得向农民摊派办公费、交通工具购置费、制装费。任何部门召开会议、举办活动、派工作人员下乡，不准向农民摊派活动经费和伙食补贴。任何部门和单位向农村集体或个人发行报刊，必须坚持自愿订阅的原则，不得强行摊派。

中共中央、国务院的这个通知虽然在当时对于制止向农民乱派款、乱收费起到了一定积极作用，但"几年过去了，从各地执行的情况看，乱摊派、乱集资、乱收费的问题，在不少地方依然发生。在农业生产资料和日用消费品涨价、种植业比较效益降低的情况下，农民负担额的增长幅度超过了农民收入的增长幅度，农民难于承受"，以至于形成了农民负担过重年年喊，年年有问题的局面。①

以往每年的夏收时节，有一些部门和单位借机向农民乱摊派、乱收费和乱罚款，加重农民负担。为了防止这种情况的发生，1990年2月，国务院发出《关于切实减轻农民负担的通知》。随后，河北乐亭县汀流河镇一位农民致信国务院总理李鹏，反映负担过重的问题。信中说，今年春节前夕，这个镇开始向农民收1990年至1991年上半年的承包费，人均108.5元。他们村人均收入不超过千元，1989年人均交67.08元，1990年要交75元，增加了近8元。他家4口人，一年半的承包费要交434.16元。交这么多钱，一下子能拿得出来吗？

李鹏看到这封来信后，立即批示农业部处理。3月中旬，农业部派人到乐亭县对农民负担情况进行了调查，并写出了调查报告。农业部的调查报告说，1989年，乐亭县人均纯收入606元，是个中等收入水平的县。从调查资料分析，乐亭县1989年农民负担占上年人均纯收入的比重为8.67%。来信农民所在的汀流河镇1990年农民负担水平为上年人均纯收入的6.15%，如在农民负担总额中扣除乡镇企业以工补农和其他集体收入负担的部分，真正落实到农户的支出，只占上年纯收入的4.45%。农业部的调查报告说，在当前农民负担普遍偏高的情况下，乐亭县掌握的水平基本正常。

调查报告说，部分农民强烈反映负担过重的主要原因是，乐亭县在实行两田制过程中，将农业税、生产费、公积金、公益金、管理费和乡统筹捆在一起，没有把农业税和村代垫生产费从承包费中列出并向农民说明，而统称承包费，由村联社向农民一次性收取，实行土地有偿使用。1990年年初，镇里决定将全年承包费在春节前后一次收齐，这一做法使思想准

---

① 《减轻农民负担（编者的话）》，《人民日报》1989年8月23日。

备不足的部分群众一时感到负担不起。同时，一些干部在工作方法上有些简单，也使部分农民不满。①

为了解决农民负担过重的问题，制止乱收费乱摊派乱罚款，1990年9月，中共中央、国务院作出《关于坚决制止乱收费、乱罚款和各种摊派的决定》，要求坚决制止乱收费乱罚款乱摊派，对现有的收费、罚款、集资项目和各种摊派进行全面的清理整顿，严格审核收费、罚款、集资项目和标准。1991年11月，中共十三届八中全会又提出了"要采取有力措施，减轻农民负担"的要求。1991年12月，国务院发布了《农民承担费用和劳务管理条例》。1992年，国务院办公厅发出了《关于进一步做好农民承担费用和劳务监督管理工作的通知》，国务院为此还专门组织检查组对农民负担进行执法检查。

应当说，这些文件下发后，在一定程度上遏制了农民负担加重的问题，但是问题仍未从根本上解决。1992年11月，时任中共中央政治局候补委员、书记处书记的温家宝到湖南岳阳市和益阳市考察农业和农村情况，通过走访农户，同农民和乡村干部座谈，召开省、地（市）、县负责人座谈会，温家宝感到，"当前农业和农村工作的紧迫任务，是进一步保护和调动农民的积极性"，而影响农民积极性，妨碍农业发展的，除了农民卖粮难外，便是农民负担重的问题。温家宝通过调查了解到，农民负担重，首先是工农业产品价格的剪刀差仍在扩大，导致农业比较效益降低。"更为突出的问题是，农民在承受愈加扩大的剪刀差之后，还要承受各种摊派性负担。"

据温家宝调查，1991年湖南全省农民负担合同内的乡村统筹提留金额基本上控制在上年人均纯收入的5%以内，但要加上合同外负担则占到了10%—15%。这些情况意味着，农民的同量劳动得到的收入比过去减少，在相对减少的收入中又要加大不合理支出。这种"少收多支"的现象

---

① 《农民致信总理，总理批示调查》，《人民日报》1990年4月19日。

已引起农民的不满，影响农民种田的积极性。"因此，减轻农民负担，保护农民利益和积极性已经成为当前农业和农村工作中最紧迫最重要的问题。"①

如何切实保护农民利益，减轻农民负担，加强农业的基础地位，引起中共中央的高度重视。1992年12月20日，江泽民与温家宝、国务委员陈俊生等来到湖北江汉平原的孝感、荆门、荆州等地市，与干部群众就发展农业生产、农业综合开发、调整农业结构、粮棉收购政策等问题进行了为期4天的专题调查。

每到一地，江泽民都要求干部群众讲真话，谈真实情况。江泽民反复强调：想听到的是既不夸大又不缩小的情况，并鼓励当地干部群众有什么问题就谈什么问题，表示只有如此才能做到情况明、决心大。"在调研中，各地同志在谈到农村大好形势的同时，也如实反映了当前农业面临的突出问题、农村工作的困难和影响农民积极性的种种表现。他们用'喜中有忧'概括当前的农村形势，他们说，当前农民最盼望的是党和政府支持他们进一步搞活经营，带领他们发展市场经济，尽快达到小康水平；最担心的是有些政策措施不落实，打折扣；最不满意的是四面八方把手伸向农村，挤农业、挖农业、挖农民，损害农民利益。"②

在孝感市杨园镇园艺场，江泽民主持召开了农村基层干部座谈会，了解农民负担情况。浐川村党支部书记刘汉洲对江泽民说："要使农业登上新台阶，首先要解决农民种田划不来的问题。生产资料涨得快，农副产品价格跌得凶，种田人不愿种田。"刘汉洲告诉江泽民：过去化肥一袋7元，现在涨到21元。稻谷一斤过去卖4角多，现在只卖2角多。各种摊派多，农民负担重。兴隆村党支部书记胡克勤也说："卖粮难是个大问题。我们现在有9万公斤粮食、2500公斤棉花卖不出，卖出去的也不能兑现，农

① 温家宝：《保护和调动农民积极性，大力发展农村社会主义市场经济》，《农民日报》1993年3月12日。
② 《江泽民在江汉平原调查农业问题》，《人民日报》1992年12月27日。

民手里有一批白条子。"

在荆门调查时，中共荆门市委书记朱同炳向江泽民介绍了一段顺口溜："基层干部雄赳赳，只管种来不管收；农民群众气昂昂，又骂爹来又骂娘。"朱同炳说，增产减收，农民怨气大，干群关系紧张。

在由荆门前往荆州的途中，江泽民来到沙洋县的严店村，与村里的泥瓦匠刘克举进行了一段关于农民负担的对话。

刘克举对江泽民说："我感谢邓小平给了我们生产自由。过去搞大呼隆，每天不睡觉也挣不到钱；现在有了生产自主权，我们日子越过越好。希望联产承包责任制不要变。"

江泽民拍着刘克举的肩膀说："老刘，党的富民政策不会变，你放心干吧！"

刘克举不解地问："可是现在为什么提留这么多？摊派这么多？"

江泽民问："摊派有哪些？"

"多着呢，数不清。"刘克举说，"村里光吃喝一项就花掉上万元。"

"是红白喜事吃喝？还是招待上面？"江泽民问。

刘克举回答："我是泥瓦工到处跑，我看主要是上面干部下来开会、检查时吃喝。"

江泽民又问："你走的村多，你们这里是什么水平？"

刘克举说："全镇 13 个村我都吃过饭，我们村属中游。"①

江汉平原农村调查结束后，12 月 24 日至 25 日，江泽民在武汉主持召开湖北、湖南、江西、安徽、河南、四川 6 省农业和农村工作座谈会，研究农村形势和保护农民利益、调动农民生产积极性问题。在座谈会上，上述 6 省的省委书记、省长先后作了发言，认为当前农业和农村发展总的形势是好的，同时也确实存在不少突出的问题，对这些问题必须有清醒的足够的认识，决不能疏忽大意。一定要全面、正确地估量农业和农村工

---

① 《总书记江汉行》，《人民日报》1992 年 12 月 27 日。

作，认真总结经验，充分正视存在的问题和困难，及时果断地采取正确对策，把已经出现的问题处理在初始阶段，从而牢牢掌握党和政府领导农村工作的主动权。

发言结束后，江泽民就农业和农村工作发表了讲话。他指出，改革开放14年来，我国农业和农村的发展确实很快，成绩巨大，但是对农业和农村经济的实力，对农民群众的富裕程度和承受能力，切不可估计过高，而且一定还要看到地区之间、农户之间存在的差别性。总的说来，我国农业的物质技术基础还比较脆弱，而且农业的负荷随着人口的增长和生活水平的提高是一年比一年加重的，必须加倍扶持。在相当长的时期内，都不能说粮食已经多了，农业已经过关了。不但90年代不能说这个话，而且下个世纪的前50年，也不能轻易说这个话。

江泽民指出，现在有些地方、有些人在农业连续几年丰收和改革开放的新形势下，产生了忽视农业的苗头；在加快经济发展的情况下，一些党政领导干部，把主要精力放到抓城市经济上去了，抓农业的精力有些减弱了，农村工作有些放松了；农村中还普遍存在着一些损害农民利益、影响和挫伤农民生产积极性的突出问题，这些问题如不认真加以解决，农业生产就有滑坡的危险。江泽民强调，从现在起，各级党委和政府，要立即加强对农业和农村工作的调查研究，以利于进一步弄清情况，统一认识，抓紧解决农民群众迫切要求解决、经过努力而又能够解决的一些重要问题，把农民的积极性特别是种粮种田的积极性保护好、引导好、发挥好，力争到本世纪末使我国的农业和农村经济再上一个新台阶。

通过几天的实地调查，江泽民对农民负担有了真切的了解，因此，他在讲话中，重点讲了如何切实保护农民利益、调动农民生产积极性的问题。江泽民说，从各地的反映和调查材料看，现在，农民最盼望的是党和政府支持他们进一步搞活农村经营，引导他们进入社会主义市场经济的新天地，尽快脱贫致富，达到小康水平；最担心的是有些农村政策、支农措施不落实，打折扣；最不满意的是四面八方把手伸向农村，挤农业、挖农民，损害他们的经济利益，挫伤他们的积极性。现在是到了上下结合，果断采取有效措施，认真解决农村存在问题的时候了。江泽民在讲话中提出，必须着力解决以下问题，切实减轻农民负担：

——农产品特别是粮食卖难、价格低、"打白条"的现象严重。这是农民最为不满的一件事，因为直接影响到他们的收入，影响到他们眼前的生活安排和即将到来的春耕生产。中央有关部门和地方各级政府一定要同心协力，千方百计地确保最迟在春节以前把所欠付农民的出售粮棉的价款全部兑现到农民手中。

——应该给予农民的优惠措施，有些不到位不落实，农民得不到实惠，对此也很有意见。凡属收购合同定购粮所应给予农民的优惠，包括"三挂钩"物资，各级政府和有关部门一定要坚持按合同执行，一定要保证交付到农民手中，不允许打折扣和拖欠，更不允许截留和挪用。

——巧立名目加重农民负担的不正之风相当盛行，引起了农民群众的义愤。不少地方发生了超额征收税费，巧立名目乱集资、乱摊派、乱罚款，以及五花八门的所谓达标活动，农民不堪重负。因此必须重申：中央有关部门和地方各级政府一定要坚决把关，切实把农民的负担控制在占上年农民人均纯收入的 5% 的规定之内。对那些有令不行、有禁不止的行为和违法乱纪者，必须按党纪、政纪、国法严肃处理。

江泽民说，这些问题，不仅直接关系到农民的切身利益，也直接影响到农业生产全局能不能稳定、农民生产情绪能不能稳住，应该引起全党同志的十分注意。各级党政领导同志必须当机立断，采取切实措施及时解决，切不可因为一些复杂的具体问题而互相扯皮、互相推诿，迁延不决。他要求县以上的党政领导机关，要经常分批地抽调干部深入农村，调查研究，了解情况，倾听意见，提供信息，发现先进典型，帮助做好工作。[1]

江泽民在武汉主持召开 6 省农业和农村工作座谈会 4 天后，国务院总

---

[1] 《江泽民文选》第一卷，人民出版社 2006 年版，第 257—275 页。

理李鹏主持召开全国农业工作电视电话会议，中心议题也是如何减轻农民
负担，保护农民的积极性，保持农业稳定发展。

李鹏在讲话中强调，目前不少地方和部门还相当严重地存在着损害
农民利益，挫伤农民积极性，不利于农业持续发展的问题。突出的表现
是，在农业连年丰收的情况下，农业生产的经济效益下降，粮棉集中的主
产区增产多增收少，有的增产不增收，甚至减收。许多地方一直存在着卖
粮难的问题，今年更为突出，国家收购粮食、棉花等农产品的付现率低，
"打白条"现象相当普遍。与此同时，各种集资、摊派不断加重。"谷贱伤
农""摊派坑农"，在一些地方已经引起农民的强烈不满。

讲话中，李鹏宣布，为了切实保护和充分发挥农民的积极性，保持我
国农业的稳定发展，经中共中央、国务院研究，决定采取下列十项重要措
施：（一）按期完成今年的国家定购粮收购计划，适当增加粮食专项储备。
（二）及时地全部兑现收购农副产品的欠款，解决"打白条"的问题。（三）
制止各种违反法规的集资和摊派，切实减轻农民负担。（四）保留扶持粮
棉生产的优惠政策。（五）多渠道发展粮食的转化。（六）大力扶持粮食主
产区发展经济。（七）改进粮食管理和经营机制。（八）保护耕地资源，稳
定粮田面积。（九）增加对农业的资金投入和物质投入。（十）加快农业结
构调整。①

这两个会议之后，一些省区市和部门行动迅速，采取了有力措施，在
一定程度上遏制了农民负担不断增长的势头。"但是，总的情况很不理想，
相当多的地方和部门行动迟缓，有的至今对中央的指示置若罔闻，按兵不
动；有的甚至采取暗中干预的作法进行抵制；有些已明令禁止或多次被批
评的不合理负担，仍在推行。对此，农民意见很大。"②

针对这种情况，1993 年 3 月 19 日，经中共中央、国务院批准，中共

---

① 《党中央国务院决定采取十项重要措施，保护农民的积极性保持农业稳定发展》，《人
民日报》1992 年 12 月 30 日。

② 《中办国办发出紧急通知，采取断然措施减轻农民负担》，《人民日报》1993 年 3 月 23 日。

中央办公厅、国务院办公厅就切实减轻农民负担问题发出紧急通知，明确规定自本通知下发之日起，农民除依法纳税，和按国务院《农民承担费用和劳务管理条例》关于村提留和乡统筹费，必须严格控制在上年农民人均纯收入 5% 以内的规定继续执行外，其他涉及要农民负担费用的各种摊派、集资、达标活动和行政事业性收费，以及在农村建立各种基金等，不论是哪一级政府或哪一个部门制定的文件或规定，一律先停止执行，然后进行清理。经过清理后，认为确实需要继续执行的，须经省以上人民政府农民负担监督管理部门审核后，按照《条例》规定的审批权限重新批准后执行；重要项目，要报国务院或省、自治区、直辖市人民政府批准。

中共中央办公厅、国务院办公厅责成各级党委、政府要把减轻农民负担问题作为一项紧急的政治任务，摆上重要议事日程。要求党政主要领导要亲自动手，深入问题较多的地方调查研究，采取得力措施，尽快把农民的过重负担减下来。同时，加强对本地区清理农民负担情况的监督检查。对行动迟缓者、清理不力者，要给予批评；经批评教育不改的，要给予党纪、政纪处分。要严肃查处因农民负担过重而引起的恶性案件，发现一件，查处一件，一件也不能放过。对造成恶性事件的当事人，要依法惩处；对酿成恶性事件的官僚主义者，要撤职查办；处理结果要广播登报，同群众见面，进行民主、法制的教育。

此后，中共中央和国务院又采取一系列的措施减轻农民负担。1993年 5 月 26 日，国务院授权农业部宣布取消了农村 43 项达标升级活动，纠正了 10 种错误的收费与管理方法；6 月 20 日，国务院专门召开了全国减轻农民负担工作会议，取消了 37 项中央国家机关涉及农民负担的集资、基金和收费项目；7 月 22 日，中办、国办发出了《关于涉及农民负担项目审核处理情况的通知》。同年 8 月，在中央纪委二次全会上，江泽民再次提出要把减轻农民负担作为反腐纠风的一项重要内容来抓。

与此同时，各地也积极采取措施以减轻农民负担。湖北以"倒计时"的方式，每日在省报上公布各地"白条"兑现进度。河北省直机关抽调一批得力干部组成检查组，到农村重点检查农民负担情况及农副产品收购的资金落实兑现情况。中共河南省委、省政府召开省直各部门负责人参加的减轻农民负担动员大会，明确要求省直各部门在减轻农民负担工作中做出表率。湖南省取消13项达标升级活动；停止15项向农民收取的费用；停止和取消向农民收取的15项集资。福建公布了减轻农民负担收费项目的12个标准，取消行政事业性收费项目12项，废止集资项目1项，降低行政事业性收费项目11项，缩小或限定行政事业性收费和基金类收费范围5项。

到1993年10月，中央、省、地（市）、县四级涉农负担的文件和项目全部清理完毕。据统计，通过中央和地方各级取消的项目和降低的收费标准，减轻农民负担103亿元，人均减少11.6元，同时还避免了一些加重农民负担的项目再出台。1993年，全国农民承担的村提留、乡统筹占上年人均纯收入为4.68%，比1990年的7.88%下降了3.3个百分点。①

此后，中共中央和国务院又采取一系列措施，堵住各种乱收费、乱摊派项目死灰复燃，防止农民负担反弹。

1994年3月，江泽民在中央农村工作会议强调，必须坚定不移地减轻农民负担。坚决做到，中央明令取消的收费项目，一律不许继续收费；中央明令取消的达标升级活动，一律不许继续进行；凡涉及让农民出钱的事情，决不能开任何口子，擅自开口子的，要追究责任；坚决清理和制止乱集资、乱摊派、乱罚款。

1994年7月，针对有些地区减轻农民负担的工作有所放松，农民负担出现反弹的情况，中共中央办公厅、国务院办公厅转发了农业部、监察部、财政部、国家计委、国务院法制局《关于1993年农民负担执法检查的报告》，重申中央减轻农民负担的一系列政策稳定不变。

---

① 宋洪远等：《改革以来中国农业和农村政策的演变》，中国经济出版社2000年版，第47页。

1995 年 8 月，为进一步遏制农民负担反弹的势头，国务院郑重宣布了减轻农民负担的"约法三章"：第一，中共中央、国务院近几年出台的一系列减轻农民负担的政策不变，已经明令取消的项目不准恢复。凡与中共中央、国务院减轻农民负担方针政策相抵触的规定和做法一律废止。第二，从现在起，暂停一切涉及加重农民负担的项目审批。对擅自出台的项目，要立即停止执行；已经向农民非法收取的款物，要在年内清退完毕；对乱开口子的，要追究主要负责人的责任。第三，从本年开始，各地区农民承担的提留统筹费不允许有突破 5% 的乡镇出现。特别是受灾严重地区的农民负担绝对值必须控制在上年额度之内，不得突破。

1996 年 12 月，中共中央、国务院作出《关于切实做好减轻农民负担工作的决定》，明确规定：（一）国家的农业税收政策稳定不变；（二）村提留乡统筹费不超过上年农民人均纯收入 5% 的政策稳定不变；（三）农民承担义务工和劳动积累工制度稳定不变；（四）严禁一切要农民出钱出物出工的达标升级活动；（五）严禁在农村搞法律规定外的任何形式的集资活动；（六）严禁对农民的一切乱收费、乱涨价、乱罚款；（七）严禁各种摊派行为；（八）严禁动用专政工具和手段向农民收取钱物；（九）减免贫困户的税费负担；（十）减轻乡镇企业的负担；（十一）减少乡镇机构和人员的开支；（十二）加强领导，实行减轻农民负担党政一把手负责制；（十三）加强监督检查，严肃查处加重农民负担的违法违纪行为。

中共中央、国务院强调：以上十三条，各级党委和政府要认真贯彻执行，逐项逐条落到实处，决不允许出现任何梗阻现象，决不允许在执行中走样。

随着这一系列的规定与措施的出台，减轻农民负担工作收到了较好的成效，除西藏以外的各省、直辖市、自治区都建立了减轻农民负担领导责任制，并且出台了一系列的地方性配套规章。从 1994 年到 1998 年，农民负担的村提留和乡统筹，基本上控制在上年人均收入的 5% 以内。

三、"没有调查就没有决策权"

以江泽民同志为核心的党的第三代中央领导集体，十分重视农村调查工作，一再强调，深入农村调查，对做好新时期的农业、农村、农民工作意义重大。

1993年7月5日，江泽民同出席全国省区市党委政策研究室主任会议的全体代表座谈时，着重谈了全党要大兴调查研究之风的问题。江泽民说，坚持调查研究，是辩证唯物主义认识论的基本要求，是党保持同人民群众密切联系的重要渠道，也是我们党的一项基本工作方法和领导制度。在新时期，尽管我们进行调查研究的对象、内容、手段、条件都发生了新的变化，但是调查研究在党的决策工作和全部领导工作中的地位和作用，不仅丝毫没有改变，而且显得更为重要，只能全面加强，决不可有任何削弱。

江泽民强调，历史经验说明，各种问题的解决都取决于正确的决策，而正确的决策来源于对客观实际的周密调查研究。担任领导职务越高的同志，越要亲自下功夫对重大问题进行调查研究，这是别人无法代替的。没有调查就没有发言权，没有调查就更没有决策权。他要求县以上各级领导同志，尤其是一二把手，一定要带头大兴调查研究之风，每年至少抽出一两个月的时间，深入基层，去农村要到村到户，去工厂要到车间班组，亲自听取群众的呼声，了解群众在想什么，盼什么，欢迎什么，反对什么，这样在工作指导上才有可能真正做到急群众所急，想群众所想，真正切合实际。要对本地区本部门迫切需要解决的重要问题，经过系统的调查研究，提出解决的对策。他认为，全党同志特别是各级领导干部，真正把调查研究这一最基础性的工作做深做透了，好处很多。谋事在人，成事也在人。坚持做好调查研究这篇文章，是我们的谋事之基，成事之道。①

---

① 《江泽民文选》第一卷，人民出版社2006年版，第306、308—309页。

1993 年 4 月，江泽民在视察海南农村时指出：各地要把中央的精神同本地的实际紧密结合起来，创造性地开展工作，一定要做到两条：一是各级领导干部自己首先必须吃透中央的精神，然后认认真真传达下去，让所有的干部和群众都了解和掌握；二是各级领导干部必须深入农村、深入工厂、深入学校，全面熟悉本地的实际情况，并坚持与中央精神相结合，同基层干部和群众一道，共商加快改革开放和经济发展的具体办法，同时加强分类指导，使改革和建设又快又扎实地向前发展。①

在 1993 年 10 月的中央农村工作会议上，江泽民在讲话中强调：从省、自治区、直辖市委书记，到地（市）县委书记，都要经常关注和亲自指导农村工作，凡属农村改革和发展的重大问题，都要亲自调查研究，作出决策和部署，并检查落实情况。他要求各省、自治区、直辖市党政领导干部每年至少抽出一个月时间，地（市）、县党政领导干部每年至少抽出三个月时间，深入农村调查研究。每次调查要有重点地研究和解决一批问题。②

在 1994 年 3 月的中央农村工作会议上，江泽民要求省、自治区、直辖市党委必须用很大精力抓农村工作，地、县委必须把主要精力放在农村工作上。强调各级党委主要领导干部更要亲自动手，切实抓紧抓好各项农村工作。要把农业和农村工作抓得如何，作为考核各级主要领导干部政绩的一项重要标准。各级党政干部要进一步转变工作作风，改进工作方法，各省、区、市党政主要负责同志，都要深入农村调查研究，认真倾听基层干部群众的意见和要求，真正搞清楚中央制定的政策措施的落实情况和农村改革与发展中遇到的主要问题，找到有效的解决办法。③

---

① 《江泽民考察海南时指出，经济特区作为我国对外开放"窗口"，要办得更活更实更富生机更有成效》，《人民日报》1993 年 4 月 21 日。

② 《中共中央在京召开农村工作会议》，《人民日报》1993 年 10 月 19 日。

③ 《中共中央召开农村工作会议，全面部署今年农业农村工作》，《人民日报》1994 年 3 月 24 日。

在 1995 年 2 月召开的中央农村工作会议上,江泽民再次讲到了农村调查对于搞好农业和农村工作的重要性,要求各级领导干部,深入基层,深入群众,切实解决实际问题。他说,农村经济社会的发展,需要大批干部到农村去,做深入细致的思想工作、指导工作、服务工作。各级党政领导干部都要虚心向群众求教,通过扎实有效的工作,帮助基层解决群众关心的热点问题,解决障碍农村改革和发展的突出问题,推动农村工作不断取得新的进展。①

在此后每年召开的中央农村工作会议上,江泽民在讲话中都强调各级领导干部要切实改进作风,深入农村,调查研究,及时研究新情况,总结新经验,解决新问题。

以江泽民同志为核心的党的第三代中央领导集体,为做好新形势下的农业和农村工作,进行了大量的农村调查。通过农村调查,使党的领导人进一步摸清了我国农村的现状,进一步体察到了广大农民的愿望要求,也进一步理清了做好农业和农村工作,深化农村改革,促进农村发展的思路,并在调查研究中集中干部群众的智慧,提出了一系列的重要观点。

1993 年 6 月,江泽民在陕西农村调查时指出,我国是一个大国,吃饭问题始终是个大事。要坚持不懈地抓好农业,这始终是我们经济和社会发展的基础。搞好农业开发,全面发展农村经济,对于西北地区经济的振兴意义尤为重大。

1994 年 2 月,江泽民在视察山西吕梁农村时提出,彻底解决占世界人口四分之一的中国人民的生存权问题,这不仅在我们中华民族的历史上是一件大事,而且在人类发展史上也是一个壮举。农村的发展和稳定,始终是全国全社会发展和稳定的关键。加强农业的基础地位任何时候都不能动摇,粮棉油等主要农产品的生产不可有丝毫放松。

1994 年 10 月,江泽民视察湖北、四川农村时指出,近 12 亿人口的

---

① 《江泽民李鹏在中央农村工作会议上发表重要讲话》,《人民日报》1995 年 2 月 28 日。

吃饭问题始终是国计民生的重大问题。有粮则安，无粮则乱，农业的基础地位任何时候都削弱不得。各级领导干部要自觉地坚持把农业放在经济工作的首位，切实加强对农业的领导，切实增加对农业的投入，切实珍惜耕地，切实保护农民的生产积极性，推动农村经济全面发展。

1995年3月，江泽民在江西、湖南农村考察强调，由于我国人多地少，而且人口每年都在增加，耕地又不断减少，再加上由于经济的发展和人民生活的改善用粮水平不断提高，所以发展农业的任务非常艰巨，任何时候都放松不得。同时，各级领导干部又要充分看到我国农业发展的巨大潜力，气可鼓而不可泄。农业发展的潜力从哪里来？一是从农民中蕴藏的巨大积极性和创造性中来；二是从不断用先进的科学技术武装农业中来；三是从搞好农业的综合开发、加强对农业的组织管理和社会化服务中来。①

1996年7月，江泽民专程前往河南调研农业和农村工作。调研结束时，他就如何深化农村改革，推进农村经济社会全面发展作了系统讲话。江泽民说：稳定和完善以家庭联产承包为主的责任制和统分结合的双层经营体制，是党在农村的基本政策，必须长期坚持。有些地方，农户承包经营以后，集体统一经营层次很薄弱，除了土地以外，集体基本上没有经济收入，有些单靠一家一户办不了、办不好的事，集体也无力去办。对这类地区，上级党委和政府要积极指导和帮助那里的干部和群众，采取因地制宜的办法，在巩固农户承包经营的基础上，逐步建立好集体统一经营的层次，从而为不断提高农户承包经营的水平提供有力的服务和支持。这是当前农村深化经济体制改革的一项重要任务。

江泽民强调，农业根本的出路是提高资源的利用效率，提高农业投入中的科技含量，提高农业劳动者的素质。也就是说，必须转变农业的增长方式。实现农业增长方式的转变，最重要的一环，就是要狠抓科教兴农，

---

① 以上讲话内容均来自《人民日报》的相关报道。

把农业发展转到依靠科技进步和提高农民素质的轨道上来，努力提高科技在农业增长中的贡献份额。①

由于我国地区发展平衡，20世纪80年代中期，在改革开放政策的推动下，中国农村绝大多数地区凭借自身的发展优势，经济得到快速增长，但少数地区由于经济、社会、历史、自然、地理等方面的制约，发展相对滞后，中国农村发展不平衡问题凸现出来，低收入人口中有相当一部分人经济收入不能维持其生存的基本需要。从1986年起，党和政府在全国范围内开展了有计划、有组织和大规模的开发式扶贫，并且取得了很大成效，到1993年，贫困人口占农村总人口的比重从14.8%下降到8.7%。

随着农村改革的深入和国家扶贫开发力度的不断加大，中国贫困人口逐年减少，贫困特征也随之发生较大变化，贫困人口分布呈现明显的地缘性特征。这主要表现在贫困发生率向中西部倾斜，贫困人口集中分布在西南大石山区（缺土）、西北黄土高原区（严重缺水）、秦巴贫困山区（土地落差大、耕地少、交通状况恶劣、水土流失严重）以及青藏高寒区（积温严重不足）等几类地区。为了加大扶贫力度，1994年3月，中共中央、国务院制定《国家八七扶贫攻坚计划》，明确提出要集中人力、物力、财力，动员社会各界力量，力争用7年左右的时间，到2000年年底基本解决农村贫困人口的温饱问题。

八七扶贫攻坚计划启动后，党的第三代中央领导集体的成员，多次深入贫困地区进行调查考察，带去党和政府对贫困地区人民的关怀，鼓起这些地区干部群众脱贫致富的勇气，并为有针对性地制定相关政策寻找依据。

1995年12月，江泽民前往陕西商州、丹凤和甘肃榆中、定西农村，慰问困难群众。"每到一处，他总要摸摸农民的炕头热不热，看看锅里有

---

① 江泽民：《深化农村改革推进农村经济和社会全面发展——在河南考察农业和农村工作时的讲话》，《人民日报》1996年7月15日。

没有吃的，瞧瞧水窖里有没有水。"他动情地说：想到还有许多群众尚未解决温饱，还有不少地区由于自然条件恶劣经常遭受灾害的侵扰，我们的各级领导干部都应有"寝不安席，食不甘味""鞠躬尽瘁，死而后已"的奋斗和奉献精神，加倍努力地工作，为人民群众多尽实心、多干实事、多谋实利。①

1996年11月，江泽民前往广西、贵州的贫困山区进行考察。在海拔2300米的贵州赫章县珠市乡兴营村，江泽民走进贫困户杨世明家，只见低矮阴暗的茅屋四面透风，屋里没有任何家当，连炉灶都没有。用树枝搭起的"床"前，上面铺的是破旧的棉絮。看到这种情景，江泽民半晌沉默无语。事后，他对当地干部说："在贫困地区，要把解决群众的温饱问题作为压倒一切的中心。我们是社会主义国家，我们党的宗旨是全心全意为人民服务，还有什么问题比贫困群众吃不饱、穿不暖更大呢！我们当干部的一定要把群众的衣食冷暖时刻放在心上，千万不能穷在深山无人问啊！"②

这些调查考察活动，使党的领导人了解到了贫困地区的实情，了解到了贫困发生的原因，掌握了大量第一手的资料，为制定出台更切合实际的扶贫方针政策提供了可靠依据。1996年9月，中共中央、国务院联合召开了中央扶贫开发工作会议，作出《关于尽快解决农村贫困人口温饱问题的决定》。1999年6月，中共中央、国务院再次召开会议，作出《关于进一步加强扶贫开发工作的决定》。在两次中央扶贫开发会议上，江泽民都发表了讲话，动员全党和全社会，切实做好扶贫攻坚决战阶段的工作，确保实现在本世纪末基本解决农村贫困人口温饱问题的战略目标。

由于制定了正确的政策，制定了切实可行的措施，八七扶贫攻坚取得了巨大成就：

---

① 《江泽民赴陕甘慰问困难群众》，《人民日报》1995年12月27日。
② 《"决心已下定，关键在落实"——江泽民考察贵州、广西扶贫工作纪实》，《人民日报》1996年11月6日。

——解决了 2 亿多农村贫困人口的温饱问题。农村尚未解决温饱的贫困人口到 1999 年已减少至 3400 万人，农村贫困发生率从 30.7% 下降到 3.7%。

——贫困地区的基础设施和生产生活条件明显改善。1986 年以来，共修建基本农田 8800 多万亩，解决了 6200 多万人和 7500 多万头大牲畜的饮水困难。新修公路 35 万多公里，乡通公路率从 83.9% 上升到 97.6%。架设输变电线路近 40 万公里，乡通电率由 77.8% 上升到 97%。

——科技、教育、文化、卫生等社会事业发展较快。贫困地区人口增长率由 1986 年的 20‰ 下降到 1997 年的 11.5‰；办学条件明显改善，适龄儿童辍学率下降到 6.9%；98% 的乡有了卫生院，缺医少药状况得到缓解。

——一些集中连片的贫困地区整体解决了温饱问题。沂蒙山区、井冈山区、大别山区、闽西南地区等革命老区群众的温饱问题已经基本解决，经济社会面貌发生了深刻变化。重点贫困地区包括部分偏远山区、少数民族地区，面貌也有了很大改变。①

1997 年 6 月，中共中央政治局委员、国务院副总理姜春云在陕西省的榆林地区和延安市，就治理水土流失、建设生态农业问题进行调查。

在调查中，姜春云了解到：榆林地处毛乌素沙漠与黄土高原过渡带，过去这里生态环境恶劣，风沙危害极其严重，大片农田、牧场和村庄被流沙侵蚀，新中国成立初期林草覆盖率仅为 1.8%。由于生态环境恶化，经济发展极为缓慢，群众生活困难。改革开放以来，榆林地区在国家的支持下，坚持不懈地开展固沙治沙，取得了明显的生态效益、经济效益和社会效益。到 1996 年底，沙区造林保存面积达 1460 万亩，林草覆盖率达到 38.9%，沙漠腹地营造万亩以上的成片林 165 块，建成总长 1500 公里的 4 条大型防风固沙林带，固定半固定流沙 600 万亩，受风沙危害的 150 万亩农田基本实现林网化。与 20 世纪 50 年代相比，沙丘高度平均降低 30%

---

① 《中国扶贫开发的伟大历史进程》，《人民日报》2000 年 10 月 16 日。

至 50%，沙丘年移速从 5 米至 7.7 米降为 1.68 米，每年流入黄河的泥沙减少了一半以上，全区实现了由沙进人退到人进沙退的历史性转变。生态环境的改善，促进了农业综合生产能力的提高。全区建成基本农田 587 万亩，农民人均超过 2 亩。5 年建设高产农田 50 万亩，累计增产粮食 10 亿斤，多种经营发展较快，1996 年沙区农民人均纯收入 1220 元，多数农民解决了温饱问题。

延安市是典型的黄土高原丘陵沟壑区，由于 20 世纪 90 年代以来把治理水土流失作为脱贫致富的战略措施来抓，成效显著。到 1996 年年底，全市累计完成综合治理面积 1.67 万平方公里，占水土流失面积的 58%，林草覆盖率达到 42.9%，农村人均占有 2.4 亩基本农田和 1.5 亩经济林，粮食总产达到 8.9 亿公斤，人均产粮基本稳定在 400—500 公斤。烟、果、羊、薯四大主导产业形成一定规模，多种经营产值 13.6 亿元，占农业总产值的 68%。农民人均纯收入 1120 元，贫困人口从 1985 年的 67 万人下降到 23.6 万人。

榆林、延安两地固沙治沙和治理水土流失的具体做法，一是由毁林开荒、广种薄收，变为退耕还林还草、精种多收。二是由单一发展粮食生产，变为因地制宜，农林牧副渔全面发展。三是由单项治理，变为综合治理。四是发挥机械作用，推广先进实用技术，提高治理水平。此外，榆林和延安还有一条重要经验，就是靠一套好的政策调动广大农民和社会各方面搞水土保持、综合开发的积极性。尤其是稳定土地承包政策，实行"增人不增地，减人不减地，一次承包到位，30 年不变"。"四荒"地实行"谁购买，谁治理，谁受益，可继承，可转让，50 年不变"。①

通过对榆林、延安两地区防沙治沙和减少水土流失的调查，姜春云认为，两地的做法为改善生态环境，建设生态农业，提供了可贵的经验和路

---

① 姜春云：《关于陕北地区治理水土流失建设生态农业的调查报告》，《人民日报》1997 年 9 月 3 日。

子。调查结束后，他给中共中央、国务院写了一份内容详细的调查报告，并建议对榆林、延安的经验加以总结，因地制宜在水土流失和沙化地区推广，同时国家加大对陕西等黄土高原和沙区治理水土流失的支持力度。

中共中央、国务院对姜春云的这个调查报告十分重视。8 月 5 日，江泽民对报告作了很长的批示，其中说："看了这个调查报告，感到很高兴。陕北地区治理水土流失，改善生态环境的措施和经验是好的。""历史遗留下来的这种恶劣的生态环境，要靠我们发挥社会主义制度的优越性，发扬艰苦创业的精神，齐心协力地大抓植树造林，绿化荒漠，建设生态农业去加以根本的改观。经过一代一代人长期地、持续地奋斗，再造一个山川秀美的西北地区，应该是可以实现的。"[①]

8 月 12 日，李鹏也对这个调查报告作出批示，建议根据江泽民关于"大抓植树造林，绿化荒漠，建设生态农业"，"再造一个山川秀美的西北地区"的指示精神，由姜春云组织有关部门，提出一个治理黄土高原水土流失的工程规划，争取 15 年初见成效，30 年大见成效，为根治黄河作出应有的贡献。

8 月 29 日至 9 月 1 日，国务院在陕北召开全国治理水土流失、建设生态农业现场经验交流会，传达贯彻江泽民、李鹏关于治理水土流失、建设生态农业的重要批示，总结交流经验，动员全社会的力量，加快我国生态环境建设的步伐。姜春云在会上强调，要认真学习江泽民、李鹏的重要批示，深刻认识治理荒漠化、加强生态建设的重大经济意义和社会意义，增强紧迫感和使命感、责任感，扎实有效地实施好这一跨世纪的宏伟工程。防治水土流失，建设生态农业，是改造大自然的一场硬仗，是造福子孙后代的伟大事业。

1998 年年底，由国家计委组织有关部门制定的《全国生态环境建设规划》经国务院常务会议讨论通过并下发各地具体实施。该规划提出的我

---

① 《江泽民文选》第一卷，人民出版社 2006 年版，第 659—660 页。

国生态环境建设的总体目标是：用大约 50 年左右的时间，动员和组织全国人民，依靠科学技术，加强对现有天然林及野生动植物资源的保护，大力开展植树种草，治理水土流失，防治荒漠化，建设生态农业，改善生产和生活条件，加强综合治理力度，完成一批对改善全国生态环境有重要影响的工程，扭转生态环境恶化的势头。力争到下个世纪中叶，使全国适宜治理的水土流失地区基本得到整治，适宜绿化的土地植树种草，"三化"（退化、沙化和碱化）草地基本得到恢复，建立起比较完善的生态环境预防监测和保护体系，大部分地区生态环境明显改善，基本实现中华大地山川秀美。

1998 年 8 月，中共中央政治局常委、国务院总理朱镕基来到延安，就治理水土流失、改善生态环境和黄河防汛工作进行专题调研，提出黄河中上游地区不要再以牺牲生态环境为代价生产粮食，而是要治理水土流失，改善生态环境，为下游治理和经济发展创造良好的生态条件，并提出要采取"退田还林（草）、封山绿化、个体承包、以粮代赈"的措施，坚决实行坡耕地退田还林，停止新的毁林毁草开荒，做到树上山、粮下川。①

在调查研究的基础上，1999 年起，国家在四川、陕西、甘肃 3 省率先开展了退耕还林试点。2002 年，国家正式启动退耕还林工程，覆盖范围包括全国 25 个省（区、市）及新疆生产建设兵团，工程县达 1800 多个。

四、总结农村改革基本经验

到 1998 年，我国的改革开放经历了整整 20 年的时间。经过 20 年农村改革，我国农业和农村经济，发生了历史性的变革，取得了举世瞩目

---

① 《朱镕基在陕西考察工作时强调，下定决心持之以恒治理黄土高原水土流失》，《人民日报》1999 年 8 月 11 日。

的成就。粮食总产量增加了近 2000 亿公斤，结束了主要农产品长期短缺的历史；农民人均收入达到 2090 元，与 1978 年人均 134 元相比，增加了 14.6 倍；乡镇企业异军突起，到 1997 年产值占全国工业产值的一半，吸纳农村富余劳动力达 1.3 亿人。

但是也应该看到，在农村改革发展取得巨大成就的同时，农业和农村工作也日积月累出现了不少值得重视的问题，有的问题在一些地方表现还相当严重。比如，有的地方在落实党和政府的政策时打折扣，损害农民的权益现象时有发生，挫伤了农民的积极性；市场供求关系变化后，部分农产品销售不畅、价格偏低，涉农工业品价格偏高，使农民收入增长放慢，农业生产的比较效益下降；有的地方农村基层组织软弱涣散，不能发挥应有的作用，有些基层干部的政策和法制观念淡薄，作风简单粗暴，干群关系紧张；一些地方社会风气和治安状况不好，封建迷信和一些丑恶现象死灰复燃。这些问题如不及时解决，不仅农业和农村不能达到既定的发展目标，而且将影响到整个国民经济和社会的发展。因此，必须下决心采取有针对性的政策和措施，着力解决这些矛盾和问题。

根据这种情况，中共中央政治局决定，1998 年 10 月召开的中共十五届三中全会，集中研究农业和农村工作，并做出相应的决定。

要开好这次会议，一项重要的工作就是要准备好会议即将讨论和通过的文件。文件不但要对 20 年农村改革的基本经验进行总结，而且还要对未来农业和农村如何进一步改革发展规划方向。根据中共中央政治局的决定，从这年 4 月起，在中央政治局常委领导下，由 20 多位中央有关部门和地方的负责同志及专家学者组成的文件起草组，开始了《决议》的起草工作。

5 月 4 日，江泽民在文件起草组全体会议上就文件起草工作发表了讲话，要求起草组根据中共十五大精神，深入研究农村经济、政治、文化各个方面的问题，搞出一个对农村改革的发展具有全局性、长期性、指导性的纲领性文件。江泽民强调，在文件起草过程中要把握好三个问题：第一，坚持邓小平理论和党的基本路线来统领整个农村工作，体现农村工作一切以发展农业和农村经济为中心的原则；第二，要保持农业和农村政策的稳定性和连续性，坚持十一届三中全会以来一系列行之有效的党的农村政策，在这个基础上深化农村改革；第三，要坚持解放思想、实事求是，一切从实际出发的原则，着力研究解决新问题，文件要有现实性。江泽民提出的这三个问题，为文件起草定下了基调。①

在此前后，江泽民和其他中央领导人带着对农业和农村工作中若干重大问题的思考，从春到秋，分赴农村调查，问计农村干部群众。

这年 4 月，一年一度的全国人大和政协会议一结束，江泽民就前往重庆农村调研，随后又到江苏考察乡镇企业。7 月，江泽民来到新疆的库尔勒和昌吉农村考察。8 月和 9 月上旬，又分别赴湖北、湖南、江西、黑龙江指导抗洪救灾和灾后重建。与此同时，李鹏、朱镕基、李瑞环、胡锦涛等中央领导人也多次前往农村调查。

在十五届三中全会即将召开前夕，江泽民特地前往率先进行农村改革的安徽进行专题调研。9 月 21 日至 26 日，他先后考察了以包产到户而闻名的凤阳县小岗村和安徽村民自治模范县之一的五河县。在小岗村，村民们对他说：小岗村能有今天，全靠党的政策好。农民打心眼儿里感谢小平同志，感谢党中央的正确领导。也有的村民说，虽然小岗村发生了巨大变化，但同其他地方比还有很大差距，还要进一步解放思想，迎头赶上。还有的说，农民最希望的就是家庭承包经营的政策不要变。只要政策稳，农民就有了"定心丸"。针对农民怕"变"的心理，江泽民明确表示："我过去虽然没有来过小岗，但我一直很关注小岗，因为邓小平同志开创和领导的改革开放事业，首先是在农村开花结果的，而小岗村又是率先进行农村改革的。家庭承包经营这一政策，要长期坚持下去，是不会改变的！"②

---

① 《建设社会主义新农村的行动纲领——〈中共中央关于农业和农村工作若干重大问题的决定〉起草工作纪实》，《人民日报》1998 年 10 月 28 日。
② 《总书记来到小岗村》，《人民日报》1998 年 9 月 28 日。

在五河县的头铺乡屈台村，江泽民在同村党支部、村委会的成员和村民代表进行座谈，详细了解村委会的选举产生过程、村民议事和村务公开等情况，对屈台村建立村民代表会议制度，坚持村务公开，实行民主选举、民主决策、民主管理、民主监督等方面的经验给予了肯定。江泽民表示，扩大农村基层民主，保证农民直接行使民主权利，是社会主义民主在农村最广泛的实践，也是充分发挥农民积极性、促进农村两个文明建设、确保农村长治久安的一件带根本性的大事。这项工作一定要在党的领导下有秩序、有步骤地进行。①

在经过一系列的深入调研之后，9月25日，江泽民在合肥召开的安徽省党政领导干部会议上，就我国农业和农村工作作了专题讲话。江泽民在讲话中首先回顾了农村改革的基本经验。他说，以党的十一届三中全会为标志，中国进入了一个波澜壮阔的改革开放的新时期。20年来，在党的领导下，农村发生了一系列深刻的变革：突破了高度集中的人民公社体制，实行以家庭联产承包为基础，统分结合的双层经营体制；突破了"以粮为纲"的单一结构，发展多种经营和乡镇企业，全面活跃农村经济；突破了统购统销制度，面向市场，搞活农产品流通；突破了单一集体经济的所有制结构，形成了以公有制为主体、多种所有制经济共同发展的格局。

江泽民在讲话中强调，必须把调动农民的积极性作为制定农村政策的首要出发点；必须尊重农民的首创精神；必须大胆探索农村公有制的有效实现形式，不断完善农村所有制结构；必须坚持农村改革的市场取向。这是农村改革的基本经验，必须牢牢记取。

江泽民指出，深化农村改革，首先必须长期稳定以家庭承包经营为基础的双层经营体制。这是党的农村政策的基石，任何时候都不能动摇。把集体的土地承包到户，实现双层经营，本身就是农村集体经济最有效的实

---

① 《江泽民在安徽考察时强调，全党全国必须更加重视农业和农村工作》，《人民日报》1998年9月27日。

现形式。农业以家庭经营为基础，是农业生产的规律决定的，也是生产关系一定要适应生产力发展要求的规律决定的。家庭经营再加上社会化服务，能够容纳不同水平的农业生产力，既适应传统农业，也适应现代农业，不存在生产力水平提高以后就要改变家庭经营的问题。一条是不改变家庭承包经营，一条是不搞土地私有，这就是有中国特色社会主义的农业。他强调说，稳定家庭承包经营，核心是要稳定土地承包关系。这既是发展农业生产力的客观要求，也是稳定农村社会的一项带根本性的措施。中央的土地承包政策是非常明确的，就是承包期再延长30年不变。而且30年以后也没有必要再变。①

江泽民的这个讲话，为中共十五届三中全会的召开做了思想上、理论上的重要准备。

在广泛调查研究的基础上，10月12日至14日，中共十五届三中全会举行。全会一致通过《中共中央关于农业和农村工作若干重大问题的决定》(以下简称《决定》)。《决定》强调：必须坚持党的农村基本政策不动摇；坚持把发展农村经济、提高农业生产力水平作为整个农村工作的中心不动摇；坚持党对农村工作的领导不动摇。这也是《决定》核心的内容。

保持农村政策的稳定性和连续性，是党的十一届三中全会以来农村改革所积累的一条重要经验。《决定》再次重申："以公有制为主体、多种所有制经济共同发展的基本经济制度，以家庭承包经营为基础、统分结合的经营制度，以劳动所得为主和按生产要素分配相结合的分配制度，必须长期坚持。在这个基础上，按照建立社会主义市场经济体制的要求，深化农村改革。"《决定》充分肯定了广大农民在农村改革中所体现的首创精神，认为"包产到户和乡镇企业，都是党领导下我国农民的伟大创造"，"扩大农村基层民主，实行村民自治，是党领导亿万农民建设有中国特色社会主

---

① 江泽民：《全面推进农村改革，开创我国农业和农村工作新局面——在安徽考察工作时的讲话》，《人民日报》1998年10月5日。

义民主政治的伟大创造"。

《决定》总结了党的十一届三中全会以来农村改革的基本经验，提出了此时起到 2010 年建设有中国特色社会主义新农村的目标，以及实现我国农业和农村跨世纪发展目标必须坚持的十条方针，还对进一步推进农业和农村经济的发展提出了一系列重大政策措施。《决定》对于开创我国农业和农村工作新局面，实现我国跨世纪发展的宏伟目标，具有重大意义。

第九章　新世纪初的农村调查

自实行包产到户以来，虽然一再强调要减轻农民负担，并且采取了许多的措施，但这一问题始终未能得到根本性的解决。进入新世纪之后，党和政府先是开展税费改革的试点，并在调查研究的基础上决定取消农业税。我国的农村改革发展在取得重大成就的同时，也面临耕地面积和粮食播种面积大量减少，粮食产量连年下降，农民增收缓慢，城乡人均收入差距扩大等突出的矛盾与问题，通过调查研究，党中央作出了建设社会主义新农村的重大决策。

一、从税费改革到取消农业税

虽然20世纪90年代以来，中共中央、国务院三令五申，一再强调要切实减轻农民负担，但农民负担过重的问题并没有从根本上解决。农民负担过重主要表现在乱收费上，一些部门和单位违反国家有关规定，越权设立收费项目、擅自提高收费标准、扩大收费范围。据不完全统计，1997年全国行政事业性收费项目6800多项，收费金额达4200多亿元，相当于我国同期财政收入的45%。[①]

乱收费之所以屡禁不止，主要有两方面的原因。一方面在于县乡（镇）一级"人多、事多、费多。人多，就是乡镇机构臃肿，人员过多；事多，就是管了不少与市场经济条件下的政府职能不相符的事情；由于人多、事

[①]　《税费改革势在必行——论税费改革》，《人民日报》1999年4月25日。

多，导致了费多，各种收费、集资、摊派屡禁不止，加重农民负担"。①

另一方面也在于 1994 年国家进行税制改革，建立分税制，即中央和地方"分炉吃饭"，中央和地方对国税和地税采取不同的包干办法，国税中 75% 的收入上缴中央，剩余的 25% 返还县级财政；地税则 100% 全部归县级财政。这一改革在大幅度增加中央一级财税收入的同时，导致县级及以下财税收入减少。

实行分税制后，多数地方县与乡（镇）仍沿袭以往的"包干制"，以"县三乡七"的方式划分财力，造成县级要用本级财政补助乡镇财政的局面。多数县级财政本身比较困难，于是也就仿照中央与省级之间的分税制方式划分县乡之间的收入，实际上是将县级财政的负担转嫁到乡镇一级。乡镇作为最底层的政府，无法再用这种办法向下一级转嫁，于是只得采取乱集资、乱收费、乱罚款的方式解决本级的财政困难。因此，要从根本上解决农民负担过重问题，就必须杜绝乱收费现象，积极稳步推进税费改革，规范收费管理。为此，在反复调研的基础上，中共中央、国务院作出了进行农村税费改革试点的决定。

2000 年 4 月，中共中央、国务院发出通知，决定在安徽全省和由其他省、自治区、直辖市选择少数县（市）进行农村税费改革试点，探索建立规范的农村税费制度和从根本上减轻农民负担的办法。税费改革的基本内容是把农民承担的提留统筹费改为农业税及其附加，合理确定农民的税赋水平，从根本上治理对农民的各种乱收费，切实减轻农民负担；从制度上规范国家、集体和农民之间的分配关系、分配方式、分配方法；在减轻和规范的基础上使农民的税赋水平在较长时期内保持不变。

为贯彻落实中共中央的决定，4 月 11 日至 13 日，时任中共中央政治局委员、国务院副总理的温家宝，专程来到安徽怀远县，就农村税费改革

---

① 温家宝：《减轻农民负担是当前农村工作的一项紧迫任务》，《人民日报》2000 年 9 月 28 日。

问题进行调查研究，并在芜湖召开的安徽全省农村税费改革试点工作动员会上发表讲话。温家宝指出，这次农村税费改革是我国农村继土地改革、实行家庭承包经营之后的又一重大改革。这项改革依法调整和规范国家、集体与农民的利益，将农村的分配制度进一步纳入法治轨道，堵住加重农民负担的口子，是深化农村改革的重大步骤，必将极大地促进农村经济发展和农村社会稳定。农村税费改革，是切实减轻农民负担的治本之策；是增加农民收入，保护农村生产力，促进国民经济持续快速健康发展的有效途径；是改善干群关系，维护农村稳定的重要举措。各级党委和政府要充分认识农村税费改革的重大意义，把思想和行动统一到中央的决策上来，坚定不移地把这项改革推向前进。①

2001 年 1 月，中共中央、国务院召开中央农村工作会议，农村税费改革是会议讨论的一项重要内容。会议指出，当前农村中的一个突出问题就是农民负担过重。解决这个问题，根本要靠发展经济，同时必须进行税费改革，理顺农村分配关系，规范分配行为，把农民负担管理纳入法制化轨道。会议决定，2001 年要在总结试点经验的基础上，加快推进这项改革。各级党委和政府必须深刻认识加快农村税费改革的重要性，增强使命感，切实加强对农村税费改革工作的领导，按照中央的统一部署，加快推进这项工作。②

农村税费改革的主要内容可以概括为"三个取消，两个调整，一个逐步取消"。"三个取消"，指取消生猪屠宰税、取消乡镇统筹款、取消农村教育集资等专向农民征收的行政事业性收费及政府性基金和收费。"两个调整"，即调整农业税政策、调整农业特产税征收办法。调整后的农业税以第二轮土地承包面积为计税面积，以 1998 年前 5 年的粮食单产为计税产量，以 7% 为地区差别比例税率上限，以国家粮食收购保护价为计税价

---

① 《党中央国务院决定进行农村税费改革试点》，《人民日报》2000 年 4 月 15 日。

② 《中央农村工作会议在京召开》，《人民日报》2001 年 1 月 6 日。

格，确定每个农户的应征税额。同时以农业税额的 20% 为上限征收农业税附加，替代原有的村提留。农业特产税调整征收办法后，只在生产环节比照农业税略高的税率征收一道税，同时明确，在农业税计税面积上种植农林特产，不许与农业税重复征收。逐步取消原统一规定的农村劳动力积累工和义务工。

中央领导人为推进农村税费改革作了大量的调研。2001 年 7 月，国务院总理朱镕基"先后到阜阳市颍上县五十铺乡、十八里铺乡，巢湖市庐江县新渡乡，走访农户，与农民恳谈，并多次召开座谈会，听取乡村干部、中小学校长、教师、农民群众的意见，共商推进农村税费改革和加强义务教育的大计"。① 国务院副总理温家宝，"从 2000 年中央决定在安徽全省进行农村税费改革试点工作以来，他先后三次来到安徽检查指导"。"他重点到淮北地区，深入农村基层，在田间地头、农家小院，与乡村干部和农民群众围坐一起、促膝交谈，仔细翻看农户的纳税通知书、负担监督卡，了解农民缴纳税费、乡村撤并、教师工资发放和学生费用负担等方面的情况"。②

2002 年 4 月，国务院决定按照"积极稳妥、量力而行、分步实施"的原则，进一步扩大农村税费改革试点范围。试点范围扩大到全国 20 个省份，试点地区农业人口达 6.2 亿，约占全国农业人口四分之三以上。经过一年的努力，农村税费改革试点工作取得明显成效。农民负担明显减轻，初步遏制了农村乱收费、乱集资和各种摊派。据统计，2002 年 20 个全面试点省份农民负担平均为 73.7 元，比改革前减少 47 元；亩均负担 53.6 元，比改革前减少 34.1 元，减负率一般都在 30% 左右。据有关部门对 20 个省 40 个县 80 个乡镇 160 个村 800 个农户的问卷调查，农民对税

---

① 《朱镕基在安徽考察工作时，强调认真研究新情况，及时解决新问题，继续做好农村税费改革试点工作》，《人民日报》2001 年 7 月 23 日。

② 《温家宝在安徽考察时强调，总结经验完善政策 推进农村税费改革》，《人民日报》2002 年 4 月 16 日。

费改革的满意率在 98.7%。①

2003 年 3 月，国务院下发《关于全面推进农村税费改革试点工作的意见》，要求全面推进农村税费改革试点工作，尚未以省为单位实施改革试点的省，2003 年是否进行全省范围的改革试点，由各省根据本地实际情况自主决定；准备进行试点的省，要按照中央有关文件要求，抓紧做好试点的各项基础工作，认真制定本省试点方案。

税费改革的目的，在于从根本上减轻农民负担，使农民能休养生息，并为农业和农村的进一步发展创造条件。改革开放以来，随着综合国力的增加，农业税在国家的税赋收入中比重不断下降，甚至征税成本还高于征税收入，而农村的许多乱收费又常常与农业税的征收以搭便车的方式强加于农民。为此，在反复调研的基础上，中共中央、国务院开始尝试减征或免征农业税，并通过加大国家财政转移支付力度，以解决县乡（镇）两级政府的财政困难。

2003 年 12 月 31 日，中共中央、国务院出台《关于促进农民增加收入若干政策的意见》，要求继续推进农村税费改革，并且明确提出要逐步降低农业税税率，2004 年农业税税率总体上降低 1 个百分点，同时取消除烟叶外的农业特产税。降低税率后减少的地方财政收入，沿海发达地区原则上由自己消化，粮食主产区和中西部地区由中央财政通过转移支付解决。有条件的地方，可以进一步降低农业税税率或免征农业税。各地要严格按照减税比例调减到户，真正让农民得到实惠；确保各级转移支付资金专款专用，及时足额下拨到位。要据实核减合法征占耕地而减少的计税面积。要加快推进配套改革，继续加强农民负担监督管理，防止农民负担反弹，巩固农村税费改革成果。

2004 年，国家免征了除烟叶外的农业特产税，同时在吉林、黑龙江两省进行了免征农业税改革试点，其他省份进行了降低农业税税率试点，

---

① 《巩固税费改革成果，防止农民负担反弹》，《人民日报》2003 年 5 月 11 日。

其中北京、天津、上海、浙江、福建、西藏自主决定免征了农业税。2005年，继续大范围、大幅度减免农业税，全面取消牧业税。

2005年12月29日，十届全国人大常委会第十九次会议经过通过了关于废止农业税条例的决定。2006年1月1日起，我国9亿农民依法彻底告别延续了2600年的农业税。取消农业税后，农民负担得到了大幅度减轻，与农村税费改革前的1999年相比，2006年农民减负总额超过1000亿元，人均减负120元左右。

二、建设社会主义新农村

我国的改革起源于农村，并取得了重大成就，成功地走出了一条中国特色的农业发展之路。但是，随着时间的推移，制度改革本身所释放出来的活力逐渐减少，特别是1997年以来，我国农产品供求从长期短缺转变为总量大体平衡、丰年有余。市场供求关系的变化，使得农产品的价格不能随着农资和其他工业用品价格同步上涨，工农业产品价格的剪刀差加大，由此带来的是农业特别是粮食生产的比较效益下降，农民增收缓慢，导致农民从事农业生产的积极性下降。1997年以来，农民收入平均每年的增长率不到4%，仅为城镇居民收入增长幅度的一半，造成城乡居民收入差距持续扩大。2002年，城市人均可支配收入为7702元，农民可用的纯收入只有2476元，仅为前者的32%。因此，进入新世纪之后，自实行家庭联产承包责任制以来，一度被人们认为已经得以解决的农业、农村、农民问题，再次凸显出来，具体表现在：

——耕地面积和粮食播种面积大量减少。据国土资源部和农业部统计，我国耕地面积1996年为19.51亿亩，到2003年减到18.51亿亩，7年间净减少1亿亩；粮食播种面积1998年为17.1亿亩，到2003年减到15亿亩以下，降到了新中国成立以来最低水平。

——粮食产量连年下降。1998年粮食总产量曾达10200亿斤以上，

2002 年降到 9100 亿斤，2003 年又降到 8600 亿斤，降到了 14 年来最低水平；人均粮食占有量也由 1998 年的 825 斤，降到 2003 年的 667 斤，降到了 22 年来最低水平。

——农民增收缓慢，城乡人均收入差距扩大。从 2000 年到 2003 年的 4 年中，全国农民人均纯收入分别只比上年增长 2.1%、4.2%、4.8% 和 4.3%，与"十五"计划年均增长 5% 的目标相距较大；农民人均纯收入与城镇居民可支配收入之比，分别为 1 比 2.78、1 比 2.90、1 比 3.11 和 1 比 3.24。①

如此严峻的"三农"问题，引起了中共中央、国务院的高度重视。2002 年 11 月，党的十六大召开，江泽民在报告明确提出，统筹城乡经济社会发展，建设现代农业，发展农村经济，增加农民收入，是全面建设小康社会的重大任务。必须加强农业基础地位，推进农业和农村经济结构调整，保护和提高粮食综合生产能力，健全农产品质量安全体系，增强农业的市场竞争力，积极推进农业产业化经营，提高农民进入市场的组织化程度和农业综合效益。这就为未来农村改革和农业发展指明了方向。

党的十六大后，以胡锦涛同志为总书记的新一届中央领导集体，对"三农"问题给予了前所未有的关注。这年 12 月 26 日，中共中央政治局召开会议，听取有关方面关于农业和农村工作的汇报，分析和研究 2003 年农业和农村工作。会议强调，全面建设小康社会，加快推进社会主义现代化，必须统筹城乡经济社会发展，更多地关注农村，关心农民，支持农业，把农业、农村、农民问题作为全党工作的重中之重，放在更加突出的位置，努力开创农业和农村工作的新局面。

2003 年 1 月，中共中央、国务院召开农村工作会议。会议认为，改革开放以来，农业和农村的发展，为我国胜利实现现代化建设前两步战略目标，作出了巨大的贡献、提供了坚实的基础。从我国的未来发展来看，

---

① 《把解决"三农"问题作为重中之重》，《人民日报》2004 年 7 月 7 日。

实现全面建设小康社会的宏伟目标，最繁重、最艰巨的任务在农村。没有农民的小康就没有全国人民的小康，没有农村的现代化就没有国家的现代化。会议强调，在实现全面建设小康社会目标的进程中，农村面临的任务比城市要艰巨得多。进一步解决好"三农"问题，加快农业和农村经济的发展，是全面建设小康社会的必然要求，是保持国民经济持续快速健康发展的必然要求，是确保国家长治久安的必然要求。

为寻求"三农"问题的解决之策，胡锦涛、温家宝等中央领导人多次深入农村调查考察。2003 年 10 月，胡锦涛来到湖南农村，深入到田间地头，向农民询问农业生产情况，了解农村工作中存在的问题。在考察中，他一再强调，粮食问题是关系经济安全和国计民生的重大战略问题，任何时候都不能有丝毫的松懈。要严格耕地保护制度，保护和加强农业尤其是粮食生产能力；依靠科学技术，挖掘粮食生产潜力；完善政策措施，充分调动粮食主产区和种粮农民的积极性，确保国家粮食安全。

为掌握农民增收减负的第一手资料，2003 年 12 月 12 日至 17 日，胡锦涛专程到河南、山东两省就解决好"三农"问题进行考察。2003 年夏，山东东明、河南兰考等地因黄河漫滩造成严重洪涝灾害。考察期间，胡锦涛来到灾区察看救灾情况，走村入户，嘘寒问暖。他要求当地党委和政府切实做好救灾工作，确保受灾群众有足够的口粮、有御寒的衣被、有过冬的住处，基本生活有着落，使他们能高高兴兴过新年、过春节。同时，要早做准备，加强工作，尽心尽力地帮助受灾群众搞好重建家园和生产自救，及时安排好开春的生产。

胡锦涛每到一地，总要同当地干部群众一起探讨如何促进农民收入较快增加，一再要求各级党委和政府切实把增加农民收入作为农业和农村工作的中心任务，坚持多予、少取、放活的方针，采取综合措施，加大工作力度，有针对性地解决农民增收面临的突出问题。他强调，要大力推进农业和农村经济结构战略性调整，积极推进农业产业化经营，增加对农业和农村发展的投入，促进农民收入尤其是种粮农民收入有较快增长。①

2003年10月24日至26日，温家宝先后来到三峡库区的重庆万州、云阳、奉节、秭归等地，考察移民新区、对口支援企业、迁建学校、乡村农舍。"每到一处，他都同库区移民群众亲切交谈，详细询问他们的生活和生产情况。"②

在云阳县人和镇龙泉村十组，温家宝与村民就农村情况作了详细交谈，仔细询问村民"家里有几口人？粮食够吃吗？养的猪好卖吗？柑橘多少钱一斤？水库蓄水后土地还够不够种？孩子们都能读上书吗？上学一年要花多少钱？农村电费降了多少？家里有几个人在外面打工？移民补偿拿到没有？"当温家宝问及村民还有什么困难时，农家妇女熊德明对他说，现在农民的收入主要靠打工，村里大多数劳力都在云阳新县城搞建筑，一年收入有五六千元左右，但是在修建新县城中心广场阶梯的过程中，包工头拖欠农民的工钱一直不还。她爱人李建明有2000多元钱的工钱已拖欠了一年，影响到孩子交学费。

听罢熊德明话，温家宝当即表示："一会儿我到县里去，这事我一定要给县长说，欠农民的钱一定要还！"他还对随行的干部们说："现在老百姓的好多事情，在一些领导干部看来都是些不值一提的小事，可对老百姓来说，却是大事。天天坐在办公室里，不到农民家里看一看，坐一坐，怎么能知道农民的困难呢？"

进入云阳县城后，温家宝一见县里的负责人，就追问起农民务工工资被拖欠的事。县里负责人说："确有其事。主要是因为一些包工头没有把钱发到农民手中。这事我们要认真处理，一定给村民一个满意的答复。"当天夜里11时多，熊德明和丈夫拿到了拖欠的2240元务工工资。③

---

① 《切实解决好新阶段农业农村农民问题，采取有效措施促进农民收入较快增长》，《人民日报》2003年12月18日。

② 《再接再厉同心协力全面做好三峡工程建设各项工作》，《人民日报》2003年10月28日。

③ 《总理为农民追工钱》，《人民日报》2003年10月28日。

自从温家宝总理为农民追工钱的消息被媒体报道后，全国掀起了农民工工资清欠风暴。2003 年 11 月 22 日，国务院办公厅下发《关于切实解决建设领域拖欠工程款的通知》，要求在 3 年内解决拖欠工程款和农民工工资。12 月 9 日，国家建设部会同发改委、财政部等 5 部门联合召开电视电话会，进一步部署清欠工作。2004 年 1 月 2 日，国务院召开全国"清欠"电视电话会。据统计，截至 2004 年 2 月 26 日，全国已偿付累积拖欠农民工工资 250.6 亿元，清欠率 78.11%，其中 2003 年偿付 156 亿元，清欠率为 96.28%。北京、上海、天津等 18 个省市的清欠率超过 97%。

2003 年 12 月，中共中央、国务院再次召开中央农村工作会议，全面部署 2004 年农业和农村工作，着重研究促进农民增收、提高粮食综合生产能力、深化农村改革等问题。会议指出，解决农民增收问题，既是当前紧迫而繁重的任务，也是今后长期而艰巨的任务；既是农村工作的基本目标，也是整个经济工作的重大课题。随着新阶段农业和农村经济发展的环境、条件和任务的变化，促进农民增收的思路和方式也要及时做出相应的调整。增加农民收入，必须采取更加直接、更加明确、更加有力的措施。既要把农业和农村内部的文章做足，又要继续推进农村劳动力外出就业；既要全方位开辟农民就业和增收的渠道，又要重点抓好粮食主产区、纯农户和低收入农户的增收；既要充分调动农民自主创业增收的积极性，又要加大国家对农业的支持保护力度；既要立足当前采取见效快的具体措施，又要努力建立促进农民收入持续增长的长效机制。

会议对促进农民增收提出四项要求：一是推进结构调整，壮大县域经济，充分挖掘内部增收潜力。二是加强技能培训，改善就业环境，努力拓展外部增收空间。三是加大扶持力度，调整投入结构，积极发挥国家政策对农民增收的导向和带动作用。四是认真落实政策，放活农村经济，充分调动农民自主创业和增收的积极性。

这次中央工作会议讨论并通过了《中共中央、国务院关于促进农民增加收入若干政策的意见》（以下简称《意见》）。2004 年 2 月 8 日，《意见》

作为新世纪的第一个关于"三农"问题的中央"一号文件"下发。这是中共中央、国务院在时隔 18 年后，再次下发关于农业问题的"一号文件"。

《意见》提出了当前和今后一个时期做好农民增收工作的总体要求：按照统筹城乡经济社会发展的要求，坚持"多予、少取、放活"的方针，调整农业结构，扩大农民就业，加快科技进步，深化农村改革，增加农业投入，强化对农业支持保护，力争实现农民收入较快增长，尽快扭转城乡居民收入差距不断扩大的趋势。

《意见》提出了促进农民增收的具体政策措施，决定逐步降低农业税税率，取消除烟叶外的农业特产税，推行种粮农民直接补贴、良种补贴和大型农机具购置补贴三项政策；出台坚决保护耕地、加大农业投入、严格控制农资价格和实行粮食最低收购价等四项保障措施。

这个文件公开发表后，其中规定的各项政策措施农民知道不知道、落实没落实，中央领导人十分关心。2004 年 4 月 9 日，胡锦涛带着这些问题来到陕西农村进行实地考察。在勉县周家山镇留旗营村原村党总支书记袁定基家，胡锦涛与农民们进行了如下一段对话：

胡锦涛说："我想向大家了解三个方面的情况。一是党中央、国务院帮助农民增收减负和支持粮食生产的有关政策，大家是不是都知道了，是不是都落实到位了；二是最近市场粮价是多少，今年粮食播种的情况怎么样，大家种粮的积极性高不高；三是听听大家对加强农业特别是粮食生产有什么意见和建议。总之，我想直接听听大家的心里话。"

袁定基说："'一号文件'下发后，我们农民十分高兴。中央制定了政策，要逐步取消农业税，不跟农民要'皇粮银子'，还给补贴，这是自古以来没有的事情。大伙儿都说党和政府的政策真好。"

村民付秋娥说："税费改革前，农民种粮的积极性受点影响。税费改革后，大伙种粮的积极性起来了。过去我家要交农业税 130 多元，现在减了一半。听说 5 年内还要全免，政府对我们太关心了。"

有个村民接过话头说："中央政策给我们吃了定心丸。现在我想多租些地种粮还租不到，村里没撂荒地了。"

谈话快要结束的时候，胡锦涛问村民们："大家还有什么意见和建议没有？"

现任村党总支书记殷金水说："现在粮食价格上去了，但农业生产资料价格也上去了。这方面要是能控制住，大伙儿种粮的积极性会更高。"

最后，胡锦涛说："大家谈得很好，对我们了解实际情况很有帮助。做好'三农'工作，促进农业发展和农民增收，既关系到国家现代化建设的全局，也关系到农民群众的切身利益。中央始终高度重视'三农'问题，始终把农民利益挂在心上。今年以来，为了帮助农民群众增收减负、促进粮食生产，国家采取了一系列政策措施。"①

同年8月中旬，胡锦涛又前往四川农村，重点调研切实做好农业、农村、农民工作的问题。他翻山越岭，驱车数百公里，深入广安市和南充市的乡村了解粮食生产、农民增收、农业产业化经营等方面的情况。在南部县南隆镇望月村和西充县中岭乡二村，"胡锦涛和村民们拉起家常，详细询问中央促进粮食增产、农民增收的政策在当地落实了没有。农民群众纷纷表示打心底里拥护中央的政策，希望这些好政策长期稳定坚持下去。"②

中共中央政治局常委、国务院总理温家宝也在此间做了大量的农村调研。这年6月，温家宝来到湖北农村，就粮食生产销售、农民减负、种粮补贴等问题进行考察。在湖北省老河口市洪山咀太山庙村，温家宝与农民王转运作了如下对话：

"今年粮食收成好不好？"

"好，一亩地能打600多斤麦子，比去年多打200来斤。"

"种粮补贴拿到手了吗？"

---

① 《"我想直接听听大家的心里话"——胡锦涛总书记陕南农村问农情》，《人民日报》2004年4月14日。

② 《认真落实好党的各项富民政策，带领群众谋发展谋致富谋稳定》《人民日报》2004年8月16日。

"中央政策好，都拿到了。"

"现在市场上粮价多少？"

"粮价在七八毛左右，比去年涨了四五毛。我光这个就能增收 1000 多元。"

温家宝听了很高兴，连声说："不错，不错。你看这价格能稳住吗？"

王运转回答说："稳得住，我觉得还会涨。"

"我给你说句心里话，粮价再适当涨一点，你高兴，我更高兴，农民多挣一点，明年就可以种更多的粮食。"温家宝接着问道："今年交了多少税？"

"一亩地 60 多块。比去年减了 40 多块。"

"好。我告诉你，税还会减下去。今年减 3 个点，明年还减，5 年内要全部减完。"

为了进一步了解税费改革和农民负担情况，温家宝随后又驱车来到十堰市郧县城关镇堰河村，与村民王建林作了详细的交谈。①

2004 年农业和农村经济工作取得了重大成就，粮食生产出现重要转机，超额完成了年初提出的增产任务，单产提高 19 公斤，创历史最高水平。粮食区域布局和品种结构进一步优化，水稻优势区域集中度提高 1.2 个百分点，优质稻面积比重增加 7 个百分点，优质专用小麦面积比重增加 5.9 个百分点；农民收入实现较快增长，实际增幅超过 6%，是 1997 年以来增幅最高的一年。

正是由于进行了深入的农村调查，使决策层准确地把握了农村发展的脉搏，体察了广大农民的愿意与要求，了解到了农村改革发展中亟待解决的问题，进一步理清了未来农业和农村工作的思路。在深入农村调研的基础上，2004 年 12 月 31 日，中共中央、国务院出台了《关于进一步加强

---

① 《"农民的利益一定要得到保护"——温家宝湖北农村考察侧记》，《人民日报》2004 年 6 月 14 日。

农村工作、提高农业综合生产能力若干政策的意见》（即改革开放以来第七个涉农的"一号文件"）。《意见》指出，要以严格保护耕地为基础，以加强农田水利建设为重点，以推进科技进步为支撑，以健全服务体系为保障，使农业综合效益和竞争力明显增强。稳定、完善和强化各项支农政策，切实加强农业综合生产能力建设，继续调整农业和农村经济结构，进一步深化农村改革。

胡锦涛、温家宝等中共中央领导人不但自己身体力行，用大量的时间深入农村调研，而且一再号召各级干部转变工作作风，加强调查研究工作，并通过各种方式倡导大兴调查研究之风。2004年寒假，清华大学新闻与传播学院的二年级学生李强，利用回乡机会，写了一篇题为《乡村八记》的调查报告，反映了他在调查中所了解到的农村八个方面的情况。《人民日报》原总编辑、清华大学新闻与传播学院院长范敬宜读后认为，作者很自觉地把在学校学到的知识运用到调查研究中去，表现了一个年轻学子应有的勤奋、踏实的作风和认真了解农村、了解国情的科学态度，反映的农村情况有一定的代表性。他把这篇调查寄给了温家宝。4月28日，温家宝亲笔给范敬宜复信，对李强的农村调查给予很高评价和热情鼓励，认为《乡村八记》是一篇有内容有建议的农村调查，记事真切、细致、生动，读后让人了解到农村的一些真实情况，给人以启示"①。

2005年，中央领导人同样花了大量的时间深入农村调研，了解2005年"一号文件"贯彻落实情况，筹划来年和未来的农业与农村工作。这年10月，中共十六届五中全会召开。全会审议通过《中共中央关于制定国民经济和社会发展第十一个五年规划的建议》。根据我国总体上已到了以工促农、以城带乡的发展阶段的情况，全会明确提出，要建设社会主义新农村，要统筹城乡经济社会发展，推进现代农业建设，全面深化农村改革，大力发展农村公共事业，千方百计增加农民收入。

---

① 《〈乡村八记〉概述》，《人民日报》2005年6月16日。

2005 年 12 月 28 日至 29 日，中央农村工作会议在北京召开。会议讨论通过了《中共中央、国务院关于推进社会主义新农村建设的若干意见(讨论稿)》，充分肯定了党的十六大以来党和政府的农业和农村工作。会议强调：全面建设小康社会、加快推进现代化，农业和农村始终是难点和重点，建设社会主义新农村，必须坚持农村的基本经济制度，坚持多予、少取、放活，特别是要在多予上下工夫，真正实行工业反哺农业、城市支持农村的方针，全面推进农村的发展。

2006 年 2 月 21 日，新华社全文发布了《中共中央、国务院关于推进社会主义新农村建设的若干意见》（以下简称《意见》）（即改革开放以来第八个涉农的"一号文件"）。《意见》提出："十一五"时期，要高举邓小平理论和"三个代表"重要思想伟大旗帜，全面贯彻落实科学发展观，统筹城乡经济社会发展，实行工业反哺农业、城市支持农村和"多予少取放活"的方针，按照"生产发展、生活宽裕、乡风文明、村容整洁、管理民主"的要求，协调推进农村经济建设、政治建设、文化建设、社会建设和党的建设。

《意见》强调指出：推进新农村建设是一项长期而繁重的历史任务，必须坚持以发展农村经济为中心，进一步解放和发展农村生产力，促进粮食稳定发展、农民持续增收；必须坚持农村基本经营制度，尊重农民的主体地位，不断创新农村体制机制；必须坚持以人为本，着力解决农民生产生活中最迫切的实际问题，切实让农民得到实惠；必须坚持科学规划，实行因地制宜、分类指导，有计划有步骤有重点地逐步推进；必须坚持发挥各方面积极性，依靠农民辛勤劳动、国家扶持和社会力量的广泛参与，使新农村建设成为全党全社会的共同行动。在推进新农村建设工作中，要注重实效，不搞形式主义；要量力而行，不盲目攀比；要民主商议，不强迫命令；要突出特色，不强求一律；要引导扶持，不包办代替。

《意见》还就加快建立以工促农、以城带乡的长效机制，大力提高农业科技创新和转化能力，加强农村现代流通体系建设，稳定发展粮食生产，积极推进农业结构调整等问题，提出了具体要求。随着这个文件的下发，新农村建设在全国农村全面展开。

三、谱写农村改革发展新篇章

以胡锦涛为总书记的党中央对农村调查十分重视，中央领导人每年用大量的时间前往农村调研。在调查研究的基础上，中共中央、国务院又相继出台了一系列深化农村改革、推进社会主义新农村建设的政策文件。

2006年12月31日，中共中央、国务院发出《关于积极发展现代农业，扎实推进社会主义新农村建设的若干意见》（即改革开放以来第九个涉农的"一号文件"）。《意见》指出，加强"三农"工作，积极发展现代农业，扎实推进社会主义新农村建设，是全面落实科学发展观、构建社会主义和谐社会的必然要求，是加快社会主义现代化建设的重大任务。

2008年1月30日，中共中央、国务院又发出《关于切实加强农业基础建设进一步促进农业发展农民增收的若干意见》（即改革开放以来第十个涉农的"一号文件"）。文件按照形成城乡经济社会发展一体化新格局的要求，突出强调要加强农业基础建设，积极促进农业稳定发展、农民持续增收，努力保障主要农产品基本供给，切实解决农村民生问题，扎实推进社会主义新农村建设。

中国的改革率先在农村启动。到2008年，农村改革已经历了30年的风雨历程。农村改革发展的伟大实践，极大解放和发展了农村社会生产力，极大改善了广大农民的物质文化生活，为实现人民生活从温饱不足到总体小康的历史性跨越、推进社会主义现代化、开辟中国特色社会主义道路作出了巨大贡献。同时，农村在改革发展过程中也出现了许多新的情况和问题。下一步的中国农村改革朝什么方向发展，如何进一步统一全党全社会认识，加快推进社会主义新农村建设，夺取全面建设小康社会新胜利，成为党的领导人重点思考的问题。

2008 年对于中国来说，是极不平凡的一年。年初，南方发生了特大冰雪灾害。5 月，四川发生了汶川特大地震。8 月至 9 月，又在北京举办第 29 届奥运会。尽管如此，胡锦涛、温家宝等中央领导人，仍对农业、农村和农民问题给予了特别关注，并在这一年进行了密集的农村调研。

1 月，胡锦涛在安徽视察期间，专程前往淮河王家坝闸视察，并在阜南县王家坝镇李郢村蓄洪区详细地了解村民被毁坏房屋修建情况，困难群众生活情况，中央对种粮农民的直补政策、购置农机具的补贴政策落实情况。

4 月，胡锦涛在海南省西南部的乐东黎族自治县尖峰镇山道村田洋瓜菜基地，了解农民承包地和收入，并询问村民"还有些什么困难？还需要政府做些什么？"有村民告诉他："现在化肥价格上涨得比较快，柴油也不太好买。"胡锦涛说："这两条意见我都记住了。党和政府一定会帮助农民兄弟解决这些困难，中央已经决定拿出 200 多亿补贴农民。"在尖峰镇凤田香蕉种植基地，胡锦涛向香蕉专业户黎吉东详细了解他创立的香蕉专业公司，通过吸收村民以土地和劳动力等形式入股、带动全村脱贫致富的情况，在村合作医疗卫生室，又询问村合作医疗卫生室为村民服务的情况。

7 月 25 日，胡锦涛主持召开中共中央政治局会议，决定这年 10 月在北京召开十七届三中全会，研究推进农村改革发展问题。会议指出，在新形势下推进农村改革发展，要坚定不移地继续推进社会主义新农村建设，坚定不移地走中国特色农业现代化道路，坚定不移地加快形成城乡经济社会发展一体化新格局，坚持工业反哺农业、城市支持农村和多予少取放活方针，始终把实现好、维护好、发展好广大农民根本利益，作为农村一切工作的出发点和落脚点，充分调动广大农民的积极性、主动性、创造性，大力推进改革创新，加强农业基础地位，提高农业综合生产能力，加快发展农村公共事业，促进农民全面发展、农村全面进步，推动农村经济社会又好又快发展。

9 月上旬，第 29 届奥运会一闭幕，胡锦涛就先后到河南焦作、郑州等地，深入田间地头、农科院所、龙头企业和农户家中，询民情、听民意，同基层干部群众共商推进新形势下农村改革发展大计。

9月下旬，胡锦涛又专程前往安徽凤阳县小岗村进行调研。在调研过程中，胡锦涛一再强调，以家庭承包经营为基础、统分结合的双层经营体制是党的农村政策的基石，不仅现有土地承包关系要保持稳定并长久不变，还要赋予农民更加充分而有保障的土地承包经营权。同时，要根据农民的意愿，允许农民以多种形式流转土地承包经营权，发展适度规模经营。随着国家经济发展和财力增加，中央将不断加大强农惠农政策力度，大幅度增加对农业、农民、农村的投入，促进农业发展、农民增收、农村繁荣。要继续采取一系列有效的政策措施，积极推动社会主义新农村建设，不断改善农民生产生活条件，不断提高农民收入水平，让广大农民共享改革发展成果，最终实现共同富裕。①

其间，温家宝等中央领导人也多次前往农村调研，沿途每到一个村庄，他们都要详细询问农民收入、医疗、教育、社会保障情况，并到农民家中实地了解。

与此同时，在中共中央政治局常委会领导下的十七届三中全会文件起草组，也从这年4月上旬起，分成7个调研组，分赴内蒙古、黑龙江、安徽、湖北、四川等12个省区，走村入户，实地调研。调研期间，共召开51次座谈会，听取了860多名领导干部、专家学者和基层群众的意见和建议，形成了7份调研报告。起草组还就推进农村改革发展若干重大问题，委托中央和国家机关18个部门开展专题调研，共收到25份专题调研报告。

2008年10月9日至12日，中共十七届三中全会在北京召开。全会充分肯定了十一届三中全会以来农村改革所取得的成就，指出：农业、农

---

① 《江淮金秋话农事——胡锦涛总书记在安徽农村考察纪实》，《人民日报》2008年10月1日。

村、农民问题关系党和国家事业发展全局，坚持改革开放，必须把握农村改革这个重点，在统筹城乡改革上取得重大突破，给农村发展注入新的动力，为整个经济社会发展增添新的活力。推动科学发展，必须加强农业发展这个基础，确保国家粮食安全和主要农产品有效供给，促进农业增产、农民增收、农村繁荣，为经济社会全面协调可持续发展提供有力支撑。促进社会和谐，必须抓住农村稳定这个大局，完善农村社会管理，促进社会公平正义，保证农民安居乐业，为实现国家长治久安打下坚实基础。

十七届三中全会通过了《中共中央关于推进农村改革发展若干重大问题的决定》。《决定》深刻总结了十一届三中全会以来30年农村改革发展的伟大实践和基本经验，深入分析了当前农村改革发展面临的矛盾和问题，明确提出了新形势下推进农村改革发展的指导思想、目标任务、重大原则，从加强农村制度建设、积极发展现代农业、加快发展农村公共事业三个方面，全面部署了新形势下推进农村改革发展的主要任务。由此可见，新世纪以来，特别是党的十六大以来，一系列事关农业、农村、农民问题的重大方针政策，都是在经过大量农村调查的基础上出台的，而这些方针政策制定之后，党的领导人及有关部门和各级组织，又开展了各种形式的农村调查，了解其贯彻落实情况。实践证明，这些年来党和政府制定的涉农问题的大政方针和具体政策都是正确的，农村调查在其中发挥了重要作用。

第十章　十八大以来的农村调查

党的十八大以来，以习近平同志为核心的党中央高度重视调查调研工作，把加强调查作为改进工作作风、改进党和人民群众联系的重要抓手。习近平总书记亲自进行了大量的农村调查，并在调查研究中形成了精准扶贫的重要思想，领导全国人民坚决打赢脱贫攻坚战，为如期全面建成小康社会打下了坚实的基础。

一、密集的农村调研

习近平还在担任正定县委书记时，就十分重视调查研究工作。他后来曾回忆说："我在正定下乡调研时，经常要过滹沱河，作家梁斌的两部小说《红旗谱》《播火记》都写到过这条河。滹沱河北边有 20 个公社，南边有 5 个公社，从北边的公社到南边的公社，坐车去很远，要从石家庄绕过去。我都是骑着自行车去，到了滹沱河边，扛着自行车一步一步蹚过河。到了要去的公社，我就住在他们那儿。那个时候没有什么招待所，公社书记把他的办公室、床铺让给我。当年的那种情景，我历历在目。虽然辛苦一点，但确实摸清了情况，同基层干部和老百姓拉近了距离、增进了感情。当县委书记以后，全县 200 多个村子我都走遍了。"①

在担任福建宁德地委书记时，习近平曾写过一篇题为《青年干部四忌》的文章，认为青年干部要一忌急于求成，二忌自以为是，三忌朝令夕改，

---

① 《习近平总书记的扶贫情结》，《人民日报》2017 年 2 月 24 日。

四忌眼高手低。怎样避免这四种现象,办法就是向群众学习,深入人民群众深入开展调查研究。① 他自己就是这样做的。上任伊始,他没有急着烧"三把火",而是带着地委行署一班人,深入全地区9个县以及毗邻的浙南,进行了为期一个月的调研。随后,他根据调查研究的情况,写下了到宁德后的第一篇调查报告《弱鸟如何先飞——闽东九县调查随感》。此后,他又通过调研和思考,先后撰写了《提倡经济大合唱》《对闽东经济发展的思考》《正确处理闽东经济发展的六个关系》等文章,理清了闽东经济发展的思路。他后来说:"宁德曾是全国十八个集中连片贫困地区之一,一边挨着福州,一边挨着温州,都是富庶之地,到它那儿'短路'了。宁德靠海,但不是有沙滩的海,大部分海岸都是悬崖峭壁,往里走全是大山。我在宁德待了一年零11个月,基本走遍了所有的乡镇。当时没有通路的4个乡,我去了3个,都用了一天时间。"②

在浙江工作期间,习近平每年至少用三分之一的时间深入基层和部门调研。他自己曾说说:"几年下来,我几乎跑遍了浙江的山山水水,也跑深了与浙江广大干部群众的真切感情,并在实践中逐渐跑透了浙江的省情市情县情"。③

党的十八刚刚闭幕,中共中央政治局就作出关于改进工作作风、密切联系群众的八项规定,其中第一条就是关于加强和改进调查研究,强调到基层调研要深入了解真实情况,总结经验、研究问题、解决困难、指导工作,向群众学习、向实践学习,多同群众座谈,多同干部谈心,多商量讨论,多解剖典型,多到困难和矛盾集中、群众意见多的地方去,切忌走过场、搞形式主义;要轻车简从、减少陪同、简化接待,不张贴悬挂标语横

---

① 习近平:《摆脱贫困》,福建人民出版社1992年版,第25—26页。

② 习近平:《摆脱贫困》,福建人民出版社1992年版,第25—26页。

③ 《干在实处 走在前列——推进浙江新发展的思考与实践》,中共中央党校出版社2013年版,第3页。

幅，不安排群众迎送，不铺设迎宾地毯，不摆放花草，不安排宴请。①

习近平总书记反复告诫广大干部要开展全面深入的调查研究。2013年7月，习近平总书记在湖北省武汉市主持召开部分省市负责人座谈会，征求对全面深化改革的意见和建议。他指出，实现全面建成小康社会的奋斗目标，对全面深化改革提出了更加迫切的要求。我国改革已进入攻坚期和深水区，需要解决的问题十分繁重。调查研究是谋事之基、成事之道。没有调查，就没有发言权，更没有决策权。研究、思考、确定全面深化改革的思路和重大举措，刻舟求剑不行，闭门造车不行，异想天开更不行，必须进行全面深入的调查研究。②

党的十八大以来，习近平总书记身体力行作了大量的农村调查。仅党的十八闭幕后的一年时间，他就前往河北、甘肃、海南、湖北、天津、湖南、山东等省的农村深入开展调查研究。

2012年12月29日，习近平总书记冒着零下十几摄氏度的严寒，从北京驱车300多公里来到地处太行山深处的革命老区、当年晋察冀边区政府所在地、全国重点贫困县阜平，连夜听取了河北省、保定市、阜平县经济社会发展特别是扶贫开发工作的汇报。第二天一早，他来到地处深山的特困村龙泉关镇骆驼湾村，走进困难群众唐荣斌家、唐宗秀家看望，盘腿坐在炕上，同乡亲手拉手，详细询问他们一年下来有多少收入，粮食够不够吃，过冬的棉被有没有，取暖的煤炭够不够，小孩上学远不远，看病方便不方便。随后，习近平总书记来到龙泉关镇顾家台村看望困难群众。"在村委会，习近平同村干部、群众、驻村干部促膝相坐，共商加快脱贫致富之策。"③

---

① 中共中央文献研究室：《十八大以来重要文献选编》上，中央文献出版社2014年版，第124页。

② 《加强对改革重大问题的调查研究，提高全面深化改革重大决策的科学性》，《人民日报》2013年7月15日。

③ 《把群众安危冷暖时刻放在心上，把党和政府的温暖送到千家万户》，《人民日报》2012年12月31日。

2013 年 2 月 2 日至 5 日，习近平总书记前往甘肃就贯彻落实党的十八大精神、保障和改善民生、推进西部大开发、改进工作作风等调研考察。他特地前往自然条件十分恶劣的定西、临夏市，绕过九曲十八弯，先后前往海拔 2400 多米的定西市渭源县元古堆村和海拔 1900 多米的临夏回族自治州东乡族自治县布楞沟村，"入户看望老党员和困难群众，同乡亲们手拉着手唠家常，询问粮食够不够吃，低保有没有保证，看病有没有保障，孩子有没有学上，年货有没有备好。强调党和政府高度重视扶贫开发工作，特别是高度重视少数民族和民族地区的发展，一定会给乡亲们更多支持和帮助，乡亲们要发扬自强自立精神，找准发展路子。"①

4 月 8 日至 10 日，习近平总书记前往海南考察调研。到海南的当天，他就来到琼海市潭门镇看望渔民群众，到渔民协会了解组织渔民生产等情况，随后登上一艘从南海捕鱼归来的渔船，沿着狭窄通道察看鱼舱、驾驶室、休息室、厨房等地，询问渔民"出去一次需要多少天？""船上有多少人？""捕的鱼主要是什么品种？"详细了解除渔民出海捕鱼和收入情况。他表示："抓民生要抓住人民最关心最直接最现实的利益问题，抓住最需要关心的人群，一件事情接着一件事情办、一年接着一年干，锲而不舍向前走。"② 在这次调研中，习近平总书记明确提出："小康不小康，关键看老乡。"用通俗的话语说明了全面建成小康社会与农民、农业、农村的密切关联。

5 月 14 日至 15 日，习近平总书记到天津考察调研。"在列车上，他就向随行的农业部门负责人了解全国夏粮生产情况。"到武清站一下列车，他直接来到南蔡村镇丁家瞿村的小麦大田，仔细察看小麦长势，向农民询问田间管理和预产情况，叮嘱当地干部加强农技服务，搞好田间管理，努力争取夏粮丰收。他强调，一个国家只有立足粮食基本自给，才能掌握

---

① 《习近平春节前夕赴甘肃看望各族干部群众》，《人民日报》2013 年 2 月 6 日。
② 《加快国际旅游岛建设，谱写美丽中国海南篇》，《人民日报》2013 年 4 月 11 日。

粮食安全主动权，进而才能掌握经济社会发展这个大局。他希望天津加快发展现代都市型农业，努力提高粮食自给能力，为确保国家粮食安全多作贡献。①

7月21日至23日，习近平总书记在湖北调研全面深化改革问题和当前经济运行情况。如何深化新形势下的农村改革，是习近平总书记此次调研之行的重点内容。7月22日上午，他来到武汉农村综合产权交易所考察，听取了农村产权交易探索汇报，同工作人员和前来办理产权流转交易鉴证手续的农民交谈，详细询问产权交易具体流程，认为这是一个积极探索。7月下旬的湖北，酷暑难当，当天下午，习近平总书记顶着烈日，深入鄂州市水稻育种基地，查看水稻长势，向科技人员了解水稻新品种培育和推广情况。随后，他前往长港镇峒山村，走进社区综合服务中心、垃圾压缩转运站、无动力污水处理站、秸秆气化示范基地等，了解城乡一体化建设情况，并同部分村民进行座谈。调研中，习近平总书记指出，全面建成小康社会，难点在农村。既要有工业化、信息化、城镇化，也要有农业现代化和新农村建设，两个方面要同步发展。要破除城乡二元结构，推进城乡发展一体化，把广大农村建设成农民幸福生活的美好家园。②

11月3日至5日，习近平总书记到湖南考察调研。这天上午，他从铜仁凤凰机场一下飞机，就乘车前往湘西土家族苗族自治州凤凰县廖家桥镇菖蒲塘村，察看成片的柚子林和橘子林，了解村里围绕扶贫开发发展特色产业的情况。"他一路走，一路同村干部、农技人员和土家族村民亲切交谈，详细询问村里种植的水果的品种品质、生长周期、适宜土壤、产量价格"3日下午，他前往花垣县排碧乡十八洞村，到苗族贫困村民施齐文家中看望，坐下来同一家人算收支账，询问有什么困难、有什么打算，察看了他家的谷仓、床铺、灶房、猪圈，勉励一家人增强信心，在党和政府

---

① 《稳中求进推动经济发展，持续努力保障改善民生》，《人民日报》2013年5月16日。
② 《坚定不移全面深化改革开放，脚踏实地推动经济社会发展》，《人民日报》2013年7月24。

关心下用勤劳和智慧创造美好生活。"随后，习近平同村干部和村民代表围坐在一起，亲切地拉家常、话发展。村民们谈变化、讲困难、道实情，习近平边听边问。"习近平总书记说，看到一些群众生活还很艰苦，感到责任重大。加快民族地区发展，核心是加快民族地区全面建成小康社会步伐。①

11月24日至28日，习近平总书记前往山东考察经济社会发展情况，推动党的十八届三中全会精神学习贯彻。25日下午，他来到临沭县曹庄镇朱村，观看这个抗战初期就建立党组织的支前模范村村史展，了解革命老区群众生产生活。在83岁的"老支前"王克昌家中，"他挨个房间察看，并坐下来同一家人拉家常，关切询问家里有几亩地、搞柳编能挣多少钱、还有什么困难？"26日下午，习近平总书记来到菏泽市调研，并专门同菏泽市及其县区的主要负责人座谈，共同探讨扶贫开发和加快发展的良策。座谈会上，"他一面听，一面插话，详细询问每个县区经济发展和民生改善情况"。在听取市委书记、市长和所有县区委书记的发言后，习近平总书记指出，一个地方的发展，关键在于找准路子、突出特色。欠发达地区抓发展，更要立足资源禀赋和产业基础，做好特色文章，实现差异竞争、错位发展。欠发达地区和发达地区一样，都要努力转变发展方式，着力提高发展质量和效益，不能"捡进篮子都是菜"。27日下午，他来到山东省农科院，视察智能化温室和省农村农业信息化综合服务平台，了解依靠科技创新促进农业发展和农民增收的情况，随后召开座谈会，听取农业科研机构、农业行政部门、基层干部等有关人员对"三农"工作的意见和建议。②

此后，习近平总书记每年都用大量的时间到开展调研考察。2011年

---

① 《深化改革开放推进创新驱动，实现全年经济社会发展目标》，《人民日报》2013年11月6日。
② 《认真贯彻党的十八届三中全会精神，汇聚起全面深化改革的强大正能量》，《人民日报》2013年11月29日。

12 月，中共中央、国务院印发《中国农村扶贫开发纲要（2011—2020 年）》，将六盘山区、秦巴山区、武陵山区、乌蒙山区、滇桂黔石漠化区、滇西边境山区、大兴安岭南麓山区、燕山—太行山区、吕梁山区、大别山区、罗霄山区等区域的连片特困地区和已明确实施特殊政策的西藏、四省、云南、青海、甘肃四省藏区、新疆南疆三地州作为扶贫攻坚主战场。这 14 个连片特困地区，都留下了习近平总书记考察调研的足迹。

这 14 个连片特困地区中，西藏是他担任总书记之前去过的。2011 年 7 月，习近平来到西藏自治区林芝县八一镇巴吉村，了解新农村建设和基层党建工作情况，看望慰问村民。十八大之后至十九大之前的 5 年间，习近平总书记先后考察调研其余的 13 个连片特困地区。

2012 年 12 月，十八大刚刚闭幕，习近平总书记就去了属于燕山—太行山区连片特困地区的河北阜平县；2013 年 2 月，习近平前往属于六盘山连片特困地区的定西市渭源县；同年 11 月，他来到地处武陵山区中心地带的湖南湘西土家族苗族自治州花垣县。这几次调研情况，前文已经提及。2014 年 1 月，习近平冒着零下 30 多摄氏度的严寒，来到位于大兴安岭南麓山区的内蒙古兴安盟阿尔山市。这里属于著名的大兴安岭林区，习近平总书记十分关注当地林区改革发展和棚户区改造，在车上就向当地干部询问有关情况，然后来到伊尔施镇 74 岁的困难林业职工郭永财家中，察地窖，摸火墙，看年货，坐炕头，详细了解群众生活。看到郭永财等群众住房还比较困难，他叮嘱当地干部要加快棚户区改造，排出时间表，让群众早日住上新房；要做好慰问困难群众工作，让每个家庭都过好节。①

同年 4 月，习近平总书记来到位于新疆南疆三地州的新疆喀什地区调研。4 月 28 日上午，他来到国家扶贫工作重点县疏附县的托克扎克镇阿亚格曼干村看望干部群众，走进维吾尔族村民阿卜都克尤木·肉孜家，

---

① 《习近平春节前夕赴内蒙古调研　看望慰问各族干部群众》，《人民日报》2014 年 1 月 30 日。

"——察看了起居室、厨房、牛羊圈、果园、农机具,详细了解全家生产生活情况"。在院子里,习近平总书记同乡村干部和村民围坐一起,拉起了家常。他详细了解了村级组织为民服务和"访民情、惠民生、聚民心"驻村工作组工作情况。习近平总书记说,党的一切政策都要围绕合民意、惠民生来制定和落实。农村党组织一定要成为团结带领群众建设社会主义新农村的坚强堡垒。有了这一条,无论抓稳定还是抓发展,都会有力量、有后劲。①

2015年1月,习近平总书记前往属于乌蒙山区的云南省昭通市鲁甸县。5个月前,这里曾发生6.5级地震,给群众生命财产和基础设施造成巨大损失。习近平总书记深入企业、工地、乡村考察,就灾后恢复重建和经济社会发展情况进行调研。随后,他又到位于滇西边境山区的云南大理白族自治州大理市湾桥镇古生村。习近平总书记步行穿过村中街巷,同当地干部边走边聊,向他们了解村民增收和古村落保护情况。在村民李德昌家中,习近平总书记"同村民们围坐在一起,拉家常、聊民情、谈生产、问生计,村民们争先恐后向总书记讲述农村的变化。"他强调,新农村建设一定要走符合农村实际的路子,遵循乡村自身发展规律,充分体现农村特点,注意乡土味道,保留乡村风貌,留得住青山绿水,记得住乡愁。②

同年2月,农历羊年春节前,习近平总书记前往陕西省延川县文安驿镇梁家河村看望村民,并在延安专门主持召开了陕甘宁革命老区脱贫致富座谈会。座谈会上,习近平总书记指出,一些老区发展滞后、基础设施落后、人民生活水平不高的矛盾仍然比较突出,特别是老区还有数量不少的农村贫困人口,我们必须时刻挂在心上。我们实现第一个百年奋斗目标、全面建成小康社会,没有老区的全面小康,特别是没有老区贫困人口

---

① 《把祖国的新疆建设得越来越美好——习近平总书记新疆考察纪实》,《人民日报》2014年5月4日。

② 《坚决打好扶贫开发攻坚战,加快民族地区经济社会发展》,《人民日报》2015年1月22日。

脱贫致富，那是不完整的。这就是我常说的小康不小康、关键看老乡的涵义。①

这年6月，习近平总书记在贵州省就做好扶贫开发工作、谋划好"十三五"时期经济社会发展进行调研考察。16日下午，他来到遵义县枫香镇花茂村考察。这个村过去是贫困村，原来的村名叫"荒茅田"。由于脱贫致富成效显著，改名为"花茂"，寓花繁叶茂之意。习近平总书记走进现代高效农业园区的智能温控大棚，看大棚蔬菜产品展示，向正在劳动的村民了解园区解决农民就业、促进增收的情况。随后，他到白泥组党员群众之家，听取村级组织建设和脱贫致富情况介绍，察看驻村工作室、金融便民服务点、藤编工艺和制陶工坊，了解开展精准扶贫的具体项目和实际效果。在经营农家乐的村民王治强家中，"习近平进房间、看院落，同村民们围坐在一起亲切交谈。"习近平总书记说，党中央十分关心广大农民特别是农村贫困人口，制定了一系列方针政策促进农村发展。党中央的政策好不好，要看乡亲们是笑还是哭。如果乡亲们笑，这就是好政策，要坚持；如果有人哭，说明政策还要完善和调整。好日子是干出来的，贫困并不可怕，只要有信心、有决心，就没有克服不了的困难。②

2016年1月，习近平总书记来到了重庆。深入港口、企业调研后，他指出，扶贫开发成败系于精准，要找准"穷根"、明确靶向，量身定做、对症下药，真正扶到点上、扶到根上。脱贫摘帽要坚持成熟一个摘一个，既防止不思进取、等靠要，又防止揠苗助长、图虚名。③

同年2月，习近平总书记来到位于罗霄山区的江西省吉安市井冈山市茅坪乡神山村考察，视察村党支部，了解村级组织建设和精准扶贫情况。

---

① 《把革命老区发展时刻放在心上——习近平总书记主持召开陕甘宁革命老区脱贫致富座谈会侧记》，《人民日报》2015年2月17日。
② 《看清形势适应趋势发挥优势，善于运用辩证思维谋划发展》，《人民日报》2015年6月19日。
③ 《落实创新协调绿色开放共享发展理念，确保如期实现全面建成小康社会目标》，《人民日报》2016年1月7日。

"他一边看规划、看簿册、看记录，一边详细询问。"习近平总书记说，扶贫、脱贫的措施和工作一定要精准，要因户施策、因人施策，扶到点上、扶到根上，不能大而化之。我们党是全心全意为人民服务的党，将继续大力支持老区发展，让乡亲们日子越过越好。在扶贫的路上，不能落下一个贫困家庭，丢下一个贫困群众。①

这年4月，习近平总书记来到大别山区的安徽省金寨县花石乡大湾村考察脱贫工作。在村里的贫困户家中，"习近平详细察看住房和陈设，了解贫困原因、贫困程度，通过扶贫手册看脱贫措施定了哪些、落实怎么样。当地干部沿途向总书记介绍茶园、鱼塘、小型光伏电站等扶贫项目，习近平一一询问生产经营、成本效益，同大家一起算脱贫时间账。"习近平总书记指出，脱贫攻坚已进入啃硬骨头、攻坚拔寨的冲刺阶段，必须横下一条心来抓。要强化目标责任，坚持精准扶贫，认真落实每一个项目、每一项措施，全力做好脱贫攻坚工作，以行动兑现对人民的承诺。②

2016年7月，习近平总书记到宁夏回族自治区就落实"十三五"规划、推动经济社会发展、推进脱贫攻坚工作进行调研考察。18日下午，他来到位于六盘山山区的固原市泾源县，冒雨考察该县的大湾乡杨岭村，察看村容村貌，到贫困户家中详细了解脱贫措施的制定和落实情况。"从住房、设施、牛棚到就业、收入、上学、看病、公共服务，习近平一一察看、关切询问。"随后，习近平总书记来到原州区彭堡镇姚磨村，侧重了解党员示范带头和能人大户带动、发展冷凉蔬菜种植产业帮助农民脱贫的情况。"他看工作展板、看蔬菜瓜果，同种植大户和务工群众交流，向他们询问土地流转的具体操作和无公害种植的基本要诀，同他们一起算投入产出账。"19日上午，习近平总书记来到银川市永宁县闽宁镇原隆移民村，"实地察看花卉香菇种植、蔬菜香菇种植等农业科技大棚，了解该村种植、养

① 《习近平春节前夕赴江西看望慰问广大干部群众》，《人民日报》2016年2月4日。
② 《全面落实"十三五"规划纲要，加强改革创新 开创发展新局面》，《人民日报》2016年4月28日。

殖、劳务等产业发展情况"。他肯定移民搬迁是脱贫攻坚的一种有效方式，提出要总结推广典型经验，把移民搬迁脱贫工作做好，也要多关心移民搬迁到异地生活的群众，帮助他们解决生产生活困难，帮助他们更好融入当地社会。①

一个月后，即8月22日上午，习近平总书记来到青海省格尔木市唐古拉山镇长江源村视察。该村为藏族村，是一个移民定居点。2004年11月，128户407名牧民群众响应国家三江源生态保护政策，从400多公里之外、海拔4700米的地方搬迁至格尔木市南郊。"习近平在村委会听取该村生态移民搬迁、民族团结创建、基层组织建设等情况介绍，随后视察村容村貌，并到藏族村民申格家中察看住房和生活情况，同一家人亲切交谈。"习近平总书记对当地干部说，保护三江源是党中央确定的大政策，生态移民是落实这项政策的重要措施，一定要组织实施好。23日上午，他还到海东市互助土族自治县，考察了实施易地扶贫搬迁的班彦村，详细了解新村建设方案，进入村民新居察看面积、结构、建筑质量，同监理新居建设的村民们交流。"习近平拿起扶贫手册和贫困户精准管理手册，逐一询问发展种养业、参加劳务培训、孩子上学、享受合作医疗和养老保险等扶贫措施的落实情况。"②

2017年1月，习近平总书记到同属燕山——太行山集中连片贫困地区的张北县，踏着皑皑白雪进入小二台镇德胜村，走进困难群众家中"察看住房、生活设施、年货准备情况，同每家人算收入支出账，对照扶贫手册询问扶贫措施落实得怎么样，家里还有哪些实际困难"。在详细了解全村脱贫工作情况后，习近平总书记强调，打好脱贫攻坚战，是全面建成小康社会的底线任务。做好这项工作，不能眉毛胡子一把抓，而要下好"精

---

① 《解放思想真抓实干奋力前进，确保与全国同步建成全面小康社会》，《人民日报》2016年7月21日。
② 《尊重自然顺应自然保护自然　坚决筑牢国家生态安全屏障》，《人民日报》2016年8月25日。

准"这盘棋，做到扶贫对象精准、扶贫产业精准、扶贫方式精准、扶贫成效精准。①

滇桂黔石漠化区地跨广西、贵州、云南三省区，在 14 个集中连片特困地区中包含的区县最多。2017 年 4 月，习近平总书记到广西考察。广西是革命老区，是贫困地区，也是边境地区、民族地区。习近平总书记强调，脱贫攻坚工作做好了，边疆稳定、民族团结就有了坚实基础；边境建设搞好了，民族事业发展了，对打赢脱贫攻坚战也是极大促进。这几项工作是一个有机整体，要一并研究、同步推进。习近平总书记说，当前，脱贫攻坚形势依然严峻，必须倒排工期，落实精准扶贫精准脱贫方略。要针对致贫原因分类施策，戒搞形式，戒做虚功，下一番绣花的功夫。对贫中之贫、困中之困，要采取超常规措施。②

吕梁山区是习近平总书记考察的最后一个集中连片特困区。2017 年 6 月，他来到山西省忻州市岢岚县赵家洼村看望贫困群众。赵家洼村是深度贫困村，沟壑纵横、土地贫瘠，生存条件十分恶劣，属于典型的"一方水土养不好一方人"的地方。习近平总书记沿着村里崎岖不平的土路一连走进 3 户特困村民家中，"每到一户，他都仔细察看生活设施，询问家庭人员构成及基本情况，同主人一起算收入支出账，详细了解致贫原因和扶贫措施落实成效。"随后，他又来到岢岚县易地扶贫搬迁集中安置点宋家沟新村，听取了岢岚县精准扶贫工作及易地扶贫搬迁整体情况介绍，了解宋家沟新村规划及建设情况。"他到已搬入新居的贫困户张贵明家具体察看，问一家人搬迁享受了多少补贴，现在生活怎么样，还有哪些困难。"习近平总书记强调，脱贫攻坚工作进入目前阶段，要重点研究解决深度贫困问题。实施整村搬迁，要规划先行，尊重群众意愿，统筹解决好人往哪里搬、钱从哪里筹、地在哪里划、房屋如何建、收入如何增、生态如何护、

---

① 《习近平春节前夕赴河北张家口看望慰问基层干部群众》，《人民日报》2017 年 1 月 25 日。
② 《扎实推动经济社会持续健康发展，以优异成绩迎接党的十九大胜利召开》，《人民日报》2017 年 4 月 22 日。

新村如何管等具体问题。①

党的十八大以来，习近平总书记调研过的农村还有很多。仅2018年和2019年两年，他调研的农村就有：2月，到四川大凉山的昭觉县三岔河乡三河村和解放乡火普村，访贫问苦，了解易地扶贫问题；4月，到海南省海口市秀英区石山镇施茶村，调研乡村振兴战略实施情况；同月，来到湖北省宜昌市夷陵区太平溪镇许家冲村，实地察看三峡移民新村建设和生产生活；这年6月，到山东省济南市章丘区双山街道三涧溪村考察；9月，到黑龙江省农垦建三江管理局，了解发展现代化大农业、粮食生产、"三江连通"水资源综合利用；同月，到广东省清远市连江口镇连樟村，调研基层党建、脱贫攻坚、村民服务情况。2019年4月，到大山深处的重庆市石柱土家族自治县石柱县中益乡华溪村，调研如何解决"两不愁三保障"突出问题；5月，到江西省赣州市于都县梓山镇潭头村，了解革命老区能否如期脱贫摘帽的问题；7月，到内蒙古指导开展"不忘初心、牢记使命"教育，并前往赤峰赤峰市喀喇沁旗马鞍山林场和马鞍山村，调研生态文明建设和林场造林护林工作；8月，到甘肃古浪县黄花滩生态移民区富民新村，调研贫困人口异地搬迁脱贫致富；9月，到河南省信阳市新县田铺乡田铺大塆、光山县文殊乡东岳村考察调研；12月，到云南省保山市所辖腾冲市清水乡三家村，了解脱贫攻坚情况；等等。在调研过程中，他总是十分关心农村的改革发展，总是深入农民家庭问长问短，详细了解农民的生产生活情况，同农民和基层干部座谈，探讨农村改革发展的路径与方法。

在深入调查的基础上，习近平总书记还多次在各地召开扶贫工作座谈会。2015年2月13日，在陕西延安主持召开陕甘宁革命老区脱贫致富座谈会；同年6月18日，在贵州贵阳主持召开武陵山、乌蒙山、黔滇桂集中连片地区扶贫攻坚座谈会；2016年7月20日，在宁夏银川主持召开东

---

① 《扎扎实实做好改革发展稳定各项工作，为党的十九大胜利召开营造良好环境》，《人民日报》2017年6月24日。

西部扶贫协作座谈会；2017 年 6 月 23 日，在山西太原主持召开深度贫困地区脱贫攻坚座谈会；2018 年 2 月 12 日，在四川成都主持召开打好精准脱贫攻坚战座谈会；2019 年 4 月 16 日，在重庆主持召开解决"两不愁三保障"突出问题座谈会。可以说，调研到哪里，就把扶贫座谈会开在哪里，而这种座谈会，实际上又是另一种形式的调研活动。

二、精准扶贫的提出与实施

党的十八大以来，习近平总书记农村调研去得最多的地方是贫困农村，访问最多的是农村困难群众。如何使广大农村贫困户脱贫致富，做到小康路上一个都不能少，就成为他农村调查的十分关注的问题。

从 1986 年开始，党和政府开始主导实施有组织、有计划、大规模的扶贫开发，我国的减贫事业取得了巨大的成就。但是，长期以来，我国的扶贫开发以项目扶贫为主要形式，以工程实施为重要载体。这些做法对我国取得的减贫起到了很大的作用，但也暴露出一些问题，突出表现就是精准度不够导致减贫效率不高。虽然强调到村到户是一贯的，但由于扶贫工作对象大而化之，很多扶贫措施大水漫灌，不少资金都用到了和贫困群众生产生活没有太多直接关系的项目上，减贫效率打了不小的折扣，而且还存在着贫困人口底数不清、情况不明，针对性不强，扶贫资金和项目指向不准等问题。

经过多年的扶贫开发，我国农村在贫困人口大幅度减少的同时，出现了区域性、综合性和复杂性"三性叠加"的特点，连片特困地区问题仍然突出，但大面积的贫困现象减少，贫困人口分布相对分散，致贫原因复杂，返贫现象多发，部分困难群众减贫难度大。随着我国经济发展进入新常态，我国经济由高速增长转变为中高速增长，产业结构提升使第二产业能吸纳的就业人数减少，并且对劳动力提出更高要求，给减贫工作带来许多新的挑战。全面建成小康社会是党作出的郑重承诺，如何尽快补上贫困地区贫困人口这块"短板"，事关能否全面建成小康社会的全局。因此，中国扶贫开发已到了非转型不可的地步，改革创新迫在眉睫。

还在担任福建当副书记、省长时，习近平就提出"真扶贫、扶真贫"的问题。他后来说："上面的措施下去了，下面不问青红皂白，最后钱不知道花在哪儿了，甚至搞不好是一个腐败的滋生地了，我一直在考虑怎么解决这个问题。"①

习近平就任总书记后扶贫调研的第一站，是2012年12月底对河北省阜平县的扶贫开发的调研，当时他就强调全面建成小康社会，最艰巨最繁重的任务在农村、特别是在贫困地区。没有农村的小康，特别是没有贫困地区的小康，就没有全面建成小康社会。并且明确提出："推进扶贫开发、推动经济社会发展，首先要有一个好思路、好路子。要坚持从实际出发，因地制宜，理清思路、完善规划、找准突破口。要做到宜农则农、宜林则林、宜牧则牧，宜开发生态旅游，则搞生态旅游，真正把自身比较优势发挥好，使贫困地区发展扎实建立在自身有利条件的基础之上"。② 虽然此次调研他还没有使用"精准扶贫"这样的表述，但已经有其中的意蕴了。

2013年11月的湖南湘西自治州花垣县十八洞村之行，促使习近平总书记下决心解决"真扶贫、扶真贫"的问题。后来他说："上次到湘西十八洞村视察，我感触很深。爬那个山爬了好远，好不容易才到那里。去了以后，一个老太太见了我问，请问你贵姓，你是哪里来的？她不认识我，因为那儿比较偏远，她不看电视，文化也不够。后来，全村乡亲都来了，我一看，人不多，全是'996138'部队，也就是老人、孩子、妇女，青壮年都到城里打工去了。这个地方这么偏僻，又是一些老人和儿童，搞什么大事业啊？根本搞不起来。我说，还是给你们搞'几条腿'来吧——一户养几头黑猪、一头黄牛，再养几只山羊，这总能办得成。老太太、老

---

① 《习近平总书记的扶贫情结》，《人民日报》2017年2月24日。

② 《把群众安危冷暖时刻放在心上，把党和政府的温暖送到千家万户》，《人民日报》2012年12月31日。

大爷听了很高兴，说我就要这个。"① 就在这次调研中，习近平总书记明确提出了精准扶贫的思想。他说："发展是甩掉贫困帽子的总办法，贫困地区要从实际出发，因地制宜，把种什么、养什么、从哪里增收想明白，帮助乡亲们寻找脱贫致富的好路子。要切实办好农村义务教育，让农村下一代掌握更多知识和技能。抓扶贫开发，既要整体联动、有共性的要求和措施，又要突出重点、加强对特困村和特困户的帮扶。脱贫致富贵在立志，只要有志气、有信心，就没有迈不过去的坎。"② 习近平总书记强调，扶贫要实事求是，因地制宜。要精准扶贫，切记喊口号，也不要定那些好高骛远的目标。

对于为什么要提出精准扶贫问题，习近平总书记解释说："党的十八大后，我到一些贫困地区就要看真贫，如河北阜平、湖南花垣、甘肃东乡，都是最贫困的。他们怎么致富？个别地方扶贫有时思路不对，好像扶贫都要搞一些工业项目。在深山老林里搞工业项目，没人才，没市场，成本又高，不容易发展起来。扶贫要实打实解决问题。首先，要为下一代着想，让孩子们上学，教育不能落后了。其次，一些基本公共设施要保障，像路、水、电之类的，实现公共服务均等化。再有，就是靠山吃山、靠水吃水，根据他们的条件和能力，教他们'打鱼'的本领。如果是一些老大爷、老太太，就养几只鸡、鸭、羊，给他们选优良品种，教他们科学喂养，给一些扶持资金，这样一年收入有几千块，也可以脱贫。对年轻人，主要是找就业的路子，搞一些培训，引导他们外出打工。对搞种养的人，就帮他们提高产品附加值。"他还说："为什么讲要精准扶贫？'手榴弹炸跳蚤'是不行的。新中国成立以后，50年代剿匪，派大兵团去效果不好，那就是'手榴弹炸跳蚤'，得派《林海雪原》里的小分队去。扶贫也要精准，否则钱用不到刀刃上。抓扶贫切忌喊大口号，也不要定那些好高骛远的目

---

① 《习近平总书记的扶贫情结》，《人民日报》2017年2月24日。
② 《深化改革开放推进创新驱动，实现全年经济社会发展目标》，《人民日报》2013年11月6日。

标，要一件事一件事做。不要因为总书记去过了，就搞得和别处不一样了，搞成一个不可推广的盆景。钱也不能被吃喝挪用了，那是不行的。"① 可见，正由于他深入贫困农村调查研究，精准扶贫这一重要思想才得以产生。

2014年10月17日，是中国的首个"扶贫日"，全国社会扶贫工作电视电话会议这天在北京召开，习近平总书记对扶贫开发工作作出重要批示。他在批示中说："全面建成小康社会，最艰巨最繁重的任务在贫困地区。全党全社会要继续共同努力，形成扶贫开发工作强大合力。各级党委、政府和领导干部对贫困地区和贫困群众要格外关注、格外关爱，履行领导职责，创新思路方法，加大扶持力度，善于因地制宜，注重精准发力，充分发挥贫困地区广大干部群众能动作用，扎扎实实做好新形势下扶贫开发工作，推动贫困地区和贫困群众加快脱贫致富奔小康的步伐。"② 同年11月，习近平总书记在福建调研时又强调，全面建成小康社会，不能丢了农村这一头。福建山区多、老区多，当年苏区老区人民为了革命和新中国的成立不惜流血牺牲，今天这些地区有的还比较贫困，要通过领导联系、山海协作、对口帮扶，加快科学扶贫和精准扶贫，办好教育、就业、医疗、社会保障等民生实事，支持和帮助贫困地区和贫困群众尽快脱贫致富奔小康，决不能让一个苏区老区掉队。③ 这些论断的提出，标志着习近平精准扶贫思想的形成。

精准扶贫思想提出后，我国的扶贫工作由大水漫灌式的项目扶贫转向精准扶贫推进。2013年12月，中共中央办公厅、国务院办公厅印发《关于创新机制扎实推进农村扶贫开发工作的意见》，提出以建立精准扶贫工作机制为核心的六项机制创新和十项重点工作。围绕这个文件相关部委出台了《关于改进贫困县党政领导班子和领导干部经济社会发展实绩考核工

---

① 《习近平总书记的扶贫情结》，《人民日报》2017年2月24日。

② 《习近平在首个"扶贫日"之际作出重要批示》，《人民日报》2014年10月18日。

③ 《全面深化改革全面推进依法治国，为全面建成小康社会提供动力和保障》，《人民日报》2014年11月3日。

作的意见》《关于印发〈建立精准扶贫工作机制实施方案〉的通知》《关于印发〈扶贫开发建档立卡工作方案〉的通知》等政策配套政策文件，精准扶贫在实际层面开始实施。

2015 年 1 月，习近平总书记在云南省昭通市听取了当地扶贫开发工作汇报时，明确指出："扶贫开发是我们第一个百年奋斗目标的重点工作，是最艰巨的任务。现在距实现全面建成小康社会只有五、六年时间了，时不我待，扶贫开发要增强紧迫感，真抓实干，不能光喊口号，决不能让困难地区和困难群众掉队。要以更加明确的目标、更加有力的举措、更加有效的行动，深入实施精准扶贫、精准脱贫，项目安排和资金使用都要提高精准度，扶到点上、根上，让贫困群众真正得到实惠。"①

2 月 13 日，在延安调研期间，习近平总书记主持召开陕甘宁革命老区脱贫致富座谈会，同来自陕西、甘肃、宁夏的 24 位市县委书记一起，共商革命老区脱贫致富奔小康的大计。习近平总书记向参加会议的市县委书记们提出四个问题：如何适应经济发展新常态、抓好县域经济发展？如何打好扶贫开发攻坚战、加快改善老区老百姓生活？县一级如何在全面深化改革中积极作为、如何运用法治思维和法治方式推动工作？如何继承和发扬老区光荣传统，切实加强和改进党的建设？在听取发言后，习近平总书记指出，加快老区发展步伐，做好老区扶贫开发工作，让老区农村贫困人口尽快脱贫致富，确保老区人民同全国人民一道进入全面小康社会，是我们党和政府义不容辞的责任。各级党委和政府要增强使命感和责任感，把老区发展和老区人民生活改善时刻放在心上、抓在手上，真抓实干，贯彻精准扶贫要求，做到目标明确、任务明确、责任明确、举措明确，把钱真正用到刀刃上，真正发挥拔穷根的作用。②

---

① 《坚决打好扶贫开发攻坚战，加快民族地区经济社会发展》，《人民日报》2015 年 1 月 22 日。
② 《把革命老区发展时刻放在心上——习近平总书记主持召开陕甘宁革命老区脱贫致富座谈会侧记》，《人民日报》2015 年 2 月 17 日。

　　同年 6 月 18 日，习近平总书记在贵州贵阳市召开部分省区市党委主要负责人座谈会，听取对"十三五"时期扶贫开发工作和经济社会发展的意见和建议。会前，国务院副总理汪洋同与会的省区市党委主要负责人分别到贵州毕节市的一个县了解当地扶贫开发实际情况。习近平总书记在座谈会上强调，"十三五"时期是我们确定的全面建成小康社会的时间节点，全面建成小康社会最艰巨最繁重的任务在农村，特别是在贫困地区。各级党委和政府要把握时间节点，努力补齐短板，科学谋划好"十三五"时期扶贫开发工作，确保贫困人口到 2020 年如期脱贫。各级党委和政府必须增强紧迫感和主动性，在扶贫攻坚上进一步理清思路、强化责任，采取力度更大、针对性更强、作用更直接、效果更可持续的措施，特别要在精准扶贫、精准脱贫上下更大功夫。

　　就在这次会议上，习近平总书记还对如何切实做到精准扶贫提出明确要求：扶贫开发贵在精准，重在精准，成败之举在于精准。各地都要在扶持对象精准、项目安排精准、资金使用精准、措施到户精准、因村派人（第一书记）精准、脱贫成效精准上想办法、出实招、见真效。要坚持因人因地施策，因贫困原因施策，因贫困类型施策，区别不同情况，做到对症下药、精准滴灌、靶向治疗，不搞大水漫灌、走马观花、大而化之。要因地制宜研究实施"四个一批"的扶贫攻坚行动计划，即通过扶持生产和就业发展一批，通过移民搬迁安置一批，通过低保政策兜底一批，通过医疗救助扶持一批，实现贫困人口精准脱贫。①

　　2015 年 11 月 27 到 28 日，中央扶贫开发工作会议召开，习近平总书记发表长篇重要讲话，系统阐述精准扶贫精准脱贫方略，其核心就是要解决好"扶持谁""谁来扶""怎么扶""如何退"的问题。习近平总书记指出，要坚持精准扶贫、精准脱贫，重在提高脱贫攻坚成效。关键是要找准

---

① 《谋划好"十三五"时期扶贫开发工作，确保农村贫困人口到 2020 年如期脱贫》，《人民日报》2015 年 6 月 20 日。

路子、构建好的体制机制，在精准施策上出实招、在精准推进上下实功、在精准落地上见实效。他强调：解决好"扶持谁"的问题，就是确保把真正的贫困人口弄清楚，把贫困人口、贫困程度、致贫原因等搞清楚，以便做到因户施策、因人施策。解决好"谁来扶"的问题，必须加快形成中央统筹、省（自治区、直辖市）负总责、市（地）县抓落实的扶贫开发工作机制，做到分工明确、责任清晰、任务到人、考核到位。解决好"怎么扶"的问题，应按照贫困地区和贫困人口的具体情况，实施"五个一批"工程。即发展生产脱贫一批，易地搬迁脱贫一批，生态补偿脱贫一批，发展教育脱贫一批，社会保障兜底一批。此外，还要解决好"怎么退"的问题，即精准扶贫是精准脱贫。要设定时间表，实现有序退出，既要防止拖延病，又要防止急躁症。要留出缓冲期，在一定时间内实行摘帽不摘政策。要实行严格评估，按照摘帽标准验收。要实行逐户销号，做到脱贫到人，脱没脱贫要同群众一起算账，要群众认账。① 这次讲话，标志着习近平总书记关于精准扶贫思想的成熟。

在此后的农村调研中，习近平总书记关于精准扶贫的思想不断得以深化。2016年1月，他在重庆调研时强调：扶贫开发成败系于精准，要找准"穷根"、明确靶向，量身定做、对症下药，真正扶到点上、扶到根上。脱贫摘帽要坚持成熟一个摘一个，既防止不思进取、等靠要，又防止揠苗助长、图虚名。② 同年2月，他在江西农村调研时指出：扶贫、脱贫的措施和工作一定要精准，要因户施策、因人施策，扶到点上、扶到根上，不能大而化之。③ 2016年7月，在宁夏主持召开东西部扶贫协作座谈会强调：扶贫开发到了攻克最后堡垒的阶段，所面对的多数是贫中之贫、困中之

① 《脱贫攻坚冲锋号已经吹响，全党全国咬定目标苦干实干》，《人民日报》2015年11月29日。
② 《落实创新协调绿色开放共享发展理念，确保如期实现全面建成小康社会目标》，《人民日报》2016年1月7日。
③ 《习近平春节前夕赴江西看望慰问广大干部群众》，《人民日报》2016年2月4日。

困，需要以更大的决心、更明确的思路、更精准的举措抓工作。要坚持时间服从质量，科学确定脱贫时间，不搞层层加码。要真扶贫、扶真贫、真脱贫。①2017 年 1 月，他在河北省张北县调研时指出：打好脱贫攻坚战，是全面建成小康社会的底线任务。做好这项工作，不能眉毛胡子一把抓，而要下好"精准"这盘棋，做到扶贫对象精准、扶贫产业精准、扶贫方式精准、扶贫成效精准。要因地制宜探索精准脱贫的有效路子，多给贫困群众培育可持续发展的产业，多给贫困群众培育可持续脱贫的机制，多给贫困群众培育可持续致富的动力。②

2017 年 2 月 22 日，第十八届中央政治局举行第三十九次集体学习。这次集体学习的主题就是关于精准扶贫。习近平总书记在讲话中对下一步如何实施精准扶贫提出明确要求，强调要做到坚持精准扶贫、精准脱贫。一要打牢精准扶贫基础，通过建档立卡，摸清贫困人口底数，做实做细，实现动态调整。二要提高扶贫措施有效性，核心是因地制宜、因人因户因村施策，突出产业扶贫，提高组织化程度，培育带动贫困人口脱贫的经济实体。三要组织好易地扶贫搬迁，坚持群众自愿原则，合理控制建设规模和成本，发展后续产业，确保搬得出、稳得住、逐步能致富。四要加大扶贫劳务协作，提高培训针对性和劳务输出组织化程度，促进转移就业，鼓励就地就近就业。五要落实教育扶贫和健康扶贫政策，突出解决贫困家庭大病、慢性病和学生上学等问题。六要加大政策落实力度，加大财政、土地等政策支持力度，加强交通扶贫、水利扶贫、金融扶贫、教育扶贫、健康扶贫等扶贫行动，扶贫小额信贷、扶贫再贷款等政策要突出精准。通过精准扶贫，及时补上全面小康的贫困短板。③

---

① 《认清形势聚焦精准深化帮扶确保实效，切实做好新形势下东西部扶贫协作工作》，《人民日报》2016 年 7 月 22 日。

② 《习近平春节前夕赴河北张家口看望慰问基层干部群众》，《人民日报》2017 年 1 月 25 日。

③ 《更好推进精准扶贫精准脱贫，确保如期实现脱贫攻坚目标》，《人民日报》2017 年 2 月 23 日。

2019 年 4 月,习近平总书记在重庆主持召开解决"两不愁三保障"突出问题座谈会。他强调:到 2020 年稳定实现农村贫困人口不愁吃、不愁穿,义务教育、基本医疗、住房安全有保障,是贫困人口脱贫的基本要求和核心指标,直接关系攻坚战质量。各地区各部门要高度重视,统一思想,抓好落实。要摸清底数,聚焦突出问题,明确时间表、路线图,加大工作力度,拿出过硬举措和办法,确保如期完成任务。脱贫攻坚战进入决胜的关键阶段,务必一鼓作气、顽强作战,不获全胜决不收兵。要逐一研究细化实化攻坚举措,攻城拔寨,确保完成脱贫任务。脱贫既要看数量,更要看质量。要严把贫困退出关,严格执行退出的标准和程序,确保脱真贫、真脱贫。①

党的十八大以来,在精准扶贫思想的指导下,中国的扶贫攻坚取得明显成效。贫困人口大幅度减少。脱贫攻坚目标任务接近完成。贫困人口从 2012 年年底的 9899 万人减到 2019 年年底的 551 万人,贫困发生率由 10.2% 降至 0.6%,连续 7 年每年减贫 1000 万人以上。区域性整体贫困基本得到解决。贫困群众收入水平大幅度提高。2013 年至 2019 年,832 个贫困县农民人均可支配收入由 6079 元增加到 11567 元,年均增长 9.7%,比同期全国农民人均可支配收入增幅高 2.2 个百分点。全国建档立卡贫困户人均纯收入由 2015 年的 3416 元增加到 2019 年的 9808 元,年均增幅 30.2%。贫困群众"两不愁"质量水平明显提升,"三保障"突出问题总体解决,小康路上一个也不能掉队的目标即将实现。贫困地区基本生产生活条件明显改善。贫困地区群众出行难、用电难、上学难、看病难、通信难等长期没有解决的老大难问题普遍解决,义务教育、基本医疗、住房安全有了保障。贫困地区生态环境明显改善,贫困户就业增收渠道明显增多,基本公共服务日益完善。

---

① 《统一思想一鼓作气顽强作战越战越勇,着力解决"两不愁三保障"突出问题》《人民日报》2019 年 4 月 18 日。

三、调研结出农村改革丰硕成果

习近平总书记一再强调：没有农村的小康，特别是没有贫困地区的小康，就没有全面建成小康社会。小康不小康，关键看乡。农村特别是困难农村能否如期实现全面建成小康社会的目标，关系到我国现代化事业的全局。中国改革开放的大幕是从农村拉开的，通过改革使农村总体面貌发生了巨大的变化，全国农村实现全面建成小康社会的目标，同样离开深化农村改革。

2013 年 11 月，党的十八届三中全会通过《关于全面深化改革若干重大问题的决定》，提出全面深化改革的总目标是完善和发展中国特色社会主义制度，推进国家治理体系和治理能力现代化；经济体制改革的核心问题是处理好政府和市场的关系，使市场在资源配置中起决定性作用和更好发挥政府作用。如果说党的十一届三中全会开启了中国改革开放的航程，那么，党的十八届三中全会则成为全面深化改革的重要历史起点，全面深化改革就成为新时代最鲜明的特征。在深入农村开展调查研究的过程中，习近平总书记就如何解决好农业、农村、农民问题，提出了一系列的重要思想，有力地推动了新时代的农村改革发展。

十八届三中全会刚闭幕，习近平总书记前往山东就如何贯彻落实会议精神开展调研，并对如何深化改革提出明确要求。他强调：改革开放只有进行时、没有完成时。解决我国发展面临的难题，不深化改革不行，深化改革力度小了也不行。无论遇到什么困难，无论出现什么干扰，都要坚定不移推进改革。在这次调研中，他还对农村下一步如何改革提出了明确要求，指出：保障粮食安全是一个永恒的课题，任何时候都不能放松。解决好"三农"问题，根本在于深化改革，走中国特色现代化农业道路。当前，重点要以解决好地怎么种为导向，加快构建新型农业经营体系；以解决好地少水缺的资源环境约束为导向，深入推进农业发展方式转变；以满足吃得好吃得安全为导向，大力发展优质安全农产品。要给农业插上科技的翅膀，按照增产增效并重、良种良法配套、农机农艺结合、生产生态协调的原则，促进农业技术集成化、劳动过程机械化、生产经营信息化、安全环保法治化，加快构建适应高产、优质、高效、生态、安全农业发展要求的技术体系。①

农业是国民经济的基础。习近平总书记在农村调研的过程中，一再强调"三农"工作是党的一切工作的重中之重。2014 年 5 月，习近平总书记在河南省开封市农村调研时指出，粮食安全、"三农"工作是一切工作的重要之基，各级党委和政府一定要抓紧抓紧再抓紧。粮食生产根本在耕地，命脉在水利，出路在科技，动力在政策，这些关键点要一个一个抓落实、抓到位，努力在高基点上实现粮食生产新突破。家庭经营和规模经营要统一起来，积极稳妥推进土地流转，加快农业现代化进程。②

2015 年 7 月，他在吉林农村调研时指出：检验农村工作成效的一个重要尺度，就是看农民的钱袋子鼓起来没有。要通过多种途径着力构建农民持续较快增收的长效机制。新农村建设要坚持规划先行，注重乡土味道和民族风情，注重补农村的短板、扬农村的长处，努力建设美丽乡村和农民幸福家园。任何时候都不能忽视农业、忘记农民、淡漠农村。必须始终坚持强农惠农富农政策不减弱、推进农村全面小康不松劲，在认识的高度、重视的程度、投入的力度上保持好势头。③

2017 年 4 月，习近平总书记在广西农村调研再次表示，解决好十几亿人口的吃饭问题，始终是我们党治国理政的头等大事。要以构建现代农业产业体系、生产体系、经营体系为抓手，加强农田水利等农业基础设施建设，严格落实耕地保护制度，加强农业科技创新和推广，夯实粮食安全

---

① 《认真贯彻党的十八届三中全会精神，汇聚起全面深化改革的强大正能量》，《人民日报》2013 年 11 月 29 日。

② 《深化改革发挥优势创新思路统筹兼顾，确保经济持续健康发展社会和谐稳定》，《人民日报》2014 年 5 月 11 日。

③ 《保持战略定力增强发展自信，坚持变中求新变中求进变中突破》，《人民日报》2015 年 7 月 19 日。

基础，延伸农业产业链，着力发展高附加值、高品质农产品，提高农业综合素质、效益、竞争力。要扶持新型农业经营主体，培养造就新型农民队伍，把现代特色农业这篇文章做好。[①]

中国的"三农"问题，归根到底是农民与土地的关系问题。中国的改革起步于农村，而农村的改革又起步于包产到户。这项改革的实质，就是在坚持土地集体所有制的前提下，让农民具有土地的使用权。包产到户极大调动了广大农民的积极性，但随着经济社会的发展，许多农民离开了土地进入城镇经商务工，而且一家一户的土地分散耕作也不利于农业的机械化和现代化，于是一部分农民将自己承包的土地转让给他人使用，出现了承包权与经营权的分离。2014年7月，习近平总书记在考察武汉农村综合产权交易所考察时就强调，深化农村改革，完善农村基本经营制度，要好好研究农村土地所有权、承包权、经营权三者之间的关系，土地流转要尊重农民意愿、保障基本农田和粮食安全，要有利于增加农民收入。[②] 处理好土地所有权、承包权、经营权关系问题的提出，为下一步农村土地制度的改革指明了方向。

2013年12月，习近平总书记在中央农村工作会议上指出，顺应农民保留土地承包权、流转土地经营权的意愿，把农民土地承包经营权分为承包权和经营权，实现承包权和经营权分置并行，这是我国农村改革的又一次重大创新。第二年1月，中共中央、国务院印发《关于全面深化农村改革加快推进农业现代化的若干意见》，即2014年"中央一号文件"，其中明确提出："稳定农村土地承包关系并保持长久不变，在坚持和完善最严格的耕地保护制度前提下，赋予农民对承包地占有、使用、收益、流转及承包经营权抵押、担保权能。在落实农村土地集体所有权的基础上，稳定农户承包

---

① 《扎实推动经济社会持续健康发展，以优异成绩迎接党的十九大胜利召开》，《人民日报》2017年4月22日。

② 《坚定不移全面深化改革开放，脚踏实地推动经济社会发展》，《人民日报》2013年7月24日。

权、放活土地经营权，允许承包土地的经营权向金融机构抵押融资。"①正式提出农村土地所有权、承包权、经营权"三权分置"政策，解决了农民在土地流转时的后顾之忧。2015年8月，国务院印发《关于开展农村承包土地的经营权和农民住房财产权抵押贷款试点的指导意见》，明确提出要赋予土地承包经营权抵押融资功能，并建立健全抵押物处置机制和配套措施，进一步落实农村土地的用益物权，赋予农民更多的财产权利。

2016年1月，中共中央、国务院印发《关于落实发展新理念加快农业现代化实现全面小康目标的若干意见》，强调稳定农村土地承包关系，落实集体所有权，稳定农户承包权，放活土地经营权，完善"三权分置"办法，明确农村土地承包关系长久不变的具体规定。继续扩大农村承包地确权登记颁证整省推进试点。依法推进土地经营权有序流转，鼓励和引导农户自愿互换承包地块实现连片耕种。2016年10月，中央办公厅、国务院办公厅印发《关于完善农村土地所有权承包权经营权分置办法的意见》，对"三权分置"作出系统全面的制度安排。农村土地实行"三权分置"，坚持集体所有权，稳定农户承包权，放活土地经营权，实现了农民集体、承包农户、新型农业经营主体对土地权利的共享，为促进农村资源要素合理配置、引导土地经营权流转、发展多种形式适度规模经营奠定了制度基础，使我国农村基本经营制度焕发出新的生机和活力，可以说，这是农村改革继包产到户后的第二次重大制度创新。

2016年4月，习近平总书记在安徽凤阳县小岗村调研期间，专门召开农村改革座谈会。他指出：解决农业农村发展面临的各种矛盾和问题，根本靠深化改革。新形势下深化农村改革，主线仍然是处理好农民和土地的关系。最大的政策，就是必须坚持和完善农村基本经营制度，坚持农村土地集体所有，坚持家庭经营基础性地位，坚持稳定土地承包关系。要抓

---

① 《关于全面深化农村改革加快推进农业现代化的若干意见》，《人民日报》2014年1月20日。

紧落实土地承包经营权登记制度，真正让农民吃上"定心丸"。他明确提出，要顺应农民保留土地承包权、流转土地经营权的意愿，把农民土地承包经营权分为承包权和经营权，实现承包权和经营权分置并行，放活土地经营权，推动土地经营权有序流转。同时他强调：不管怎么改，都不能把农村土地集体所有制改垮了，不能把耕地改少了，不能把粮食生产能力改弱了，不能把农民利益损害了。这也是农村改革应保持的底线，明确了哪些能改哪些不能改的问题。在这次座谈会上，习近平总书记还提出，要在坚持和完善农村基本经营制度的同时，着力推进农村集体资产确权到户和股份合作制改革，加快构建新型农业经营体系，推进供销合作社综合改革，健全农业支持保护制度，促进农业转移人口有序实现市民化，健全城乡发展一体化体制机制。①

开展农村土地承包经营权确权登记颁证，是农村土地改革"三权分置"的基础性工作。实行为了切实保护农民土地承包权益，为深化土地制度改革打好基础，在 2009 年启动土地承包经营权确权登记颁证试点基础上，2013 年中央"一号文件"要求全面开展农村土地确权登记颁证工作，并明确了 5 年时间基本完成的时间表。之后连续几年的中共中央"一号文件"，均对农村承包地确权登记颁证工作作出明确部署。2014 年起全国农村全面推了农村承包地确权登记颁证工作，到 2019 年年底，发证率超过 94%。

实现农业现代化离不开现代高效农业。2014 年 12 月，习近平总书记在江苏农村调研时指出：代高效农业是农民致富的好路子。要沿着这个路子走下去，让农业经营有效益，让农业成为有奔头的产业。要更加重视促进农民增收，让广大农民都过上幸福美满的好日子，一个都不能少，一户都不能落。没有农业现代化，没有农村繁荣富强，没有农民安居乐业，国

---

① 《加大推进新形势下农村改革力度，促进农业基础稳固农民安居乐业》，《人民日报》2016 年 4 月 29 日。

家现代化是不完整、不全面、不牢固的。发达地区在这方面一定要带好头、领好向，把工业化、信息化、城镇化、农业现代化同步发展真正落到实处。[①]2017年6月，在山西农村调研时，习近平总书记又明确提出要以构建现代农业产业体系、生产体系、经营体系为抓手，加快推进农业现代化。要通过发展现代农业、提升农村经济、增强农民工务工技能、强化农业支持政策、拓展基本公共服务、提高农民进入市场的组织化程度，多途径增加农民收入。要深入推进社会主义新农村建设，推动公共服务向农村延伸，全面改善农村生产生活条件。[②]

在2013年12月召开的中央农村工作会议上，习近平总书记提出中国要强，农业必须强；中国要美，农村必须美；中国要富，农民必须富。那么，如何使农业强起来，农村美起来，农民富起来，习近平总书记在深入调研的基础上，强调对农村发展必须切实可行的战略安排。2017年10月召开的党的十九大明确提出要实施乡村振兴战略，并明确了实施这一战略的总要求，就是坚持农业农村优先发展，按照产业兴旺、生态宜居、乡风文明、治理有效、生活富裕的总要求，建立健全城乡融合发展的体制机制和政策体系，加快推进农业农村现代化。

在2017年12月召开的农村工作会议上，习近平总书记深刻阐述了什么是中国特色社会主义乡村振兴道路，怎样走好中国特色社会主义乡村振兴道路的问题。强调走中国特色社会主义乡村振兴道路，一是必须重塑城乡关系，走城乡融合发展之路；二是必须巩固和完善农村基本经营制度，走共同富裕之路；三是必须深化农业供给侧结构性改革，走质量兴农之路；四是必须坚持人与自然和谐共生，走乡村绿色发展之路；五是必须传承发展提升农耕文明，走乡村文化兴盛之路；六是必须创新乡村治理体

---

① 《主动把握和积极适应经济发展新常态，推动改革开放和现代化建设迈上新台阶》，《人民日报》2014年12月15日。

② 《扎扎实实做好改革发展稳定各项工作，为党的十九大胜利召开营造良好环境》，《人民日报》2017年6月24日。

系，走乡村善治之路；七是必须打好精准脱贫攻坚战，走中国特色减贫之路。这就为实施乡村振兴战略、加快农业农村现代化指明了方向。

2018年1月2日，中共中央、国务院印发《关于实施乡村振兴战略的意见》，以实施乡村振兴战略为题，明确了乡村振兴战略三个阶段的目标任务，到2020年，乡村振兴取得重要进展，制度框架和政策体系基本形成。到2035年，乡村振兴取得决定性进展，农业农村现代化基本实现。到2050年，乡村全面振兴，农业强、农村美、农民富全面实现。

如何实现乡村振兴，就成为习近平总书记农村调研的重要话题。2018年4月，他在海南农村调研时指出，全面建成小康社会，城市和乡村都要发展好。乡村振兴，关键是产业要振兴。要鼓励和扶持农民群众立足本地资源发展特色农业、乡村旅游、庭院经济，多渠道增加农民收入。农村基层党组织要成为带领农民群众共同致富的主心骨和坚强战斗堡垒。[①] 同年4月，他在湖北农村调研又明确提出：实施乡村振兴战略是新时代做好"三农"工作的总抓手。要聚焦产业兴旺、生态宜居、乡风文明、治理有效、生活富裕，着力推进乡村产业振兴、人才振兴、文化振兴、生态振兴、组织振兴，加快构建现代农业产业体系、生产体系、经营体系，把政府主导和农民主体有机统一起来，充分尊重农民意愿，激发农民内在活力，教育引导广大农民用自己的辛勤劳动实现乡村振兴。[②]

2018年9月，中共中央、国务院印发《乡村振兴战略规划（2018—2022年）》，为乡村振兴形成了政策框架。该规划强调：全面建成小康社会和全面建设社会主义现代化强国，最艰巨最繁重的任务在农村，最广泛最深厚的基础在农村，最大的潜力和后劲也在农村。实施乡村振兴战略，是解决新时代我国社会主要矛盾、实现"两个一百年"奋斗目标和中华民族

[①] 《以更高站位更宽视野推进改革开放，真抓实干加快建设美好新海南》，《人民日报》2018年4月24日。

[②] 《坚持新发展理念打好"三大攻坚战"，奋力谱写新时代湖北发展新篇章》，《人民日报》2018年4月29日。

伟大复兴中国梦的必然要求，具有重大现实意义和深远历史意义。该规划提出：到 2020 年，乡村振兴的制度框架和政策体系基本形成，各地区各部门乡村振兴的思路举措得以确立，全面建成小康社会的目标如期实现。到 2022 年，乡村振兴的制度框架和政策体系初步健全。国家粮食安全保障水平进一步提高，现代农业体系初步构建，农业绿色发展全面推进；农村一二三产业融合发展格局初步形成，乡村产业加快发展，农民收入水平进一步提高，脱贫攻坚成果得到进一步巩固；农村基础设施条件持续改善，城乡统一的社会保障制度体系基本建立；农村人居环境显著改善，生态宜居的美丽乡村建设扎实推进；城乡融合发展体制机制初步建立，农村基本公共服务水平进一步提升；乡村优秀传统文化得以传承和发展，农民精神文化生活需求基本得到满足；以党组织为核心的农村基层组织建设明显加强，乡村治理能力进一步提升，现代乡村治理体系初步构建。探索形成一批各具特色的乡村振兴模式和经验，乡村振兴取得阶段性成果。

党的十八大以来，"三农"问题得到了进一步的重视，农业的基础地位进一步巩固，农村各项改革全力推进，中国的乡村正在振兴，中国的农村发展显现出光明的前景。

责任编辑：王世勇

图书在版编目（CIP）数据

中国共产党农村调查史 / 罗平汉 著 . — 北京：人民出版社，2021.8
ISBN 978 - 7 - 01 - 023290 - 4

I.①中…　II.①罗…　III.①农业经济 – 调查研究 – 中国②农村经济 – 调查研究 –
　中国③农民问题 – 调查研究 – 中国　IV.① F32 ② D422.64

中国版本图书馆 CIP 数据核字（2021）第 060031 号

中国共产党农村调查史

ZHONGGUO GONGCHANDANG NONGCUN DIAOCHA SHI

罗平汉　著

人民出版社 出版发行
（100706　北京市东城区隆福寺街 99 号）

中煤（北京）印务有限公司印刷　新华书店经销

2021 年 8 月第 1 版　2021 年 8 月北京第 1 次印刷
开本：710 毫米 ×1000 毫米 1/16　印张：25.25
字数：362 千字

ISBN 978 - 7 - 01 - 023290 - 4　定价：98.00 元

邮购地址 100706　北京市东城区隆福寺街 99 号
人民东方图书销售中心　电话（010）65250042　65289539